管理型财会人才培养系列教材

Cost Accounting

成本会计

朱朝晖　许庆高　胡桂兰　主编

科学出版社

北京

内 容 简 介

　　成本会计是财会类专业的必修课之一，是财会人才职业生涯的核心技术基础。本教材以典型的制造企业为例，在导论的基础上，分别从核算、控制、分析和发展四个层面对成本核算和成本管理进行系统的阐述，尤其突显"管理型"财会人才的培养特点，适合高等院校会计学、财务管理和审计专业及其他相关专业本科师生使用，也可作为企业经营管理人员、财会人员的培训教材和自学参考用书。

图书在版编目（CIP）数据

成本会计/朱朝晖，许庆高，胡桂兰主编. —北京：科学出版社，2011.2
管理型财会人才培养系列教材
ISBN 978-7-03-025911-0

Ⅰ.①成… Ⅱ.①朱…②许…③胡… Ⅲ.①成本会计-高等学校-教材
Ⅳ.①F234.2

中国版本图书馆 CIP 数据核字（2011）第 004489 号

责任编辑：彭　楠/责任校对：张小霞
责任印制：张克忠/封面设计：李雪婷

科 学 出 版 社出版
北京东黄城根北街16号
邮政编码：100717
http://www.sciencep.com

三河市骏杰印刷有限公司印刷
科学出版社发行　各地新华书店经销
*
2011 年 2 月第 一 版　　开本：787×1092　1/16
2015 年 6 月第五次印刷　印张：20
字数：452 000

定价：34.00 元（含光盘）
（如有印装质量问题，我社负责调换）

《管理型财会人才培养系列教材》编委会

总　序

　　近年来，由于受经济的全球化、信息技术的突飞猛进、企业集团和跨国企业的涌现、企业间竞争的白热化、企业利益相关者的多样化等因素的影响，我国会计所处的社会经济环境发生了很大变化。传统的提供会计信息、维护财经法纪的核算监督型财会部门已经不能满足现代企业的发展需要。财会部门必须实现由核算监督型向经营管理型的角色转型，这要求企业除了要有一批能胜任日常核算和监督工作的操作应用型财会人员外，还应具备一支既能熟练从事和组织会计工作，又能充分利用会计信息参与企业经营管理的、视野开阔的高素质管理型财会人才队伍。

　　目前，我国高等院校会计专业教育呈现多样化的喜人局面，不同层次高等院校的会计本科专业分类培养研究型和应用型等不同类型的会计人才，其中，大多数高校会计专业将培养目标定位为面向企事业单位的应用型会计人才。我们认为，为适应现代会计环境变化和企业会计机构从核算监督型向经营管理型转型的需要，应用型会计人才还应该继续细分为操作应用型和管理应用型。办学水平较高、学科积淀深厚的高校可将会计本科专业人才培养目标定位为管理应用型财会人才。所谓管理型财会人才，是指掌握系统的会计理论和丰富的管理知识、熟悉国际惯例、具有国际视野和战略思维的复合型财会专门人才。这些人才能够在日益复杂、不断变化的经营环境中胜任财会工作，具备成为未来企业管理团队中财会专家的潜力。管理型财会人才除应具备一个高级人才应有的思想道德素质、文化素质、科学素质和身心素质外，还应该具备以下职业能力：①对宏观形势的理解能力，即理解社会主义市场经济内涵、及时把握经济发展脉搏的能力，能预见环境变化对会计工作造成的影响；②良好的职业道德，即具有强烈的社会责任感，严谨的职业态度，遵纪守法、诚实守信的精神；③会计信息加工和应用能力，即使用信息系统进行会计的确认、计量、记录、报告、分析、评价的能力；④制度设计能力，包括进行会计制度设计、内部控制制度设计、责任制度设计、预算编制、薪酬制度设计、股权结构设计的能力；⑤战略执行能力，包括预算执行与控制、资本结构设计、股息政策选择的能力；⑥价值创造能力，包括资本运作、税务筹划、资源配置与考核等能力；⑦风险规避能力，包括随时捕捉危机信号、及时采取对策的能力；⑧组织协调能力，包括财会工作的组织领导、沟通协调等能力。

高等学校会计专业管理应用型财会人才培养目标符合国际会计师联合会2003年发布的《成为胜任的职业会计师》和中国注册会计师协会2007年发布的《中国注册会计师胜任能力指南》的相关要求，即具备胜任能力的职业会计师除应掌握会计、审计、财务、税务、相关法律等传统的专业知识外，还要掌握企业运营及其环境的经济和管理知识、信息技术知识，以及相关的智力技能、技术和应用技能、个人技能、人际和沟通技能、组织和企业管理技能等五类职业技能。同时，管理型财会人才的培养目标也符合教育部高等学校工商管理类学科专业教学指导委员会最新推出的《工商管理类学科会计学专业与财务管理专业育人指南》（以下简称《育人指南》）要求。

浙江工商大学管理型财会人才培养模式创新实验区是教育部和财政部确定的首批国家级人才培养模式创新实验区，浙江工商大学、嘉兴学院的会计学专业都是国家级特色专业，绍兴文理学院的会计学专业也是省重点专业，以上三个高校会计学专业都围绕管理应用型财会人才的培养开展人才培养模式改革，并在教学内容体系改革方面进行了一些有益的实践探索。在此基础上，三个高校的会计学专业教师共同编撰了这套《管理型财会人才培养系列教材》，包括《基础会计》、《中级财务会计》、《成本会计》、《管理会计》、《高级财务会计》、《审计学》、《会计信息系统》、《财务报告分析》、《财务管理》、《会计学》和《会计综合实验》共11本核心课程教材。这套教材具有以下特点：

第一，突出了管理型财会人才的培养特色。教材的每位主编都具有开阔的会计教育视野，综合考虑当前我国社会主义市场经济环境，结合相关的经济学、管理学和经济法学等理论，借鉴国际惯例，站在企业整体的高度阐述会计的基本理论、基本知识和基本方法，以期达到培养管理型财会人才的目的。

第二，符合教指委《育人指南》的要求。新的《育人指南》强调会计学本科人才培养的复合型、外向型和创新型特征，管理型财会人才培养目标是《育人指南》中会计人才培养目标的具体体现之一。因此，教材内容在突出管理型财会人才培养特色的同时，也充分体现了《育人指南》的要求，这也为教材在全国同类高校中推广使用奠定了基础。

第三，方便教师教学，便于学生学习。每本教材力争建设成为立体化教材，为师生提供丰富的教学资源。除了在教材的编写上，按章节提供学习目标、案例、知识应用、进一步阅读书目及法规、思考题等外，还在光盘或课程网站中提供了课程大纲、多媒体课件、补充习题及答案、模拟试卷等，为教师组织教学、学生自主学习提供便利。

我们相信，本套教材的出版，一定会对我国会计高等教育的多样化发展产生积极的推动作用。当然，限于作者水平，教材中难免存在疏漏和不足之处，恳请广大读者批评指正。

《管理型财会人才培养系列教材》编委会
2011年1月

前 言

《成本会计》是中国注册会计师协会 2007 年发布的《中国注册会计师胜任能力指南》中提到的职业生涯的核心技术基础构成内容之一，更是最新推出的教育部工商管理类学科专业教学指导委员会《工商管理类学科会计学专业与财务管理专业育人指南》专业课程体系中会计、财务管理专业的专业必（选）修课之一。

本书是浙江工商大学、嘉兴学院和绍兴文理学院三校合作的《管理型财会人才培养系列教材》之一。浙江工商大学、嘉兴学院的会计学专业是国家级特色专业，绍兴文理学院的会计学专业是省重点专业，三个高校会计学专业都围绕管理应用型财会人才的培养开展人才培养模式改革，并在教学内容体系改革方面进行了有益的实践探索。本书以《中国注册会计师胜任能力指南》和教指委《育人指南》为指导，依托浙江工商大学国家级创新实验区"管理型财会人才培养模式创新实验区"，配合国家级特色专业和浙江省本科高校重点学科建设，定位于符合"管理型"财会人才培养模式的教材，在以下方面突显"管理型财会人才"的培养特色。

(1) 在主体内容上：落实"管理型"财会人才的专业知识需求。"管理型"人才具有未来成为企业管理团队中财会专家的潜力，本教材落实《中国注册会计师胜任能力指南》和教指委《育人指南》的专业教学指南要求，体现其专业知识的传授，强调对学生综合应用和分析能力的培养。

(2) 在结构组织上：结构完整，重点突出。本书在导论的基础上，包括核算篇、控制篇、分析篇、发展篇，围绕成本会计的核心职能展开，形成完整的成本会计内容体系。在重视成本会计完整性的同时，考虑课程分工和教学时间限制，突出和明确成本核算、成本控制和成本分析这三部分内容。

(3) 在内容规划上：突出实务需求。本书吸收、借鉴最新的科研成果和成本会计领域的最新发展，使学生能对前沿内容有初步了解；同时反映新会计准则对成本核算的最新要求。由于成本会计是一门实务性极强的课程，因此，本书突出培养学生分析问题、解决问题的能力，并结合实务界的实际需求，增加了房地产开发企业、农业企业、旅游餐饮服务业的成本核算等内容。

（4）在体例安排上：体现"管理型"财会人才的能力培养。教材主体部分在表达上通俗易懂，利用简明的案例和例题阐述成本会计的基本知识与基本方法；每章开始，提示本章学习目标，并以案例开始引导学生进入学习；进一步学习指南，引导学生深入自学；思考题，帮助学生深入思考；核算题，帮助学生固化理论知识；案例分析或讨论题，扩展学生视眼，使其学会从多个角度看问题，以锻炼学生获取信息、沟通、团队合作等能力。此外，本教材还配备学习光盘，内容包括补充练习、学生设计案例、模拟实训及参考答案等配套资料，并有相应的教学辅助资源和网站支持。立体化、网络化的教材体系不仅方便教师教学，还可以针对性地培养学生自主学习、创新学习的能力，培养知识、能力、素质协调发展的"管理型"财会人才。

本书由浙江工商大学朱朝晖教授、绍兴文理学院许庆高副教授和嘉兴学院胡桂兰副教授担任主编，负责大纲的拟定、全书总纂、修改和定稿。具体分工如下：第一章、第四章由浙江工商大学朱朝晖执笔；第二章、第三章由浙江工商大学樊晓琪执笔；第五章由浙江工商大学李娟执笔；第六章、第七章、第八章、第九章由绍兴文理学院许庆高、夏婷执笔；第十章、第十一章由嘉兴学院蒋雪清执笔；第十二章由嘉兴学院胡桂兰执笔。

本书配套学习光盘由浙江工商大学朱朝晖、嘉兴学院马晨明、绍兴文理学院夏婷和嘉兴学院邓朝晖主编。

近年来，我国会计所处的社会经济环境发生了很大变化，对财会专业的从业人员和研究人员提出了新的挑战，新的理论和实践要求我们不断进行研究和探讨。由于编写时间和编者水平所限，本教材难免存在不当之处，敬请读者批评指正。

编 者
2011 年 1 月

目录

第三篇　控　制　篇

第一篇

导　论

第一章

成本会计概述

【本章学习目标】

- 掌握成本的含义、理论成本和实际成本的区别与联系
- 了解成本会计的发展历程及其新经济环境与成本会计的关系
- 掌握成本会计的概念和职能
- 认识成本会计与财务会计、管理会计的关系

【案例】

地，肥得流油。老人弓着腰，扶着犁，吆喝着牛。

原野静寂。儿子立在田坎上，望着父亲。

"快下来！"老人催儿子。儿子是被父亲抓到地里的，他连鞋也没脱。

儿子说："爹，我去工厂干活儿，去工厂干活合算。"

"爹，种庄稼卖得了几个钱？"儿子继续劝……

"老子不卖，老子自己吃！"老人随牛奔跑着。"多肥实的土地啊！到了秋天，会长出多少沉甸甸的黄谷啊！"

"爹，种子得多少钱？化肥得多少钱？农药得多少钱？"

"钱！钱！钱！你只晓得钱！老子不要钱，老子要黄谷，要煮饭吃的黄谷！"

"不谈钱？买谷种你怎让我拿钱？买化肥你怎让我拿钱？"

儿子继续劝："爹，算上你的工资、牛的工资，种这地，倒贴！"

"倒贴？我的啥工资？我种我的地开啥工资？牛是我自己的牛，开啥工资？"老人莫名其妙。老人甩着牛鞭，奔跑着。

"你去工厂守门，人家不开工资？你的牛给别人犁地，人家不开工资？"

"老子种自己的地！老子不给工厂看门！为了工资，我自己的地不种，跑去种别人的地？"老人笑骂着。

老人觉得实在好笑……

（资料来源：曾平．地问．小小说选刊，2006，18：33，34．有删改）

第一节　成本的含义

成本是会计理论中一个非常重要的概念，其作为价值范畴，在社会主义市场经济中客观存在。学习成本会计，首先要充分认识成本的内涵。

一、成本的经济内涵

成本是商品价值的主要组成部分，是商品生产发展到一定阶段后才形成和完善的。在资本主义生产方式出现以前，小商品生产者为了维持再生产和生活，也考虑价值的补偿，但他们将出售产品所获得的收入用来补偿生产所消耗的生产资料，剩余部分能供养家庭生活就可以了。因此，在小商品生产者看来，商品的生产性耗费主要指物化劳动耗费，所以小商品生产者没有完整的成本概念。在资本主义生产方式下，资本家的全部预付成本，除了包括预付在生产资料上的不变资本外，还包括付给工人的可变资本。因此，资本主义商品生产需要核算生产商品所耗费的一切，并尽可能用销售商品所获得的收入补偿其全部耗费，此时才形成比较完整的成本概念。马克思在《资本论》中分析资本主义商品生产时，对成本的含义进行了科学的分析。

马克思在分析资本主义商品生产时指出："按照资本主义方式生产的每一个商品的价值 W，用公式来表示是 W＝c＋v＋m。"即商品价值由三个部分组成：①生产资料的转移价值 c，表现为被消耗的劳动对象的转移价值和被磨损的劳动资料的转移价值；②活劳动新创造价值中，以工资形式分配给劳动者个人用于生活消费的部分，即活劳动消耗中的必要劳动时间所创造的价值 v；③劳动者的剩余劳动所创造的价值 m。"如果我们从这个产品价值中减去剩余价值 m，那么，在商品中剩下的，只是一个在生产要素上耗费的资本价值 c＋v 的等价物或补偿价值。""商品价值的这个部分，即补偿所消耗的生产资料价格和所使用的劳动力价格的部分，只是补偿商品使资本家自身耗费的东西，所以对资本家来说，这就是商品的成本价格。"[①] 马克思在这里所说的"商品的成本价格"指的就是产品成本。

成本是生产经营过程中的一种耗费，"生产行为本身，就它的一切要素来说，也是消费行为"。在商品经济条件下，劳动者运用劳动资料，对劳动对象进行加工，生产出满足市场需要的商品产品。这一生产过程既是商品产品的形成过程，也是活劳动和物化劳动的耗费过程，即成本是劳动耗费的尺度，是企业为生产商品和提供劳务所耗费的物化劳动和活劳动中的必要劳动价值的货币表现。

成本也是再生产过程中的补偿尺度，是维持企业简单再生产的前提。成本作为维持简单再生产的补偿尺度，其补偿价值是通过流通过程来实现的。成本"会通过流通过程，由它的商品形式不断买回在商品生产上耗费的各种生产要素"。只有实现了成本的足额补偿，企业扩大再生产才有可能。

所以，成本是耗费和补偿的统一体。成本是在产品的生产过程中形成的，为了再生

---

① 马克思，恩格斯. 马克思恩格斯全集，第 25 卷. 北京：人民出版社，1974：30.

产，它需要得到补偿。它既是生产耗费的反映，又是生产补偿的尺度。

在社会主义市场经济条件下，仍然存在商品生产和货币交换，社会产品仍然是使用价值和价值的统一。企业作为自主经营、自负盈亏的商品生产者和经营者，其基本经营目标就是向社会提供商品，满足社会的一定需要，同时以产品的销售收入补偿自己在商品的生产经营中所支出的各种劳动耗费，并取得盈利。因此，在社会主义市场经济中，产品的价值仍然由三个部分组成：①已耗费的生产资料的转移价值 c，即生产经营过程中耗费的物化劳动价值；②劳动者为自己劳动所创造的价值 v，即活劳动消耗中的必要劳动部分；③劳动者为社会劳动所创造的价值 m。上述的前两个部分，即 c＋v，是商品价值中物化劳动转移价值和活劳动中必要劳动所创造价值的货币表现，也是生产经营过程中所耗费的资金的总和，这就是社会主义制度下产品成本的经济内涵。这是一种高度抽象的理论，也称为理论成本。

成本是一个经济范畴，是商品经济的产物，又随着商品经济的发展而不断扩展其内涵和外延。马克思的成本理论所指的是产品成本。随着经济的发展、企业竞争的加剧，企业对成本管理的客观需要和管理水平不断提高，成本概念的内涵和外延不断扩大。美国会计学会（AAA）所属的成本概念与标准委员会将成本定义为为达到某种目的所发生或应该发生的价值牺牲，它可以用货币单位进行衡量；英国《标准会计实务公告》（SSAP）将成本定义为企业在正常经营过程中为使产品和劳务达到现在的位置和状态所发生的各种支出。这两个定义的成本不仅仅包括了产品成本或劳务成本，还包括质量成本、机会成本、作业成本、环境成本、资金成本等，形成了多元化的概念体系。即使就产品成本而言，也不仅仅局限于生产过程的成本，而是伴随着产品的设计、开发、生产、销售和使用的全过程；不仅仅是考虑与生产、销售和售后服务相关的直接消耗的物化劳动和活劳动的价值，而是对事前、事中、事后成本的一种全面考虑。成本是一个动态发展的概念。

二、成本的现实内容

马克思关于商品产品成本的论述是对成本经济内涵的高度理论概括。这一理论是指导我们进行成本会计研究的指南，是实际工作中制定成本开支范围、考虑劳动耗费的价值补偿尺度的重要理论依据。但是，社会经济现象是纷繁复杂的，将理论成本应用于实践，还应考虑宏观方针政策和微观企业管理的需要。在实际工作中，为了使企业成本计算的口径保持一致、防止乱挤乱摊成本、保持成本的可比性，国家有关财务制度对成本开支范围进行了规定，并根据经济形势的变化进行调整。

（一）应列入成本费用的内容

综合有关财会制度规定，工业企业成本费用开支范围包括以下各项：

（1）生产经营过程中实际消耗的各种原材料、辅助材料、备用品配件、外购半成品、燃料、动力、包装物、低值易耗品的价值和运输、装卸、整理等费用。

（2）固定资产的折旧、租赁费和修理费用。

（3）企业研究开发新产品、新技术、新工艺所发生的新产品设计费，工艺规程制定费，设备调试费，原材料和半成品的试验费，技术图书资料费，未纳入国家计划的中间试验费，研究人员的工资，设备的折旧与产品试制、技术研究有关的其他经费，以及委托其他单位进行的科研试制的费用和试制失败损失等。

（4）按国家规定列入成本费用的职工工资、福利费、奖金。

（5）按规定比例提取的工会经费和按规定列入成本费用的职工教育经费。

（6）产品包修、包换、包退的费用；废品损失、削价损失以及季节性、修理期间的停工损失。

（7）财产和运输保险，契约、合同的公证费和签证费，商标注册费，咨询费；专有技术使用费以及应列入成本费用的排污费。

（8）企业生产经营过程中发生的利息支出（减利息收入）、汇兑净损失、金融机构手续费以及筹资发生的其他财务费用。

（9）销售商品发生的运输费、包装费、展览费、广告费和销售服务费，以及销售机构的管理费。

（10）办公费、差旅费、会议费、取暖费、设计制图费、试验检验费、劳动保护费、公司经费、仓库经费、劳动保险费、待业保险费、董事会费、审计费、诉讼费、绿化费、消防费、税金、土地使用费、土地损失补偿费、无形资产摊销、开办费摊销、业务招待费、坏账损失以及存货跌价损失、存货盘亏毁损和报废（减盘盈）等损失。

（二）不应列入成本费用的内容

为了严肃财经纪律，加强成本费用管理，财务会计制度还明确规定下列各项费用不能列入成本费用：

（1）购置和建造固定资产、无形资产和其他长期资产的支出。

（2）对外投资的支出。

（3）被没收的财物，支付的滞纳金、罚款、赔偿金，以及企业对外赞助、捐赠支出。

根据上述成本费用的开支范围可以发现：一方面，成本费用开支范围（即实际成本）是以理论成本为基础的，即成本的实际内容要反映成本的客观经济内涵；但另一方面，成本费用又要发挥成本杠杆的调节作用，实际成本的内容同理论成本的内容稍有背离。例如，工业企业的废品损失、季节性和修理期间的停工损失等，不是产品的生产性耗费，而是纯粹的损耗，其性质并不属于成本的范围，但为了促使企业加强经济核算、减少生产损失，规定列入成本开支范围；又如，企业为职工支付的基本医疗、基本养老、失业、工伤等社会保险费等，是属于从为社会创造的价值中进行分配的部分，也列入成本费用。当然，对于成本实际开支范围与成本经济实质的背离，必须严格限制，否则，成本的计算就失去了理论依据。

同时需要注意的是，上述的成本是就企业生产经营中所发生的全部劳动耗费而言的，即是一个"完全成本"的概念。在实际工作中，是将其全部对象化，从而全部计入产品成本，还是将其按一定的标准分类，部分计入产品成本，部分计入期间费用，则取决于成本核算制度。根据我国现行企业会计制度的规定，工业企业应采用制造成本法计算产品成本，即将企业在生产经营中所发生的全部劳动耗费分为产品制造（生产）成本和期间费用两大部分。前者计入产品成本；后者不计入产品成本，而是直接计入当期损益。

三、成本的作用

成本的经济实质决定了成本在经济管理工作中具有十分重要的作用。

（一）成本是补偿生产耗费的尺度

成本是耗费和补偿的对立统一。要理解成本的经济含义，不仅要看到成本的耗费，更要重视成本的补偿。任何耗费总是个别生产者的事情，而补偿则是全社会参与的过程，任何商品只有在市场上实现商品交换后才能实现补偿。只有及时地、足额地补偿生产经营过程中的劳动耗费，才能保证企业再生产的不断进行。成本就是衡量这一补偿份额大小的尺度。

（二）成本是促使企业提高生产经营管理水平的重要杠杆

成本是衡量企业生产经营管理活动质量的综合指标。企业生产经营管理中各方面工作的业绩，都可以直接或间接地在成本上反映出来。产品设计的好坏、原材料消耗节约与浪费、工艺流程的合理程度、固定资产的利用情况、劳动生产率的高低、产品质量的高低、产品是否适销对路、供产销各环节工作的衔接协调等，最终都可以在成本中反映出来。企业可以通过对成本的定期监督、分析和考核来及时发现企业生产经营管理中存在的问题，并通过对成本的计划、控制、监督等措施挖掘潜力，合理地使用人力、物力和财力，从而降低成本，提高企业生产经营管理水平。

（三）成本是制定产品价格的重要依据

在商品经济条件下，产品价格是产品价值的货币表现，因此，制定产品价格时，应该以产品价值为基础。然而，人们还很难直接地、准确地计量产品价值，而只能通过成本间接地、相对地反映产品生产中所消耗的劳动力，从而基本掌握产品的价值，因此，成本是制定产品价格的重要依据，是产品价格制定的最低经济界限。当然，产品定价是一项复杂的工作，还需要考虑国家的价格政策、各种产品的比价关系、产品在市场上的供求关系及市场竞争的态势等因素，但产品实际成本水平始终是制定产品价格的一项重要依据。

（四）成本是企业进行经营决策的重要依据

在社会主义市场经济条件下，企业实行的是自主经营、自负盈亏的经营机制。当企业的产品在价格、质量、功能、品牌等方面相似时，其成本的高低就成了它在市场上的竞争能力和获利能力的主要因素。因此，企业在进行生产经营决策时，需要对比各种经济参数，进行成本效益分析，选择投入低、产出高、技术先进、工艺流程合理的方案，以充分发挥成本在经营决策中的作用，使得企业能获取最佳经济效益，并在市场竞争中处于有利地位。

第二节　成本会计的起源与发展

一、成本会计的起源

成本计量与会计一样有着悠久的历史。史前时代，原始人"刻木记事"、"结绳记事"等原始的计量和记录方式，不仅孕育了会计的萌芽，也孕育了成本记录的萌芽；到16世纪的欧洲，出现了成本会计的萌芽。然而，到19世纪末，成本计量的发展进程是非常缓慢的。

16世纪的资本主义，工业资本还处于工场手工业时期这一初级阶段。随着产业规模的扩大，手工工场开始认识到将设备的原始成本在其经济寿命期内分期摊销的折旧概念，这被认为是成本会计的萌芽。之后，大多数手工工场都采用自己独创的成本计量方法来降低和控制成本。但此时的成本计量主要借助统计方法来实现，成本记录大多在会计账户之外进行。即使到十七八世纪，商业贸易发展、手工业发展仍然相对迟缓，依旧采用传统的商业会计记账体系和簿记方法，成本会计没有得到重视，发展缓慢。会计记录既不区分资本性支出和收益性支出，又不考虑计量单位的一致性，甚至不划分会计期间。

成本会计作为完整的理论和方法体系，形成于工业革命之后。正如利特尔顿所言："成本会计的出现是企业工业化发展的一个回声。"

18世纪60年代，工业革命首先在欧洲资本主义国家展开。随着英国工业革命的完成，机器代替了手工劳动，工厂制代替了手工工场，企业规模不断扩大，在传统的纺织、冶金、煤炭等工业中开始用大量资金购买先进的机器设备，以提高生产效率。昂贵的生产设备的使用，致使折旧费用大幅度增长；与此同时，生产工艺日益复杂，大批量、多步骤化要求建立严格的管理和控制系统，并极大地增加了管理人员及其相关费用；产品品种日趋多样化，使得间接费用的分配成为成本计算的一大难题；此外，市场竞争的日益加剧，需要为产品提供较为正确的成本数据，以提升成本与利润计算的关联性。所有这些因素，使得重视成本、提高成本计算的准确性已成为必然趋势，为成本会计的出现和发展提供了前所未有的动力和机遇。但19世纪80年代之前的成本计量，主要还是借助统计方法实现，成本记录大都是在会计账户体系之外进行的。

二、成本会计的发展

（一）早期成本会计阶段（1880～1920年）：成本记录与会计账簿一体化

19世纪以前，成本计量的主要目的是为完成财务会计记录和报告提供必需的期末存货数据，利用成本数据进行产品估价和生产管理尚未受到重视，企业没有设置必要的总分类账户来反映制造成本从一个账户到另一个账户的过程和账户之间的勾稽关系。这种成本记录和会计账户体系之间的分离使得两方面的记录可能不符，这不仅影响会计记录的真实性，也给企业内部管理带来了许多不便。随着工业革命和科学管理运动的兴起，成本记录和会计账户体系分离的模式已经无法满足科学化管理的需要，将成本纳入会计账户体系已经势在必行。

1985年美国的亨利·梅特卡夫的《制造成本》被誉为世界"第一本成本会计著作"。他根据兵工厂生产管理的经验，提倡原材料在每次出库和转移时，都在"车间订单卡"上登记；同时，每个工人每完成一项工作，都要在其自己的卡片上登记所花费的工作时间。这样，每日收集这些卡片，就可以编制出反映投入各项工作的原材料费用和人工费用的成本表，然后将这些汇总登记成为车间的订货账簿。梅特卡夫的这种主要成本归集方法的原理被我们现代成本会计完全继承。

两年后，英国电力工程师埃米尔·加克和特许会计师约翰·费尔斯合著的《工厂会计》介绍了将成本记录和复式簿记结合的方式，该书提出了在总账中设立"生产"、"产成品"、"营业"等账户来结转产品成本，最后通过"营业"账户借贷双方余额的结算，得出营业毛利。这本书对于成本会计的建立，具有极为重要的意义，被认为是19世纪最著名、最有影响的成本会计专著。

1901年，英国管理专家汉密尔顿·丘奇在《工程杂志》上先后发表了六篇有关间接费用分配的文章，对间接费用进行了系统的研究。虽然丘奇的间接费用分配方法较为科学，但也较为复杂，并没有被广泛应用，但其对间接费用的论述对会计记录理论的发展起到一定的影响作用。

随着成本计算与会计核算的结合，成本记录与会计账簿的一体化，以及间接费用计入成本，真正的成本会计逐渐形成。1880～1920年是工业成本会计的形成时期，也是成本计量理论和实践的大发展时期，被会计史学家称为"成本会计的繁荣时期"。在这一时期，成本会计的方法取得了以下进展：

（1）建立材料核算和管理办法，如设立材料账户和材料卡片，并在卡片上标明"最高存量"和"最低存量"，以确保材料既能保证生产需要，又可节约资金；建立材料管理的"永续盘存制"，采取领料单制度控制材料耗用量，按先进先出法计算材料耗用成本。

（2）建立工时记录和人工成本计算方法。使用时间卡片，登记工人工作时间和完成产量；将人工成本先按部门归集，再分配给各种产品，以便控制和正确计算人工成本。

（3）间接费用被计入成本，并逐渐建立间接制造费用分配办法。随着工厂制度的建立，企业生产设备大量增加，间接制造费用也很快增长，成本会计改变了过去那种只将直接材料和直接人工列入成本，而将间接制造费用作为生产损失的做法。会计师们逐渐认识到间接费用应计入成本，并开始着重研究间接费用的分配方法。

（4）制造业根据生产特点，利用分批成本计算法或分步成本计算法计算产品成本。

但是，这个时期也是成本会计的初创阶段。由于当时的成本会计仅限于对生产过程中的生产消耗进行系统的汇集和计算，用来确定产品生产成本和销售成本，所以，也称为记录型成本会计。

（二）近代成本会计阶段（1921～1945年）：成本会计从财务会计中分离

19世纪末期，企业外部环境日趋复杂多变，竞争日趋激烈，许多企业通过比较竞争对手和自身的成本水平以制定有利于市场竞争的价格。然而,由于不同企业在原材料计价和间接费用分配等方面没有统一,同行之间成本计算结果可比性较差;而且,单纯的事后核算型成本会计,无法用于控制成本消耗。

与此同时,科学管理运动的先驱、美国工程师泰勒提出:人工核算中要考核实际耗工时间和科学耗工时间的差异。1909 年,美国效率工程师埃默森对标准成本进行了更为详细、更为全面的研究,为成本会计的新发展提供了指导思想。1911 年,美国会计师哈里逊第一次设计了一套完整的标准成本制度,提出了标准成本理论的基本轮廓。20世纪 30 年代,会计师和工程师对标准成本计算的问题取得了一致的看法,标准成本计算方法与复式记账体系结合在一起,并逐渐从理论实践阶段转入实施阶段,为成本控制提供了条件。这样,成本会计的职能扩大了,发展成为管理成本和降低成本的手段,使成本会计的理论和方法有了进一步完善和发展,形成了管理成本会计的雏形。它标志着成本会计已经进入了一个新的阶段——近代成本会计阶段。

此外,由于重工业的发展和劳动分工的细化,企业预算编制问题也日趋复杂化,传统的经验估计方法已经不再适用。随着标准成本制度的完全确立,预算编制也逐渐完善和系统化了。预算控制的初始,是采用固定预算的方法。1928 年,美国一些会计师和工程师根据成本与产量的关系,提出分别制定弹性预算和固定预算的方法。这样,企业预算可以合理地控制不同属性的费用支出,有助于正确考核经营者的工作成绩。

标准成本和预算控制理论的出现奠定了现代成本会计体系的基础,成为管理会计建立之初的两大支柱。之后,会计学家尼科尔森和罗尔巴克合著的《成本会计》、陀尔的《成本会计原理和实务》等书籍的出版,使成本会计的理论和方法进一步发展和完善,形成了完全独立的学科。由此,成本计算方法和管理方法都有了明显的突破,成本会计不仅仅是事后计算产品的生产成本和销售成本,还向事中、事前发展;成本会计的内容也逐渐扩大到了成本预算和成本控制。在实务方面,成本会计的应用范围更加广泛和深入,其应用范围从原来的工业企业扩大到各种行业,并深入应用到一个企业内部的各个主要部门。

（三）现代成本会计阶段（1945 年以后）：以管理为主的现代成本会计

第二次世界大战以后,科学技术迅速发展,企业规模越来越大,跨国公司大量出现,市场竞争愈演愈烈,经济危机发生频繁,企业经营困难重重。"泰勒制"的管理理论在许多方面已经越来越不适应资本主义生产力和生产关系发展的需要。企业管理当局为了适应社会化大生产的客观要求,增强其竞争能力,十分重视内部工作效率,广泛推行职能管理与行为科学管理。与此同时,运筹学、系统工程和电子计算机等各种科学技术成就在成本会计中得到了广泛应用,成本会计发展到了一个新的阶段,其发展重点已转移到如何预测、决策和规划成本,形成了新型的以管理为主的现代成本会计。这一时期成本会计的主要发展如下:

（1）开展成本的预测和决策。现代成本会计逐步转向把成本的预测和决策放在重要地位以主动控制成本。运用预测决策的理论和方法,建立起数量化的管理技术,对未来成本发展趋势作出科学的估计和测算;研究各种方案的可行性,选取最优方案,谋取企业的最佳效益。线性规划、概率等数学方法日益渗透到成本会计领域，使成本会计朝预防性管理方向发展。

（2）开展价值工程分析。美国通用电气公司采购部门的工程师劳伦斯·D. 迈尔斯根据其在采购工作中的经验，1947 年将一套在保证产品质量不变前提下降低产品成本的方法总结出来，并进行系统化。这种被称为"价值工程"和"价值分析"的方法，可以为企业节约大量成本，在 20 世纪 50 年代引起了美国实业界的普遍重视，在各企业广泛应用，并迅速被推广到西欧各国、日本等，在应用中逐渐形成了完整的科学体系。

（3）实行目标成本管理。随着管理学家德鲁克在 20 世纪 50 年代所提出的目标管理理论的应用，成本会计有了新的发展。推行目标成本管理可以促使企业加强成本控制，发动企业全体员工人人关心成本，建立有效的成本控制系统，促进企业不断降低成本。

（4）实施责任成本计算。随着企业规模日益扩大和管理日趋复杂，管理集权制转为分权制。为了加强企业内部各级单位的业绩考核，1952 年美国会计学家希琴斯倡导了责任会计，将成本目标进一步分解为各级责任单位的责任成本，进行责任成本核算。

（5）实行变动成本法（直接成本法）。美国人乔纳森·N. 哈里斯发现，在传统成本法下，企业会在全力生产而销量减少的情况下出现利润虚增；而在放松生产大力促销时却出现利润虚减。于是，哈里斯主张将固定成本从总成本中分解出来，只把变动的生产成本计入产品成本，而把当期固定费用直接从销售收入中扣除，这不仅免去了固定成本的分配计算程序，减少了计算工作量，还为企业进行预测和决策提供更为合理的基础，有利于企业内部业绩的合理评价。

（6）推行质量成本计算。随着工业生产的发展，企业对质量管理日益重视。20 世纪 50 年代初，质量成本受到关注。到 20 世纪 60 年代末，质量成本概念基本形成，并确定了质量成本项目、质量成本的计算和分析方法，从而扩大了成本会计的研究领域。

（四）新经济与成本会计的创新

进入 20 世纪 80 年代，人类社会经历了一次新的社会更替，信息化社会代替了工业化社会，建立在知识和信息的生产、分配和使用上的知识经济，给人类社会带来了方方面面的变化，企业所面临的社会、经济、制造环境和客户需求也发生了巨大变化。

（1）企业竞争日趋白热化、国际化。随着经济的不断发展和科学技术的不断进步、全球化信息网络和全球化市场的形成，企业间的竞争也由过去的局部竞争演变成全球范围内的竞争。而市场需求的不断变化和质量要求的不断提高，迫使企业缩短交货期、提高产品质量、降低产品成本。企业欲获取全球化的竞争优势，必须重视价值链两端的研发和营销，发挥其核心竞争力。

（2）战略管理已经成为企业的灵魂。企业不仅要关注传统的内部的财务信息，更需要关注外部的客户、竞争对手、市场、供应商等战略信息。企业需要着眼于对企业发展有长期性、根本性影响的问题进行决策和制定政策，以便在市场中取得竞争优势，确保有效完成企业各项目标。

（3）企业技术和管理的集成化趋势。新技术、新工艺的创新蔚然成风，高科技被广泛应用于生产和经营管理,自动化和计算机化成为新制造环境的基本特征。通信、计算机网络、计算机辅助设计、计算机辅助制造、计算机辅助工艺、柔性制造、计算机集成制造等技术的应用,企业将出现从量变到质变的突破。

(4) 成本会计的技术手段和方法不断更新。随着现代信息技术的发展,会计电算化已经或正在取代手工记账,这不仅使得成本计算更快捷、更准确,而且能进行手工记账所无法完成的业务,为成本会计适应当代管理的更高要求提供了基础条件;而企业内部网的建立,使得实时报告系统成为可能。

企业经营环境的巨变,新的管理方法、计算机技术和网络技术在企业管理中的广泛应用,使得原有的成本会计已经不再适应当代经济新的管理方法和技术的要求,成本会计改革呼声骤起,当代成本会计正经历着前所未有的变化。许多新型的成本会计方法相继出现,应用于企业实践并已初见成效:

(1) 作业成本法 (activity-based-costing system, ABC)。自动化程度的提高和资本有机构成的提高,直接人工工时和直接人工成本的大大降低;与工时无关的费用则快速增加。传统的以单一分配标准分配间接费用,容易高估或低估产品成本。美国学者鲁宾·库珀和罗伯特·卡普兰所创立的作业成本法,以作业消耗资源和产品消耗作业为基本前提,以作业为核算对象,依据资源动因将资源成本分配到作业中心,再将作业中心的成本以作业动因为基础追踪到产品成本,从而计算出各种产品的总成本和单位成本。这种方法较传统成本计算方法更为精细,成本数据更加准确,对正确进行经营决策、加强成本控制、降低产品成本都具有重要意义。

(2) 适时制和倒推成本法。"适时生产系统" (just-in-time production system, JIT) 是一种严格的需求带动生产的制度,要求企业生产经营管理各环节紧密协调配合,保质、保量并适时送到后一加工或销售环节,无须建立材料、在产品和产成品库存,实现"零存货" (zero inventory),以降低存货库存成本。在传统的成本计算方法下,生产成本的会计记录和生产成本发生的实物流是同步的。但在采用 JIT 的企业,使得传统的分批或分步成本法详细记录各类存货(如原材料、在产品及产成品)的必要性受到怀疑。这样,倒推成本法 (backflush costing) 便应运而生,即当产品完工或销售时,反回来计算在产品、产成品等生产成本。

(3) 质量成本会计。JIT 的"适时"必须和"全面质量管理" (total quality management, TQM) 同步进行。TQM 同传统质量管理不同,它从事后的质量检验为主转向事先的预防为主,从只管理产品质量转向管理质量赖以形成的工作质量;从专职人员的检验转向广泛吸收全体人员参加,把重点放在操作工人自我质量监控上,自动纠正质量缺陷,以保证企业整个生产过程实现"零缺陷"。TQM 是 JIT 顺利实施的一个必要条件,它也促进了质量成本会计的完善。质量成本会计在以往质量成本核算的基础上,根据全面质量管理的要求,采用质量成本决策、最佳质量成本模型和质量成本综合控制等方法进行系统管理,借以全面降低质量成本,并提高产品的社会效益、企业效益。

(4) 战略成本管理。在竞争优势的战略选择和决策中涉及大量的成本问题,包括领先战略中的成本优势,细分市场中的成本行为,规模经济、整合战略中的整合成本,竞争对手的相对成本与比较信息,以及战略决策分析的成本考虑等。为适应企业战略管理的需要，理论界和实务界，一方面，将成本管理导入企业战略管理并与之相融合；另一方面，在成本管理中引入战略管理思想，实现战略意义上的功能扩展从而形成了战略成本管理（strategic cost management，SCM）。战略成本管理是在考虑企业竞争地位的同时进行成本管理，在不同的竞争战略下正确组织成本管理，关注成本战略空间、过程和业绩。

（5）成本企划。成本企划是指企业在产品的策划、开发中，根据用户需求设定相应的目标，希冀同时达成这些目标的综合性利润管理活动。20世纪90年代以后，日本学者将战略成本推广到企业界，强调成本会计领域应由制造阶段扩展到制造前后阶段，特别是要深入产品成本形成过程的产品策划、开发设计、工艺准备等完整技术领域，在满足顾客要求的前提下，从各方面挖掘提高成本效益的潜力，实行成本预防性控制，以保证目标利润的实现。

（6）产品生命周期成本会计。随着科学技术、市场竞争和社会经济环境的变化，产品成本也必须是包含了整个过程的成本概念。产品生命周期是指从产品的产生直至消亡的整个过程，包括产品的设计与测试、产品的生产、产品的销售与售后服务直至废弃。因此，产品生命周期成本（life-cycle cost，LCC）就是指产品生命周期内所涵盖的所有阶段所发生的成本总和。基于产品生命周期成本的战略成本管理要求企业在成本管理过程中充分发挥价值链的作用。

（7）环境成本会计。企业在生产经营过程中常常会对环境造成各种不良影响，环境成本是指在产品生产活动中，从资源开发、生产、运输、使用、回收到处理过程中，解决环境污染和生态破坏所需要的全部费用。将环境成本纳入各项经济分析和决策过程，通过产品生命周期的绿色设计，减低产品在整个生命周期中对环境的不良影响，有利于提高企业的市场竞争能力和可持续发展能力，并最终实现环境效益和企业经济效益最优的目的。

三、成本会计的含义

（一）成本会计的含义

从成本会计的产生和发展过程来看，成本会计是随着社会经济的发展和企业管理要求的提高逐渐形成并不断发展的。成本会计的理论和实务，也随着社会经济的发展变化而不断变化。

19世纪末，美国早期研究成本会计的会计专家劳伦斯对成本会计的定义是：成本会计乃应用普通会计的原理，以有秩序之方法，记录一个企业之各项支出，并确定其所产物品（或所提供劳务）的生产和销售之总成本和单位成本，使企业的经营达到经济、有效而又有利之目的。这个概念强调的是应用会计原理和原则来计算成本，是针对应用统计方法计算成本而提出来的概念。此时的成本会计初步形成，它只是财务会计的一个组成部分。

20世纪中期，随着"泰勒制"的广泛实施，成本会计开始重视控制。代表性的成本会计定义可引用英国会计专家杰·贝蒂的表述：成本会计是用来详细地描述企业在预算和控制它的资源（指资产、设备、人员及所耗的各种材料和劳动）利用情况方面的原理、惯例、技术和制度的一种综合术语。在这个阶段，成本会计的范围有所扩大，它不仅是会计核算和成本计算的结合，还包括成本控制。

随着经济的发展、企业规模的扩大、市场竞争的日益激烈，企业要大幅度降低成本，必然把眼光放在生产过程之前，预测、决策和事前的规划受到重视。正如美国会计学家查尔斯·T. 霍恩格伦所描述的：成本会计目前涉及收集和提供各种决策所需的信息，从经常反复出现业务的经营管理直至制定非经常性的战略决策以及制定组织机构的重要方针。因此，现代成本会计是成本会计与管理的直接结合，它根据会计核算资料及其他资料，运用现代数学和数理统计的原理和方法，按照成本最优化的要求，对企业生产经营活动中所发生的成本进行预测、决策、计划、控制、核算、分析和考核，促使企业提高产品质量，降低成本，实现生产经营的最佳运转，不断提高企业的经济效益。

（二）成本会计与财务会计、管理会计的关系

会计系统是任何组织取得财务和管理信息不可缺少的工具。现代会计系统可以分为财务会计和管理会计两类。财务会计主要为投资者、债权人、政府机构以及其他企业外部信息使用者提供反映企业财务状况和经营成果及其变动情况的财务报告，其主要目的是发挥会计信息的社会职能。管理会计则主要是为企业内部各层管理人员提供各种相关的管理信息，体现会计的管理职能，即运用财务会计所提供的历史资料及其他信息，对企业经济活动进行规划与控制，并帮助决策者作出各种专门决策。财务会计从历史的角度看问题，关注过去发生的事情，强调客观性、可验证性和一致性，需要受制于公认会计准则；管理会计强调未来，除了提供历史报告外，还提供预测和预算信息。

成本会计主要处理企业获取和消耗资源的成本及其相关信息。根据成本会计的历史及其定义发展看，现代成本会计具有两重性：既是财务会计的一个重要组成部分，又是管理会计的一个重要组成部分（图 1-1）。

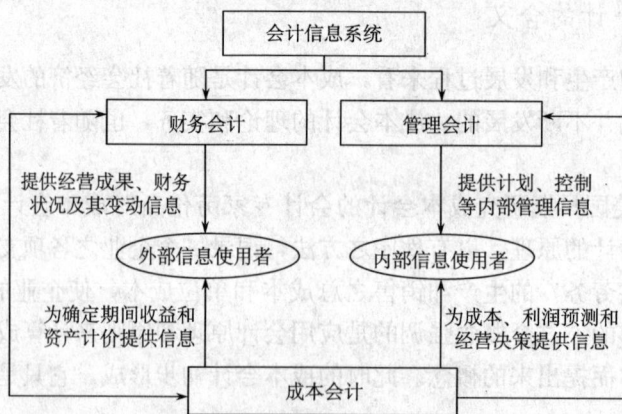

图 1-1　成本会计、财务会计、管理会计关系图

1. 为外部使用者服务的财务成本系统

成本会计为财务会计提供必要的信息，财务会计在进行资产计价和收益确定及其对外提供财务报告时，需要成本会计提供的相关资料。

为外部使用者服务的财务成本会计系统的首要目标是为正确计算期间收益提供成本资料，按成本配比原则对已耗费用进行有效分配计入本期销售成本和期间费用，由此确认期间经营收益；财务成本系统的第二个目标是对资产进行计价，依据历史成本原则，对本期未耗或未摊销成本进行计量，对资产负债表的资产进行计价。

为完成上述目标，财务成本会计系统以产品成本为核算对象，根据会计核算提供的实际生产费用资料，及时准确地核算产品的实际成本。其核算的整个程序要纳入以复式记账法为基础的财务会计框架，严格遵循会计核算的原则和准则，并在成本开支范围、开支标准、补偿方式等方面严格遵守有关法规的明确规定。只有如此，成本数据才能取信于企业外部的信息使用者，被他们用于对企业管理当局的业绩评价，并据以作出其投资决策。

2. 为内部使用者服务的管理成本系统

从管理会计发展史看，管理会计的雏形是以标准成本、差异分析、预算控制等成本会计的内容为标志的。随着管理会计决策、规划等职能的逐渐突出，传统的财务会计已经无法包容这些职能，管理会计才从财务会计中分离出来，成为与财务会计并列的一门学科。因此，成本会计与管理会计的联系更为紧密。

为内部使用者服务的管理成本系统，其核算目的是为了加强企业内部经营管理，为企业进行成本、利润预测和生产经营决策提供信息，包括：为构建企业整体策略和长远规划服务提供战略成本信息；为资源分配决策和定价决策提供成本信息；为企业经营活动的成本计划和成本控制服务；为企业业绩衡量和评价提供成本数据。

管理会计为实现会计的管理职能，需要运用各种独特的成本概念。这些成本概念以基本成本为基础进行加工、改制和延伸，以适应不同功能需要。所以管理成本是对财务成本的进一步深化和发展，其核算对象不是单一的产品成本，而是适应企业经营管理各个方面需要的各种不同的成本；核算所需要的资料，不仅仅是财务会计提供的实际生产费用，还涉及有关技术预测资料、计划和定额资料及市场信息等资料；管理成本核算主要取决于企业的实际情况和管理需求，因此其核算原则、方法等并不纳入财务会计框架，没有统一规定，企业不必按照统一的财会法规和制度进行核算；核算的成本并不一定是实际成本，也可以是计划定额成本，并且对准确性要求相对较低。

第三节 成本会计的职能

成本会计的职能，是指成本会计在经济管理中的作用和功能。成本会计作为会计学的一个组成部分，具有核算和管理两大基本职能。成本会计的核算职能是成本会计的基本职能，即将历史成本资料按一定程序归集，然后在各个成本计算对象之间分配，计算出产品的总成本和单位成本。成本会计的管理职能随着经济的发展和管理要求的提高而不断得以拓展，现代成本会计与管理密切结合。具体而言，现代成本会计的职能包括成本预测、成本决策、成本计划、成本控制、成本核算、成本分析和成本考核。

（一）成本预测

成本预测是指根据与成本有关的各种数据及其各种技术经济因素的依存关系，采用一定的程序、方法和模型，对未来的成本水平及其变化趋势作出科学的推测。成本预测可以减少经营活动的盲目性，提高成本管理的预见性和科学性。

（二）成本决策

成本决策是指在成本预测的基础上，按照既定或要求的目标，运用专门的方法，在若干个与经营活动成本有关的方案中，选择最优方案，据以制定目标成本。需要注意的是，成本最低的方案不一定是最佳方案，成本的降低不能以伤害企业的良性发展为前提。

（三）成本计划

成本计划是指根据成本决策所制定的目标成本，具体规定在计划期内为完成经营任务所需支出的成本、费用，确定各个成本对象的成本水平，并提出为达到目标成本水平所应采用的各种措施。成本计划是降低成本、费用的具体目标，也是进行成本控制、成本分析和成本考核的依据。

（四）成本控制

成本控制是指在经营活动过程中，根据成本计划具体制定原材料、燃料、动力和工时等消耗定额和各项费用定额，对各项实际发生的成本、费用进行审核、控制，并及时反馈实际费用与标准之间的差异及其原因，进而采取措施，以保证成本计划的执行。通过成本控制，可以防止和克服生产经营过程中的损失和浪费，实现预期成本目标，不断降低成本。

（五）成本核算

成本核算是对经营活动过程中实际发生的成本、费用按照一定的对象和标准进行归集和分配，并采用适当的成本计算方法，计算出该对象的总成本和单位成本。成本核算是对成本计划的执行结果，亦即成本控制结果的事后反映。成本核算是其他职能赖以进行的基础。

（六）成本分析

成本分析是根据成本核算所提供的成本数据和其他有关资料，通过与本期计划成本、上年同期实际成本、本企业历史先进成本水平以及国内外先进企业的成本水平等进行比较，分析成本水平与构成的变动情况，研究成本变动的因素和原因，挖掘降低成本的潜力。通过成本分析，不仅可以分析成本计划的执行情况，揭露生产经营中存在的问题，为成本考核和奖惩提供依据，也为企业未来成本的预测、决策和新的成本计划提供资料。

（七）成本考核

成本考核是指企业在将计划成本或目标成本指标进行分解，制定企业内部各责任单位的成本考核指标，明确他们在完成成本指标的经济责任的基础上，定期对成本计划的执行结果进行评定和考核。

成本会计的各项职能是相互联系、互为条件的，从而形成了一个有机的整体（图1-2）。成本核算是成本会计的最基本职能，它提供企业管理所需要的成本信息，是其他职能的基础；成本会计的其他职能正是在成本核算的基础上，随着社会经济的发展和企业经营管理要求的提高以及管理科学的发展，在现代成本会计和管理的结合中逐渐发展形成的。成本预测是成本决策的前提；成本决策既是成本预测的结果，又是制订成本计划的依据；成本计划是成本决策的具体化；成本控制是对成本计划的实施进行监督，是实现成本决策既定目标的保证；成本核算是对成本计划执行情况和成本控制结果的反映；成本分析和成本考核是实现成本决策和成本计划目标的有效手段。

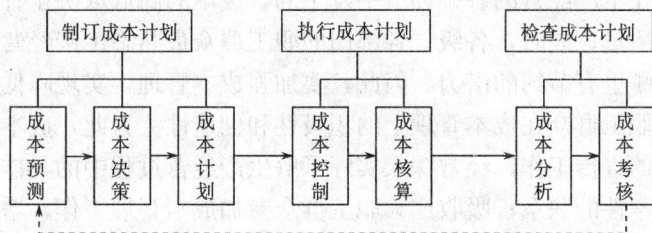

图 1-2　成本会计的职能体系

现代成本会计的各项职能贯穿于企业生产经营的全过程，放松或削弱任何一项职能都不利于加强成本会计工作。通过这些相辅相成的职能的发挥，可以促进企业尽可能地节约生产经营过程中物化劳动和活劳动的消耗，不断地提高经济效益。

第四节　成本会计工作的组织

一、成本会计工作组织的原则

企业应根据本单位生产经营的特点、生产规模的大小和成本管理的要求等具体情况来组织成本会计工作。具体来说，必须遵循以下几项原则。

（一）成本会计工作必须与成本管理相结合

成本会计工作并不是单一的成本核算。企业应根据自身的生产经营特点、企业规模、成本管理的要求等具体情况来组织成本会计工作，在总经理、总工程师、总经济师、总会计师和财会负责人的统一领导下，分工合作，明确划分厂部、车间、职能部门乃至班组的成本会计工作人员的岗位职责、工作范围和工作内容、工作质量和衡量标准等，既有利于成本核算质量，又有利于落实成本责任，更有利于提高成本管理水平。

（二）成本会计工作必须与技术相结合

产品的设计和加工工艺等技术是否先进、功能与价值在经济上是否合理，对产品成本的高低有着决定性的影响。在传统的成本会计工作中，会计人员多注重产品生产中的耗费，而对产品的设计、加工工艺、质量、性能等与产品成本之间的联系则考虑较少；相反，工程技术人员考虑产品的技术方面的问题多，而对产品的成本则考虑较少。为了在提高产品质量的同时不断地降低成本，在成本会计工作的组织上应贯彻与技术相结合的原则，不仅要求工程技术人员要懂得相关的成本知识，树立成本意识；成本会计人员也必须改变传统的知识结构，具备与正确进行成本预测、参与经营决策相适应的生产技术方面的知识。

（三）成本会计工作必须建立在广泛的群众基础之上

各种耗费是在生产经营的各个环节中发生的，成本的高低取决于各部门、车间、班组和职工的工作质量；同时，各级、各部门的职工群众最熟悉生产经营情况，最了解哪里有浪费现象、哪里有节约的潜力。因此，要加强成本管理，实现降低成本的目标，必须充分调动广大职工群众在成本管理上的积极性和创造性。为此，成本会计人员必须做好成本管理方面的宣传工作，经常深入实际了解生产经营过程中的具体情况，与广大职工群众建立起经常性的联系；吸收广大职工群众参加成本管理工作，增强广大职工群众的成本意识和参与意识，以便互通信息，掌握第一手资料，从而把成本会计工作建立在广泛的群众基础之上。

二、健全成本会计机构

成本会计机构是负责组织领导和从事成本会计工作的职能部门。建立成本会计的组织机构，必须与企业体制、组织结构和会计工作形式相适应，必须与企业业务的特点和企业规模相适应，必须体现精简高效的原则，并有利于成本会计的各项职能的发挥。

（一）成本工作的领导机构

一般情况下，企业成本工作的领导核心应由总经理（或厂长）、总会计师、总工程师、总经济师构成。总经理是成本工作组织的领导者，并对本单位的成本负完全责任。企业应在总经理的领导下，实施成本管理责任制；总工程师在生产技术方面、总经济师在经营决策和经营计划方面协助总经理组织成本工作，并对其成本效益负责；总会计师在总经理领导下，组织、指导企业和各部门开展成本工作。

具体而言，成本会计工作的领导机构负责制定企业成本工作的基本方针和政策，批准成本制度；建立健全成本工作的组织机构，协调各部门成本工作中的问题和矛盾；审定企业的目标利润和目标成本，批准成本计划，综合研究和确定各项重大的成本降低措施和方案；作出各项重大的成本决策；动员各部门、各级干部和职工参与到成本管理的实践中。

（二）成本会计的职能机构

成本会计的职能机构根据企业的规模不同有所不同。大中型企业一般应单独设置成本会计机构，或者在专设的会计部门下设置成本会计机构，专门从事成本会计工作；小型企业可以在会计部门中指定专人负责成本会计工作。另外，企业的其他职能部门和生产车间，也应根据工作需要设置成本会计组或者配备专职或兼职的成本会计人员。

成本会计机构内部，可以按成本会计所担负的各项任务分工，也可以按成本会计的对象分工，在分工的基础上建立岗位责任制，使每一个成本会计人员都明确自己的职责，每一项成本会计工作都有人负责。成本会计工作在厂部成本职能部门和企业内部各单位之间，可以采用两种不同的组织形式：集中核算和分散核算。

集中核算，是指企业的成本会计工作，主要由厂部成本会计机构集中进行，车间和职能部门一般只配备专职或兼职的核算员，负责提供原始资料，并对它们进行初步的审核、整理和汇总，为厂部成本会计机构进一步的工作提供基础资料。这种形式便于厂部成本会计机构及时地掌握整个企业与成本有关的全面信息；便于集中使用计算机进行成本数据处理；减少成本会计机构的层次和成本会计人员的数量。但这种工作方式不便于直接从事生产经营活动的各单位和职工及时掌握本单位的成本信息，也就不便于成本的及时控制和成本责任制的推行。

分散核算，是指成本会计工作中的计划、控制、核算和分析由车间等其他单位的成本会计机构或人员分别进行；成本考核工作由上一级成本会计机构对下一级成本会计机构逐级进行；厂部成本会计机构除对全厂成本进行综合的预测、决策、计划、控制、分析和考核以及汇总核算外，还应负责对各下级成本会计机构或人员进行业务上的指导和监督。分散核算有利于使成本工作更好地与各车间、职能部门的生产经营管理结合起来，使各车间、职能部门能够及时了解本部门的成本水平及其变动，更直接有效地控制成本费用，有利于降低成本。但这种组织形式增加了成本会计工作层次和工作人员。

企业采用哪种组织形式，要根据企业的规模、经营管理水平等，从有利于发挥成本会计职能、更好地完成成本会计任务出发。一般而言，大中型企业由于规模较大，组织结构复杂，会计人员数量较多，为了调动各级各部门控制成本费用的积极性，应采用分散工作方式；小型企业为了提高成本会计工作的效率和降低成本管理的费用，则一般可采用集中工作方式。

三、配备成本会计人员

成本会计人员是专门从事成本会计工作的专业技术人员。企业应根据企业规模的大小、业务的繁简，在成本会计机构中配备数量适当、思想品德优秀、精通业务的成本会计人员，这是做好会计工作的前提。

成本会计人员首先应具备良好的职业道德，热爱本职工作，忠实地履行自己的职责，严格按照有关法律、法规和其他制度及要求，认真完成成本会计的各项任务，保证提供的成本会计信息合法、真实、准确、及时、完整。

成本会计人员还应有良好的职业素养。成本会计人员要认真执行成本会计制度以及有关的成本管理制度，负责组织和处理企业的各项成本会计业务；既要做好成本预测和决策，制定成本计划，又要做好成本核算和控制，并及时进行成本分析，挖掘降低成本的潜力，为企业领导提供各种成本信息。随着成本会计职能的扩大，成本会计人员的素质应不断提高，不仅要精通会计和财务管理，而且应懂经营管理，特别是要熟悉本单位的生产经营和业务管理情况，成为具备一定的生产技术知识，善于将生产和管理相结合、技术与经济相结合的新型成本会计人员。

四、完善成本会计制度

成本会计制度是成本会计工作的规范，是会计制度的重要组成部分。企业成本会计制度要以会计准则、财务通则和财务会计制度的有关规定为依据，符合社会主义市场经济的要求，满足宏观调控的需要；要适应企业的生产经营特点和成本管理的具体要求，对成本预测、决策、计划、控制、核算、分析、考核等职能作出规定；既要保证提供的成本资料的正确、及时、全面、系统，又能适当简化有关工作。

各行业企业由于生产经营的特点和管理的要求不同，所制定的成本会计制度有所不同。就工业企业来说，成本会计制度一般应包括以下几个方面的内容：

(1) 成本开支范围的规定。

(2) 成本会计科目和成本项目的设置以及成本技术方法的规定。

(3) 成本预测和决策的制度。

(4) 目标成本制定、成本计划编制的制度。

(5) 成本控制的制度。

(6) 成本核算的制度和办法。

(7) 责任成本、企业内部结算价格和内部结算办法的制度。

(8) 成本报表的制度。

(9) 成本分析和成本考核的制度。

(10) 成本岗位责任制。

(11) 其他有关成本会计的制度。

成本会计制度的制定是一项复杂而细致的工作。有关人员应当深入实际做深入的调查研究工作，在反复试点、总结经验的基础上制定成本会计制度。成本会计制度一经制定，就应认真贯彻执行，保持相对稳定，一般不得擅自更改。但是，随着经济的发展以及会计法规和制度的不断完善，成本会计制度也要随之进行相应的修订和补充，以保证成本会计制度的科学性和先进性，充分发挥成本会计制度应有的作用。

【进一步学习指南】

成本概念的掌握是学习成本会计的起点。为财务报告计量产品销售成本和存货成本提供信息，是成本会计系统的主要目的之一，成本会计产生之初也从属于财务会计体系，因此，成本会计中的成本概念主要是指产品生产过程中的成本，成本核算是成本会计的最基本职能。

随着日益加剧的竞争国际化，产品利润空间缩小，企业不仅需要更加精确计算产品成本，更需要加强成本控制和管理，成本领先战略成了企业重要战略。为有助于了解成本会计系统的多种目标，我们可以去了解一些广泛运用和不断发展的成本概念和成本术语。

【思考题】

1. 成本的经济含义是什么？它有哪些作用？
2. 初步了解实务中成本费用的具体内容。
3. 成本会计是怎样产生和发展的？新的经济环境对成本会计的发展有什么影响？
4. 成本会计的职能有哪些？试述成本会计各项职能之间的关系。
5. 组织成本会计工作应当遵循哪些原则？
6. 企业内部各级成本会计机构之间的组织分工有哪两种方式？这两种方式各有什么优缺点？

案例分析　网箱养殖成本分析

舒廷飞等在发表于同济大学学报（自然科学版）2005年第1期的论文《哑铃湾网箱养殖完全成本模型研究》中，以广东省重要的水产养殖基地——哑铃湾为例，通过大量的实测数据和调查资料，建立了综合的、动态的和实用的网箱养殖完全成本模型，并对哑铃湾网箱养殖完全成本进行了计算。

他们认为，网箱养殖的完全成本包括以下几个部分：

（1）直接成本。包括网箱养殖过程中投入的各种直接成本费用，主要包括运输费、饵料费、鱼苗费、人工费、设备费（固定资产）、海域使用费（地租）和其他各种税金。

（2）水资源价值损失。指某一养殖时段前后水质的状态变化而引起的海水资源本身价值的损失。

（3）污染造成的社会、环境外部费用。指由于污染造成的社会、环境外部费用，可以分为三大部分：直接经济损失，主要包括研究区域由于污染导致的自然捕捞量减少、人工养殖数量减少和人工养殖品种质量降低；间接经济损失，主要是由海水被污染引起的当地旅游休憩以及相关行业社会经济收入减少的损失，也包括由污染造成的生态学意义上的损失；由养殖污染造成的水资源恢复费用。

要求：

（1）根据你所理解的成本概念，网箱养殖的成本是否应该包括以上内容？如果不是，应该包括哪些部分？为什么？

（2）为什么作者构建上述网箱养殖的完全成本模型？

（3）上述的完全成本模型对你有何启发？

第二篇
核 算 篇

第二章

成本核算概述

【本章学习目标】

- 认识成本核算的原则和基本要求
- 掌握费用的分类方式及其各方式的特点
- 熟悉成本核算的一般程序及其相应的账户设置

【案例】

天津开发区的一家工厂里，几名诺基亚的财务和质量部门人员与该厂的人员经过简单磋商，大家在一份文件上共同签字后，工厂的库房里面价值成百上千万的手机物料以及整机开始送到处理基地进行粉碎和销毁。

销毁这些手机及生产物料，一是防止这些尾货手机流入市场，冲击现有的营销和服务体系；二是这些专用物料的手机型号已经不再生产，需要报废。问题是：这些成本是预算之内的吗？由谁来承担？

一款产品退市和停产会引起几十万元甚至上百万元的报废损失，为了降低损失，从一开始决定介入某个领域，就要计划出退出那一刻要承担的成本。该成本如何计算？

（资料来源：佚名. 成本管理与企业战略"无缝对接"的十种策略. 考试大. http://www. exam-da. con/pm/know/jianzhu. 2006-11-08）

第一节　成本核算的要求

一、成本核算的目标

企业的生产经营过程，同时也是发生各种耗费的过程。企业在一定时期为生产经营活动而发生的用货币表现的各种耗费总和，称为费用；企业为生产一定种类和数量的产品所发生的各种费用之和，称为产品生产成本，也称产品的制造成本，简称产品成本。成本核算是对生产经营过程中所发生的各种费用，按照一定的对象和标准进行归集和分配，以计算各成本计算对象的总成本和单位成本。它包括费用核算和成本计算两部分。费用核算就是把一定时期发生的各种费用按一定程序进行归集汇总，并根据一定标准进行分配，以求出为生产产品、提供劳务所发生的费用总额和期间费用总额；成本计算是指对列入产品成本的各项费用，按一定标准和方法，在各成本计算对象之间以及某一成本计算对象的完工产品和在产品之间进行分配，以求得其总成本和单位成本。

（一）成本核算为成本管理提供决策支持

成本管理是对产品成本的形成和发生进行预测、决策、计划、控制、核算、分析、考核的一系列组织工作。成本核算作为基础环节为企业整个成本管理提供成本信息。通过成本核算，可以反映和监督成本计划的执行情况，可以控制生产过程中人力、物力和财力的消耗，可以查明企业生产经营存在的问题，从而采取措施，达到加强成本管理、降低成本、提高效益的目的。

（二）成本核算为产品定价奠定基础

产品价格是产品价值的货币表现。产品价格的制定应体现价值规律的要求，使其大体上符合产品价值。在产品价值无法直接计算的情况下，只能通过计算产品成本来间接地反映产品价值水平，从而根据市场供求关系、国家经济政策等其他有关的定价因素制定产品的价格。因此，成本核算就成为制定产品价格的重要依据。

（三）成本核算为企业过程控制、提高管理水平提供必要的信息

生产成本是企业生产耗费的综合反映，材料消耗的多少、劳动生产率的高低、固定资产利用的好坏、费用开支的节约或浪费、产品产量及质量情况，最终都会在成本中表现出来。因此，产品的生产成本是衡量企业生产经营活动质量的综合指标，在一定程度上反映出企业经营管理水平。因此，通过成本核算，可为企业改进生产技术和经营管理提供决策信息。

（四）成本核算为确定企业收益提供依据

企业在一定时期内实现的利润，从数量上可表述为企业当期的全部收入减去全部费用后的余额。因此，在其他情况不变的情况下，企业利润的多少，主要取决于生产成本和期间费用的高低；而利润的多少又关系到当年的利润分配。因此，成本核算在企业经营成果的计算、分配中起着重要作用。

二、成本核算目标实现的原则

由于企业的性质、生产的产品等方面各不相同，其成本核算有其各自的特点。但是，在成本核算中，应遵循的基本原则是相同的，这些原则主要有以下一些。

（一）实际成本核算原则

根据《企业会计准则》要求，企业在成本核算中，应按实际成本核算，即企业在生产经营过程发生的各种耗费，都要根据实际消耗量和实际单价，计算耗费的实际成本，不允许以计划成本、估计成本、定额成本等代替实际成本。如果平时按计划成本、定额成本、标准成本进行核算，那么期末应调整差异，使之成为实际成本。

（二）受益分配原则

凡是费用的发生同若干产品发生关系，这种费用称为间接费用。这些费用不可能直接汇集到各种产品上去，需要通过分配间接计入各种产品的成本。在分配过程中，间接费用分配标准的选择，应根据受益原则确定，即谁受益谁负担其费用，受益多的多负担，受益少的少负担，不受益不负担。

（三）分期核算原则

企业的生产经营活动是连续不断地进行的，但为了满足会计信息使用者对企业经营管理及相关经营决策的需要，企业应分期进行成本核算，确定各期的产品生产成本。这对于企业正确地确定经营成果和财务状况、比较和分析各期产品成本水平、加强成本控制有着重要意义。在成本会计中，一般以月份作为核算期，亦可以产品的生产周期作为核算期。

（四）一致性原则

企业在进行成本核算时，应根据企业生产的特点和管理的要求，选择不同的成本核算方法进行成本核算。但产品成本核算方法一经确定，没有特殊情况，一般不应随意变动，以使计算出来的成本资料便于比较。如因情况特殊，确实需要改变原有的成本核算方法，应在有关财务会计报告的附注中加以说明，并对原成本计算单中的有关数据进行必要的调整。

（五）重要性原则

在进行成本核算时，所采用的成本计算步骤、费用分配方法、成本计算方法等，都是根据每一企业的具体情况进行选择的。对一些主要产品，主要费用，应采用比较详细的方法进行分配和计算，而对于一些次要的产品和费用，则可采用简化的方法，进行合并计算和分配，以体现重要性原则。

（六）及时性原则

企业进行成本核算时，应遵循及时性原则，只有及时进行成本核算，才能及时编制财务会计报告，计算盈亏，并进行成本分析和成本考核。若不能及时进行成本计算、及时提供成本资料，就会影响企业的财务会计报告的编制和进行科学的决策。

三、成本核算目标实现的要求

成本核算的原则是指导成本核算工作的准绳和标准，而成本核算的原则在成本核算工作中的具体运用则产生成本核算的具体要求，在进行成本核算时应遵循以下具体要求。

（一）加强费用的审核和控制，严格执行国家规定的成本开支范围和费用开支标准

进行成本核算，首先要根据国家有关的法规和制度，以及企业的成本计划和相应的消耗定额，对企业的各项费用进行审核，看应不应该开支；已经开支的，看是不是符合开支标准及应不应该计入成本费用；计入成本费用的，看应不应该计入产品成本；为此，要对各项费用的发生情况，以及费用脱离定额计划的差异进行日常的核算和分析，并及时进行反馈。属于不合法、不合理、不利于提高经济效益的超支、浪费或损失要制止；属于定额或计划不符合实际情况而发生的差异，要按规定程序修订定额或计划。

成本费用的开支范围直接涉及企业生产经营的劳动耗费的补偿数额和确定利润的大小。我国企业成本费用的开支范围几经变动，尤其是 1993 年以来，我国会计制度不断地改革，陆续出台了一系列的企业《具体会计准则》、《企业财务会计报告条例》、统一的《企业会计制度》等，对成本的开支范围进行了调整。

1. 列入制造企业成本费用开支范围的内容

（1）生产经营过程中实际消耗的各种原材料、辅助材料、备用品配件、外购半成品、燃料、动力、包装物、低值易耗品的价值和运输、装卸、整理等费用。

（2）固定资产的折旧、租赁费和修理费用。

（3）企业研究开发新产品、新技术、新工艺所发生的新产品设计费，工艺规程制定费，设备调试费，原材料和半成品的试验费，技术图书资料费，未纳入国家计划的中间试验费，研究人员的工资，设备的折旧与产品试制、技术研究有关的其他经费，以及委托其他单位进行的科研试制的费用和试制失败损失等。

（4）按国家规定列入成本费用的职工工资、福利费、奖金。

（5）按规定比例提取的工会经费和按规定列入成本费用的职工教育经费。

（6）产品包修、包换、包退的费用。废品损失、削价损失以及季节性、修理期间的停工损失。

（7）财产和运输保险，契约、合同的公证费和签证费，商标注册费，咨询费；专有技术使用费以及应列入成本费用的排污费。

（8）企业生产经营过程中发生的利息支出（减利息收入）、汇兑净损失、金融机构手续费以及筹资发生的其他财务费用。

（9）销售商品发生的运输费、包装费、展览费、广告费和销售服务费，以及销售机构的管理费。

（10）办公费、差旅费、会议费、取暖费、设计制图费、试验检验费、劳动保护费、公司经费、仓库经费、劳动保险费、待业保险费、董事会费、审计费、诉讼费、绿化费、消防费、税金、土地使用费、土地损失补偿费、无形资产摊销、开办费摊销、业务招待费、坏账损失以及存货跌价损失、存货盘亏毁损和报废（减盘盈）等损失。

2. 不列入制造企业成本费用的内容

(1) 购置和建造固定资产、无形资产和其他长期资产的支出。

(2) 对外投资的支出。

(3) 被没收的财物，支付的滞纳金、罚款、赔偿金，以及企业对外赞助、捐赠支出。

(二) 正确划清各种支出的界限

1. 正确划清应该计入成本费用和不应该计入成本费用的界限

(1) 正确划清收益性支出与资本性支出界限。收益性支出是指与本会计年度效益相关的支出，应当计入当期的成本和费用；资本性支出是指与几个会计年度的效益相关的支出，不应计入当期的成本和费用。例如，企业购置和建造固定资产、购买无形资产以及对外进行投资，这些经济活动都不是企业日常的生产经营活动，其支出都属于资本性支出，不应计入支出期的成本费用。

(2) 正确划清生产经营性支出与营业外支出的界限。凡是与企业生产经营活动无直接关系的各项支出，都属于营业外支出，不应计入成本和费用。例如，企业的固定资产盘亏损失、由于自然灾害等原因而发生的非常损失，以及由于非正常原因发生的停工损失等，都不是正常的生产经营活动支出，不应当计入成本费用。

根据上述界限，企业既不应乱挤成本费用，将不属于成本费用的支出，计入成本费用；也不应少计成本费用，将属于成本费用的支出，不计入成本费用。乱挤和少计成本费用，都会使成本、费用不实，不利于企业成本管理。乱挤成本费用，还会减少企业利润和国家财政收入；少计成本费用，则会虚增企业利润，超额分配，影响企业再生产的顺利进行。

2. 正确划清产品成本与期间费用的界限

企业的生产费用应计入产品成本，而产品成本要在产品生产完成并销售以后才能计入企业的损益。当月投入生产的产品不一定当月完工并销售；当月完工、销售的产品不一定是当月投入生产的，因而本月发生的生产费用不一定全部计入当月损益。企业发生的期间费用，是不计入产品成本直接计入当月损益，从当月利润中扣除。因此，为了正确地计算产品成本和期间费用、正确地计算企业各期损益，还应将费用正确地划分为产品成本和期间费用。用于产品生产的原材料费用、生产工人工资费用和制造费用等，应该计入产品成本；用于产品销售、组织和管理生产经营活动和筹集生产经营资金所发生的费用，应该计入期间费用。

3. 正确划清各个月份的费用界限

企业发生的费用在各个月份之间进行划分，以便分别计算各月成本、考核和分析各月成本计划的执行情况。本月支付、应由以后各月负担的费用，应该在以后各月分摊计入成本费用（受益期限在一年以上的费用应先计入长期待摊费用，在一年以上的期间内按月摊入各月成本、费用）；本月虽然尚未支付，但应由本月负担的费用，应先预计入本月成本费用，以后再支付。

4. 正确划清各种产品的费用界限

为了分析和考核各种产品的成本计划或成本定额的执行情况，应该分别计算各种产品的成本。属于某种产品单独发生，能够直接计入该种产品成本的生产费用，应该直接计入该种产品的成本；属于几种产品共同发生，不能直接计入某种产品成本的生产费用，则应采用适当的分配方法，分配计入这几种产品的成本。应该特别注意盈利产品与亏损产品、可比产品与不可比产品之间的费用界限的划分，防止不同产品之间任意调节费用，以盈补亏掩盖超支，虚报产品成本的错误做法。

5. 正确划分完工产品与在产品的费用界限

月末，如果某种产品都已完工，这种产品的各项生产费用之和，就是这种产品的完工产品成本；如果某种产品都未完工，这种产品的各项生产费用之和，就是这种产品的月末在产品成本；如果某种产品一部分已经完工，另一部分尚未完工，这种产品的各项生产费用，应采用适当的分配方法在完工产品与月末在产品之间进行分配，分别计算完工产品成本和月末在产品成本。应防止任意提高或降低月末在产品费用、人为调节完工产品成本的错误做法。

以上五个方面费用界限的划分，都应贯彻受益原则，即谁受益谁负担费用，何时受益何时负担费用；负担费用多少应与受益程度大小成正比。这五个方面费用界限的划分过程，也是产品成本的计算过程。

（三）做好成本会计的基础工作

1. 建立和健全定额管理制度

产品的消耗定额是编制成本计划、分析和考核成本水平的依据，也是审核和控制成本的标准。企业应根据企业当前经营条件和技术水平，充分考虑职工群众积极因素，制定和修订先进而又可行的原材料、燃料、动力和工时等项消耗定额，并据以审核各项耗费是否合理，借以控制耗费，降低成本、费用。在计算产品成本时，往往也要以产品的原材料和工时的定额消耗量或定额费用作为分配实际费用的标准。

2. 建立和健全原始记录制度

建立和健全原始记录制度是成本核算的前提。为了进行成本的核算和管理，对于生产过程中工时和动力的耗费，在产品和半成品的内部转移，以及产品质量的检验结果等，均应作出真实的记录。原始记录对于劳动工资、设备动力、生产技术等方面管理，以及有关的计划统计工作，也有重要意义。应该制定既符合各方面管理需要，又符合成本核算要求，既科学又易行、讲求实效的原始记录制度，并且组织有关职工认真做好各种原始记录的登记、传递、审核和保管工作。

3. 建立和健全财产物资的计量、收发、领退和盘点的手续制度

为了进行成本管理和成本核算，还必须对财产物资的收发、领退和结存进行计量，建立和健全财产物资的计量、收发、领退和盘点制度。企业库存材料的收发、领退，在

产品、半成品的内部转移和产成品的入库等，均应填制相应的凭证，经过一定的审批手续，并经过计量、验收或交接，防止任意领发和转移。库存的材料、半成品和产成品，以及车间的在产品和半成品，均应按照规定进行盘点、清查，防止丢失、积压、损坏变质和被贪污盗窃。这些工作也是进行生产管理、物资管理和资金管理所必需的。

4. 建立和健全内部结算价格制度

在计划管理基础较好的企业中，为了分清企业内部各单位的经济责任，便于分析和考核内部各单位成本计划的完成情况，还应对材料、半成品和厂内各车间相互提供的劳务（如修理、运输）制定内部结算价格，作为内部结算和考核的依据。在制定了内部结算价格的企业中，对于材料领用、半成品转移以及各车间、部门之间相互提供劳务，都应先按计划价格结算，月末再采用一定的方法计算和调整价格差异，据以计算实际的成本、费用。

（四）适应生产特点和管理要求，选择科学的成本核算方法

产品成本是在生产过程中形成的，产品生产组织和生产工艺过程不同，就应该采用不同的成本核算方法。同时，成本核算应满足成本管理的需要，不同的成本管理要求，也应该采用不同的成本核算方法。根据生产特点和管理要求选择科学的成本核算方法，对正确计算产品成本是十分重要的。

第二节　费用的分类

企业在生产经营中发生的费用种类很多，为了掌握各种费用的性质和特点，便于合理地组织成本核算，必须对费用进行适当的分类，其中最基本的分类是按照费用的经济内容和费用的经济用途分类。

一、费用按经济内容分类

产品的生产经营过程，也是劳动对象、劳动手段和活劳动的耗费过程。因此，企业发生的各种费用按其经济内容划分，主要有劳动对象方面费用、劳动手段方面费用和活劳动方面费用三大类。我们将费用按经济内容进行分类形成的项目称为费用要素。

（1）外购材料。是指企业为生产经营而耗用的一切从外部购进的原料及主要材料、半成品、辅助材料、包装物、修理用备件和低值易耗品等。

（2）外购燃料。是指企业为生产经营而耗用的从外部购进的各种燃料，包括固体、液体、气体燃料。从理论上说，外购燃料应该包括在外购材料中，但由于燃料是重要能源，需要单独考核，因而单独列作一个要素进行计划与核算。

（3）外购动力。是指企业为进行生产经营活动而耗用的一切从外部购进的各种动力（包括电力、热力等）。

（4）职工薪酬。是指企业支付给全体职工的工资、工资性津贴、补贴、奖金以及企业按照工资的一定比例从成本费用中计提的职工福利费。

（5）折旧费。是指企业按照规定计算的固定资产折旧费用。出租固定资产的折旧费

不包括在内。

（6）修理费。是指企业按照规定列支的固定资产和低值易耗品因修理而发生的费用。

（7）利息费用。是企业应计入费用的银行借款利息支出减去银行存款利息收入后的净额。

（8）税金。是指企业计入管理费用的各种税金，包括房产税、车船使用税、土地使用税和印花税等。

（9）其他费用。是指不属于以上各要素的费用，如邮电费、差旅费、租赁费、保险费、水电费、办公费、劳动保护费、外部加工费等。

按照费用的经济内容进行分类，可以反映企业在一定时期内发生了哪些费用、数额是多少，据以分析各个时期各种费用的构成和水平；可以反映外购材料和燃料费用以及职工工资的实际支出，为企业编制有关计划提供资料；可以提供物化劳动及活劳动耗费数额，为计算工业净产值和国民收入提供资料。

但是，这种分类不能反映各种费用的经济用途和发生地点，以及这些费用与产品之间的关系，不便于分析成本升降的原因，不能说明费用支出的节约与浪费。为了掌握费用的用途，核算产品成本，开展成本分析，寻求降低产品成本的途径，还需对费用按经济用途进行分类。

二、费用按经济用途分类

费用按经济用途分类，可以分为生产成本和期间费用两大类。

（一）生产成本

生产成本是指企业生产各种产品所发生的、应计入产品成本的各项生产费用。由于生产费用有的直接用于产品生产，有的间接用于产品生产。为了具体反映计入产品成本的生产费用的各种用途，提供产品成本构成情况的资料，因此还需要将其进一步划分为若干个成本项目。成本项目是指生产费用按其经济用途分类核算的项目，工业企业的成本项目通常有以下三项：

（1）直接材料（原材料），是指直接用于产品生产，构成产品实体的原料、主要材料、有助于产品形成的辅助材料以及直接用于产品生产的外购和自制的燃料和动力。

（2）直接人工，是指直接从事产品生产人员的工资、奖金、津贴，以及直接从事产品生产人员的职工福利费等。

（3）制造费用，是指直接用于产品生产，但不便于直接计入产品成本，没有专设成本项目的费用以及间接用于产品生产的各项费用，如机物料消耗、厂房的折旧与修理费用等。

为了使成本项目更好地适应制造企业生产特点和管理要求，企业可以对上述成本项目作适当的调整。例如，燃料和动力费用占产品成本比重较大的企业，可以将"直接材料"项目分设为"原材料"和"燃料和动力"两个成本项目；有的企业在生产过程中可能发生废品或停工，如果废品损失或停工损失在产品成本中占比重较大，需要单独进行核算和管理的，可以增设"废品损失"或"停工损失"成本项目。

（二）期间费用

期间费用是指本期发生的、不能直接或间接归入某种产品成本的，直接计入损益的各项费用，包括管理费用、销售费用和财务费用。

（1）管理费用，是指企业行政管理部门为组织和管理生产经营活动而发生的各种费用，包括工会经费、职工教育经费、业务招待费、印花税等相关税金、技术转让费、无形资产摊销、咨询费、诉讼费、公司经费、聘请中介机构费、费用化的研究与开发费、劳动保险费、待业保险费、董事会会费以及其他管理费用。

（2）销售费用，是指企业在销售产品、提供劳务等日常经营过程中发生的各项费用以及专设销售机构的各项经费，包括运输费、装卸费、保险费、展览费、广告费、租赁费，以及为销售本公司商品而专设的销售机构的职工工资、福利费等经常性费用。

（3）财务费用，是指企业筹集生产经营所需资金而发生的费用。包括利息净支出（减利息收入）、汇兑净损失（减汇兑收益）、金融机构手续费以及筹集生产经营资金发生的其他费用。

费用按经济用途分类，可以说明企业费用的具体用途，有利于核算与监督产品消耗定额和费用预算的执行情况，有利于加强成本管理和成本分析。

三、费用的其他分类

（一）按费用与生产工艺的关系分类

按费用与生产工艺的关系分类，可以分为直接生产费用（基本费用）和间接生产费用（一般费用）。直接生产费用是指直接用于产品生产的费用，如产品生产耗用的材料费用、生产工人工资费用等；间接生产费用是指间接用于产品生产的费用，如机物料消耗、车间管理人员工资等。通过这种分类，有助于考察和分析企业的管理水平。一般说来，管理水平越高，产品成本中间接费用的比例越低。

（二）按费用计入产品成本的方法分类

按费用计入产品成本的方法分类，可以分为直接计入费用（简称直接费用）和间接计入费用（简称间接费用）。直接费用是指可以根据有关原始凭证直接计入某种或某批产品成本的费用；间接费用是指几种产品或几批产品共同耗用的费用，它不能直接计入某种或某批产品成本，需要按一定标准分配计入某种或某批产品成本。通过这种分类，可以了解哪些费用可以直接计入产品成本、哪些费用需要分配计入成本，从而进一步明确间接费用分配标准的选择对正确计算产品成本的重要意义。

（三）按费用与产品产量的关系分类

按费用与产品产量的关系分类，可以分为变动费用和固定费用。变动费用是指费用总额随产量增减而变动的费用，如直接材料、生产工人工资等；固定费用，是指费用总额在一定条件下不随产量变动而变动，即相对固定不变的费用，如车间管理人员工资等。当然，"变动"与"固定"只是相对而言的，变动费用总额是变动的，而单位产品的变动费用则是相对不变的；固定费用的总额相对固定不变，而单位产品负担的固定费用则是变动的。这种费用分类的意义在于针对不同的费用应采用不同的管理办法。对于变动费用，成本控制的重点在于单位产品变动费用；而对于固定费用，成本控制的重点在于固定费用总额的控制上。

第三节　成本核算的程序

一、成本核算的账户体系

为了核算产品成本，需要设置"生产成本——基本生产成本"、"生产成本——辅助生产成本"和"制造费用"等账户。

（一）"生产成本——基本生产成本"账户

"生产成本——基本生产成本"账户是为了归集基本生产车间所发生的各种生产费用和计算产品成本而设立的。该账户借方登记基本生产车间发生的各项费用，其中直接材料、直接人工等费用直接记入，制造费用等费用月末分配转入，该账户贷方登记结转完工入库产品成本。该账户如果有月末余额，肯定在借方，表示尚未完工在产品的成本。

"生产成本——基本生产成本"账户应按产品品种等成本计算对象分设基本生产成本明细账，该明细账亦称产品成本明细账或产品成本计算单。明细账内按成本项目分设专栏，按成本项目登记各种产品的月初在产品成本、本月费用、本月完工产品成本和月末在产品成本。基本生产成本明细账格式如表 2-1 所示。在实行厂部和车间两级成本核算的企业，各基本生产车间应按产品品种设置"产品成本明细账"，厂部则按车间分别设置"基本生产成本"明细账，登记各车间生产产品发生的费用。

表 2-1　产品成本明细账（基本生产成本明细账）

产品名称：×产品　　　　　　　　　　××年×月

日期	凭证号	摘要	直接材料	直接人工	制造费用	合计
		月初在产品成本				
		本月发生费用				
		合计				
		本月完工产品成本				
		月末在产品成本				

（二）"生产成本——辅助生产成本"账户

"生产成本——辅助生产成本"账户用以核算辅助生产车间为基本生产车间和管理

部门提供产品、劳务所发生的各项费用。辅助生产车间发生的各项费用，记入"生产成本——辅助生产成本"账户的借方及其明细账，完工入库产品的成本或分配转出的劳务费用，从"生产成本——辅助生产成本"账户贷方转出，分别记入"低值易耗品"、"生产成本——基本生产成本"、"制造费用"等账户及其明细账的借方。该账户如有余额，肯定在借方，表示辅助生产车间在产品的成本。"生产成本——辅助生产成本"账户按辅助生产车间和产品品种设置明细账，明细账内按成本项目设置专栏登记。

需要指出，如果企业辅助生产车间比较多、业务比较复杂，可以根据管理需要，将"生产成本"账户分解，设置"基本生产"和"辅助生产"两个一级账户。

（三）"制造费用"账户

"制造费用"账户用以核算生产车间所发生的间接费用，费用发生时记入"制造费用"账户的借方及其明细账，月末按一定标准分配制造费用时记入"制造费用"账户贷方。该账户月末一般无余额。"制造费用"账户通常按车间设置明细账，归集、分配每一车间发生的费用。制造费用明细账通常采用多栏式，格式如表 2-2 所示。

表 2-2　制造费用明细账

车间名称：

日期	摘要	工资及福利	办公费	折旧费	修理费	…	其他	小计

为了归集和结转不计入成本的期间费用，企业还需要分别设置"销售费用"、"管理费用"和"财务费用"账户。

为了划清本期费用与下期费用的界限，以正确计算产品成本，还应设置"长期待摊费用"账户。

企业如果单独核算废品损失和停工损失，还应增设"废品损失"和"停工损失"账户。

上述成本费用账户的账务处理基本程序如图 2-1 所示。

二、成本核算的程序

产品成本核算程序是指对企业生产经营过程中发生的各项生产费用，按照成本核算的要求，逐步进行归集和分配，最终计算出各种产品成本的核算顺序和步骤。产品成本核算过程就是将生产过程的生产费用计入产品成本的过程。在这个过程中发生的原材料、燃料和动力、工资费用、折旧费用等，有的直接计入产品成本，有的要通过一系列归集和分配后，才能逐步汇总到产品成本中去。月末，有的产品没有完工，要将生产费用在完工产品和在产品之间分配，计算出产成品成本和在产品成本。完工产品销售后，产品成本转化为主营业务成本，收支配合以计算主营业务利润。

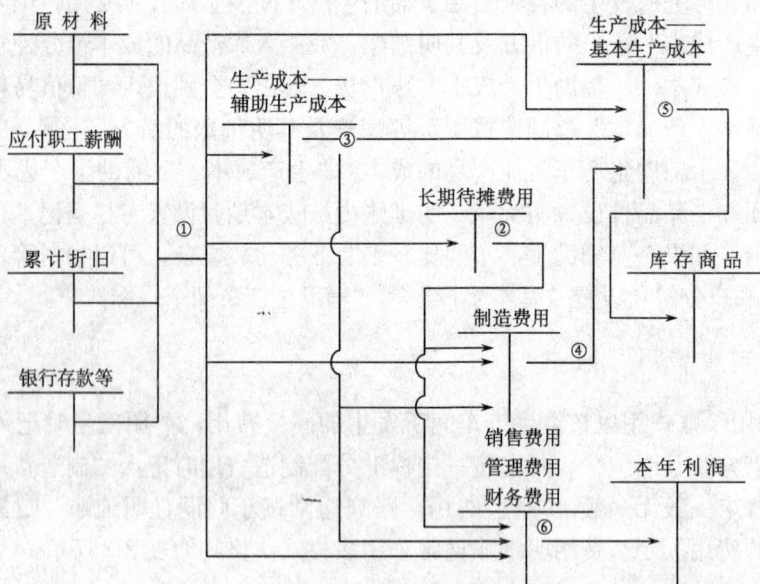

①要素费用分配；②长期待摊费用分配；③辅助生产费用分配；④制造费用分配；
⑤产品生产完工入库；⑥期间费用结转

图 2-1　成本核算账务处理基本程序

成本核算程序归纳如下。

1. 确定成本核算对象

成本核算对象是为计算产品成本而确定的归集生产费用的各个对象，是成本的承担者。因生产的特点不同，管理要求不同，具体的成本核算对象也不同。

2. 设置成本项目

制造成本法下，一般产品成本项目常设"直接材料"、"直接工资""制造费用"，管理需要，可设置"废品损失"、"停工损失"等项目。

3. 设置产品成本账

按产品品种、步骤设置基本生产成本、辅助生产成本、制造费用、废品损失总账及明细账。

4. 归集和分配要素费用，并登记产品成本账

（1）生产过程发生的费用，根据费用的用途，按成本开支范围的规定，划分应计入产品成本的费用和不应计入产品成本的管理费用、销售费用和财务费用。

（2）应计入产品成本的费用要编制费用分配表，如"材料费用分配表"、"工资费用分配表"、"折旧费用分配表"等，在费用分配表中应列出应记账户的名称及其明细账、成本项目以及金额，据以记入"生产成本——基本生产成本"、"生产成本——辅助生产成本"、"制造费用"等账户及其有关的明细账户。

（3）归集在"生产成本——辅助生产成本"账户的费用，按其服务对象和提供服务的劳务数量，采用一定方法分配，编制"辅助生产费用分配表"，据以登记"生产成本——基本生产成本"、"制造费用"、"管理费用"等账户及其明细账。

（4）归集在"制造费用"账户的费用，应在月末编制"制造费用分配表"，据以登记"生产成本——基本生产成本"账户及其明细账。

（5）单独核算废品损失和停工损失的企业，将归集在"废品损失"和"停工损失"账户的费用，编制"废品损失分配表"、"停工损失分配表"，据以登记"生产成本——基本生产成本"账户及其明细账。

（6）将归集在"生产成本——基本生产成本"账户及其明细账的费用在各种产品的完工产品和在产品之间进行分配，将完工入库的产品成本从"生产成本——基本生产成本"账户及其明细账转出记入"库存商品"账户及其明细账。

上述成本核算程序如图 2-2 所示。

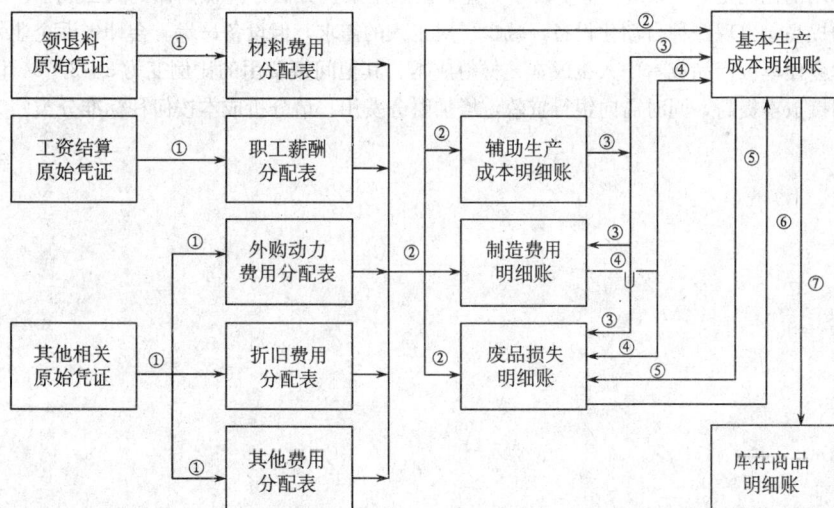

① 根据原始凭证编制各种要素费用分配表；② 分配各种要素费用；③ 分配辅助生产费用；
④ 分配制造费用；⑤ 归集不可修复废品的生产成本；⑥ 结转废品净损失；⑦ 计算并结转完工产品成本

图 2-2　成本核算的一般程序

【进一步学习指南】

成本核算的原则和要求是学习成本核算方法的理论基础，为成本核算方法提供规范。而熟练掌握费用的分类，便于合理地组织成本核算，有利于成本分析。熟悉产品成本核算程序是指对企业生产经营过程中发生的各项生产费用，按照成本核算的要求，逐步进行归集和分配，最终计算出各种产品成本的核算顺序和步骤。月末，需要将生产费用在完工产品和在产品之间分配，计算出产成品成本和在产品成本。对成本核算程序有个初步的了解，将引领同学进入下一步的学习。

【思考题】

1. 成本核算的基本原则有哪些？如何理解受益原则？

2. 正确核算产品成本必须划清哪些费用界限？为什么？

3. 产品成本核算应做好哪些基础工作？

4. 为什么要进行成本分类？成本可按哪些方法进行分类？

5. 费用按经济用途可分为哪些费用要素？

6. 什么是成本项目？生产成本按其经济用途不同可分为哪些成本项目？

7. 产品成本核算的基本程序如何？

案例分析

1. 某小型生产企业，由于考虑成本效益原则，在成本核算工作中存在不足，例如，材料消耗按实际领料数量进行核算，没有建立材料消耗定额；领用材料计量不够准确，对于不方便点数的材料用目测法估算。鉴于存在问题，经理决定整改，请你出谋划策，提出最佳方案。

2. 某小型企业加工工艺品，加工工艺品的人工成本很高，单位产品成本中人工成本、材料成本、其他间接费用的比例是 5：3：2，企业领导一直希望采用某些方法，降低高昂的人工成本。随着工艺技术水平的提高，出现一种自动化设备，减少了对工人的需求，但设备昂贵。会计告诉企业领导，使用该设备，会使单位产品成本中人工成本、材料成本、其他间接费用的比例变为 2：3：5，即直接成本下降，间接成本提高，同时需向银行贷款，增加财务费用。请分析成本按何种标准分类？为何这样分类？

第三章

制造业成本核算的程序

【本章学习目标】

- 理解并掌握各种要素费用的归集与分配方法
- 认识辅助生产费用归集与分配的原则、特点，掌握辅助生产费用的分配方法
- 了解制造费用的内容，掌握制造费用的分配方法
- 理解废品、废品损失的概念，掌握废品损失的核算方法
- 理解在产品的含义，掌握费用在完工产品与在产品之间的各种分配方法

【案例】

童小华在某小型机械制造厂进行毕业实习。在实习中，他发现该厂没有专门的成本会计核算员，而且大部分会计人员平时工作都很轻松，一到月末则忙得不可开交，连日加班到深夜尚且完不成核算任务。经过了解，他得知：造成这种局面的主要问题在于该厂的成本核算环节。该厂大部分有关成本费用开支方面的凭证在平时都堆积在一起，不做处理，等到月末时，再由所有财务人员集中到一起，分头处理相关原始凭证，而且每个人的工作内容又不是相对固定的。总体来说，成本核算工作缺乏有序的组织和缜密的事前规划，就连作为内部自制原始凭证的有关费用汇总表都一直没有固定可比的模式。所以，月末的成本核算工作常常乱作一团，缺乏有序的衔接和配合，返工重做是经常的事情。成本核算是成本会计的基础。没有科学有序的成本会计核算工作，不仅会造成成本核算工作混乱，影响成本核算工作的速度，也会影响成本核算工作的质量。

（资料来源：李玲．成本会计禁忌100例．北京：电子工业出版社，2006）

第一节　生产经营费用的归集与分配

一、要素费用的归集与分配

企业在生产过程中，要耗用原材料、燃料和动力，要支付职工工资以及发生的各种

其他费用。有些费用发生时，可以直接记入相关的账户或产品成本中，有些费用则属于多种产品共同耗用的费用，不能直接记入相关账户或产品成本中，而要采用科学的、合理的方法进行分配。因此，成本计算的首要任务是要在不同的产品或成本计算对象之间正确的归集和分配各种费用。

（一）账户设置

要素费用的归集与分配需设置"生产成本"和"制造费用"总账。其中，生产成本总账可以分设"生产成本——基本生产成本"、"生产成本——辅助生产成本"二级账，或根据需要直接设置"基本生产成本"和"辅助生产成本"总账。"生产成本"和"制造费用"所属明细账按成本或费用项目设专栏登记。

对于直接用于产品生产，专门设有成本项目，能够辨认为哪种产品所耗的费用，直接记入"生产成本——基本生产成本"、"生产成本——辅助生产成本"账户及所属明细账。

对于直接用于产品生产，专门设有成本项目，如为几种产品共同耗用的费用，需要采用一定标准分别记入"生产成本——基本生产成本"、"生产成本——辅助生产成本"账户及其所属明细账。

对于直接用于产品生产，但没有专设成本项目，或是间接用于产品生产的费用，都先记入"制造费用"总账及其所属明细账，然后将"制造费用"以及服务于基本生产车间的辅助生产成本通过一定程序、方法分配转入"生产成本——基本生产成本"账户及其所属明细账。

对于用于行政部门管理、组织生产经营、筹集资金及销售所耗用的要素费用，不需分配计入产品成本，而是作为期间费用，分别在"管理费用"、"财务费用"、"销售费用"账户中进行归集，直接计入当期损益。

（二）要素费用分配原则

（1）重要性原则。对于费用在产品成本中占比重较大的，应作为独立成本项目，单独分配；反之，并入其他项目。如原料及主要材料，应单独列示；又如燃料和动力，可视其占成本比重大小，既可作为成本项目单独分配，又可并入"直接材料"及"制造费用"项目分配。

（2）直接性原则。要求尽量扩大直接计入费用范围，因为这部分费用越大，人为标准分配的费用就越小，产品成本计算的准确性就越高。

（3）一致性原则。一致性原则指分配标准前后一致。分配标准可根据不同的分配对象进行选择，但一经确定，不应随意改变，以保证前后期一致及成本的可比性。

二、材料费用的归集与分配

（一）材料费用的原始凭证

企业生产经营过程中使用的材料包括原料及主要材料、辅助材料、外购半成品、修理用备件、燃料、包装物和低值易耗品等。企业生产经营过程发生的材料费用，都需要填制领用材料的原始凭证。

1. 领料单

领料单是一次使用的领发料凭证，每领一次材料填写一份。它适用于难以用消耗定额控制和不经常领用的材料，一般要求一单一料一用途，以便于分类汇总。领料单应填明领取材料的类别、品种、名称、规格、数量和用途，并由领料单位负责人签名。仓库发料时，将实发数量填入单内，并由领、发双方签章，以明确材料领、发的经济责任。领料单一般一式三联，其中，一联留存领料单位备查；一联留存发料仓库，据以登记材料明细账；另一联送交会计部门据以进行材料发出的核算。领料单如表 3-1 所示。

表 3-1　领料单

领料部门：　　　　　　　　　　年　月　日　　　　　　　　发料仓库　第　号

材料编号	材料类别	材料名称规格	计量单位	数量		成本		备注
				请领	实发	单价	金额	

用途

主管　　　　　会计　　　　记账　　　　保管　　　　发料　　　　领料

2. 限额领料单

限额领料单是一种在有效期和限额内可以多次使用的累计领、发料凭证，适用于经常领用，并有消耗定额的材料领用。它一般由计划部门或供应部门根据生产计划和材料消耗定额等资料，按照产品和材料分别填制，单中应填明领料单位、材料用途、领发材料的品种、规格以及确定的领料限额等项目。该单一般一式两联，经计划部门和供应部门审核签发后，向仓库领料。仓库发料时，应根据限额领料单所列材料的品名、规格在限额内发放，以便仓库和领料单位双方掌握实发数量和限额结余数量。限额领料单如表 3-2 所示。

表 3-2　限额领料单

领料单位：

用途：　　　　　　　　　　　　年　月　　　　　　　　　　发料仓库：第　号

材料编号	材料类别	材料名称规格	计量单位	领用限额	实发数量	金额	日期	领料人签字	发料人签字	限额结余

对于超过限额或变更用途材料的领料应区别情况进行处理。

3. 领料登记簿

领料登记簿是为了减少发料凭证的数量，简化填制和审批手续而采用的领料凭证。领料单位每月对同种材料的多次领取，只需填制一张领料登记表。领料时，应在表中填明领料日期、领料数量、累计领料数量。这样处理，减少了日常领料凭证填制工作，又便于月末材料发出汇总工作的进行。领料登记表如表3-3所示。

表 3-3　领料登记表

领料单位：
材料类别：
材料名称规格：　　　　　　　年　月　　　　　　　发料仓库：第　号

日期	领用数量	累计领料数量	单价	金额	发料人	领料人

（二）材料费用的分配原则与方法

1. 材料费用的分配对象

材料费用的分配对象不仅要适应企业的生产特点，还应考虑企业管理的要求，分别对产品的主次作不同的处理。对于主要产品，要按照每种产品或每批产品单独作为分配对象，计算其实际总成本和单位成本；对于一些次要产品或零星产品，则可以合并为一个分配对象，计算其实际总成本，然后再按一定比例进行分配，计算出各种产品的单位成本。

具体而言，企业生产经营过程发生的材料费用，应根据领用材料时填制的原始凭证上列明的领料部门及领料用途分别确定不同的对象进行归集：基本生产车间领用的直接用于产品生产，构成产品实体或有助于产品形成的原料及主要材料、辅助材料、半成品、燃料等，应直接归集在"生产成本——基本生产成本"账户；辅助生产车间为进行辅助产品或劳务生产而领用的各种材料，应归集在"生产成本——辅助生产成本"账户；各生产车间或分厂为组织、管理生产和维护机器设备而领用的各种材料，应归集在"制造费用"账户；专设销售机构因销售产品而领用的材料，应归集在"销售费用"账户；企业行政管理部门领用的材料，应归集在"管理费用"账户。

2. 材料费用的分配原则

（1）直接计入原则。对于产品直接耗用的材料费用应尽可能地直接计入有关产品的成本。因为在产品成本中直接计入的费用所占比例越高，越能反映成本的真实水平。通过一定标准分配计入的费用，都具有一定的假设性，有时很难说明产品生产中的节约和浪费的真实情况。

（2）重要性原则。对于在产品成本中所占比重较大的直接材料费用，应直接记入按成本计算对象设置的基本生产成本明细账户的"直接材料"成本项目内；即使这些直接材料是由多个成本计算对象共同领用和耗费的，也应采用既合理又简便的方法将其在各有关成本计算对象之间进行分配，然后记入基本生产成本明细账户的"直接材料"成本项目中。而对于在产品成本中所占比重较小、由多个成本计算对象共同领用和耗费的材料费用，可以采用简化的处理方法，即同生产车间一般耗用的材料一并按其发生的地点记入"制造费用"账户，待期末分配后再记入基本生产成本明细账户的"制造费用"成本项目内。

3. 材料费用的分配标准

直接用于产品生产的材料，有时是几种产品共同领用和耗费的，并且在产品成本中占有较大比重的直接材料费用，企业应采取既合理又简便的分配方法，在各种产品之间进行分配。根据分配标准不同，常用的分配方法有以下几种。

1）按定额耗用量比例分配

定额耗用量比例分配法是按各种产品材料消耗定额比例分配材料费用的一种方法。它一般在各项材料消耗定额健全并且比较准确的情况下采用。计算公式如下：

某种产品材料定额耗用量＝该种产品实际产量×单位产品材料定额耗用量

材料定额耗用量分配率＝材料实际总耗用量÷各种产品材料定额耗用量之和

某种产品应分配的材料实际耗用量＝该种产品材料定额耗用量×材料定额耗用量分配率

某种产品应分配的材料费用＝该种产品应分配的材料实际耗用量×材料单价

【例3-1】 某企业生产甲、乙两种产品，共耗用某种原材料9 000千克，每千克3.50元。甲产品实际产量为1 800件，单位产品材料定额耗用量为3千克；乙产品实际产量为1 200件，单位产品材料定额耗用量为1.5千克。采用定额耗用量比例分配法分配材料费用的结果如下：

甲产品材料定额耗用量＝1 800×3＝5 400（千克）

乙产品材料定额耗用量＝1 200×1.5＝1 800（千克）

材料定额耗用量分配率＝9 000÷（5 400＋1 800）＝1.25

甲产品应分配的材料实际耗用量＝5 400×1.25＝6 750（千克）

乙产品应分配的材料实际耗用量＝1 800×1.25＝2 250（千克）

甲产品应分配的材料费用＝6 750×3.50＝23 625（元）

乙产品应分配的材料费用＝2 250×3.50＝7 875（元）

采用上述方法计算分配材料费用，不仅能计算出每种产品应分配的材料费用，而且还能计算出每种产品耗用材料的实际数量。这样，可以考核材料消耗定额的执行情况，有利于加强成本的管理，但计算的工作量比较大。为了简化材料费用的分配工作，对于不需要考核材料实际耗用量的企业，可采用按材料定额耗用量的比例直接分配材料费用的方法。计算公式如下：

材料费用分配率＝（材料实际总耗用量×材料单价）÷各种产品材料定额耗用量之和

某种产品应分配的材料费用＝该种产品材料定额耗用量×材料费用分配率

2）按产品重量比例分配

产品重量比例分配法是按照各种产品的重量比例分配材料费用的一种方法。这种方法一般在产品所耗用材料的多少与产品重量有着直接联系的情况下采用。计算公式如下：

材料费用分配率＝（材料实际总耗用量×材料单价）÷各种产品重量之和

某种产品应分配的材料费用＝该种产品的重量×材料费用分配率

3）按产品产量比例分配

产品产量比例分配法是按产品的产量比例分配材料费用的一种方法。当产品的产量与其所耗用的材料有密切联系的情况下，可采用这种方法分配材料费用。计算公式如下：

材料费用分配率＝（材料实际总耗用量×材料单价）÷各种产品实际产量之和

某种产品应分配的材料费用＝该种产品实际产量×材料费用分配率

4）按产品材料定额成本比例分配

产品材料定额成本比例分配法是按照产品材料定额成本分配材料费用的一种方法。它一般在几种产品共同耗用几种材料的情况下采用。计算公式如下：

某种产品材料定额成本 ＝ 该种产品实际产量×单位产品材料定额成本

$$材料定额成本分配率 = \frac{\Sigma（每种材料实际耗用量×材料单价）}{各种产品材料定额成本之和}$$

某种产品应分配的材料费用＝该种产品材料定额成本×材料定额成本分配率

（三）材料费用的归集与分配

在实际工作中，根据材料日常核算采用的计价方法，发出材料可采用实际成本计价，也可以采用计划成本计价。按实际成本计价，其明细账采用数量金额式，由于每次入库材料的实际成本不同，故每次发出材料的单位成本必须选择一定的方法确认，并保持相对不变。具体可以选择先进先出法、加权平均法、移动加权平均法、个别计价法。根据发料凭证编制材料费用分配表（或发出材料汇总表），如表 3-4 所示。

表 3-4　材料费用分配表（实际成本）

分配对象	明细项目	原料和主要材料			辅助材料	燃料	合计
		直接计入	分配计入	小计			
甲产品	直接材料	30 000	5 000	35 000			35 000
乙产品	直接材料	20 000	3 000	23 000			23 000
丙产品	直接材料	10 000	2 000	12 000			12 000
废品（甲）	直接材料				1 000		1 000
基本车间	一车间				3 000	4 000	7 000
辅助车间	供电车间					10 000	10 000
管理部门	修理费				6 000		6 000
合计		60 000	10 000	70 000	10 000	14 000	94 000

根据材料费用分配表 3-4，编制会计分录如下：

借：生产成本——基本生产成本	70 000
——辅助生产成本	10 000
废品损失	1 000
制造费用	7 000
管理费用	6 000
贷：原材料	94 000

当发出材料按计划成本计价核算时，发出材料采用计划成本计价，并根据有关资料计算分配材料成本差异，编制材料成本差异分配表，如表 3-5 所示。

表 3-5 材料费用分配表（计划成本）

分配对象	原料和主要材料		辅助材料		燃料		合计
	计划成本	差异(2%)	计划成本	差异(1%)	计划成本	差异(−1%)	
甲产品	35 000	700					35 700
乙产品	23 000	460					23 460
丙产品	12 000	240					12 240
基本车间			3 000	30			3 030
辅助车间			1 000	10	10 000	−100	10 910
管理部门			6 000	60	4 000	−40	10 020
合计	70 000	1 400	10 000	100	14 000	−140	95 360

根据材料费用分配表，编制会计分录如下：

借：生产成本——基本生产成本	70 000
——辅助生产成本	11 000
制造费用	3 000
管理费用	10 000
贷：原材料	94 000

发出材料应负担的成本差异

借：生产成本——基本生产成本	1 400
——辅助生产成本	90
制造费用	30
管理费用	20
贷：材料成本差异	1 360

需要说明的是燃料费用的处理方法。在上述会计处理中，我们将直接用于产品生产的燃料记入了"生产成本——基本生产成本"账户的"直接材料"成本项目。在实际工作中，若燃料耗用的数量较大，则可专门设置"燃料及动力"成本项目，归集生产中使用的燃料费用，以便于对其使用情况进行分析和考核。

三、外购动力费用的归集与分配

(一) 外购动力费用的归集

外购动力费用是指企业从外单位购入的电力、热力等动力所支付的费用。外购动力费用在实际工作中大多是先用后付的，也就是本月发生的动力费用要到下个月才支付，而企业进行成本计算的会计期间是以月份为基础的，因此，根据权责发生制原则和配比原则的要求，企业必须在每月月末自行抄录计量仪表上反映耗用动力的数量，以确认各期发生的动力费用。

外购动力费用应按耗用部门和用途进行归集。直接用于产品生产的外购动力费用，如基本生产车间工艺用电，应归集在"生产成本——基本生产成本"账户；间接用于产品生产的外购动力费用，如基本生产车间照明、调节温度用电，应归集在"制造费用"账户；各辅助生产车间耗用的外购动力费用，应归集在"生产成本——辅助生产成本"账户；专设销售机构耗用的外购动力费用，应归集在"销售费用"账户；企业行政管理部门耗用的外购动力费用，应归集在"管理费用"账户。

企业为了便于归集各部门不同用途的外购动力费用，可以根据需要在各部门安装计量仪表，届时根据各部门耗用动力的数量，将其乘以外购动力费用的单价，即可确定各账户应归集的金额。

(二) 外购动力费用的分配

外购动力费用的分配，在有仪表记录的情况下，应根据仪表所示耗用动力的数量和动力的单价计算。但是基本生产车间由于同一设备往往生产多种产品，难以为生产的每一种产品安装仪表计量其耗用的动力数量，因此，基本生产车间直接用于生产产品的外购动力费用，应选择适当的标准，在生产的各种产品之间进行分配。分配的标准有生产工时比例、机器功率时数比例、定额消耗量比例等。

在实际工作中，外购动力费用的归集和分配通过编制外购动力费用分配表进行，如表 3-6 所示。

表 3-6　外购动力费用分配表

20××年 9 月

应借账户		成本或费用项目	分配标准（生产工时）	分配率	分配金额/元
基本生产成本	甲产品	燃料及动力	25 000	0.20	5 000
	乙产品	燃料及动力	10 000	0.20	2 000
	小计		35 000		7 000
辅助生产成本	锅炉车间	燃料及动力			600
	供电部门	水电费			200
	小计				800
制造费用		水电费			900
销售费用		销售机构经费			400
管理费用		公司经费			1 000
合计					10 100

根据外购动力费用分配表，编制会计分录如下：

借：生产成本——基本生产成本　　　　　　　　　　　7 000

　　　　　——辅助生产成本　　　　　　　　　　　 800

　　制造费用　　　　　　　　　　　　　　　　　　 900

　　销售费用　　　　　　　　　　　　　　　　　　 400

　　管理费用　　　　　　　　　　　　　　　　　　1 000

　贷：应付账款　　　　　　　　　　　　　　　　　　10 100

四、职工薪酬费用的归集与分配

（一）职工薪酬的构成

职工薪酬是指企业在一定时期内支付给本单位全部职工的全部劳动报酬。1990 年国家统计局对工资总额组成内容作了规定；2006 年《企业会计准则第 9 号——职工薪酬》则明确了职工薪酬是指企业在职工在职期间和离职后提供的全部货币性薪酬和非货币性福利，包括提供给职工本人的薪酬，以及提供给职工配偶、子女或其他被赡养人的福利等。职工薪酬主要包括：

（1）工资、奖金、津贴和补贴。这些项目是指按国家统计局的规定构成工资总额的组成内容，其中工资包括按计时工资标准和工作时间支付给职工个人的劳动报酬（计时工资）和按职工所完成的工作量和计件单价计算支付的劳动报酬（计件工资）。

（2）职工福利费。包括货币性福利和非货币性福利。

（3）"五险一金"。包括养老保险、医疗保险、失业保险、工伤保险、生育保险、职工个人交纳的住房公积金。

（4）工会经费和职工教育经费。指用于开展工会活动和职工教育培训等相关支出。

（5）补偿及相关支出。指因解除与职工的劳动关系给予的补偿。

《企业会计准则第 9 号——职工薪酬》规定，凡属于职工薪酬的工资均在"应付职工薪酬"账户进行核算。

（二）职工薪酬核算的原始凭证

考勤记录、产量记录、工时记录是计算应付职工薪酬、归集和分配工资费用的基础，可为企业考核劳动消耗定额执行情况、进行成本分析及决策提供有用信息。因此，每个企业都应根据管理需要和生产工艺特点，合理设计考勤记录、产量记录和工时记录的格式，认真做好各项原始记录的统计工作。

1. 考勤记录

考勤记录是登记职工出勤和缺勤情况的原始记录，如表 3-7 所示。它一般按车间、班组、科室分别填制，应由考勤人员根据职工出勤、缺勤以及迟到、早退情况进行逐日登记。考勤记录的主要形式是考勤簿、考勤卡和考勤钟等。

表 3-7　考勤簿

车间：　　　　　　　　　　　　　　　年　月　　　　　　　　　　　　考勤员：

编号	姓名	工资等级	出勤和缺勤情况								出勤小计	缺勤小计	出勤时间分析				缺勤时间分析					迟到
			1	2	3	4	5	6	7	…			计时工资	夜班工资	加班工资	出勤合计	公假	工伤	病假	矿工	事假	
1																						
2																						
3																						

2. 产量和工时记录

产量记录是反映工人或班组在出勤时间内生产产品的产量、质量和耗用生产工时的原始记录。它是计算计件工资和统计产量、生产工时的依据。

在成批生产类型的企业里，一般采用"工序进程单"作为产量记录，如表 3-8 所示。"工序进程单"一般按每批产品的整个工艺过程开设，用以分配生产任务，并同时用来记录产品的加工进程。在"工序进程单"中，由于要反映产品的全部加工过程，故要将产品的全部工序列入，并且需记录每道工序产品质量的检查结果。但工序进程单不能满足企业统计产量和计算工资的要求，因而还需设置"工作班产量记录"，如表 3-9 所示。工作班产量记录应按班组设置，并应同工序进程单结合起来使用。

表 3-8　工序进程单

年　月

车间名称		工段		产品型号		部件、零件编号及名称					投产数量		
	任务完成情况						检查结果						
机床号	姓名	工序	数量	工时定额	开工		完工		实际工时	交验数	合格数	返修数	工废数	料废数	缺额	检验员	工作班产量记录编号
					日期	时间	日期	时间									

表 3-9　工作班产量记录

年　月　　　　　　　　　　　　　班组：

工人			工作任务					检验结果								工资		
工号	姓名	等级	加工进程单编号	产品型号	零件编号	工序	发给加工数量	工时定额	交验数量	合格数量	返修数量	工废数量	料废数量	短缺数量	未加工数	定额总工时	实际工时	检验员	计件单价	合格品工资	废品工资	工资合计

在单件小批生产的企业里，一般采用"工作通知单"作为产量记录，如表 3-10 所示。采用这种通知单使得计算工资和工时比较方便，但它不能反映被加工产品连续加工过程。因此，通常在使用工作通知单的同时，还配合采用工序进程单。

表 3-10　工作通知单
年　月

工作令号		车间	工段		小组		姓名		工号		等级

产品或订单号	零件编号	工序	机床号	工作等级	计量单位	数量	单位时间定额	总定额	开工时间	完工时间	实用时间	交验数量	合格数量	返修数量	工废数量	料废数量	缺额	检验员号	废品通知单	计价单价	合格品工资	废品工资	合计

企业为了同职工办理工资结算手续，通常按车间、部门编制工资结算单。职工工资单应分别职工类别和每一职工，反映企业应付职工薪酬、代扣款项和实发工资等内容。工资结算单一式多联。其中一联经职工签收后作为工资费用结算和发放的原始凭证。

为了反映整个企业全部工资的结算情况，还应根据工资结算单汇总编制工资结算汇总表。工资结算汇总表的格式如表 3-11 所示。

表 3-11　工资结算汇总表
20××年×月　　　　　　　　　　　　　　单位：元

车间部门	职工类别	计时工资	计件工资	夜班津贴	奖金	应发工资	代扣款项		实发金额
							住房公积金	养老保险金	
基本生产车间	生产工人	18 000	29 840	4 500	9 500	61 840	6 184	4 948	50 708
	管理人员	2 150		200	450	2 800	280	224	2 296
行政管理	管理人员	4 880		400	920	6 200	620	496	5 084
…	…	…	…	…	…	…	…	…	…
合计		29 730	29 840	5 550	11 820	76 940	7 694	6 156	63 090

（三）职工薪酬的计算

职工薪酬的计算是企业工资费用归集和分配的基础，也是企业与职工之间进行工资结算的依据。职工薪酬的计算包括计时工资的计算、计件工资的计算、计提职工福利费的计算等。

1. 计时工资的计算

计时工资是根据考勤记录登记的每一职工的出勤情况和规定的计时工资标准计算的。计时工资的计算有月薪制和日薪制两种方法。

（1）月薪制。月薪制是指根据每位职工的月标准工资和出勤情况计算其工资的方法。采用月薪制时，只要职工出满勤，不论该月份是多少天数，都可以得到全月的标准工资。如果缺勤，就应从月标准工资中将缺勤日的工资予以扣除。计算公式如下：

$$应付职工薪酬 = 月标准工资 - （事假天数 \times 日标准工资）$$
$$- （病假天数 \times 日标准工资 \times 病假扣款率）$$

式中，日标准工资亦称日工资率，其计算公式为

$$日标准工资 = 月标准工资 \div 平均每月工作日数$$

式中，平均每月工作日数一般按以下两种方法计算：①按全年平均日历日数 30 天（360/12＝30.4，一般按 30 天）计算；②按全年法定工作日数 20.83 天计算，即按年日历日数 365 天减去 104 个双休日和 11 个法定节假日之差，再除以 12 个月算出平均工作日数。这两种方法的不同点在于：按 30 天计算日标准工资，由于日标准工资的计算没有扣除法定节假日和双休日（以下统称节假日），所以节假日照付工资，因此缺勤期的节假日也应扣发工资；按 20.83 天计算日标准工资，由于日标准工资的计算已扣除了节假日，所以节假日就不需支付工资，因此缺勤期内的节假日也就不存在扣发工资的问题。

【例 3-2】 某企业基本生产车间张恒的月标准工资为 1 800 元。20×× 年 5 月考勤记录反映张恒病假 2 天，事假 1 天。5 月份日历天数为 31 天，其中节假日 3 天，双休日 8 天。根据张恒的工龄，其病假工资按标准工资的 90% 计算。张恒的病假和事假期间没有节假日。现按上述两种方法计算张恒 5 月份的计时工资。

按 30 天计算日标准工资：

日标准工资 ＝ 1 800 ÷ 30 ＝ 60（元/日）

应付职工薪酬 ＝ 1 800 － 60 × 1 － 60 × 2 ×（1 － 90%）＝ 1 728（元）

按 20.83 天计算日标准工资：

日标准工资 ＝ 1 800 ÷ 20.83 ＝ 86.41（元/日）

应付职工薪酬 ＝ 1 800 － 86.41 × 1 － 86.41 × 2 ×（1 － 90%）＝ 1 696.31（元）

（2）日薪制。日薪制是指按每位职工的日标准工资和出勤情况计算其工资的方法，其计算公式如下：

应付职工薪酬 ＝ 出勤日数 × 日标准工资 ＋ 病假日数 × 日标准工资 ×（1 － 病假扣款率）

采用日薪制计算应付职工计时工资，由于每个月份实际工作天数不同、职工出勤的天数不同，所以每个月份都需要计算，工作量较大，通常适用于计算临时工的工资。

2. 计件工资的计算

计件工资是根据规定的计件单价和职工完成的合格品产品数量计算的。计件工资按照支付对象的不同，可分为个人计件工资和集体计件工资两种。

（1）个人计件工资的计算。当职工所从事的工作能分清每个人的经济责任时，可采取个人计件工资的方式。个人计件工资应根据产量和工时记录中登记的每个工人完成的工作量，乘以规定的计件单价计算。计算公式如下：

$$应付计件工资 = \sum（各种产品的数量 \times 该种产品的计件单价）$$

其中，计件单价可以根据加工单位所需耗用的工时定额和该级工人每小时的工资率计算求得：

$$计件单价 = 产品定额工时 \times 等级小时工资率$$

上式中的产量包括合格品数量和由于材料缺陷等客观原因产生的废品（简称料废）数量。对于由于工人本身过失造成的废品（简称工废），不但不能计算计件工资，有的还应由工人赔偿损失。

【例3-3】 职工王诚8月份加工甲、乙两种产品，甲产品180件，乙产品120件。验收时发现甲产品料废5个，工废4个。该职工小时工资率为4.5元，制造甲产品定额工时为1小时，乙产品为2小时。王诚6月份应得计件工资可计算如下：

甲产品计件单价＝1×4.5＝4.5（元）

乙产品计件单价＝2×4.5＝9（元）

王诚8月份应得计件工资＝（180－4）×4.5＋120×9＝1 872（元）

当职工在月份内生产多种计件单价不同的产品，为简化核算手续，也可将各种产品的产量折合为定额工时，再乘以小时工资率计算应付职工计件工资。计算公式如下：

应付计件工资＝各种产品定额工时总额×等级小时工资率

沿用上例资料，计算结果如下：

各种产品定额工时总额＝（180－4）×1＋120×2＝416（小时）

应付计件工资＝416×4.5＝1 872（元）

（2）集体计件工资的计算。当职工集体从事某项工作且不易分清每个职工的经济责任时，可采取集体计件工资的方式。采用集体计件工资时，应先按集体完成的产品数量和计件单价计算出整个集体应得的计件工资总额，然后再采用一定的方法将整个集体应得的计件工资总额在集体内部各成员间进行分配。具体而言，一般按各成员的工作时间与工资标准的乘积的比例进行分配。集体计件工资分配如表3-12所示。

表3-12 集体计件工资分配表

姓名	工资等级	月标准工资/元(1)	实际工作时间/(小时)(2)	分配标准/元(3)=(1)×(2)	分配率(4)	各成员应得计件工资/元(5)=(3)×(4)
李明	2	1 480	160	236 800		4 736
汪悦	3	1 540	150	231 000		4 620
张华	4	1 600	100	160 000		3 200
邱刚	4	1 600	120	192 000		3 840
合计				819 800	0.02	16 396

其中，工资分配率＝16 396÷819 800＝0.02。

表3-12中的工资标准也可按日标准工资或小时标准工资，但结果可能不同。

工资总额组成内容中的各种奖金、津贴、补贴、加班加点工资和特殊情况下支付的工资，可分别根据国家和企业的有关规定计算。

3. "五险一金"、计提职工福利费的计算

企业某月交纳的各种社会保险＝上一年月平均工资×国家规定的百分比

企业某月应计提的职工福利费＝（该月工资总额－按规定标准发放的住房补贴）

×企业自行规定的百分比

现行规定，养老保险金的交纳比例为职工本人上一年月平均工资的 8％；医疗保险金的交纳比例为职工本人上一年月平均工资的 2％；失业保险金的交纳比例为职工本人上一年月平均工资的 1％；职工个人交纳的住房公积金的交纳比例为职工本人上一年月平均工资的 12％[①]。职工福利费计提比例由企业自行确定。

（四）工资费用的归集与分配

企业的工资费用应按其发生的地点和用途进行归集。对于基本生产车间直接从事产品生产的生产工人工资，应记入"生产成本——基本生产成本"账户中的"直接工资"成本项目中；基本生产车间管理人员的工资，应记入"制造费用"账户；辅助生产车间人员的工资应记入"生产成本——辅助生产成本"账户中；企业行政管理人员的工资应记入"管理费用"账户中；医务及生活福利部门人员的工资，应记入"应付职工薪酬"账户中；固定资产建造工程人员的工资，应记入"在建工程"账户；专设销售机构人员的工资，则应记入"销售费用"。

需要注意的是，基本生产车间直接从事产品生产的生产工人工资，由于采用的工资形式和产品品种数量的不同，其计入产品成本的方式也不相同。在采用计件工资形式下，生产工人的计件工资，可以按照不同的成本计算对象直接计入产品成本中；对于计件工人应得的津贴、补贴、非工作时间的工资，一般可按各产品计件工资费用的比例进行分配。在采用计时工资形式下，如果基本生产车间只生产一种产品，则该生产车间汇总的生产工人工资可直接计入该种产品成本中；如果基本生产车间生产多种产品，则该生产车间发生的生产工人工资就需要在各种产品之间进行分配，通常采用产品的实际生产工时比例或定额工时比例进行分配。

在实际工作中，工资费用的归集和分配是通过编制工资费用分配表进行的。工资费用分配表如表 3-13 所示。

表 3-13 工资费用分配表

20××年8月   单位：元

应借账户		成本或费用项目	直接计入	分配计入		合计
				生产工时	分配额（分配率0.3）	
生产成本	甲产品	直接人工	5 000	20 000	6 000	11 000
——基本	乙产品	直接人工	7 000	30 000	9 000	16 000
生产成本	小计		12 000	50 000	15 000	27 000
制造费用	基本生产车间	工资	4 000			4 000

---

① 北京现为 12％，各省不一，范围为 11％～15％。

续表

应借账户		成本或费用项目	直接计入	分配计入		合计
				生产工时	分配额（分配率 0.3）	
生产成本——辅助生产成本	锅炉车间	直接人工	6 000			6 000
	运输车间	直接人工	4 500			4 500
	小计		10 500			10 500
管理费用		工资	6 500			6 500
销售费用		工资	2 000			2 000
在建工程		工资及福利费	3 000			3 000
应付职工薪酬			1 000			1 000
合计			39 000		15 000	54 000

根据工资费用分配表，编制会计分录如下：

借：生产成本——基本生产成本　　　　　　　27 000
　　生产成本——辅助生产成本　　　　　　　10 500
　　制造费用　　　　　　　　　　　　　　　 4 000
　　销售费用　　　　　　　　　　　　　　　 2 000
　　管理费用　　　　　　　　　　　　　　　 6 500
　　在建工程　　　　　　　　　　　　　　　 3 000
　　应付职工薪酬　　　　　　　　　　　　　 1 000
　贷：应付职工薪酬　　　　　　　　　　　　　　　54 000

五、其他费用的归集与分配

（一）固定资产折旧费用的归集与分配

1. 固定资产折旧费用的计算

固定资产折旧费用的计算是通过编制各车间、部门折旧计算明细表进行的。

折旧计算明细表应根据月初计提折旧固定资产的有关资料和确定的折旧计算方法编制。根据规定，月份内增加的固定资产，当月不提折旧，从下月起计提折旧；月份内减少的固定资产，当月照提折旧，从下月起停止计提折旧。

根据《企业会计准则——固定资产》的规定，企业所持有的固定资产，除下列情况外，都应计提折旧：①已提足折旧仍继续使用的固定资产；②按规定单独估价作为固定资产入账的土地。与企业会计制度相比，固定资产准则扩大了固定资产计提折旧的范围，将以前不计提折旧的"未使用、不需用的固定资产"也纳入折旧计提范围。固定资产准则作出这样调整的理由在于：企业对未使用、不需用固定资产计提折旧，有利于促使企业充分利用固定资产，及时处置不需用固定资产。

固定资产折旧计算明细表如表 3-14 所示。

表 3-14   固定资产折旧计算明细表

车间名称：一车间   20××年 8 月

固定资产类别	月折旧率（平均年限法）/%	上月折旧额/元	上月增加固定资产原价/元	上月减少固定资产原价/元	应增应减折旧额/元	本月折旧额/元
房屋	2	3 000	80 000	40 000	+800	3 800
机械设备	4.5	4 500	—	2 000	−90	4 410
传导设备	5.6	2 800	—	—	—	2 800
动力设备	6	1 680	—	—	—	1 680
专用设备	4	1 898	4 000	—	+160	2 058
合计	—	13 878	120 000	42 000	+870	14 748

2. 固定资产折旧费用的归集和分配

对于按规定计提的折旧费用，应根据固定资产的使用地点和用途进行归集和分配，分别记入"制造费用"、"生产成本——辅助生产成本"、"销售费用"和"管理费用"等账户中。其中生产车间生产产品使用的机器设备的折旧费用虽是直接用于产品生产的费用，但是由于生产一种产品往往需要使用多种机器设备，而一种机器设备又可能生产多种产品，如果将机器设备的折旧费用直接计入产品成本，其计算分配工作比较复杂。为了简化成本计算工作，通常不专门设置"折旧费用"成本项目，而是将机器设备的折旧费用与生产车间的其他固定资产折旧费用一起记入"制造费用"账户中。

在实际工作中，折旧费用的归集和分配是在汇总各车间、部门固定资产折旧计算明细表的基础上，通过编制折旧费用分配表进行的。折旧费用分配表如表 3-15 所示。

表 3-15   折旧费用分配表

20××年 8 月   单位：元

应借账户 ＼ 车间、部门	第一基本生产车间	第二基本生产车间	锅炉车间	销售部门	行政管理部门	合计
制造费用	4 200	3 700				7 900
生产成本——辅助生产成本			1 250			1 250
销售费用				420		420
管理费用					1 010	1 010
合计	4 200	3 700	1 250	420	1 010	10 580

根据折旧费用分配表，编制会计分录如下：

借：制造费用   7 900

生产成本——辅助生产成本   1 250

销售费用   420

管理费用   1 010

　　贷：累计折旧　　　　　　　　　　　　　　　　　10 580

（二）利息费用的归集与分配

　　我国企业会计制度规定，企业生产经营期间发生的借款利息，除为购建固定资产的专门借款所发生的借款利息外，其他借款利息均应于发生当期确认为费用，直接计入当期损益；企业为购建固定资产而借入的专门借款所发生的借款利息，在满足资本化条件的前提下，在所购建的固定资产达到预定可使用状态前所发生的，应当予以资本化，计入所购建固定资产的成本；在所购建的固定资产达到预定可使用状态后所发生的，应当于发生当期确认为费用，直接计入当期损益。

　　短期借款的利息一般是按季结算支付的。在实际支付利息时直接计入当期损益或者固定资产成本，借记"财务费用"、"在建工程"等账户，贷记"银行存款"账户。

　　长期借款利息一般是到期连同本金一起支付的。按照权责发生制原则的要求，应当分期计提应付利息。每期计提利息时，借记"财务费用"、"在建工程"等账户，贷记"长期借款"账户。

（三）税金的归集与分配

　　要素费用中的税金，是管理费用的一部分，包括房产税、车船使用税、土地使用税和印花税等。

　　上述税金中的印花税是采用购买印花税票的方式直接交纳的，可于购买印花税票时直接计入管理费用。

　　房产税、土地使用税、车船使用税，一般需要预先计算应交金额，然后实际交纳。计算出应交税费时，借记"管理费用"账户，贷记"应交税费"账户；实际交纳时，借记"应交税费"账户，贷记"银行存款"账户。

　　除了上述各项要素费用以外的费用，包括邮电费、差旅费、办公费、保险费、劳动保护费、业务招待费、职工培训费等，根据用途，有的计入产品成本，有的则应计入期间费用；但计入产品成本的费用，一般也没有专设成本项目。因此，这些费用发生时，根据有关凭证，按其发生的地点和用途，分别记入"制造费用"、"生产成本——辅助生产成本"、"管理费用"、"销售费用"等账户中。在凭证较多的情况下，也可以根据有关凭证汇总编制其他费用分配表。

　　通过上述各种要素费用的核算，我们已经将这些费用按其发生的地点和用途分别计入有关总分类账户的借方进行归集，其中记入"生产成本——基本生产成本"账户借方的费用，也记入了所属明细账户的"直接材料"、"燃料及动力"、"直接人工"成本项目。这就是说，在成本、费用的核算中，已经划分了应计入产品成本的生产费用与不应计入产品成本的期间费用的界限。

第二节　辅助生产费用的归集与分配

一、辅助生产费用核算的意义

工业企业的生产车间按其生产职能的不同，可以分为基本生产车间和辅助生产车间。基本生产车间是指从事商品产品生产的车间；辅助生产车间是指为保证企业商品产品生产正常进行而向基本生产车间、企业行政管理部门等单位提供产品和劳务的服务车间，其所从事的生产活动叫辅助生产。辅助生产车间根据它所提供产品、劳务的品种多少，分为两种：一类是只生产一种产品或提供一种劳务的，称为单品种辅助生产，如供电、供水、供汽、运输等辅助生产；另一类则是生产多种产品或提供多种劳务的，称为多品种辅助生产，如从事工具、模具、修理用备件制造的辅助生产。

辅助生产车间生产产品或提供劳务所耗费的各项生产费用称为辅助生产费用，它们构成了辅助生产车间的产品和劳务的成本。这些产品和劳务有时也对外销售一部分，但其根本任务是服务于本企业商品产品的生产和管理工作，这一特点决定了辅助生产费用必须按其耗用比例分别转入生产成本、制造费用和管理费用。因此，正确、及时地组织辅助生产费用的归集和分配，对于正确及时计算产品成本、节约费用、降低成本有着重要的意义。

正确组织辅助生产费用的核算，需要及时归集辅助生产费用，正确计算辅助生产产品或劳务的成本；科学合理地按一定程序和标准分配辅助生产费用于各个受益对象，保证产品成本计算的准确性，从而为正确计算产品成本奠定基础；有效控制、监督辅助生产费用，以降低产品成本和期间费用。

二、辅助生产费用的归集

（一）辅助生产费用的账户设置

辅助生产费用的核算通过"生产成本——辅助生产成本"账户进行核算。该账户是成本计算账户，其借方反映为进行辅助生产而发生的一切生产耗费，既包括各辅助生产车间发生的直接费用，也包括辅助生产车间为组织和管理生产活动所发生的各项间接费用；在辅助生产车间相互提供服务的情况下，还包括接受企业内部其他辅助生产车间的劳务、作业成本。该账户贷方反映辅助生产费用的分配，登记各辅助生产车间向基本生产车间、行政管理部门、其他辅助生产部门以及其他部门提供劳务成本的转出数，以及完工入库的工具、模具、修理用备件等辅助生产产品生产成本的转出数；该账户若有借方余额，为辅助生产在产品的成本。

"生产成本——辅助生产成本"一般应按辅助生产车间以及辅助生产产品或劳务的种类设置明细账，账中按成本项目或费用项目设置专栏，进行明细核算。

生产成本——辅助生产明细账格式如表3-16、表3-17所示。

表 3-16　生产成本——辅助生产成本明细账

日期	摘要	直接材料	直接人工	制造费用	合计	转出
	合计					

表 3-17　生产成本——辅助生产成本明细账

日期	摘要	材料	燃料及动力	工资及福利费	办公费	水电费	折旧费	差旅费	其他	合计	转出
	合计										

（二）辅助生产费用归集的程序和账务处理

提供单一品种或劳务的辅助生产车间，辅助生产一般不设置"制造费用"账户。此时，可以将产品或劳务的成本项目与制造费用的费用项目结合起来，设立简化的项目，并在辅助生产成本明细账中按简化的项目设置专栏，归集费用，计算成本。在这些企业中，发生的辅助生产费用，均根据有关的原始凭证，直接记入"生产成本——辅助生产成本"账户及所属有关明细账的借方，并登记在相应的费用项目。

而提供多品种产品或劳务的辅助生产车间，发生辅助生产费用时，直接生产费用应分别根据"材料费用分配表"、"工资及福利费分配表"及有关凭证，记入"生产成本——辅助生产成本"账户的借方及所属明细账的相应专栏；辅助生产的间接费用，则根据"折旧费用分配表"等原始凭证，先记入"制造费用"账户及所属辅助生产制造费用明细账的借方，月末采用　定的方法在各种辅助产品和劳务之间进行分配，再从"制造费用"账户贷方直接或分配转入"生产成本——辅助生产成本"账户及有关明细账的借方，并在明细账中登记在制造费用这一成本项目中。如果多品种辅助生产车间规模较小，发生制造费用较少，辅助生产也不对外销售产品或提供劳务时，为简化核算，也可以不单独设置"制造费用——辅助生产车间"明细账。辅助生产费用归集的两种程序的主要区别在于是否设置"制造费用——辅助生产车间"明细账。

三、辅助生产费用的分配

辅助生产车间所提供的产品和劳务种类不同，辅助生产费用的分配转出程序也不一样。辅助生产提供可以入库的产品，如自制材料、工具、模具等产品的成本，应在产品完工入库时，从"生产成本——辅助生产成本"账户及其明细账的贷方分别转入"原材料"、"低值易耗品"账户的借方；基本生产车间和管理部门领用时，则根据存货核算的要求，按其用途，从"原材料"、"低值易耗品"账户的贷方，转入"生产成本——基本生产成本"、"制造费用"、"管理费用""在建工程"等账户的借方。如果辅助生产提供的是不能入库的产品或劳务，如提供电、水、汽或运输等劳务，则辅助生产费用应按其提供的产品劳务数量或其他比例，在各受益对象之间进行分配。分配时，应从"生产成本——辅助生产成本"账户及其明细账的贷方转入"生产成本——基本生产成本"、"制造费用"、"管理费用"、"在建工程"等账户的借方。

辅助生产费用的分配应根据辅助生产明细账,编制辅助生产费用分配表,并据以编制会计分录,登记有关账簿。

辅助生产费用的分配原则有:

(1) 凡接受辅助生产车间提供产品、劳务的部门、产品或订单,均应负担辅助生产费用。其中能直接确认受益对象的,直接计入耗用部门、产品或订单的成本;不能直接确认受益对象的,必须按受益比例在各受益部门之间进行分配,多受益多分配,少受益少分配。

(2) 辅助生产费用分配方法应该力求简单、合理、易行。辅助生产车间提供的产品和劳务,主要是为基本生产车间和企业行政管理部门服务和使用的。但在某些辅助生产车间之间,也有相互提供产品和劳务的情况,从而使辅助生产费用的归集分配互为条件,相互制约,增加了辅助生产费用分配的难度。

辅助生产费用分配的方法通常有直接分配法、顺序分配法、交互分配法、代数分配法和计划成本分配法。

(一) 直接分配法

直接分配法是指将各辅助生产车间发生的费用,直接分配给辅助生产车间以外的各受益单位,而不考虑各个辅助生产车间之间相互提供劳务的情况。其分配计算公式如下:

$$某辅助生产车间费用分配率=\frac{该辅助生产车间发生的费用}{该辅助生产车间提供的劳务总量 - 该辅助生产车间为其他辅助生产车间提供的劳务量}$$

$$某受益部门应负担的辅助生产费用=该受益部门劳务耗用量 \times 该辅助生产车间费用分配率$$

【例3-4】 某企业有锅炉和供电两个辅助生产车间,锅炉车间本月发生费用104 000元,供电车间本月发生费用153 120元。采用直接分配法分配辅助生产费用。各辅助生产车间提供的劳务数量如表3-18所示。

表3-18 辅助生产车间提供劳务数量汇总表

受 益 单 位		供热/吨	供电/度
基本生产车间	甲产品		26 000
	一般耗用	2 100	35 000
辅助生产车间	锅炉车间		7 000
	供电车间	100	
行政管理部门		400	19 000
合计		2 600	87 000

实际工作中，辅助生产费用的分配是通过编制"辅助生产费用分配表"进行的。采用直接分配法，编制辅助生产费用分配表如表 3-19 所示。

表 3-19 辅助生产费用分配表（直接分配法）
20××年×月

辅助生产车间名称			锅炉	供电	金额合计
待分配辅助生产费用			104 000	153 120	257 120
供应辅助生产以外的劳务数量			2 500	80 000	
单位成本（分配率）			41.6	1.914	
基本生产车间	甲产品生产耗用	耗用数量		26 000	
		分配金额		49 764	49 764
	一般耗用	耗用数量	2 100	35 000	
		分配金额	87 360	66 990	154 350
行政管理部门	耗用数量		400	19 000	
	分配金额		16 640	36 366	53 006
分配金额合计			104 000	153 120	257 120

$$锅炉车间费用分配率=\frac{104\ 000}{2\ 600-100}=41.6（元/工时）$$

$$供电车间费用分配率=\frac{153\ 120}{87\ 000-7\ 000}=1.914（元/度）$$

根据辅助生产费用分配表，编制会计分录如下：

借：生产成本——基本生产成本——甲产品　49 764
　　制造费用　154 350
　　管理费用　53 006
　贷：生产成本——辅助生产成本——锅炉车间　104 000
　　　　　　　　　　　　　　——供电车间　153 120

采用直接分配法，各辅助生产费用只需对辅助生产车间以外的各受益单位分配一次，计算工作简便；但当辅助生产车间相互提供产品或劳务量相差较大时，分配结果不够正确。这种分配方法只适宜在辅助生产内部不相互提供产品或劳务，或者辅助生产内部相互提供产品或劳务不多，不进行费用的交互分配对辅助生产成本和企业产品成本影响不大的情况下使用。

（二）顺序分配法

顺序分配法也叫阶梯分配法，是指按照辅助生产车间之间相互提供产品或劳务数额多少的顺序依次排列分配辅助生产费用的方法。采用这种方法，受益少的辅助生产车间排在前面，先进行分配；受益多的辅助生产车间排在后面，后进行分配。各辅助生产车间的费用，只对排在后面的辅助生产车间进行分配，而不对排在其前面的辅助生产车间进行分配；排列在后的辅助生产车间分配时，应在原先归集费用的基础上，加上排在其前的辅助生产费用分配转入数一并予以分配。

【例3-5】 沿用例3-4的资料，采用顺序分配法分配辅助生产费用。

首先确定辅助生产费用的分配顺序。

$$锅炉车间费用分配率 = \frac{104\,000}{2\,600} = 40（元/工时）$$

$$供电车间费用分配率 = \frac{153\,120}{87\,000} = 1.76（元/度）$$

锅炉车间为供电车间提供劳务 $= 100 \times 40 = 4\,000$（元）

供电车间为锅炉车间提供劳务 $= 7\,000 \times 1.76 = 12\,320$（元）

通过计算可以看出，供电车间耗用锅炉车间的供热费用少，锅炉车间耗用供电车间的电费较多，所以供电车间排在前面先分配费用，其费用分配包括对锅炉车间分配；锅炉车间排在后面，后分配费用，其费用不对供电车间分配。

确定顺序后，就可以采用顺序分配法进行分配，编制辅助生产费用分配表如表3-20所示。

$$供电车间费用分配率 = \frac{153\,120}{87\,000} = 1.76（元/度）$$

$$锅炉车间费用分配率 = \frac{104\,000 + 12\,320}{2\,600 - 100} = 46.528（元/工时）$$

根据辅助生产费用分配表，编制会计分录如下：

（1）分配供电费用。

借：生产成本——辅助生产成本——锅炉车间　　　　　12 320
　　生产成本——基本生产成本——甲产品　　　　　　45 760
　　制造费用　　　　　　　　　　　　　　　　　　　61 600
　　管理费用　　　　　　　　　　　　　　　　　　　33 440
　　　贷：生产成本——辅助生产成本——供电车间　　　　　153 120

（2）分配供热费用。

借：制造费用　　　　　　　　　　　　　　　　　　　97 708.8
　　管理费用　　　　　　　　　　　　　　　　　　　18 611.2
　　　贷：生产成本——辅助生产成本——锅炉车间　　　　　116 320

采用顺序分配法，各辅助生产车间的费用只分配一次，既分配给辅助生产以外的受益单位，又分配给排列在后面的其他辅助生产车间，因而分配结果较直接分配法正确。但是排列在前面的辅助生产车间不负担排列在后面的辅助生产车间的费用，因而分配结果的正确性仍然受到一定的影响。这种方法只适宜在各辅助生产车间之间相互受益程度有明显顺序的企业采用。

（三）交互分配法

交互分配法又称一次交互分配法，是指先将辅助生产车间发生的费用在辅助生产车

表 3-20　辅助生产费用分配表（顺序分配法）

20××年×月

单位	辅助生产车间						基本生产车间				行政管理部门		分配金额合计
	供电车间			锅炉车间			甲产品耗用		一般耗用				
	劳务数量	分配率	待分配费用	劳务数量	待分配费用	分配率	耗用数量	分配金额	耗用数量	分配金额	耗用数量	分配金额	
分配供电费用	87 000	1.76	153 120	2 600	104 000		26 000	45 760	35 000	61 600	19 000	33 440	153 120
	−87 000		−153 120	7 000	12 320								
供热费用合计					116 320	46.528							
分配供热费用				−2 500	−115 320				2 100	9 7708.8	400	18 611.2	116 320
分配金额合计								45 760		159 308.8		52 051.2	257 120

间之间进行交互分配，然后将各辅助生产车间交互分配后的实际费用分配给辅助生产车间以外的受益单位。交互分配法需要分两步进行。

第一步，交互分配，即辅助生产车间之间的交互分配。根据各辅助生产车间之间相互提供的产品或劳务数量以及交互分配前的辅助生产车间的费用在辅助生产车间之间进行一次相互分配：

$$\text{某辅助生产车间交互分配阶段费用分配率} = \frac{\text{该辅助生产车间交互分配前待分配费用}}{\text{该辅助生产车间提供产品或劳务总量}}$$

$$\text{某辅助生产应承担的其他辅助生产费用} = \text{该辅助生产耗用其他辅助生产产品或劳务数量} \times \text{辅助生产车间交互分配阶段费用分配率}$$

第二步，对外分配，即对辅助生产车间以外的受益单位分配。将各辅助生产车间交互分配后重新调整的辅助生产费用，对辅助生产车间以外的受益单位直接分配：

$$\text{某辅助生产车间交互分配后的实际费用} = \text{该辅助生产车间交互分配前的费用} + \text{交互分配转入的费用} - \text{交互分配转出的费用}$$

$$\text{交互分配后某辅助生产车间费用分配率} = \frac{\text{辅助生产车间交互分配后的实际费用}}{\text{该辅助生产车间提供产品或劳务总量} - \text{其他辅助生产车间耗用产品或劳务量}}$$

$$\text{某辅助生产车间以外受益部门应负担的辅助生产费用} = \text{该受益部门劳务耗用量} \times \text{该辅助生产车间交互分配后费用分配率}$$

【例3-6】　沿用例3-4的资料，采用交互分配法分配辅助生产费用。

采用交互分配法，编制辅助生产费用分配表如表3-21所示。

表3-21　辅助生产费用分配表（交互分配法）

20××年×月

分配方向			交互分配			对外分配		
辅助车间名称			锅炉	供电	合计	锅炉	供电	合计
待分配辅助生产费用			104 000	153 120	257 120	112 320	144 800	257 120
供应劳务数量			2 600	8 700		2 500	80 000	
单位成本（分配率）			40	1.76		44.928	1.81	
辅助生产车间	锅炉车间	耗用数量		7 000				
		分配金额		12 320	12 320			
	供电车间	耗用数量	100					
		分配金额	4 000		4 000			
基本生产车间	甲产品耗用	耗用数量					26 000	
		分配金额					47 060	47 060
	一般耗用	耗用数量				2 100	35 000	
		分配金额				94 348.8	63 350	157 698.8
行政管理部门		耗用数量				400	19 000	
		分配金额				17 971.2	34 390	52 361.2
分配金额合计			4 000	12 320	16 320	112 320	144 800	257 120

其中，交互分配阶段各辅助生产车间费用分配率如下：

$$锅炉车间费用分配率=\frac{104\ 000}{2\ 600}=40（元/工时）$$

$$供电车间费用分配率=\frac{153\ 120}{87\ 000}=1.76（元/度）$$

对外分配阶段各辅助生产车间费用分配率：

$$锅炉车间费用分配率=\frac{104\ 000+12\ 320-4\ 000}{2\ 600-100}=44.928（元/工时）$$

$$供电车间费用分配率=\frac{153\ 120+4\ 000-12\ 320}{87\ 000-7\ 000}=1.81（元/度）$$

根据辅助生产费用分配表，编制会计分录如下：

1）交互分配

借：生产成本——辅助生产成本——锅炉车间   12 320

                ——供电车间   4 000

   贷：生产成本——辅助生产成本——锅炉车间   4 000

                ——供电车间   12 320

2）对外分配

借：生产成本——基本生产成本——甲产品   47 060

    制造费用   157 698.8

    管理费用   52 361.2

   贷：生产成本——辅助生产成本——锅炉车间   112 320

                ——供电车间   144 800

采用交互分配法，辅助生产车间之间相互提供产品或劳务，进行交互分配，提高了分配结果的正确性。但是，交互分配法要计算两次分配率，进行两次分配，增加了计算工作量。这种方法适宜在各辅助生产车间之间相互提供产品或劳务较多，而提供的数量却不平衡的企业。

（四）代数分配法

代数分配法，是指运用代数中多元一次联立方程的原理进行辅助生产费用分配的方法。采用这种方法，首先根据辅助生产车间之间相互提供产品或劳务的关系，建立多元一次方程组；其次求解方程确定辅助生产车间产品或劳务的单位成本（分配率）；最后根据单位成本及所有受益单位耗用的产品或劳务数量分配辅助生产费用。

【例3-7】 沿用例3-4资料，采用代数分配法分配辅助生产费用。

设：锅炉车间供热单位成本为 x(元/吨)，供电车间供电单位成本为 y(元/度)，建立如下方程组：

$$\begin{cases}104\ 000+7\ 000y=2\ 600x\\153\ 120+100x=87\ 000y\end{cases}$$

在上述方程中，方程左方为各辅助生产车间实际费用，列于各辅助生产明细账的借

方；右方则是贷方分配额。求解方程组得

$$\begin{cases} x = 44.877\ 34 \\ y = 1.811\ 58 \end{cases}$$

采用代数分配法，编制辅助生产费用分配表如表3-22所示。

表 3-22   辅助生产费用分配法（代数分配法）

201×年×月

辅助车间			锅炉	供电	金额合计
待分配辅助生产费用			104 000	153 120	257 120
供应劳务数量			2 600	87 000	
实际单位成本（分配率）					
辅助生产车间	锅炉车间	耗用数量		7 000	
		分配金额		12 681.06	12 681.06
	供电车间	耗用数量	100		
		分配金额	4 487.73		4 487.73
基本生产车间	甲产品耗用	耗用数量		26 000	
		分配金额		47 101.08	47 101.08
	一般耗用	耗用数量	2 100	35 000	
		分配金额	94 242.41	63 405.3	157 647.71
行政管理部门		耗用数量	400	19 000	
		分配金额	17 950.94	34 420.02	52 370.96
分配金额合计			116 681.08	157 607.46	274 288.54

根据辅助生产费用分配表，编制会计分录如下：

借：生产成本——辅助生产成本——锅炉车间　　　　12 681.06

　　　　　　　　　　　　　　——供电车间　　　　　4 487.73

　　生产成本——基本生产成本——甲产品　　　　　47 101.08

　　制造费用　　　　　　　　　　　　　　　　　157 647.71

　　管理费用　　　　　　　　　　　　　　　　　　52 370.96

　贷：生产成本——辅助生产成本——锅炉车间　　　116 681.08

　　　　　　　　　　　　　　——供电车间　　　　157 607.46

采用代数分配法，其优点是分配结果准确。但在辅助生产车间较多时，需设的未知数较多，计算工作比较复杂。这种方法适宜在计算工作已经实现电算化的企业。

（五）计划成本分配法

计划成本分配法是指辅助生产车间提供的产品或劳务先按计划单位成本向各受益对象分配，再按计划成本的分配额与实际生产费用的差额进行调整的方法。这种方法分两步进行：

第一步，按受益对象（包括辅助生产车间）接受产品或劳务的实际耗用量和计划单位成本，进行费用分配。

第二步，将辅助生产车间实际费用与按计划成本分配转出的费用相比较，计算辅助生产产品或劳务的成本差异，将差异按比例追加分配给辅助生产车间以外的各受益单位，或全部记入"管理费用"以简化核算。

【例3-8】　沿用例3-4资料，采用计划成本分配法分配辅助生产费用。该企业锅炉车间每工时的计划单位成本为42元，供电车间每度电的计划单位成本为1.84元。

采用计划成本分配法，编制辅助生产费用分配表如表3-23所示。

表3-23　辅助生产费用分配表（计划成本分配法）

20××年×月

辅助车间			锅炉	供电	金额合计	成本差异分配	
						锅炉	供电
待分配辅助生产费用			104 000	153 120	257 120	7 680	−2 760
供应劳务数量			2 600	87 000		2 500	80 000
计划单位成本			42	1.84		3.072	−0.034 5
辅助生产车间	锅炉车间	耗用数量		7 000			
		分配金额		12 880	12 880		
	供电车间	耗用数量	100				
		分配金额	4 200		4 200		
基本生产车间	甲产品耗用	耗用数量		26 000			26 000
		分配金额		47 840	47 840		−897
	一般耗用	耗用数量	2 100	35 000		2 100	35 000
		分配金额	88 200	64 400	152 600	6 451.2	−1 207.5
行政管理部门		耗用数量	400	19 000		400	19 000
		分配金额	16 800	34 960	51 760	1 228.8	−655.5
按计划成本分配合计			109 200	160 080	269 280		
辅助生产车间实际成本（注）			116 880	157 320	274 200		
辅助生产车间成本差异			7 680	−2 760	4 920		

注：辅助生产实际成本：供热＝104 000＋12 880＝116 880；供电＝153 120＋4 200＝157 320

根据辅助生产费用分配表，编制会计分录如下：

（1）按计划成本分配费用。

借：生产成本——辅助生产成本——锅炉车间　　　　　12 880

　　　　　　　　　　　　　　——供电车间　　　　　 4 200

　　生产成本——基本生产成本——甲产品　　　　　47 840

　　制造费用　　　　　　　　　　　　　　　　　152 600

　　管理费用　　　　　　　　　　　　　　　　　 51 760

　　　　贷：生产成本——辅助生产成本——锅炉车间　　　　　　109 200

　　　　　　　　　　　　　　　　　　——供电车间　　　　　　160 080

（2）将辅助生产成本差异在辅助生产车间以外的各受益单位之间进行分配。

　　其中，锅炉车间成本差异分配率 $=\dfrac{7\ 680}{2\ 500}=3.072$（元/吨）

　　供电车间成本差异分配率 $=\dfrac{-2\ 760}{80\ 000}=-0.034\ 5$（元/度）

根据差异分配结果，编制会计分录：

借：制造费用　　　　　　　　　　　　　　　　　　　　　6 451.2

　　管理费用　　　　　　　　　　　　　　　　　　　　　1 228.8

　　贷：生产成本——辅助生产成本——锅炉车间　　　　　　　　7 680

借：生产成本——基本生产成本——甲产品　　　　　　　 897

　　制造费用　　　　　　　　　　　　　　　　　　　 1 207.5

　　管理费用　　　　　　　　　　　　　　　　　　　　 655.5

　　贷：生产成本——辅助生产成本——供电车间　　　　　 2 760

上述辅助生产成本差异，也可以直接记入"管理费用"。

借：管理费用　　　　　　　　　　　　　　　　　　　　　7 680

　　贷：生产成本——辅助生产成本——锅炉车间　　　　　　　　7 680

借：管理费用　　　　　　　　　　　　　　　　　　　 2 760

　　贷：生产成本——辅助生产成本——供电车间　　　　　 2 760

　　采用计划成本分配法，按事先制定的计划单位成本分配，既简化计算工作，又加快分配速度；通过计划成本与实际成本的比较，便于评价和考核辅助生产车间的业绩，有利于分析和考核企业内部各单位的经济责任。但是，采用这种分配方法，企业制定的计划单位成本必须比较正确，否则会影响分配结果的正确性。

第三节　制造费用的归集与分配

一、制造费用的归集

（一）制造费用的概念及内容

　　制造费用是指企业为生产产品或提供劳务而发生，应计入产品或劳务成本，但又没有专设成本项目，无法直接计入产品或劳务成本的各项生产费用。

　　制造费用主要是间接用于产品或劳务生产的费用，如车间机物料消耗，车间辅助人员工资及福利费用，车间、分厂生产用厂房的折旧费等费用。

　　制造费用包括部分直接用于产品或劳务生产的费用，这些费用难于直接计入产品或劳务成本，或者管理上不要求单独反映，如机器设备的折旧费、低值易耗品摊销费、设计制图费和试验检验费等。

制造费用还包括车间用于组织和管理生产的费用。这些费用具有管理费用的性质，但是车间是企业从事生产活动的单位，它的管理费用与制造费用很难严格划分，为简化核算工作，也作制造费用核算，如车间管理人员工资及福利费，车间管理用房屋和设备的折旧费、租赁费和保险费，车间管理用具摊销，车间管理用的照明费、水费、取暖费、差旅费和办公费等。

制造费用是企业为生产产品和提供劳务而发生的，它是构成产品、劳务成本的重要组成部分。但制造费用具有种类多、发生频繁、金额大小不一，发生时一般无法直接判定其归属的成本计算对象的特点，不能直接计入产品或劳务的成本中去。故应将其按发生地点先归集，月末采用一定的方法在各成本计算对象之间进行分配，可以保证各成本计算对象成本计算的准确性。单独进行制造费用的核算，也有助于监督预算执行情况，促进费用节约和降低产品成本，有利于明确各部门的经济责任，便于产品成本的分析和考核。

（二）制造费用的归集

制造费用的归集是通过"制造费用"账户进行的。该账户是集合分配账户，其借方反映企业一定时期内发生的全部制造费用，贷方反映制造费用的分配，月末一般无余额。对于基本生产车间，不论是生产单一产品还是多种产品，均应对制造费用单独进行核算。而对于辅助生产车间，倘若生产单一产品或劳务，通常不需对制造费用单独设账，可将其直接列入"生产成本——辅助生产成本"账户。"制造费用"按车间、部门设置明细账，账内按费用项目分设专栏，企业也可以根据费用比重的大小和管理的需要，将费用项目进行合并，以简化核算工作。

制造费用明细账通常采用多栏式账页，按费用项目进行分栏核算。制造费用明细账的格式如表 3-24 所示。

制造费用发生时，根据有关付款凭证、转账凭证和前述各种费用分配表，记入"制造费用"账户借方，并视具体情况，分别记入"原材料"、"应付职工薪酬"、"累计折旧"、"生产成本——辅助生产成本"、"银行存款"等账户的贷方。

二、制造费用的分配

（一）制造费用的分配原则

制造费用是构成产品、劳务成本的重要组成部分，需要分配计入产品成本。制造费用分配是否合理与准确，关键在于选择合适的分配标准。由于制造费用包含的内容多，费用项目性质迥异，为制造费用分配标准的选择带来一定难度。为此，企业在选择制造费用分配标准时，应遵循以下原则：

（1）相关性原则。制造费用的分配标准与制造费用的发生有密切的联系。

（2）比例性原则。制造费用分配标准与待分配的制造费用之间存在客观的因果比例关系。

表 3-24 制造费用明细账(×基本生产车间)

单位:元

200×年 月	日	凭证号数	摘要	工资	职工福利费	折旧费	租赁费	检验费	机物料消耗	低值易耗品摊销	水电费	办公费	差旅费	设计图纸费	其他制造费用	合计
1	10	(略)	支付设计图纸费											16 000		16 000
	12		支付差旅费										12 000			12 000
	18		支付设备租赁费				30 000									30 000
	20		摊销低值易耗品							8 000						8 000
	26		支付办公用品费									14 000				14 000
	31		耗用原材料						20 000							20 000
	31		分配工资及福利费	40 000	5 600											45 600
			分配折旧费			80 400										80 400
			分配辅助生产费用					36 000			12 000					48 000
			本月合计	40 000	5 600	80 400	30 000	36 000	20 000	8 000	12 000	14 000	12 000	16 000		274 000
			分配转出	40 000	5 600	80 400	30 000	36 000	20 000	8 000	12 000	14 000	12 000	16 000		274 000

（3）可操作性原则。作为制造费用分配标准的资料比较容易取得，并且可以客观计量。

（4）相对稳定性原则。制造费用分配标准一经确定，不宜随意变动，以利于各期间制造费用比较和分析。

由于企业各生产车间或分厂的制造费用水平不同，所以制造费用的分配应分不同部门进行。具体而言，制造费用的分配标准常用生产工人工时、生产工人工资和机器工时。

（二）制造费用的分配方法

制造费用的分配方法有实际分配率法、计划分配率法和累计分配率法三种。

1. 实际分配率法

实际分配率法是指在月末根据制造费用账户归集的发生额，按分配标准分配计入产品或劳务成本的方法。计算公式如下：

$$某车间制造费用实际分配率 = \frac{该车间本期制造费用总额}{该车间各产品分配标准总和}$$

某产品应分配制造费用 = 该产品（劳务）分配标准 × 该车间制造费用实际分配率

根据不同的分配标准，实际分配率法又可分为以下三种。

（1）生产工人工时比例分配法，是指以各种产品或劳务的生产工时为标准分配制造费用的方法。

【例 3-9】 某企业本月基本生产车间制造费用总额为 54 800 元，A 产品生产工人耗用 6 400 工时，B 产品生产工人耗用 3 600 工时，要求采用生产工人工时比例法分配制造费用。计算如下：

$$制造费用分配率 = \frac{54\ 800}{6\ 400 + 3\ 600} = 5.48（元/小时）$$

A 产品应分配制造费用 = 6 400 × 5.48 = 35 072（元）

B 产品应分配制造费用 = 3 600 × 5.48 = 19 728（元）

在实际工作中，制造费用分配是通过编制制造费用分配表进行的。编制制造费用分配表如表 3-25 所示。

表 3-25 制造费用分配表

车间：×基本生产车间	20××年 3 月		单位：元
应借账户	生产工时	分配率	分配金额
生产成本——基本生产成本——A 产品	6 400	5.48	35 072
生产成本——基本生产成本——B 产品	3 600	5.48	19 728
合计	10 000	5.48	54 800

根据制造费用分配表，编制会计分录如下：

借：生产成本——基本生产成本——A产品　　　　　　　　35 072

　　生产成本——基本生产成本——B产品　　　　　　　　19 728

　　贷：制造费用　　　　　　　　　　　　　　　　　　　　　　54 800

采用生产工人工时比例分配法分配制造费用，将劳动生产率与产品负担的制造费用水平联系起来，分配结果比较合理；另外多数企业有完整的工时记录或有较完整的工时定额，分配标准资料取得容易，使分配计算工作简便。但是，倘若同一车间内生产的各种产品机械化水平相差较大时，会让机械化程度低而生产工时多的产品负担较高的制造费用，而机械程度高但生产工时少的产品负担较低的制造费用，显然不合理。这种方法适用于各种产品机械化程度相仿的车间或部门。

（2）生产工人工资比例分配法，是指以各种产品或劳务的生产工人工资为标准分配制造费用的方法。采用生产工人工资比例分配法分配制造费用，其分配标准（生产工人工资）容易取得，计算方便。当制造费用与生产工人工资联系不紧密时，这种方法会使费用负担不合理。这种方法同样只适用于各种产品机械化程度相仿的车间或部门。

（3）机器工时比例分配法，是指以各种产品或劳务生产时所用的机器设备运转的时间为标准，分配制造费用的方法。机器工时比例分配法适用于机械化、自动化程度高的车间或部门，因为在这些车间里，制造费用中的折旧费、动力费等与机器设备的运用时间有着直接的联系，因此，按机器工时比例分配比较正确合理。但采用这种方法必须具备各种产品所耗用机器工时的原始记录，这会增加一部分工作量。

按实际分配率法分配制造费用后，各月末制造费用账户均无余额。

2. 计划分配率法

计划分配率法又称预定分配率法，是指根据年度制造费用计划数和年度计划产量的定额标准，计算计划分配率，据以分配制造费用的方法。计算公式如下：

$$某车间制造费用计划分配率 = \frac{该车间年度制造费用计划数}{该车间年度各产品计划产量的定额标准总和}$$

$$某产品某月应分配制造费用 = 该产品该月实际产量定额标准 \times 该车间制造费用计划分配率$$

上式中的定额标准可以根据各车间、部门生产的产品或劳务的具体情况不同，选用生产工人定额工时、生产工人定额工资或机器定额工时。

采用计划分配率法，各月按计划分配率分配制造费用，各月末"制造费用"账户所归集的实际发生的制造费用与按计划分配率分配转出的制造费用不一致，可能会使"制造费用"账户有借方或贷方余额。年内各月末"制造费用"账户余额在借方，表示累计实际发生的制造费用大于累计分配结转的制造费用，属于已经支付但尚未计入成本的费用，在资产负债表中应列入"存货"项目；若余额在贷方，则表示累计实际发生的制造费用小于累计分配结转的制造费用，属于已经计入成本但尚未支付的费用，在资产负债表中抵减"存货"项目。为了简化核算手续，对于这些余额各月末不必进行调整，等年末再按已分配制造费用的比例进行调整，或将余额并入12月份制造费用发生额中，然后采用实际分配率法分配12月份制造费用。年终"制造费用"账户没有余额。

【例3-10】 某企业基本生产车间年度制造费用计划数为1 950 000元，全年产品的计划产量是：A产品9 000件，B产品6 000件；单位产品定额工时是：A产品6小时，B产品4小时；本月实际产量是：A产品800件，B产品600件；本月实际发生制造费用168 000元，采用计划分配率分配制造费用。

A产品计划产量定额工时＝9 000×6＝54 000（小时）

B产品计划产量定额工时＝6 000×4＝24 000（小时）

$$制造费用计划分配率＝\frac{1\ 950\ 000}{54\ 000＋24\ 000}＝25（元/小时）$$

A产品应分配制造费用：800×6×25＝120 000（元）

B产品应分配制造费用：600×4×25＝60 000（元）

根据制造费用分配结果，编制会计分录如下：

借：生产成本——基本生产成本——A产品   120 000

    生产成本——基本生产成本——B产品   60 000

  贷：制造费用   180 000

分配结果显示按计划分配率本月共分配制造费用180 000元，比本月实际发生的制造费用168 000元多了12 000元。

假设全年末，该基本生产车间实际发生制造费用2 016 000元，按计划分配的制造费用为A产品1 480 000元，B产品760 000元。则有

$$年末制造费用差额分配率＝\frac{2\ 016\ 000－(1\ 480\ 000＋760\ 000)}{1\ 480\ 000＋760\ 000}＝－0.1（元/小时）$$

A产品应分配的差额＝1 480 000×（－0.1）＝－148 000（元）

B产品应分配的差额＝760 000×（－0.1）＝－76 000（元）

根据计算结果，实际发生的费用比按计划分配转出费用节约了224 000元，予以冲转，编制会计分录如下：

借：生产成本——基本生产成本——A产品   148 000

    生产成本——基本生产成本——B产品   76 000

  贷：制造费用   224 000

采用计划分配率法不必每月计算分配率，简化了分配手续，便于及时计算产品成本，及时考核制造费用计划的执行情况，以便于对制造费用进行控制。但是这种方法需要有较高的计划、定额管理水平，倘若年度制造费用的计划数与实际发生数之间相差较大，就会影响产品成本的准确性。这种方法适用于季节性生产的企业。因为，这类企业每月发生的制造费用相差不多，而产品的产量在旺季与淡季的差别很大，倘若采用实际分配率法分配制造费用，会使产品各月的单位成本中的制造费用忽高忽低，不利于产品成本的分析与考核。

3. 累计分配率法

累计分配率法是指每月只对已完工批次的产品，按累计分配率分配制造费用。对于

未完工批次的产品，其应负担的制造费用仍保留在原账户中，暂不分配；待该批产品完工时，再按完工月份的累计分配率计算分配制造费用。计算公式如下：

$$某车间制造费用累计分配率 = \frac{各批产品累计制造费用总额}{各批产品累计工时总数}$$

$$\begin{array}{l}某批完工产品应 \\ 分配的制造费用\end{array} = \begin{array}{l}该批完工产品 \\ 累计工时数\end{array} \times \begin{array}{l}该车间制造费用 \\ 累计分配率\end{array}$$

采用累计分配率法，在有完工产品的月份，按累计分配率分配制造费用。在有未完工产品的月份，月末"制造费用"账户会有借方余额，在资产负债表中应列入"存货"项目内，属于在产品成本的一部分。对于该余额各月末不必进行调整，等产品全部完工，"制造费用"账户就会没有余额。

【例3-11】　某企业采用累计分配率法，以直接人工工时为分配标准分配制造费用，某年3月、4月有关资料如表3-26所示。

表3-26　产品生产数量、耗用工时资料表

月份	产品生产批次	数量/件	月初累计分配标准/小时	本月耗用分配标准/小时	完工情况
3月	201	20	1 000	5 000	本月完工20件
	206	80	4 000	2 000	尚未完工
	301	30		1 000	尚未完工
4月	206	80		2 000	尚未完工
	301	30		2 000	本月完工30件
	401	40		3 000	尚未完工

3月初制造费用结存余额为16 800元，3月份实际发生制造费用35 200元，4月份实际发生制造费用42 000元。

（1）根据上述资料，分配3月份制造费用，计算如下：

$$3月份累计分配率 = \frac{16\ 800 + 35\ 200}{5\ 000 + 8\ 000} = 4（元/小时）$$

201批次A产品应摊制造费用 = 6 000 × 4 = 24 000（元）

3月末制造费用结存数 = 16 800 + 35 200 − 24 000 = 28 000（元）

3月末在产品累计直接人工工时数 = 5 000 + 8 000 − 6 000 = 7 000

（2）根据上述资料，分配4月份制造费用，计算如下：

$$4月份累计分配率 = \frac{28\ 000 + 42\ 000}{7\ 000 + 7\ 000} = 5（元/小时）$$

301批次C产品制造费用 = 3 000 × 5 = 15 000（元）

由于累计分配率法只对完工产品进行分配，在投产批次比较多，且月末未完工批次也较多的企业中，采用此法分配制造费用，可以简化成本的分配计算和登账工作。但此法存在两点不足：①由于在产品应负担的制造费用仍保留在原账户中，未分配计入产品生产成本，因此，产品在未完工前，各成本明细账中只归集了直接材料等直接计入费用

以及直接工时，不能全面反映在产品的成本。②由于累计分配率是一种加权平均分配率，如果企业各月份制造费用水平波动较大，采用此法分配，必然会影响产品成本计算的准确性。因而，累计分配率法适用于生产周期较长，每月未完工批别较多，且各月份制造费用波动不大的企业采用。

（三）制造费用分配的账务处理

制造费用分配计入产品制造成本，一般通过编制制造费用分配表进行，制造费用分配表按生产车间或分厂分别编制。其分配结果借记"生产成本——基本生产成本"账户，贷记"制造费用"账户。

第四节　生产损失的归集与分配

一、生产损失的概念及内容

生产损失是指企业在产品生产过程中或由于生产原因而发生的各种损失，例如，由于制造不合格产品而产生的废品损失；由于机器设备发生故障被迫停工而造成的停工损失；由于对在产品管理不善而造成的在产品盘亏、毁损、变质损失等。生产损失是与产品生产直接有关的损失，因此生产损失应由产品制造成本承担，是产品制造成本的组成部分。

非生产损失主要是由企业经营管理或其他原因造成的损失，如坏账损失、材料、产成品的盘亏、毁损、变质损失、汇兑损失、投资损失、固定资产盘亏、毁损损失、非常损失等。非生产损失由于与产品生产没有直接关系，因此不能计入产品制造成本，而应根据损失的性质、原因和现行制度的规定列入损失项目、营业外支出或冲抵投资收益等。

企业发生的生产损失在会计上是否需要单独核算，应根据企业的具体情况而定。如果企业生产损失偶尔发生、金额较小，对产品制造成本影响不大，就没有必要单独核算生产损失，少数损失包含在正常的成本项目中。但是，如果企业生产损失时有发生，且数额较大，对产品制造成本影响亦较大，则有必要单独核算生产损失。

二、废品损失的核算

（一）废品概述

废品是指因生产原因造成的质量不符合规定的技术标准，不能按原定用途使用，或者需要加工修理后才能使用的在产品、半成品或产成品。由于废品是因生产工作的缺点所造成的，因此与废品发现的时间、地点无关，不论是在生产过程中发现的废品，还是在入库后发现的废品以及在销售后发现的废品，都应包括在内。但如果产品入库时系合格产品，后因保管不善、运输装卸不当或者其他原因而发生的变质、损坏，不能按原定用途使用，则应作为产成品毁损处理，不应包括在废品之内。

废品按技术上是否可修及经济上是否合算分为可修复废品和不可修复废品两种。可修复废品是指技术上可以修复，而且所花费的修复费用在经济上是合算的废品；不可修复废品是指技术上已不可能修复，或者技术上可以修复，但所花修复费用在经济上是不合算的废品。区分可修复废品和不可修复废品是进行废品损失核算的前提。因为可修复废品和不可修复废品造成损失的组成内容不同。

废品按其产生原因可以分为料废和工废两种。料废是由于送来的加工原材料或半成品的质量不符合要求所造成的废品，不属于操作工人的责任。工废是由于工人操作上的原因造成的废品，属于操作工人的责任。区分废品属于料废还是工废，有利于分清产生废品的责任，有利于企业贯彻经济责任制。

（二）废品损失概述

废品损失是指在生产过程中发现的和入库后发现的不可修复废品的生产成本，以及可修复废品的修复费用，扣除回收的废品残料价值和应收赔款以后的损失。

必须指出，经过质量检验部门鉴定不需要返修，可以降价出售的不合格品的成本与合格产品成本相同，其降价损失，在计算销售损益时体现，不应作为废品损失处理。产成品入库后，由于保管不善等原因而损坏变质的损失，属于管理上的问题，应作为管理费用处理，不作为废品损失处理。实行包修、包退、包换"三包"的企业，在产品出售后发现的废品所发生的一切损失，也记入管理费用，不包括在废品损失内。

废品不论是在生产过程中发现或是入库后发现，都应由质量检查部门填制"废品通知单"。废品通知单要列明废品的种类、数量、产生废品的原因和过失人等。如按规定，废品应由过失人负责赔偿时，还应在单内注明赔偿的金额。

生产中废品须视其是否可以修复予以不同的处理。不可修复废品应送交仓库，要另填废品交库单，在单上须注明废品的残料价值。如果废品不是由工人过失造成（如料废），在计件工资形式下，应照付工资，在废品通知单内注明应付数额，以便据以结算。如果废品是由工人过失造成，应该不计工资。可修复废品须继续加工予以修复，在返修中所领用的各种材料和所耗用的工时，应另填领料单和工作通知单，并在单上注明"返修废品用"标记，以资识别。

废品通知单、废品交库单和返修用料的领料单、工作通知单等都是核算废品损失的依据。

（三）废品损失的核算

1. 账户设置

为掌握废品损失的情况，加强对废品损失的控制，企业需设置"废品损失"账户，并在"生产成本"账户中增设"废品损失"成本项目。

"废品损失"账户按产品品种进行明细核算。该账户借方反映不可修复废品的生产成本和可修复废品的修复费用；贷方反映不可修复废品回收的残值和应向责任人索赔的数额，以及废品净损失的分配结转额。通过上述归集和分配，"废品损失"账户无余额。

2. 废品损失的计算方法

可修复废品损失是指为修复废品而支付的修复费用，包括材料费用、工资费用、制造费用。它与合格产品一样，可以通过各种费用分配表或直接根据有关凭证计算而来。

如果修复费用要由过失人赔偿一部分时，则废品损失应从修复费用总额中扣除应由过失人赔偿的金额。可修复废品损失的归集在废品修复时进行，如果当月发生废品，下月修复，损失就表现在下月的成本单上。

【例 3-12】 某企业基本生产车间当月发现 A 产品中有可修复废品 20 件，修复期内根据各种费用分配表归集发生的各项费用如表 3-27 所示。

表 3-27 废品损失计算表

车间名称：×车间　　　　　　　　　×年×月　　　　　　　　　单位：元

数量	计量单位	产品名称	修复费用			
			直接材料	直接工资	制造费用	费用合计
20	件	A产品	150	60	50	260

不可修复废品损失是指废品的成本扣除残料价值与过失人承担的赔偿部分。由于不可修复废品的成本包括在合格产品中，计算不可修复废品的损失比较复杂，需要采用适当的方法确定不可修复废品成本。一般有如下两种方法。

（1）按废品所耗实际费用计算法。按废品所耗实际费用计算法根据合格产品与废品实际耗用总成本，按合格产品和废品的数量比例分配各项生产费用，计算废品的实际成本。如果废品是在生产过程中发现的，还要根据废品的加工程度折合成完工产品的数量，计算废品的实际成本。

$$不可修复废品成本 = \frac{不可修复废品应}{负担的材料费用} + \frac{不可修复废品应}{负担的工资费用} + \frac{不可修复废品应}{负担的制造费用}$$

$$不可修复废品净损失 = 不可修复废品成本 - 残值收回 - 过失人赔偿金额$$

【例 3-13】 假设例 3-12 基本生产车间共生产 A 产品 200 件。完工时发现不可修复废品 10 件，200 件 A 产品总成本为 129 625 元，其中直接材料成本 100 000 元，直接工资成本 19 750 元，制造费用 9 875 元。废品残值 150 元。则 10 件不可修复废品的成本计算如下：

$$废品应负担的直接材料成本 = \frac{100\ 000 \times 10}{200} = 5\ 000（元）$$

$$废品应负担的直接人工成本 = \frac{19\ 750 \times 10}{200} = 987.5（元）$$

$$废品应负担的制造费用 = \frac{9\ 875 \times 10}{200} = 493.75（元）$$

10 件不可修复废品的净损失 6 331.25（5 000＋987.5＋493.75－150）元。

如果上例 10 件不可修复废品是加工到 75% 阶段时发现，尚未最终完工，则需将废品按加工程度换算成完工产品后进行计算。假定材料已一次全部投入，则 10 件不可修复废品的成本计算如下：

$$废品应负担的直接材料成本 = \frac{100\ 000 \times 10}{190 + 10} = 5\ 000（元）$$

$$废品应负担的直接人工成本 = \frac{19\ 750}{190 + 10 \times 75\%} \times 7.5 = 750（元）$$

$$废品应负担的制造费用 = \frac{9\ 875}{190 + 10 \times 75\%} \times 7.5 = 375（元）$$

10 件不可修复废品的净损失 5 975（5 000 + 750 + 375 - 150）元。

按废品所耗实际费用计算和分配废品损失，符合实际情况，但核算工作量较大，所以在机械加工行业还可根据定额费用计算和分配废品损失。

（2）按废品所耗定额费用计算的方法。按废品所耗定额费用计算的方法是指按单位产品的定额成本和发生的不可修复废品的数量以及投料程度和加工程度计算不可修复废品的损失。

【例 3-14】 假设例 3-13 中 A 产品每件材料费用定额 46 元，工时定额 3 小时，计划小时工资率 2.5 元，计划小时制造费用率 1 元，废品损失计算如表 3-28 所示。

表 3-28 废品损失计算表（按定额成本计算）

车间名称：×车间 　　　　　　　　　×年×月 　　　　　　　　　产品：A 产品

项目	数量	直接材料	工时	直接工资	制造费用	合计
单位定额成本		46	3	2.5	1	
废品定额成本	100	4 600	300	750	300	5 650
减：废品残值		150				150
废品净损失		4 450		750	300	5 500

按废品所耗定额费用计算废品的成本，可以使计算工作简化，使计入产品成本的废品损失数不受废品实际费用水平高低的影响，有利于废品损失和产品成本的分析和考核。但是，采用这一方法必须具备比较准确的消耗定额和费用定额资料。

3. 废品损失核算的账务处理

可修复废品的修复费用，根据各种费用分配表及有关凭证记入"废品损失"明细账。不可修复废品，应先将其成本从产品成本明细账的有关项目中转出，记入"废品损失"明细账，回收的残值从"废品损失"明细账中扣除。

月终，根据废品损失明细账的资料，确定各种产品的废品损失后，结转记入有关产品成本明细账。废品损失由同种产品的完工产品成本负担。若本月同种产品没有完工产品，则废品损失由同类产品完工成本负担。

根据例 3-12、例 3-14 资料，编制会计分录如下：

（1）结转可修复废品的修复费用。

借：废品损失——A 产品　　　　　　　　　　　　　　260
　　贷：原材料　　　　　　　　　　　　　　　　　　　　150
　　　　应付职工薪酬　　　　　　　　　　　　　　　　　60
　　　　制造费用　　　　　　　　　　　　　　　　　　　50

（2）结转不可修复废品的成本。

借：废品损失——A 产品　　　　　　　　　　　　　5 650

　　　贷：生产成本——基本生产成本（A产品）　　　　　　　　　　　　5 650

（3）收回废品残值。

　　借：原材料　　　　　　　　　　　　　　　　　　　　　　　　　150

　　　贷：废品损失——A产品　　　　　　　　　　　　　　　　　　　　150

如果有按规定应由过失人赔偿款

　　借：其他应收款　　　　　　　　　　　　　　　　　　　　　　×××

　　　贷：废品损失——A产品　　　　　　　　　　　　　　　　　　×××

（4）结转废品净损失于产品成本。

　　借：生产成本——基本生产成本——A产品　　　　　　　　　　　5 760

　　　贷：废品损失——A产品　　　　　　　　　　　　　　　　　　　5 760

　　根据上述会计分录，登记废品损失明细账如表3-29所示；登记生产成本——基本生产成本——A产品明细账如表3-30所示。

表3-29　废品损失明细账

车间名称×车间　　　　　　　　　　　　×年×月　　　　　　　　　产品：A产品

摘要	直接材料	直接人工	制造费用	合计
分配修复费用	150	60	50	260
转入不可修复废品成本	4 600	750	300	5 650
减：残料交库	−150			−150
结转废品净损失	−4 600	−810	−350	−5 760

表3-30　基本生产成本明细账

产品：A产品　　　　　　　　　　　　　×年×月　　　　　　　　　产量：1 900件

| ×年 | | 摘要 | 直接材料 | 直接人工 | 制造费用 | 废品损失 | 合计 |
月	日						
		根据各种分配表转入	100 000	19 750	9 875		129 625
		转出不可修复废品成本	−4 600	−750	−300		−5 650
		转入废品净损失				5 760	5 760
	合计		95 400	19 000	9 575	5 760	129 735

　　上述废品损失核算流程如图3-1所示。

三、停工损失的核算

　　停工损失是指生产车间或车间内某个班组在停工期间发生的各项费用，包括停工期间发生的原材料费用、工资及福利费以及应分摊的制造费用等。应由过失人或保险公司负担的赔偿款，应从停工损失中扣除。为了简化核算工作，停工不满一个工作日的，一般不计算停工损失。

原材料		废品损失		生产成本	
→150	150	260	150	129 625	5 650
		5 650	5 760 → 5 760		
应付职工薪酬					
	60				
制造费用					
	50				

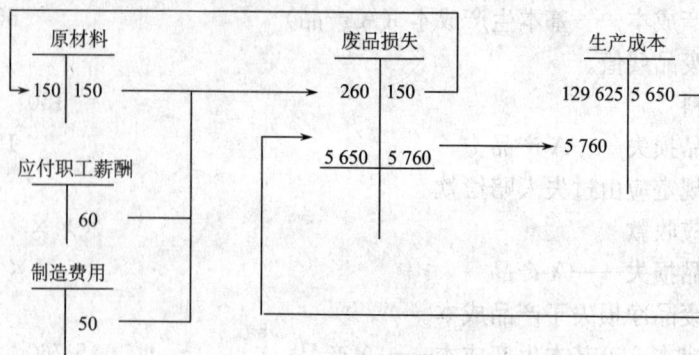

图 3-1　废品损失核算流程

　　企业停工的原因有很多，如季节性停工、大修理停工、机器设备故障停工、停电和待料停工、发生非常灾害以及计划减产等。由于自然灾害等引起的非正常停工损失，应记入"营业外支出"。其他停工损失，如季节性和固定资产修理期间停工而造成的损失，应记入"制造费用"，不作为停工损失处理；只有机器设备故障停工、停电和待料停工、计划减产等原因引起的停工损失才作为停工损失处理。

　　企业发生停工时，应由车间填制"停工报告单"，并在考勤记录上予以登记。停工报告单内应注明停工地点、时间、停工原因及过失人员等。成本会计人员，应对停工报告单所列事项进行审核。经过审核的停工报告单，可以作为停工损失核算的依据。

　　单独核算停工损失的企业，应设置"停工损失"账户并增设"停工损失"成本项目，该账户按车间和成本项目进行明细核算。企业根据停工报告单和各种费用分配表、分配汇总表等有关凭证，将停工期内发生、应列作停工损失的费用记入"停工损失"账户的借方进行归集。过失单位、过失人员或保险公司的赔款，应从该账户的贷方转入"其他应收款"等账户的借方。停工净损失应从该账户贷方转出，由本月产品成本负担，即转入"生产成本——基本生产成本"账户借方的停工损失项目。在车间发生全月停工的特殊情况下，车间无产品生产，则可将停工损失保留在"停工损失"账户中，由下月生产的产品成本负担。各产品负担的停工损失，一般由当月完工产品成本负担，当月自制半成品和在产品不负担停工损失。

　　不单独核算停工损失的企业，不设"停工损失"账户和"停工损失"成本项目，停工期间发生的各种费用，直接记入"制造费用"账户或"营业外支出"账户反映，对于季节性生产或固定资产大修理停工而发生的停工期间的一切费用，列入制造费用。

第五节　生产费用在完工产品与在产品之间的分配

一、在产品概述

（一）在产品的含义

在产品，也称为"在制品"，是指没有完成全部生产过程，不能作为商品销售的产品。

在产品有广义和狭义之分。广义的在产品就整个企业而言，指从投入材料进行生产开始到最终制成产成品交付验收入库前的一切未完工产品，包括正在车间加工中的产品、已经完成一个或几个生产步骤但还需要继续加工的半成品、尚未验收入库的产成品、正在返修和等待返修的废品等。对外销售的自制半成品属于商品产品，不包括在在产品之内；不可修复的废品应当及时报废，也不应计入在产品之列。狭义的在产品指就某一车间或某一生产步骤而言，正在本车间或本生产步骤加工中的那部分产品，不包括已完工的半成品。

正确理解在产品的含义，对加强在产品实物管理和正确计算产品成本都具有重要意义。一般企业的在产品数量较大，品种规格繁多，流动性强，为保证在产品的安全完整，必须分清在产品实物管理的责任。一般而言，狭义在产品因其停留在生产车间，主要由生产车间进行实物管理；广义在产品中的自制半成品已经验收入库，应由仓库进行管理。此外，完工产品成本和在产品成本之间存在着此消彼长的关系，若在产品实物数量计算不正确，就会多计或少计在产品成本，从而影响完工产品成本计算的正确性。所以加强在产品数量的核算和实物管理是日常成本管理的一项重要内容，也是成本核算的一项基本工作。

（二）在产品收发结存的日常核算

在产品数量的核算，应同时具备账面核算资料和实际盘点资料，做好在产品收发结存的日常核算工作和在产品的清查工作，既可从账面上随时掌握和控制在产品的动态，又可查清在产品的实际数量。这不仅为正确计算产品制造成本提供可靠的产量资料，也为合理组织生产提供在产品的动态资料，还能保证在产品实物的安全完整，并在在产品资金管理中起重要作用。

在产品收发结存的日常核算，通常是通过在产品收发结存账进行的，由于它通常是在操作的工作台上进行登记的，在实务中在产品收发结存账也叫在产品台账。企业应根据生产特点分别车间并按照产品的品种和在产品的名称（零部件名称）设置，反映车间各种在产品的转入、转出和结存的数量。各车间应认真做好在产品的计量、验收和转移的交接工作，并在此基础上根据领料凭证、在产品内部转移凭证和产品入库凭证及时登记在产品收发结存账。该账可以由车间核算人员登记，也可由班组工人中兼职核算员登记，然后由车间核算人员审核汇总。

（三）在产品清查的核算

为保证在产品的数量和质量，做到账实相符，为正确计算产品成本和编制生产计划提供资料，月末结账前一般应组织对在产品进行全面清查；同时，还可以结合实际需要进行不定期的清查。

车间在清查盘点在产品时，应安排人员进行认真的清点，要避免发生重复点、漏点和错点的现象。清查结果，根据实际盘点数和账面资料编制在产品盘存表，列明在产品的账面数、实有数、盘盈盘亏数以及盘亏的原因和处理意见等，对于报废和毁损的在产品还要登记残值。成本核算人员应对在产品盘存表进行认真审核，并报有关部门审批，同时对在产品盘盈、盘亏进行账务处理。

在产品发生盘盈时，按盘盈在产品的定额成本或计划成本借记"生产成本——基本生产成本"账户，贷记"待处理财产损溢"账户；按规定核销时，则借记"待处理财产损溢"账户，贷记"制造费用"账户，冲减制造费用。

在产品发生盘亏或毁损时，则借记"待处理财产损溢"账户，贷记"生产成本——基本生产成本"账户，冲减在产品的账面价值。毁损的在产品残值，应借记"原材料"账户，贷记"待处理财产损溢"账户，冲减其损失。按规定核销在产品的盘亏损失时，根据不同情况将损失从"待处理财产损溢"账户的贷方转出：对准予计入产品成本的损失，借记"制造费用"账户；由于自然灾害造成的非常损失，借记"营业外支出"账户；对于应由保险公司、过失单位或过失人员赔偿的部分，借记"银行存款"或"其他应收款"账户。为了正确、及时地归集和分配制造费用，在产品的盘盈盘亏的账务处理，应该在制造费用结账之前正确进行。

【例 3-15】 某企业对基本生产车间在产品清查结果如下：A 产品盘盈 3 件，单位定额成本 36 元；B 产品盘亏 2 件，单位定额成本 52 元；C 产品由于自然灾害毁损 300 件，单位定额成本 50 元，残值 80 元，保险公司赔偿 5 000 元，已收到赔款。都已经批准转账。根据上述资料，编制会计分录如下。

（1）在产品盘盈的核算。

盘盈时：

借：生产成本——基本生产成本——A 产品　　　　　　108
　　贷：待处理财产损溢——待处理流动资产损溢　　　　　　108

批准后转账时：

借：待处理财产损溢——待处理流动资产损溢　　　　108
　　贷：制造费用　　　　　　　　　　　　　　　　　　　108

（2）在产品盘亏和毁损的处理。

盘亏或毁损时：

借：待处理财产损溢——待处理流动资产损溢　　　　15 104
　　贷：生产成本——基本生产成本——B 产品　　　　　　104
　　　　生产成本——基本生产成本——C 产品　　　　15 000

借：原材料　　　　　　　　　　　　　　　　　　　80
　　贷：待处理财产损溢——待处理流动资产损溢　　　　　80

批准后转账：

借：制造费用　　　　　　　　　　　　　　　　　　104
　　营业外支出　　　　　　　　　　　　　　　　　9 920
　　银行存款　　　　　　　　　　　　　　　　　　5 000
　　贷：待处理财产损溢——待处理流动资产损溢　　　15 024

二、生产费用在完工产品与在产品之间的分配

各项生产费用经过归集、分配、再归集、再分配及汇总后，产品在生产过程中所发

生的各种耗费均已按成本计算对象及规定的成本项目归集完毕，记入各产品成本明细账。为了计算完工产品成本，还需要加上月初在产品费用，然后将其在本月完工产品和月末在产品之间分配。月初在产品成本、本月生产费用、本月完工产品成本和月末在产品成本之间的关系可以用以下公式表示：

月初在产品成本＋本月生产费用＝本月完工产品成本＋月末在产品成本

如果月末产品全部完工，则生产成本明细账中登记的生产费用总和即为该产品的完工产品总成本；如果月末没有完工产品，则生产费用总和就是月末在产品总成本；如果月末既有完工产品又有在产品，则需要采用适当的分配方法，将全部生产费用在两者之间分配，分别计算出本月完工产品和月末在产品总成本。

完工产品与月末在产品成本划分不合理或将在产品成本作为调整完工产品成本的手段，会造成成本计算失真，歪曲在产品、完工产品等存货的实际价值，不能客观反映应从收入中取得补偿的成本耗费，不能正确确定企业的盈亏和计算应纳所得税，无法真实反映企业的财务状况和经营成果，对企业、国家及投资者都可能造成不利影响。影响划分完工产品与在产品成本的因素有：企业在产品数量的多少；各月末在产品数量变化的大小；项目费用比重的大小；定额管理基础的好坏等因素。完工产品和月末在产品之间生产费用的合理分配，直接关系到完工产品、在产品计价的正确性。

完工产品和在产品成本的划分方法从在产品成本确定的先后顺序上看，可以分为两大类：一类是先确定月末在产品成本，然后计算完工产品成本，即采用一定的方法对月末在产品进行计价，然后用汇总的基本生产成本减去月末在产品成本，即为完工产品总成本。具体包括在产品不计算成本法、在产品按固定成本计价法、在产品按所耗直接材料费用计价法、在产品按完工产品计算法、在产品按定额成本计价法。另一类是将本月生产费用总额按一定分配比例进行分配，同时计算出完工产品和月末在产品成本。这类方法是先选择一种分配标准，将完工产品成本与月末在产品成本按此分配标准比例进行分配，不分先后顺序计算完工产品成本和月末在产品成本。具体包括约当产量比例法和定额比例法。

（一）在产品不计算成本法

在产品不计算成本法是指月末在产品数量很少、价值很低，对月末在产品成本忽略不计的一种方法，即将某成本计算对象的所有生产费用全部由完工产品承担，每月发生的生产费用之和就是完工产品总成本。采用这种方法是因为各月月末在产品成本很低，算不算各月末在产品成本对完工产品成本影响极小，因此根据重要性原则，为简化产品成本计算工作，可以不计算月末在产品成本。自来水生产企业、发电企业、采掘企业均可采用此方法。

（二）在产品按固定成本计价法

在产品按固定成本计价法是指对各月月末（年末除外）的在产品成本按年初在产品成本固定计价的一种方法。采用这种方法，每月发生的生产费用之和就是完工产品成本。这种方法适用于各月末在产品数量较小，或者在产品数量虽然较大，但各月之间数量起伏不大的情况。此时，若在产品价值不低，不对在产品计价，会影响成本计算的正确性，也会人为形成账外资产。但是，由于月末在产品数量较小，月初与月末在产品成本也很小，月初在产品成本与月末在产品成本之差更小，算不算各月在产品成本的差额对完工产品成本影响不大；或者各月末数量虽大，月初与月末在产品成本也较大，但各月末在产品数量变化却不大，因而月初、月末在产品成本的差额仍不大，算不算各月在产品成本的差额对完工产品成本影响亦不大。此时，将各月末在产品按年初数计算，能避免产生账外资产，正确地反映在产品资金占用，还能简化成本计算工作。

为避免在产品以固定不变的成本计价时期过长，使在产品账面成本与实际成本相差过大，影响成本计算正确性，每年年末需要根据实际盘点的在产品数量，采用其他方法重新计算在产品成本，并将其作为下一会计年度各月固定的在产品成本。这种方法适用于采用固定容器装置的冶炼、化工等企业。

（三）在产品按所耗直接材料费用计价法

在产品按所耗直接材料计价是指月末在产品只计算其所耗用的直接材料费用，不计算工资等加工费用，产品的加工费用全部由完工产品负担。这种方法适用于各月末在产品数量较大，各月在产品数量变化也较大，而且直接材料费用在成本中所占比重较大的产品。采用这种方法是因为各月末在产品数量较大且变化也较大，采用前两种方法都不合适，但是若直接材料费用占产品成本比重大，加工费用所占比重小时，在产品成本中加工费及月初、月末在产品加工费的差额不大，为简化成本计算工作，在产品可以不计算加工费用。这种方法适合于碾米、酿酒、造纸等企业。

如果在产品分布在几道不同的工序上，而且各道工序加工时直接材料会发生一定的损耗，为了正确计算在产品所耗原材料成本，应分别各道工序将在产品所耗用的直接材料数量进行还原，还原成未经加工前的直接材料数量，再计算在产品所耗的直接材料成本。某产品各道工序在产品的直接材料成本总和，就是该产品的全部在产品成本。

（四）在产品按完工产品计算法

在产品按完工产品计算法是指将在产品视为完工产品来计算、分配生产费用。这种方法适用于月末在产品已接近完工，只是尚未包装或尚未验收入库。因为在产品已接近完工，在产品成本接近完工产品成本，为了简化产品成本计算工作，将在产品视同完工产品，按两者的数量比例分配直接材料费用和加工费用。

（五）约当产量比例法

约当产量比例法是指将生产费用按照完工产品数量和月末在产品约当产量的比例分配计算完工产品和月末在产品成本。所谓约当产量，是指将月末在产品数量按照其完工程度或投料程度折合为相当于完工产品的数量。约当产量比例法适用于月末在产品数量较大，各月末在产品数量变化也较大，产品成本中直接材料费用和加工费用的比重相差不多的产品。为此，月末在产品成本既不能不算，也不能按固定成本计价，还不能只计算直接材料费用，需采用约当产量比例法计算。计算公式如下：

$$月末在产品约当产量 = 月末在产品结存数量 \times 在产品完工百分比$$

$$费用分配率（约当产量单位成本）= \frac{月初在产品成本 + 本月生产费用}{完工产品产量 + 月末在产品约当产量}$$

$$完工产品成本 = 完工产品产量 \times 费用分配率$$

$$月末在产品成本 = 月末在产品约当产量 \times 费用分配率$$

采用约当产量比例法时，由于月末在产品的投料程度和加工程度可能不一致，因此直接材料、直接人工和制造费用的投入程度也可能不同，所以应分别成本项目计算月末在产品的约当产量、费用分配率和完工产品成本、月末在产品成本。

1. 按在产品加工程度计算约当产量，分配加工费用

生产工人工资、制造费用等加工费用是随着工艺过程的进行而逐渐增加的，因而在产品与完工产品承担的加工费用不能直接按它们的实际数量比例进行分配，而应将月末在产品实际数量按其加工程度折算成约当产量，按约当产量比例分配计算。在产品的加工程度一般可以通过技术测定或用其他方法测定，加工程度测定准确与否，对费用分配正确性影响很大。

（1）如果各工序加工量不均衡，在产品数量不均衡，那么各工序在产品的完工程度就需要按工序分别测定。一般情况下，可根据各工序累计工时定额数占完工产品工时定额数的比例，事先确定各工序在产品的完工程度。用公式表示为

$$某道工序在产品的完工程度（完工率）= \frac{前面各道工序的累计工时定额 + 本工序工时定额 \times 50\%}{完工产品工时定额} \times 100\%$$

在上式中，在产品由于已经完成前面所有各道工序的加工，所以工时定额按100%计；而本道工序中，各件在产品的完工程度并不一定相等，为简化测算工作，在产品在本工序的完工程度按平均完工50%计算。

各道工序月末在产品的完工程度测定后，可根据各工序月末在产品实际数量和确定的完工率，计算各工序在产品的约当产量，据以计算分配完工产品和月末在产品的人工费用和制造费用。

（2）在各工序在产品数量和单位产品在各工序的加工量都均衡的情况下，后边工序在产品多加工的程度可以弥补前边工序少加工的程度，这样全部在产品的完工程度可按50%平均计算。这种情况是上述（1）的特例。

【例3-16】　某企业A产品的定额工时为40小时，需要经过三道工序加工制成。其各工序定额工时分别为16小时、12小时和12小时。3月末三道工序分别有在产品500件、400件、800件；完工产品2 000件，月初和本月发生的工资费用总计为48 000元，制造费用总计为66 000元。A产品各工序的加工程度和约当产量的计算如表3-31所示。

表3-31　在产品完工程度和约当产量计算表

工序	各工序工时定额/小时	月末在产品数量/件	各工序在产品完工程度	在产品约当产量/件
1	16	500	$\dfrac{16\times50\%}{40}\times100\%=20\%$	100
2	12	400	$\dfrac{16+12\times50\%}{40}\times100\%=55\%$	220
3	12	800	$\dfrac{16+12+12\times50\%}{40}\times100\%=85\%$	680
合计	40	1 700	—	1 000

因此，直接人工分配率 $=\dfrac{48\,000}{2\,000+1\,000}=16$

完工产品直接人工成本 $=2\,000\times16=32\,000$（元）

月末在产品直接人工成本 $=1\,000\times16=16\,000$（元）

制造费用分配率 $=\dfrac{66\,000}{2\,000+1\,000}=22$

完工产品制造费用成本 $=2\,000\times22=44\,000$（元）

月末在产品制造费用成本 $=1\,000\times22=22\,000$（元）

2. 按在产品投料程度计算约当产量，分配材料费用

单件完工产品与在产品的投料程度不一定相同，所以完工产品与月末在产品的材料费用不一定能直接按照它们的实际数量比例分配计算，而应将月末在产品按其投料程度折算成约当产量，按约当产量比例分配完工产品与月末在产品的直接材料费用。

（1）直接材料在生产开始时一次投入，在产品所耗直接材料与完工产品相同，所以直接材料费用应按两者的数量比例进行分配。

【例3-17】　假定例3-16中A产品直接材料是在生产开始时一次投入。月初在产品的直接材料费用和本月发生的直接材料费用分别为24 821元和98 500元。

直接材料分配率 $=\dfrac{24\,821+98\,500}{2\,000+1\,700}=33.33$

完工产品直接材料成本 $=2\,000\times33.33=66\,660$（元）

月末在产品直接材料成本 $=1\,700\times33.33=56\,661$（元）

（2）直接材料分工序在每道工序开始时一次投入，单件在产品所耗直接材料与完工产品不相同，应按投料程度计算在产品的约当产量，分配直接材料费用。

【例3-18】　假定例3-17中A产品直接材料分工序在每道工序开始时一次投入，该产品在三道工序上的直接材料消耗定额分别为第一工序80元，第二工序70元，第三工序50元。A产品各工序的投料程度和约当产量的计算如表3-32所示。

表 3-32　在产品投料程度和约当产量计算表

工序	各工序直接材料定额/元	月末在产品数量/件	各工序在产品投料程度	在产品约当产量/件
1	80	500	$\dfrac{80 \times 100\%}{200} = 40\%$	200
2	70	400	$\dfrac{80 + 70 \times 100\%}{200} = 75\%$	300
3	50	800	$\dfrac{80 + 70 + 50 \times 100\%}{200} = 100\%$	800
合计	200	1 700	—	1 300

$$直接材料分配率 = \frac{24\ 821 + 98\ 500}{2\ 000 + 1\ 300} = 37.37$$

完工产品直接材料成本 $= 2\ 000 \times 37.37 = 74\ 740$（元）

月末在产品直接材料成本 $= 1\ 300 \times 37.37 = 48\ 581$（元）

（3）直接材料分工序在每道工序陆续投入，单件在产品所耗直接材料与完工产品不相同，应按每一工序直接材料的消耗定额测算投料程度，然后按投料程度计算在产品的约当产量，分配直接材料费用。一般假定各道工序在产品在各工序中的平均投料程度为 50%。

【例 3-19】　假定例 3-18 中 A 产品直接材料分工序在三道工序中陆续投入。A 产品各工序的投料程度和约当产量的计算如表 3-33 所示。

表 3-33　在产品投料程度和约当产量计算表

工序	各工序直接材料定额/元	月末在产品数量/件	各工序在产品投料程度	在产品约当产量/件
1	80	500	$\dfrac{80 \times 50\% \times 100\%}{200} = 20\%$	100
2	70	400	$\dfrac{80 + 70 \times 50\% \times 100\%}{200} = 57.5\%$	230
3	50	800	$\dfrac{80 + 70 + 50 \times 50\% \times 100\%}{200} = 87.5\%$	700
合计	200	1 700	—	1 030

$$直接材料分配率 = \frac{24\ 821 + 98\ 500}{2\ 000 + 1\ 030} = 40.7$$

完工产品直接材料成本 $= 2\ 000 \times 40.7 = 81\ 400$（元）

月末在产品直接材料成本 $= 1\ 030 \times 40.7 = 41\ 921$（元）

（4）直接材料分工序陆续投入，直接材料的投入程度与产品的加工程度完全一致或基本一致，则单件在产品所耗直接材料与完工产品也不相同，需要计算约当产量分配直接材料费用。

【例 3-20】 假定例 3-16 中 A 产品直接材料随加工程度陆续投入，即三道工序月末在产品直接材料的投料程度与各道工序月末在产品的加工程度相同，分别为 20%、55%、85%，则月末在产品直接材料的约当产量同样为 1 000 件。

$$直接材料分配率 = \frac{24\ 821 + 98\ 500}{2\ 000 + 1\ 000} = 41.107$$

完工产品直接材料成本 = 2 000 × 41.107 = 82 214（元）

月末在产品直接材料成本 = 1 000 × 41.107 = 41 107（元）

【例 3-21】 某企业生产 B 产品，3 月初结存在产品 500 件，加工程度为 60%；本月投产 3 500 件；本月完工 3 200 件，月末结存在产品 800 件，加工程度 50%。B 产品在生产开始时投入全部所耗直接材料的 80%，当产品加工到 60% 时，再投入剩余的 20% 的直接材料。B 产品 3 月份成本费用资料如表 3-34 所示。

表 3-34　B 产品 3 月份成本费用资料

	直接材料	直接人工	制造费用	合计
月初在产品成本	3 040	900	1 140	5 080
本月生产耗费	20 000	9 900	12 540	42 440

直接材料月末在产品约当产量 = 800 × 80% = 640（件）

$$直接材料分配率 = \frac{3\ 040 + 20\ 000}{3\ 200 + 640} = 6$$

加工费用月末在产品约当产量 = 800 × 50% = 400（件）

$$直接人工分配率 = \frac{900 + 9\ 900}{3\ 200 + 400} = 3$$

$$制造费用分配率 = \frac{1\ 140 + 12\ 540}{3\ 200 + 400} = 3.8$$

根据上述分配率，分配本月完工产品与月末在产品成本如表 3-35 所示。

表 3-35　产品成本明细账

产品名称：B 产品　　　　　　　20××年 3 月

日期	凭证号	摘　要	直接材料	直接人工	制造费用	合计
		月初在产品成本	3 040	900	1 140	5 080
		本月生产耗费	20 000	9 900	12 540	42 440
		费用合计	23 040	10 800	13 680	47 520
		约当产量	3 840	3 600	3 600	
		费用分配率	6	3	3.8	
		完工产品成本	19 200	9 600	12 160	40 960
		月末在产品成本	3 840	1 200	1 520	6 560

（六）在产品按定额成本计价法

在产品按定额成本计价法是指根据各月月末在产品实际结存的数量和单位产品定额

成本计算出月末在产品的定额成本，并以该定额成本作为月末在产品的实际成本，对月末在产品进行计价的一种方法。采用这种方法时，月初在产品的定额成本加上本月生产费用，再减去按定额成本计算的月末在产品成本，其余额即为完工产品成本。每月实际生产费用脱离费用定额的差异全部计入当月完工产品成本。

在产品按定额成本计价法用公式表示如下：

$$\frac{\text{在产品}}{\text{定额成本}} = \frac{\text{在产品直接}}{\text{材料定额成本}} + \frac{\text{在产品直接}}{\text{人工定额成本}} + \frac{\text{在产品制造}}{\text{费用定额成本}}$$

$$\frac{\text{在产品直接}}{\text{材料定额成本}} = \frac{\text{在产品}}{\text{实际数量}} \times \frac{\text{单位在产品}}{\text{材料消耗定额}} \times \frac{\text{直接材料}}{\text{计划单价}}$$

$$\frac{\text{在产品直接}}{\text{人工定额成本}} = \frac{\text{在产品}}{\text{实际数量}} \times \frac{\text{单位在产品}}{\text{工时定额}} \times \frac{\text{计划小时}}{\text{工资率}}$$

$$\frac{\text{在产品制造}}{\text{费用定额成本}} = \frac{\text{在产品}}{\text{实际数量}} \times \frac{\text{单位在产品}}{\text{工时定额}} \times \frac{\text{计划小时}}{\text{费用率}}$$

【例 3-22】　某企业生产 C 产品，3 月份完工 C 产品 1 500 件，月末结存在产品 500 件，加工程度为 60%。单位产品材料的消耗定额为 4 千克，每千克材料的计划单价为 30 元；单位产品工时定额为 4 小时，每工时定额直接人工计划数为 15 元，每工时定额制造费用计划数为 22 元。月初在产品和本月生产耗费总计为：直接材料 252 000 元，直接人工 115 200 元，制造费用 151 200 元。材料系生产开始一次投入，月末在产品按定额成本计价。分配计算过程如表 3-36 所示。

表 3-36　产品成本计算单

产品名称：C 产品　　　　　　　　201×年 3 月

成本项目	生产费用合计	月末在产品成本（定额成本）	完工产品成本
直接材料	252 000	500×4×30 = 60 000	192 000
直接人工	115 200	500×4×60%×15 = 18 000	97 200
制造费用	151 200	500×4×60%×22 = 26 400	124 800
合计	518 400	104 400	414 000

采用在产品按定额成本计价法计算较为简便，但由于在产品按定额成本计价，在产品实际耗费与在产品定额成本之间的差异将全部由完工产品来承担。如果本月生产费用脱离定额的差异数额比较大，必然会影响到成本计算的准确性，所以这种方法适用于定额管理基础好，各项消耗定额或费用定额比较准确、稳定，而且各月末在产品数量变动不大的产品。如果各项定额资料准确，则月初和月末单件在产品费用脱离定额的差异就很小；再由于各月末在产品数量变化不大，则月初在产品脱离定额的差异与月末在产品脱离定额的差异也不会相差太远，对完工产品成本计算的正确性影响很小。此时，为简化成本计算工作可采用在产品按定额成本计价法。另外，采用这种方法还要求定额资料相对稳定，若经常修订定额，则在修订定额的月份，月末在产品的新定额耗用与旧定额耗用之间的差异也将全部由完工产品成本承担，这样不利于对完工产品成本的考核与分析。

采用在产品按定额成本计价法时，若产品成本中直接材料成本所占比重比较大，为了进一步简化核算工作，月末在产品成本可以只按定额直接材料成本计算，在产品直接材料脱离定额的差异和其他各项实际费用计入完工产品成本，即将在产品按所耗直接材料费用计价法与在产品按定额成本计价法相结合。

（七）定额比例法

定额比例法是指按照完工产品与月末在产品的定额消耗量或定额费用比例来分配计算完工产品成本和月末在产品成本的方法。其中，直接材料成本项目，如果产品只耗用一种材料，可按直接材料的定额耗用量或定额费用比例进行分配；如果产品耗用的材料为两种或两种以上，则应按其定额费用比例进行分配。而直接人工、制造费用成本项目，由于计划小时工资率和计划小时制造费用分配率只有一个，所以按定额耗用量（工时）比例或定额费用比例分配，结果是一样的，但由于定额耗用量资料更容易取得，一般均按定额耗用量比例进行分配。

定额比例法适用于定额管理基础较好，各项消耗定额或费用定额比较准确、稳定，但各月末在产品数量变化比较大的产品。月初月末在产品数量差异较大，月初在产品脱离定额的差异与月末在产品脱离定额的差异也就可能较大，不能冲抵，如果仍然采用在产品按定额成本计价法，会影响完工产品成本计算的正确性。而采用定额比例法，产品的实际耗费与产品的定额成本之间的差异要在完工产品和月末在产品之间按比例分配，由完工产品和月末在产品共同承担实际脱离定额的差异，提高了产品成本计算的正确性。

用定额比例法分配直接材料费用公式如下：

$$直接材料分配率 = \frac{月初在产品材料费用＋本月材料费用}{完工产品定额材料费用＋月末在产品定额材料费用}$$

$$完工产品直接材料成本 = 完工产品定额材料费用×直接材料分配率$$

$$月末在产品直接材料成本 = 月末在产品定额材料费用×直接材料分配率$$

直接人工、制造费用分配公式如下：

$$直接人工（或制造费用）分配率 = \frac{月初在产品直接人工费用（或制造费用）＋本月直接人工费用（或制造费用）}{完工产品定额工时＋月末在产品定额工时}$$

$$\frac{完工产品直接人工}{成本（或制造费用）} = \frac{完工产品}{定额工时} × \frac{直接人工（或制造费用）分配率}{}$$

$$\frac{月末在产品直接人工}{成本（或制造费用）} = \frac{月末在产品}{定额工时} × \frac{直接人工（或制造费用）分配率}{}$$

【**例 3-23**】 假定例 3-22 中某企业生产的 C 产品采用定额比例法分配完工产品和月末在产品成本。根据上述资料计算如下。

直接材料成本项目：

完工产品直接材料定额成本 = 1 500×4×30 = 180 000（元）

月末在产品直接材料定额成本 = 500×4×30 = 60 000（元）

小计   240 000（元）

直接材料分配率 = 252 000 / 240 000 = 1.05

直接人工和制造费用项目：

完工产品定额工时 = 1 500×4 = 6 000（小时）

月末在产品定额工时 = 500×60％×4 = 1 200（小时）

小计　　　　　　　　　　　7 200（小时）

直接人工分配率 = 115 200/7 200 = 16（元/小时）

制造费用分配率 = 151 200/7 200 = 21（元/小时）

根据上述各费用分配率，在产品成本明细账或产品成本计算单中分配完工产品和月末在产品成本，如表 3-37 所示。

表 3-37　产品成本明细账

产品名称：C产品　　　　　　　　　　　20××年 3 月

日期	凭证号	摘　要	直接材料	直接人工	制造费用	合　计
		生产费用合计	252 000	115 200	151 200	518 400
		完工产品定额	180 000	6 000	6 000	
		月末在产品定额	60 000	1 200	1 200	
		小　计	240 000	7 200	7 200	
		分配率	1.05	16	21	
		完工产品总成本	189 000	96 000	126 000	411 000
		完工产品单位成本	126	64	84	274
		月末在产品成本	63 000	19 200	25 200	107 400

采用定额比例法分配完工产品和月末在产品成本，除了分配结果比较准确外，同时还可以用定额比例法计算过程中所计算的分配率将实际费用与定额费用进行比较，考核和分析定额的执行情况。其中直接材料成本项目的分配率表示了直接材料成本的超支或节约的百分比，如上例中分配率为 1.05，表示本月实际的直接材料成本是直接材料定额成本的 105％，超支了 5％。直接人工、制造费用成本项目的分配率可以与计划小时工资率、计划小时制造费用分配率进行比较，以分析直接人工、制造费用的超支或节约情况，如在上例中，直接人工分配率为 16 元/小时，计划小时工资率为 15 元/小时，表示了实际直接人工的超支。

根据上述方法分配费用，必须取得完工产品和月末在产品的定额消耗量或定额费用资料作为费用的分配标准。完工产品和月末在产品的各定额消耗量，是根据完工产品和月末在产品的实际数量乘以单位消耗定额计算求得的；完工产品和月末在产品的定额费用，是根据完工产品和月末在产品的各项费用定额消耗量，分别乘以各计划单价或计划小时分配率求得的。采用这种方法，在在产品的种类和生产工序繁多时，核算工作量繁重。为简化成本计算工作，月末在产品的定额消耗量或定额费用，可以采用倒挤的方法计算，计算公式如下：

$$
\begin{array}{ccccc}
\text{月末在产品} & & \text{月初在产品} & & \text{本月投入的} & & \text{本月完工产品} \\
\text{定额费用} & = & \text{定额费用或} & + & \text{定额费用或} & - & \text{定额费用或} \\
\text{或定额消耗量} & & \text{定额消耗量} & & \text{定额消耗量} & & \text{定额消耗量}
\end{array}
$$

上述公式中，月初在产品的定额费用或定额消耗量即上月末的在产品定额费用或定额消耗量，可以根据上月成本计算资料取得；本月投入的直接材料定额消耗量，可以根据领料凭证所列的直接材料定额消耗量等数据计算求得；本月投入的工时定额消耗量，可以根据有关定额工时的原始记录计算求得；本月完工产品的定额费用或定额消耗量，可以根据完工产品数量和单位产品定额成本或消耗定额求得，从而倒挤求出月末在产品的定额资料，采用以下公式分配费用率据以分配生产费用：

$$
\text{直接材料分配率} = \frac{\text{月初在产品材料费用} + \text{本月材料费用}}{\text{月初在产品定额材料费用} + \text{本月投入定额材料费用}}
$$

$$
\text{直接人工（或制造费用）分配率} = \frac{\begin{array}{c}\text{月初在产品直接人工}\\ \text{费用（或制造费用）}\end{array} + \begin{array}{c}\text{本月直接人工费用}\\ \text{（或制造费用）}\end{array}}{\text{月初在产品定额工时} + \text{本月投入定额工时}}
$$

采用上述倒挤的方法来计算月末在产品的定额数据，可以简化计算工作，但在发生在产品盘盈盘亏时，据以计算求得的成本资料就不能如实地反映产品成本的水平。为了保证在产品账实相符，提高成本计算的正确性，必须每隔一定时期对在产品进行一次实地盘点，根据在产品的实存数量计算一次在产品的定额费用或定额消耗量。

三、投入产出数量不一致时完工产品与在产品成本划分

上述完工产品与月末在产品之间的成本划分是指在投入数量正好等于产出数量时的情况。但有些企业在生产过程中由于种种原因，会使产品投入数量与产出数量不一致，如发生了不可修复废品，在产品毁损报废、盘亏，生产工艺过程发生的蒸发、滴漏、去杂、膨胀等损耗或溢余。对于产品投入数量与产出数量的不一致，应分别不同的情况采用不同的方法来划分完工产品与月末在产品成本。

（一）发生不可修复废品和在产品毁损、盘亏

一般发生不可修复废品、在产品毁损、在产品盘亏等原因造成的产品数量短缺，是由于企业的主观原因造成的，为了引起企业有关方面的重视和注意，对这些短缺数量，在完工产品和月末在产品成本划分时就应考虑进去，即要对这些生产损失进行计算。

【例 3-24】 某企业生产 D 产品，3 月份有关的产量资料与成本资料如表 3-38、表 3-39 所示。

表 3-38 D 产品 3 月份产量记录

	数量	投料程度	加工程度
月初在产品	200	80%	60%
本月投入	800		
小计	1 000		
本月完工	700		

续表

	数量	投料程度	加工程度
本月发生不可修复废品	20	60%	50%
本月在产品盘亏	10	100%	80%
月末结存在产品	270	80%	60%

表 3-39　D 产品 3 月份成本资料

	直接材料	直接人工	制造费用	合计
月初在产品成本	120 000	18 000	28 800	166 800
本月生产耗费	583 500	114 000	182 400	879 900

根据上列资料，计算过程如表 3-40 所示。

表 3-40　　产品成本明细账

产品名称：D 产品　　　　　　　　20××年 3 月

摘要	直接材料	直接人工	制造费用	废品损失	合计
月初在产品成本	120 000	18 000	28 800		166 800
本月生产耗费	583 500	114 000	182 400		879 900
合计	703 500	132 000	211 200		1 046 700
约当产量	938	880	880		
约当产量单位成本	750	150	240		
结转不可修复废品成本	−9 000	−1 500	−2 400	12 900	
结转盘亏在产品成本	−7 500	−1 200	−1 920		−10 620
完工产品总成本	525 000	105 000	168 000	12 900	810 900
月末在产品成本	162 000	24 300	38 880		225 180

其中，直接材料约当总产量＝700＋20×60%＋10×100%＋270×80%＝938（件）

直接人工约当总产量＝700＋20×50%＋10×80%＋270×60%＝880（件）

（二）发生合理损耗和自然升溢

生产工艺过程中由于客观原因发生的合理损耗，一般划分完工产品和月末在产品成本时就不需要单独计算自然损耗造成的损失；它导致产品总产出减少，相应地就增加了单位产品成本。同样，由于客观原因造成的自然升溢，也不需要单独计算升溢，它导致产品总产出增加，也就相应地减少了单位产品成本。

【例 3-25】　某企业生产 E 产品，3 月份有关的产量资料与成本资料如表 3-41、表 3-42 所示。

表 3-41　E 产品 3 月份产量记录

	数量	投料程度	加工程度
月初在产品	320	100%	50%
本月投入	1 280		
小计	1 600		
本月完工	1 000		
合理生产损耗	50		
月末结存在产品	550	100%	80%

表 3-42　E 产品 3 月份成本资料

	直接材料	直接人工	制造费用	合计
月初在产品成本	153 600	25 600	19 200	198 400
本月生产耗费	590 400	204 800	153 600	948 800

根据上列资料，计算过程如表 3-43 所示。

表 3-43　产品成本明细账

产品名称：E 产品　　　　　　　　200×年 3 月

日期	凭证号	摘　要	直接材料	直接人工	制造费用	合计
		月初在产品成本	153 600	25 600	19 200	198 400
		本月生产耗费	590 400	204 800	153 600	948 800
		费用合计	744 000	230 400	172 800	1 147 200
		约当产量	1 550	1 440	1 440	
		费用分配率	480	160	120	
		完工产品总成本	480 000	160 000	120 000	760 000
		月末在产品成本	264 000	70 400	52 800	387 200

其中，直接材料约当总产量＝1000＋550×100%＝1 550（件）

直接人工约当总产量＝1 000＋550×80%＝1 440（件）

四、生产费用在完工产品与月末在产品之间分配的会计处理

工业企业生产产品发生的各种生产费用，已在各成本计算对象之间进行了分配，并且采用合适的方法又在各该种成本计算对象的完工产品和月末在产品之间进行了分配，计算出了完工产品和月末在产品的总成本。企业应在产品验收入库后，根据取得的产品交库单入账，将各种完工产品的成本，从生产成本账户及所属明细账贷方转出，转入有关账户的借方。完工入库产成品的成本，借记"库存商品"账户，贷记"生产成本——基本生产成本"账户；完工入库的自制材料、工具、模具等的成本，分别借记"原材料"、"低值易耗品"等账户，贷记"生产成本——辅助生产成本"账户。

【例3-26】 假设某企业本月生产A、B、C、D、E产品，各产品完工产品成本如表3-44所示。

表3-44 库存商品成本汇总表

20××年3月

产品	产量	直接材料	直接人工	制造费用	废品损失	合计
A产品	2 000	66 660	32 000	44 000		142 660
B产品	320	19 200	9 600	12 160		40 960
C产品	1 500	189 000	96 000	126 000		411 000
D产品	700	525 000	105 000	168 000	12 900	810 900
E产品	1 000	480 000	160 000	120 000		760 000
合计		1 279 860	402 600	4 701 600	12 900	2 165 520

根据完工验收入库的库存商品交库单及库存商品成本汇总表等，编制会计分录如下：

借：库存商品——A产品 142 660
　　　　——B产品 40 960
　　　　——C产品 411 000
　　　　——D产品 810 900
　　　　——E产品 760 000
　　贷：生产成本——基本生产成本——A产品 142 660
　　　　　　　　——B产品 40 960
　　　　　　　　——C产品 411 000
　　　　　　　　——D产品 810 900
　　　　　　　　——E产品 760 000

完工产品成本结转以后，"生产成本"账户及其相应明细账的余额就是月末在产品成本的余额。

【进一步学习指南】

企业在生产过程中耗用的直接生产费用，可以分清计算对象的，直接记入相关的账户或产品成本中；产品共同耗用的费用，采用科学合理的方法进行分配。辅助生产车间服务于本企业商品产品的生产和管理工作，辅助生产费用必须按其耗用比例分别转入生产成本、制造费用和管理费用。制造费用种类多、发生频繁，发生时一般无法直接判定其归属的成本计算对象，应按发生地点先归集，月末再进行分配。企业的生产损失如果较大，就有必要单独核算生产损失，生产损失最终计入产品成本。月末如果企业同时存在完工产品和未完工产品，则需要采用适当的分配方法，将全部生产费用在完工产品和月末在产品之间分配。

本章内容反映了成本核算的基本过程，但企业计算产品成本时，还需要根据其生产特点和管理要求，采用具体的成本计算方法来核算各产品成本。

【思考题】

1. 进行成本费用核算需要设置哪些账户？各账户的结构、内容如何？
2. 材料发出核算常用的原始凭证有哪些？
3. 材料费用的分配原则是什么？材料费用分配方法有哪些？
4. 外购动力费用应如何进行归集和分配？
5. 什么是职工薪酬？它包含哪些内容？
6. 如何计算计时工资和计件工资？
7. 工资费用是如何进行归集和分配的？
8. 什么是交互分配法？计划成本分配法和直接分配法？这些方法的优缺点和适用性各是如何？
9. 什么是顺序分配法？其有何特点？
10. 什么是制造费用？制造费用包括哪些主要内容？
11. 制造费用分配方法有哪些？各有何特点？适用于何类企业？
12. 何为废品损失？其如何分类？
13. 不可修复废品损失的核算程序是怎样的？
14. 什么是在产品？什么是完工产品？两者关系如何？
15. 如何进行在产品盘亏、盘盈的账务处理？
16. 生产费用在完工产品和月末在产品之间的分配方法有哪几种？如何根据企业的具体情况选择适当的分配方法？
17. 什么叫约当产量比例法？约当产量如何计算？
18. 在约当产量比例法下，如何测定在产品生产过程中的加工程度和投料程度？
19. 试说明定额比例法和在产品按定额成本计价法的区别。
20. 在产品投入量和产出量不等情况下，完工产品与在产品成本如何划分？

【核算题】

1. 某企业生产甲、乙两种产品，耗用原材料费用共计 124 800 元。本月投产甲产品 440 件，乙产品 512 件。单件原材料费用定额：甲产品 240 元，乙产品 200 元。要求：采用原材料定额费用比例分配甲、乙产品实际耗用原材料费用。

2. 某企业本月耗电 80 000 度，每度电的单价 0.80 元，应付电力费 64 000 元，暂未付。该企业基本生产车间耗电 66 000 度，其中生产工艺用电 60 000 度，车间照明用电 6 000 度；企业行政管理部门耗用 14 000 度。基本生产车间生产 A、B 两种产品，A 产品生产工时 36 000 小时，B 产品生产工时 24 000 小时。要求：按所耗电度数分配电力费用，A、B 产品按生产工时分配电费，编制电力费用分配的会计分录。

3. 某企业某工人的月工资标准为 1 620 元，本月份 31 日，病假 2 日，事假 1 日，星期休假 9 日，出勤 19 日。根据该工人的工龄，其病假工资按工资标准的 90% 计算。该工人的病假和事假期间没有节假日。要求：按 30 天计算日工资率，按出勤日数计算当月工资。

4. 某企业本月份应付工资总额为 230 000 元，其中，基本生产车间工人工资为 168 000 元（甲产品生产工时 6 000 小时，乙产品生产工时为 4 000 小时），辅助生产车间人员工资 12 000 元，基本生产车间管理人员工资 16 000 元，厂部管理人员工资 24 000 元，专设销售机构人员工资 10 000 元。要求：分配本月的工资，并编制相应的会计分录。

5. 某企业设有供热、运输两个辅助生产车间，本月发生辅助生产费用、提供劳务量如表 3-45 所示。

表 3-45　辅助生产费用表

辅助生产名称		供热车间	运输部门
待分配费用（元）		10 080	18 000
劳务供应数量		2 100（吨）	7 500（千米）
耗用劳务数量	供热车间		300
	运输部门	100	
	基本生产车间	1 800	6 600
	管理部门	200	600

要求：采用直接分配法计算分配供热费用、运输费用，编制并完成辅助生产费用分配表。

6. 上述核算题 5 中，如果采用交互分配法计算分配供热费用、运输费用，要求编制并完成辅助生产费用分配表，并编制辅助生产费用交互分配的会计分录。

7. 上述核算题 5 中，假设供热车间计划单位成本为 5.2 元/吨，运输车间计划单位成本为 2.6 元/千米，如果采用计划成本分配法编制辅助生产费用分配表，要求编制并完成辅助生产费用分配表，并编制差异分配的会计分录（差异计入管理费用）。

8. 某基本生产车间生产甲、乙、丙三种产品，共计生产工时 11 000 小时，其中，甲产品 3 750 小时，乙产品 4 250 小时，丙产品 3 000 小时。本月该车间发生各种间接费用如下：

(1) 以银行存款支付劳动保护费 1 300 元。

(2) 车间管理人员工资 4 000 元。

(3) 按车间管理人员工资的 14％提取福利费。

(4) 车间消耗材料 1 700 元。

(5) 车间固定资产折旧费 1 600 元。

(6) 以银行存款支付电话费 500 元。

(7) 以银行存款支付保险费 400 元。

(8) 辅助生产车间（运输车间）转入费用 1 200 元。

(9) 以银行存款支付办公费、水电费、邮电费及其他支出等共计 1 940 元。

要求：根据上述资料编制制造费用发生的会计分录，采用生产工时比例法在各种产品之间分配制造费用。

9. 某企业基本生产车间全年制造费用计划为 468 000 元，全年各种产品的计划产量：甲产品 19 000 件，乙产品 6 000 件，丙产品 8 000 件。单件产品工时定额：甲产品 5 小时，乙产品 7 小时，丙产品 7.25 小时。本月份实际产量：甲产品 1 800 件，乙产品 700 件，丙产品 500 件。本月份实际发生的制造费用为 41 200 元。要求：按年度计划分配率分配制造费用，并编制分配的会计分录。

10. 某企业生产 A 产品，本月投产 600 件，其中 60 件为不可修复废品。该产品成本明细账所记合格品和废品共同发生的生产费用为：原材料费用 75 000 元，工资及福利费 30 225 元，制造费用 148 200 元。原材料是在生产开始时一次投入的。合格品的生产工时为 9 030 小时，废品 720 小时。废品回收的残料计价 900 元，应收过失单位赔款 1 500 元。要求：按废品所耗实际费用计算不可修复废品成本及净损失，编制并完成不可修复废品损失计算表。并编制有关废品损失的会计分录。

11. 某企业在生产 B 产品过程中发现不可修复废品 5 件，按所耗定额费用计算不可修复废品的生产成本。单件原材料费用定额为 50 元，废品已完成的定额工时共计 300 小时，每小时的费用定额为：燃料和动力 1.50 元，工资和福利费 1.8 元，制造费用 1.2 元，不可修复废品的残料作价 80 元，以辅助材料入库；应由过失人赔款 40 元，废品净损失由当月同种产品负担。要求：计算 B 产品不可修复废品成本及净损失，并编制结转不可修复废品成本（定额成本）、废品残值、应收赔款和废品净损失的会计分录。

12. 某企业 20××年 3 月份甲产品成本费用资料如表 3-46 所示。

表 3-46   生产成本明细账

产品名称：甲产品   20××年 3 月

	直接材料	直接人工	制造费用	废品修复费用
月初在产品成本	16 600	1 800	2 720	
本月生产费用	71 400	11 600	20 060	1 900

甲产品 20××年 3 月份投入产出情况如表 3-47 所示。

表 3-47   20××年 3 月甲产品投入产出表

	数量/件	在产品加工程度/%
月初结存在产品	80	50
本月投入生产产品	320	
本月完工产品	290	
月末在产品	100	40
本月不可修复废品	10	50

甲产品原材料系生产开始时一次投入。要求：采用约当产量比例法划分完工产品成本和月末在产品成本，编制并完成甲产品本月生产成本明细账。

13. 某企业 20××年 3 月份乙产品成本费用资料如表 3-48 所示。

表 3-48   生产成本明细账

产品名称：乙产品   20××年 3 月

	直接材料	直接人工	制造费用
月初在产品成本	53 600	13 608	8 500
本月生产费用	286 400	111 992	70 000

乙产品 20××年 3 月份投入产出情况如表 3-49 所示。

表 3-49   20××年 3 月乙产品投入产出表

		数量/件	在产品在本工序加工程度/%	各工序工时定额/小时
月初结存在产品	第一道工序结存	300	50	3
	第二道工序结存	280	60	6
	第三道工序结存	120	20	1
	小计	700		
本月投入生产		2 900		
本月完工产品		2 800		

		数量/件	在产品在本工序加工程度/%	各工序工时定额/小时
月末结存在产品	第一道工序结存	500	60	
	第二道工序结存	100	50	
	第三道工序结存	200	50	
	小计	800		

乙产品原材料分工序在每道工序开始时投入，三道工序材料费用定额分别为 16 元、4 元、5 元。

要求：

（1）采用约当产量比例法划分完工产品成本和月末在产品成本，计算月末在产品的加工程度和投料程度，编制并完成在产品约当产量计算表。

（2）编制并完成甲产品本月生产成本明细账。

14. 某企业生产丙产品需要耗用 A 原料和 B 辅助材料。该企业 20××年 3 月有关资料如下：单位产品定额耗用量和定额成本资料如表 3-50 所示。

表 3-50　丙产品定额成本表

	直接材料		直接人工	制造费用
	A 材料	B 材料		
材料与工时定额消耗量	2 千克	6 千克	3 小时	3 小时
材料计划单位成本	4.5 元	3.5 元		
直接人工计划小时工资率			2 元	
制造费用计划小时分配率				2.5 元
定额成本	9 元	21 元	6 元	7.5 元

丙产品 3 月份投入产出资料如表 3-51 所示。

表 3-51　20××年丙产品投入产出表

	数量/件	在产品加工程度/%	在产品投料程度/%
月初结存在产品	600	50	70
本月投入生产	5 400		
本月完工产品	5 000		
月末结存在产品	1 000	60	80

本月其他生产费用和月初在产品成本如表 3-52 所示。

表 3-52　生产成本明细账

产品名称：丙产品　　　　　　　　　20××年 3 月

	直接材料	直接人工	制造费用
月初在产品成本	15 600	1 890	2 200
本月生产费用	160 140	33 390	38 960

要求：

（1）按定额比例法划分完工产品和月末在产品的成本，编制并完成生产成本明细账。

（2）月末在产品按定额成本计价，计算月末在产品成本和完工产品成本，编制并完成生产成本明细账。

（3）比较要求（1）和要求（2）的结果，说明定额比例法和月末在产品按定额成本计价法的优缺点和适用条件。

第四章

制造业成本计算的方法

【本章学习目标】

- 了解企业生产特点和管理要求对成本计算方法选择的影响
- 掌握品种法、分批法、分步法的特点和核算
- 掌握分类法、定额法的使用条件和核算

【案例】

钱塘冰箱有限责任公司从事 BCD-160、BCD-220 等各种型号冰箱的生产、销售，设有箱体制作、发泡、总装 3 个基本生产车间。该企业主要生产工艺流程是：先由箱体制作车间经过切割、磷化、喷塑工艺制成各种板材，并将 ABS 板料制成冰箱内胆，再将其装配成箱壳；同时将彩色钢板经过切割、装配门胆制成冰箱门，最后制成箱体。箱体验收合格后交发泡车间，装配主副蒸发器后，经过发泡等工序，加工成各种不同型号的保温箱体。保温箱体验收合格后直接交送总装车间，总装车间将从仓库领来的外购件压缩机等经过焊接、装配成 BCD-160、BCD-220 型号的冰箱，验收合格后交产成品仓库。

根据该公司生产特点，公司采用逐步结转分步法计算冰箱成本。

与钱塘冰箱有限责任公司一样，可口可乐公司、英荷壳牌集团、伯利恒钢铁公司、金佰利公司都采用分步法核算成本。而派拉蒙电影公司、埃森哲管理咨询公司、凯色永久医疗计划、凯悦国际酒店集团则采用分批法核算成本。

（资料来源：许永斌，樊晓琪. 会计综合实训教程. 上海：立信会计出版社，2008；爱德华·布洛克，孔·陈，托马斯·林. 王斌译. 战略成本管理. 北京：人民邮电出版社，2005）

<h1 style="text-align:center">第一节　成本计算方法的确定</h1>

一、成本计算方法的概念和内容

成本计算方法，是指根据成本核算的要求，按照一定的对象和程序，归集构成产品成本的生产费用，按期计算产品总成本和单位成本的方法。一种产品成本计算方法的构成要素，包括以下几个方面。

（一）成本计算对象的确定

企业要计算产品成本，必须先确定成本计算对象。成本计算对象是指生产费用的承担者，即费用归集、分配的对象。确定成本计算对象是归集分配生产费用、计算产品成本的前提，也是确定成本计算方法的关键。不同的生产企业，由于生产特点和管理要求的不同，成本计算对象也不一样。

（二）成本明细账及其成本项目的设置

企业根据确定的成本计算对象设置相应的基本生产成本明细账户，并根据管理的需要设置成本项目。设置基本生产成本明细账和成本项目是归集生产费用和计算产品成本的前提。

（三）生产费用的归集

本期生产过程中所耗用的原材料、燃料、动力、职工薪酬、固定资产折旧等要素费用，需要通过一系列归集和分配程序，最后汇总计入企业设置的基本生产成本明细账，并登记在相应的成本项目内。

（四）成本计算期的确定

成本计算期是指每次计算完工产品成本的期间，也就是归集生产费用计算产品成本的起讫日期。它一般分为定期和不定期两种，通常由企业的生产特点决定。

（五）完工产品与月末在产品成本的划分

成本计算期末，倘若既有完工产品又有月末在产品，按成本计算对象归集的生产费用，应采用一定标准在完工产品与月末在产品之间进行分配，通过分配确定完工产品和月末在产品的总成本。

（六）完工产品总成本和单位成本的确定

生产费用在完工产品和月末在产品之间的分配，确定完工产品总成本；将完工产品总成本除以完工产品数量，即可确定完工产品单位成本。

二、成本计算的基本方法

（一）成本计算的基本方法

上述成本计算方法的几个构成要素的不同结合，可以构成不同的成本计算方法。影响这些构成要素的主要是企业的生产特点和管理要求。生产特点和管理要求对成本计算方法的影响，主要体现在成本计算对象上。成本计算的基本方法根据成本计算对象的不同，可以划分为三种基本方法：

（1）品种法（variety costing），是以产品的品种作为成本计算对象，归集生产费用，计算产品成本的成本计算基本方法。

（2）分批法（job order costing），是以产品的批别或订单作为成本计算对象，归集生产费用，计算产品成本的成本计算基本方法。

（3）分步法（process costing），是以产品的生产步骤作为成本计算对象，归集生产费用，计算产品成本的成本计算基本方法。

产品成本计算的三种基本方法，企业应该选择哪一种，主要取决于企业生产类型及其成本管理要求的影响。

（二）生产工艺过程的特点

生产工艺过程是指产品从投料到完工的生产工艺加工过程，它以生产过程是否可以间断为基本特征。按工艺过程特点不同，生产可以分为单步骤生产（简单生产）和多步骤生产（复杂生产）两种类型。

单步骤生产（简单生产）是指工艺技术上不能间断的生产，或者不便于分散不同地点进行的生产，如发电、供水、供气、采掘、铸造等工业的生产。单步骤生产具有工艺技术简单，生产周期短，生产只能由一个车间或一个企业独立完成的特点。

多步骤生产（复杂生产），是指工艺技术上可以间断，可以在不同时间、不同地点分别进行，并由若干加工步骤组成的生产，如冶金、纺织、机械制造等企业的生产。多步骤生产具有工艺技术复杂、生产周期长、生产由多个车间或多个企业协作完成的特点。多步骤生产按其产品加工方式及其各步骤的内在联系，又可分为连续式多步骤生产和装配式（平行加工式）多步骤生产。

连续式多步骤生产是指原材料投产后，要依次经过各个生产步骤的连续加工才形成产成品的生产；其前一生产步骤完成的半成品，是后一步骤继续加工的对象，直至最后一个步骤完工才形成产成品。纺织、冶金是典型的连续式多步骤生产的行业。

装配式（平行加工式）多步骤生产是指原材料投产后，先将各种材料在各个步骤进行加工，制造出生产产成品所需要的各种零部件，然后将零部件装配成产成品的生产。例如，机械、车辆、船舶、飞机、仪表、电器等行业的生产都是属于装配式多步骤生产。

（三）生产组织方式的特点

生产组织方式是指企业生产的专业化程度，即生产产品品种的多寡、同种产品产量的大小及其生产的重复程度。按组织特点不同，生产可分为大量生产、成批生产和单件生产。

大量生产是指不断重复生产相同产品的生产，如发电、采掘、纺织、冶金、水泥、造纸、酿酒等行业的生产。大量生产具有品种稳定、产量大、重复性强、专业化水平高等特点。

成批生产是指按预先确定的产品数量和规格（"批"），每隔一定时期成批重复制造某种产品的生产，如服装、机械、车辆、仪表、电器等行业的生产。成批生产具有产量较大，品种较多，生产具有一定的重复性的特点。成批生产按生产批量的大小又可分为大批生产和小批生产。大批生产性质接近大量生产，小批生产性质接近单件生产。实务中，由于大量和大批的界限、单件和小批的界限很难划分，通常合在一起，称为大量大批生产和单件小批生产。

单件生产是指根据购买者提出的要求，生产某种特定规格、型号、性能等产品的生产；如船舶、发电设备、重型机械等行业的生产。单件生产具有产量少、品种多、重复性小的特点。

一般地说，企业生产过程中生产工艺过程与生产组织是有机地结合在一起的。单步骤生产和连续式多步骤生产通常采用大量大批的组织方式；装配式多步骤生产则可能是大量生产，也可能是成批生产或单件生产。

（四）生产特点和管理要求对成本计算方法的影响

1. 对成本计算对象的影响

从生产工艺过程看，单步骤生产由于其生产工艺过程不间断，因此，不能够或不需要按生产步骤来计算产品成本，只能以产品品种作为成本计算对象。

多步骤生产企业，由于生产工艺过程是由几个可以间断的、分散在不同地点进行的生产步骤所组成，各个步骤往往生产出自制半成品。为了加强各生产步骤成本管理，往往不仅要按照产品品种计算成本，而且还要求按产品生产步骤计算产品成本，以便为考核和分析各种产品及其各生产步骤的成本计划完成情况提供资料，因此，多步骤生产应该以生产步骤作为成本计算对象。

如果企业规模较小，管理上不要求按步骤考核其生产费用、计算自制半成品成本的多步骤生产，也可以不按步骤计算产品成本，而按品种计算产品成本。

从生产的组织方式看，大量生产由于其生产连续不断地进行，大量生产品种相同的产品，因而只要求，也只能要求按照产品品种计算成本。大批生产由于其产品批量较大，往往在几个月内不断重复生产相同的产品，接近于连续生产，因此一般以产品品种作为成本计算对象。综合而言，在大量大批生产下，以产品品种作为成本计算对象，按品种归集生产费用。

小批生产企业，生产按订单或者批别组织，每批产品同时投产，往往也同时完工，因而有可能按照产品批别或订单归集生产费用，计算各批产品成本，也有助于考核、分析各批产品成本水平。单件生产，可以视为批量最小的小批生产。因此，在单件小批生产下，可以将产品生产批别作为成本计算对象。

2. 对生产费用归集的影响

单步骤的大量生产，企业大量生产单一品种的产品，按品种设置生产成本明细账，所有生产费用都可以直接归集于该产品生产成本明细账。

多步骤的大量大批生产，一般按产品及其所经过的步骤设置生产成本明细账，其中直接用于某步骤产品生产的生产费用，直接计入该步骤的生产成本明细账；生产车间为生产该步骤产品所发生的其他生产费用则先在"制造费用"账户归集，然后按照各成本计算对象的受益程度，采用合适的分配标准，分配计入该步骤生产成本明细账。

对于管理上不要求分步骤核算产品成本的多步骤大量大批生产，按品种设置生产成本明细账，其中直接用于某种产品生产的生产费用，直接计入该产品的生产成本明细账；生产车间为生产该产品所发生的其他生产费用则先在"制造费用"账户归集，然后按照各成本计算对象的受益程度，采用合适的分配标准，分配计入该产品生产成本明细账。

多步骤的单件小批生产，按批别设置生产成本明细账，其中直接用于某批产品生产的生产费用，直接计入该批产品的生产成本明细账；生产车间为生产该批产品所发生的其他生产费用则先在"制造费用"账户归集，然后按照各成本计算对象的受益程度，采用合适的分配标准，分配计入该批产品生产成本明细账。

3. 对成本计算期的影响

单步骤的大量生产由于其产量大，每月都有大量产品完工，因此，需要按月计算完工产品成本，其成本计算期是定期的。

多步骤生产是否需要定期进行产品成本计算，则需要综合考虑其生产组织方式的特点。大量大批生产，由于其产量都比较大，因此需要定期计算产品成本；单件小批生产由于其各件或各批产品的生产周期各不相同，通常要等各件或各批产品完工后才能计算成本，即需要按生产周期计算完工产品成本，其成本计算期是不定期的。

4. 对完工产品和月末在产品成本计算的影响

单步骤的大量生产由于其生产周期短，一般没有在产品，所以月末生产成本明细账所归集的生产费用就是完工产品总成本，不需要划分完工产品与月末在产品成本。

多步骤生产期末是否需要划分完工产品与在产品成本，同样需要综合考虑其生产组织方式的特点。多步骤的大量大批生产，如果月末同时存在完工产品和在产品，则需要将生产明细账所归集的生产费用在完工产品和月末在产品之间分配。多步骤的单件小批生产，由于要等各件或各批产品完工后才能计算产品成本，因而各月月末虽然可能存在在产品，但一般完工产品和月末在产品不同时存在，也就不存在生产费用在完工产品和在产品之间分配。

上述生产类型和管理要求对成本计算基本方法的影响可以归纳如表 4-1 所示。

表 4-1　成本计算的基本方法

生产类型		成本管理要求	成本计算对象	成本计算期	完工产品和在产品成本划分	成本计算方法
工艺过程特点	组织方式特点					
单步骤生产	大量生产		品种	定期	不需要	品种法
多步骤生产	大量大批生产（连续式或装配式多步骤）	不要求分步骤计算成本	品种	定期	需要	品种法
		既要按产品品种，又要分步骤计算成本	步骤	定期	需要	分步法
	单件小批生产（装配式多步骤）		批别	不定期	不需要	分批法

三、成本计算的辅助方法

除了品种法、分批法和分步法这三种成本计算的基本方法外，还有从基本方法中延伸出的辅助方法。

（一）分类法

分类法是以产品的类别作为成本计算对象，先计算产品的类别成本，然后再分配计算各种产品成本的方法。在产品品种、规格繁多的企业，逐一按产品的品种、规格计算产品成本，不仅工作量大，而且也没有必要。为了简化成本计算工作，尽快提供产品成本资料，可以以产品类别作为成本计算对象，采用分类法计算产品成本。

（二）定额法

定额法是以产品的定额成本为基础，通过分配差异，计算产品实际成本的方法。这种方法不仅可以计算产品成本，还可以加强成本定额管理以控制成本。在定额管理工作基础好的企业，为加强对成本的控制和分析，可以采用定额法计算产品成本。

成本计算的辅助方法，都是为了解决成本计算或成本管理工作中某一个方面的问题（简化计算或加强管理）而采用的成本计算方法，与产品生产类型和生产特点没有直接的联系，企业可以根据核算和管理的需要采用，但它们必须与基本方法，即品种法、分批法或分步法结合起来应用，而不能单独地使用，因此将它们称为辅助方法。例如，食品厂所产各种面包（单步骤大量生产）的成本，可采用品种法和分类法相结合的方法计算：先采用品种法计算面包这一类产品的成本，然后采用分类法分配计算其中各种面包的成本。又如，在大量大批、多步骤生产的企业中，如果定额管理基础较好，则可在采用分步法的基础上，结合采用定额法来计算产品成本。

成本计算的基本方法和辅助方法，适用于不同特点的生产类型，或满足不同的管理要求。在实际工作中，由于同一企业的各个车间、同一车间的各种产品的生产特点和管理要求不同，有可能同时应用几种不同的成本计算方法；即使是同一种产品，由于该产品各生产步骤、各半成品的生产特点和管理要求也不一定相同，因此，有可能把几种成本计算方法结合起来应用。换言之，实际情况错综复杂，因而所采用的成本计算方法也是多种多样。

第二节 品 种 法

一、品种法的概念及其适用范围

企业的产品成本是产品售价的主要依据，企业的经营成果也以品种来确定，主管企业的上级机构一般也要求按产品品种报送相应资料。因此，按产品的品种计算成本，是成本计算最一般、最起码的要求，品种法是产品成本计算的最基本方法。

成本计算品种法是指以产品的品种作为成本计算对象，归集生产费用、计算产品成本的一种方法。

品种法一般适用于具有单步骤、大量大批生产特点的企业，如发电、采掘等生产企业。

在大量大批多步骤生产企业，如果企业生产规模较小；或者车间是封闭式的（从原材料投入到产品产出的全部生产过程，都在一个车间内进行）；或者生产是按流水线组织的，且管理上不要求提供分步骤的成本资料，也可以采用品种法计算产品成本，如小型水泥厂，大批量的铸件熔铸和玻璃制品熔制等生产。

此外，辅助生产的供水、供电、供气等单步骤的大量生产，也适用品种法计算成本。

二、品种法的特点

（一）成本计算对象

品种法以产品的品种作为成本计算对象，既不按产品批别，也不按产品生产步骤来计算成本。

其中对于单步骤的大量生产，企业不断重复生产单一品种的产品，那么，成本计算对象就是该种产品，生产单位所发生的生产费用均是这种产品的成本，不存在生产费用在各种产品之间分配的问题，所有生产费用可以直接计入该种产品成本明细账。

对于管理上不要求分步骤计算成本的多步骤大量大批生产，需要按不同品种分别设置生产成本明细账，凡各该产品直接发生的生产费用，可直接计入该产品成本；各种产品的共同费用，则需分配计入各种产品成本。

（二）成本计算期

企业在大量大批生产的情况下，生产是连续不断进行的，一般需要按月计算产品成本，成本计算期与会计报告期相同。

（三）生产费用在完工产品和在产品之间的分配

单步骤大量生产，由于其生产周期短暂，往往不存在中间产品或存在很少，因此，不需要计算月末在产品成本，各产品成本明细账归集的生产费用，就是各该产品的总成本，除以产量就是各该产品的单位成本。

管理上不要求分步骤计算成本的多步骤大量大批生产，如果期末存在在产品，而且数量较多，还需将成本明细账中归集的生产费用，采用适当的分配方法，在完工产品与在产品之间进行分配，计算出完工产品成本和月末在产品成本。

三、品种法的成本计算程序

品种法是最基本的成本计算方法，品种法的成本计算程序也反映了产品成本计算的一般程序，其成本计算程序如下：

（1）按产品的品种设置成本明细账，生产成本明细账分别成本项目设置专栏，通常包括直接材料、直接人工、制造费用等项目。上月末尚未生产完工的在产品应承担的成本，即为本月生产成本明细账的月初在产品成本。

（2）审核、归集生产过程中所发生的各种费用，编制各种要素费用分配表。对于为生产某种产品所发生的直接生产费用，如直接材料、直接人工，可以根据原始凭证和费用分配表，计入该产品成本明细账对应的成本项目中；对于间接生产费用，先按发生地点归集，然后再按合适的标准分配计入各产品成本明细账。

（3）月末，根据各种产品成本明细账中所汇集的累计生产费用，将生产费用在完工产品和月末在产品之间分配，计算出完工产品和月末在产品成本。如果月末没有在产品，则全部生产费用即为完工产品总成本。

四、品种法例解

【例4-1】　某小型企业设有一个基本生产车间，基本生产车间经过两个生产步骤大量生产甲、乙两种产品，因生产规模较小，管理上不要求分步骤计算成本，确定采用品种法计算产品成本，按甲、乙产品设置生产成本明细账。企业还设有供电、锅炉两个辅助生产车间，向基本车间提供电、汽。由于供电车间和锅炉车间都只提供单一劳务，所以辅助生产车间的制造费用直接计入"辅助生产成本明细账"，不需要通过"制造费用"核算。201×年3月投入产出和月初在产品成本如表4-2所示，各项生产费用和其他资料见成本核算各步骤相关资料。

表4-2　本月投入产出资料

产品品种	月初在产品	本月投入	本月完工合格品	不可修复废品	月末在产品	废品/在产品完工程度
甲产品	120	800	820		100	80%
乙产品	60	550	400	10	200	50%

（一）设置生产成本明细账，登记月初在产品成本

根据题意，企业采用品种法计算产品成本，按产品品种甲和乙分别开设生产成本明细账，根据企业的生产特点和管理要求，明细账中设置"原材料"、"燃料和动力"、"直接人工"、"制造费用"、"废品损失"五个成本项目。根据上月生产成本明细账，登记月初在产品成本如表4-3、表4-4所示。

表 4-3 生产成本明细账

产品名称：甲产品　　　　　　　201×年 3 月

月	日	摘要	原材料	燃料和动力	直接人工	制造费用	废品损失	合计
3	1	月初在产品成本	12 000	3 240	2 280	4 200		21 720

表 4-4 生产成本明细账

产品名称：乙产品　　　　　　　201×年 3 月

月	日	摘要	原材料	燃料和动力	直接人工	制造费用	废品损失	合计
3	1	月初在产品成本	8 800	1 525	980	1 800		13 105

（二）要素费用的归集和分配

根据原始凭证或原始凭证汇总表编制各种费用分配表，分配各要素费用。

1. 银行存款付款凭证汇总

根据本月付款凭证汇总的货币支出，编制"银行存款付款凭证汇总表"，如表 4-5 所示。

表 4-5 银行存款付款凭证汇总表

201×年 3 月

应借科目		办公费	差旅费	其他	小计
总账科目	明细科目				
生产成本——	供电车间	520	600	1 250	2 370
辅助生产成本	锅炉车间	860	200	2 130	3 190
制造费用	基本生产车间	2 350	1 700	3 120	7 170
管理费用		3 230	2 560	2 640	8 430
合计		6 960	5 060	9 140	21 160

根据上述分配表，编制会计分录，假设所有货币性支出均用银行存款支付。实际工作中，支付货币资金业务应逐笔编制会计分录、填制记账凭证。这里为了简化，汇总编制会计分录并据以记账：

借：生产成本——辅助生产成本——供电车间　　　　　2 370
　　　　　　　　　　　　　　　——锅炉车间　　　　　3 190
　　　制造费用　　　　　　　　　　　　　　　　　　7 170
　　　管理费用　　　　　　　　　　　　　　　　　　8 430
　　贷：银行存款　　　　　　　　　　　　　　　　　　　21 160

2. 材料费用分配

根据本月领退料凭证，编制"材料费用分配表"如表 4-6 所示，分配有关材料费用。

表 4-6 材料费用分配表

201×年 3 月

应借科目			材料类别			小计
总账科目	明细科目	成本或费用项目	原料及主要材料	辅助材料	其他材料	
生产成本——基本生产成本	甲产品	直接材料	59 340	15 070	5 590	80 000
	乙产品	直接材料	25 400	18 700	27 180	71 280
	小计		84 740	33 770	32 770	151 280
废品损失	乙产品	直接材料	150	212		362
制造费用	基本生产车间	机物料消耗		4 700	5 800	10 500
		劳动保护费			9 800	9 800
	小计			4 700	15 600	20 300
生产成本——辅助生产成本	供电车间	原材料	10 000	7 180	450	17 630
	锅炉车间	原材料	11 650	520		12 170
	小计		21 650	7 700	450	29 800
管理费用		办公费		2 800	150	2 950
		其他			200	200
	小计			2 800	350	3 150
合计			106 540	49 182	49 170	204 892

根据上述分配表，编制会计分录如下：

借：生产成本——基本生产成本——甲产品　　　　　80 000

　　　　　　　　　　　　　　　——乙产品　　　　71 280

　　废品损失——乙产品　　　　　　　　　　　　　362

　　制造费用　　　　　　　　　　　　　　　　　20 300

　　生产成本——辅助生产成本——供电车间　　　17 630

　　　　　　　　　　　　　　——锅炉车间　　　12 170

　　管理费用　　　　　　　　　　　　　　　　　3 150

　　贷：原材料　　　　　　　　　　　　　　　　　　　204 892

3. 职工薪酬费用分配

根据本月"职工薪酬结算汇总表"，编制"职工薪酬费用分配表"如表 4-7 所示，分配有关材料费用。其中生产车间生产工人职工薪酬按生产工时比例分配，该企业"五险一金"等工资附加费占工资总额的 40%。

表 4-7 职工薪酬费用分配表

201×年 3 月

应借科目			生产工时	应付工资（分配率 12 元/小时）	工资附加费	小计
总账科目	明细科目	成本或费用项目				
生产成本——基本生产成本	甲产品	直接人工	1 150	13 800	5 520	19 320
	乙产品	直接人工	900	10 800	4 320	15 120
	小计		2 050	24 600	9 840	34 440
废品损失	乙产品	直接人工	10	120	48	168
制造费用	基本生产车间	职工薪酬		8 200	3 280	11 480
生产成本——辅助生产成本	供电车间	职工薪酬		1 300	520	1 820
	锅炉车间	职工薪酬		2 100	840	2 940
	小计			3 400	1 360	4 760
管理费用		职工薪酬		6 900	2 760	9 660
合计				43 220	17 288	60 508

根据上述分配表，编制会计分录如下：

借：生产成本——基本生产成本——甲产品　　　　19 320

　　　　　　　　　　　　　——乙产品　　　　15 120

　　废品损失——乙产品　　　　　　　　　　　　168

　　制造费用　　　　　　　　　　　　　　　　11 480

　　生产成本——辅助生产成本——供电车间　　　1 820

　　　　　　　　　　　　　——锅炉车间　　　　2 940

　　管理费用　　　　　　　　　　　　　　　　9 660

　贷：应付职工薪酬　　　　　　　　　　　　　　　60 508

4. 折旧费用分配

根据本月固定资产折旧的有关资料，编制"固定资产折旧费用分配表"，如表 4-8 所示。

表 4-8 固定资产折旧费用分配表

201×年 3 月

应借科目			上月初固定资产折旧额	上月增加固定资产折旧额	上月减少固定资产折旧额	本月固定资产折旧额
总账科目	明细科目	成本或费用项目				
制造费用	基本生产车间	折旧费	18 000	1 200	750	18 450
生产成本——辅助生产成本	供电车间	折旧费	12 120			12 120
	锅炉车间	折旧费	7 120	300		7 420
管理费用		折旧费	14 800	450	650	14 600
合计			52 040	1 950	1 400	52 590

根据上述分配表，编制会计分录如下：

借：制造费用　　　　　　　　　　　　　　　　　18 450

　　生产成本——辅助生产成本——供电车间　　　12 120

　　　　　　　　　　　　　　——锅炉车间　　　 7 420

　　管理费用　　　　　　　　　　　　　　　　　14 600

　　贷：累计折旧　　　　　　　　　　　　　　　　　52 590

（三）辅助生产费用的归集和分配

1. 辅助生产费用的归集

根据上述要素费用分配表和会计分录，登记供电车间、锅炉车间费用明细账如表4-9、表4-10所示。

表 4-9　辅助生产费用明细账

车间名称：供电车间　　　　　　　　201×年 3 月

月	日	摘要	原材料	职工薪酬	折旧费	办公费	差旅费	其他	合计
3	31	根据付款凭证（表 4-5）				520	600	1 250	2 370
	31	根据材料费用分配表（表 4-6）	17 630						17 630
	31	根据职工薪酬费用分配表（表 4-7）		1 820					1 820
	31	根据折旧费用分配表（表 4-8）			12 120				12 120
	31	根据辅助生产费用分配表（表 4-11）分配转入	240						240
	31	待分配辅助生产费用	17 870	1 820	12 120	520	600	1 250	34 180
	31	根据辅助生产费用分配表（表 4-11）分配转出	−17 870	−1 820	−12 120	−520	−600	−1 250	−34 180

表 4-10　辅助生产费用明细账

车间名称：锅炉车间　　　　　　　　201×年 3 月

月	日	摘要	原材料	职工薪酬	折旧费	办公费	差旅费	其他	合计
3	31	根据付款凭证（表 4-5）				860	200	2 130	3 190
	31	根据材料费用分配表（表 4-6）	12 170						12 170
	31	根据职工薪酬费用分配表（表 4-7）		2 940					2 940
	31	根据折旧费用分配表（表 4-8）			7 420				7 420

续表

月	日	摘要	原材料	职工薪酬	折旧费	办公费	差旅费	其他	合计
	31	根据辅助生产费用分配表（表4-11）分配转入	540						540
	31	待分配辅助生产费用	12 710	2 940	7 420	860	200	2 130	26 260
	31	根据辅助生产费用分配表（表4-11）分配转出	−12 710	−2 940	−7 420	−860	−200	−2 130	−26 260

2. 辅助生产费用的分配

月末，将各辅助车间所发生的生产费用，按各受益部门的劳务数量，采用计划成本法进行分配，编制"辅助生产费用分配表"如表4-11所示。其中，供电车间电的计划成本为2元/度，锅炉车间蒸汽的计划成本为120元/吨，差异全部计入管理费用；各受益部门受益的劳务数量见表4-11。

表4-11 辅助生产费用分配表（计划成本分配法）

201×年3月

项目			供电车间		锅炉车间		小计
			数量	费用	数量	费用	
辅助生产车间已归集费用				33 940		25 720	
计划单位成本				2元/度		120元/吨	
生产成本—辅助生产成本	供电车间	原材料			2	240	240
	锅炉车间	原材料	270	540			540
	小计			540		240	780
生产成本——基本生产成本	甲产品	燃料和动力	7 380	14 760	120	14 400	29 160
	乙产品	燃料和动力	7 250	14 500	75	9 000	23 500
	小计			29 260		23 400	52 660
制造费用	水电费		2 020	4 040			4 040
	其他				3	360	360
	小计			4 040		360	4 400
管理费用	水电费		1 000	2 000			2 000
	其他				18	2 160	2 160
	小计			2 000			4 160
按计划成本分配金额合计				35 840		26 160	62 000
辅助生产实际成本				34 180		26 260	60 440
辅助生产成本差异				−1 660		100	−1 560

表4-11中，辅助生产实际成本：供电＝33 940＋240＝34 180（元）

锅炉＝25 720＋540＝26 260（元）

根据上述分配表，编制按计划成本分配辅助生产费用的会计分录如下：

借：生产成本——基本生产成本——甲产品　　　　　29 160

　　　　　　　　　　　　　——乙产品　　　　　23 500

　　制造费用　　　　　　　　　　　　　　　　　4 400

　　生产成本——辅助生产成本——供电车间　　　　　240

　　　　　　　　　　　　　——锅炉车间　　　　　540

　　管理费用　　　　　　　　　　　　　　　　　4 160

　贷：生产成本——辅助生产成本——供电车间　　35 840

　　　　　　　　　　　　　——锅炉车间　　　26 160

将辅助生产费用实际成本与按计划成本分配的差异计入管理费用，编制会计分录如下：

借：管理费用　　　　　　　　　　　　　　　　　1 660

　贷：生产成本——辅助生产成本——供电车间　　　1 660

同时：

借：管理费用　　　　　　　　　　　　　　　　　　100

　贷：生产成本——辅助生产成本——锅炉车间　　　　100

（四）制造费用的归集与分配

1. 制造费用的归集

根据上述要素费用分配表、辅助生产费用分配表和相关会计分录，登记基本生产车间制造费用明细账如表 4-12 所示。

表 4-12　制造费用明细账

201×年 3 月

月	日	摘要	机物料消耗	职工薪酬	劳动保护费	折旧费	水电费	办公费	差旅费	其他	合计
3	31	根据付款凭证（表 4-5）						2 350	1 700	3 120	7 170
	31	根据材料费用分配表（表 4-6）	10 500		9 800						20 300
	31	根据职工薪酬费用分配表（表 4-7）		11 480							11 480
	31	根据折旧费用分配表（表 4-8）				18 450					18 450
	31	根据辅助生产费用分配表（表 4-11）					4 040			360	4 400
	31	制造费用合计	10 500	11 480	9 800	18 450	4 040	2 350	1 700	3 480	61 800
	31	根据制造费用分配表（表 4-13）分配转出	−10 500	−11 480	−9 800	−18 450	−4 040	−2 350	−1 700	−3 480	−61 800

2. 制造费用的分配

月末，将基本生产车间所归集的制造费用，按各产品生产工时比例分配，编制"制造费用分配表"如表 4-13 所示。

表 4-13 制造费用分配表

201×年 3 月

应借科目			实际生产工时	分配金额
总账科目	明细科目	成本项目	（小时）	（分配率：30 元/小时）
生产成本——	甲产品	制造费用	1 150	34 500
基本生产成本	乙产品	制造费用	900	27 000
废品损失	乙产品	制造费用	10	300
合计			2 060	61 800

其中，分配率 = 61 800 ÷ 2 060 = 30 （元/小时）。

根据上述分配表，编制会计分录如下：

借：生产成本——基本生产成本——甲产品 34 500

        ——乙产品 27 000

  废品损失——乙产品 300

 贷：制造费用 61 800

（五）期间费用的归集与结转

为简化核算，本题期间费用只涉及管理费用。根据上述费用分配表及其会计分录等相关资料，登记"管理费用明细账"如表 4-14 所示。会计分录略。

表 4-14 管理费用明细账

201×年 3 月

月	日	摘要	职工薪酬	折旧费	水电费	办公费	差旅费	其他	合计
3	31	根据付款凭证（表 4-5）				3 230	2 560	2 640	8 430
	31	根据材料费用分配表（表 4-6）				2 950		200	3 150
	31	根据职工薪酬费用分配表（表 4-7）	9 660						9 660
	31	根据折旧费用分配表（表 4-8）		14 600					14 600
	31	根据辅助生产费用分配表（表 4-11）			340			2 260	2 600
	31	管理费用合计	9 660	14 600	−340	6 180	2 560	−5 100	−38 440
	31	结转管理费用	−9 660	−14 600	−2 000	−6 180	−2 560	−5 000	−40 000

（六）废品损失的归集和分配

1. 废品损失的归集

在生产过程中发现乙可修复废品 8 件，修复过程耗用原材料 362 元（表 4-6），耗用工时 10 小时，按生产工时承担职工薪酬（表 4-7）和制造费用（表 4-13）。发现不可修复废品 10 件，回收残料 80 元；不可修复废品生产成本按定额成本计算，原材料系生产开始一次投入，燃料和动力、直接人工和制造费用则随着加工程度而发生，不可修复废品的加工程度 50%。单位乙产品定额成本为原材料 130 元，燃料和动力 55 元，直接人工 35 元，制造费用 60 元。根据上述资料，编制"不可修复废品损失计算表"如表 4-15 所示。

表 4-15　不可修复废品损失计算表

产品名称：乙产品　　　　　　　201×年 3 月

项目	原材料	燃料和动力	直接人工	制造费用	合计
单位产品定额成本	130	55	35	60	275
废品定额成本	1 300	275	175	300	2 050
减：回收残料价值	−80				−80
废品报废损失	1 220	275	175	300	1 970

根据不可修复废品计算表，编制会计分录如下：

借：废品损失——乙产品　　　　　　　　　　　　　　　2 050
　　贷：生产成本——基本生产成本——乙产品　　　　　　　　2 050
借：原材料　　　　　　　　　　　　　　　　　　　　80
　　贷：废品损失——乙产品　　　　　　　　　　　　　　　80

根据上述资料，登记"废品损失明细账"如表 4-16 所示。

表 4-16　废品损失明细账

产品名称：乙产品　　　　　　　201×年 3 月

月	日	摘要	原材料	燃料和动力	直接人工	制造费用	合计
3	31	根据材料费用分配表（表 4-6）	362				362
	31	根据职工薪酬费用分配表（表 4-7）			168		168
	31	根据制造费用分配表（表 4-13）				300	300
	31	可修复废品修复费用小计	362		168	300	830
	31	根据不可修复废品损失计算表（表 4-15）	1 300	275	175	300	2 050
	31	根据不可修复废品损失计算表（表 4-15）	−80				−80
	31	废品损失合计	1 582	275	343	600	2 800
	31	根据废品损失分配表（表 4-17）	−1 582	−275	−343	−600	−2 800

2. 废品损失的分配

根据表 4-16，编制"废品损失分配表"如表 4-17 所示。

表 4-17　废品损失分配表

201×年 3 月

应借账户		成本项目	分配金额
总账账户	明细账户		
生产成本——基本生产成本	乙产品	废品损失	2 800

根据上述分配表，编制会计分录如下：

借：生产成本——基本生产成本——乙产品　　　　　　2 800

　贷：废品损失——乙产品　　　　　　　　　　　　　　2 800

（七）完工产品与月末在产品成本的划分

1. 登记生产成本明细账

根据各种费用分配表，登记甲、乙产品"生产成本明细账"如表 4-18、表 4-19 所示。

表 4-18　生产成本明细账

产品名称：甲产品　　　　　　　　201×年 3 月

月	日	摘要	原材料	燃料和动力	直接人工	制造费用	废品损失	合计
3	1	月初在产品成本	12 000	3 240	2 280	4 200		21 720
	31	根据材料费用分配表（表 4-6）	80 000					80 000
	31	根据职工薪酬费用分配表（表 4-7）			19 320			19 320
	31	根据辅助生产费用分配表（表 4-11）		29 160				29 160
	31	根据制造费用分配表（表 4-13）				34 500		34 500
	31	本月生产费用合计	92 000	32 400	21 600	38 700		184 700
	31	约当产量	920	900	900	900		
	31	费用分配率	100	36	24	43		203
	31	完工产品成本（820 件）	82 000	29 520	19 680	35 260		166 460
	31	完工产品单位成本	100	36	24	43		203
	31	月末在产品成本	10 000	2 880	1 920	3 440		18 240

表 4-19 生产成本明细账

产品名称：乙产品　　　　　　　　　　　　　201×年 3 月

月	日	摘要	原材料	燃料和动力	直接人工	制造费用	废品损失	合计
3	1	月初在产品成本	8 800	1 525	980	1 800		13 105
	31	根据材料费用分配表（表 4-6）	71 280					71 280
	31	根据职工薪酬费用分配表（表 4-7）			15 120			15 120
	31	根据辅助生产费用分配表（表 4-11）		23 500				23 500
	31	根据制造费用分配表（表 4-13）				27 000		27 000
	31	本月生产费用小计	80 080	25 025	16 100	28 800		150 005
	31	根据不可修复废品损失计算表（表 4-15）转出	−1 300	−275	−175	−300		−2 050
	31	根据废品损失分配表（表 4-17）转入					2 800	
	31	本月生产费用净额	78 780	24 750	15 925	28 500	2 800	150 755
	31	完工产品定额成本（400 件）	52 000	22 000	14 000	24 000		112 000
	31	在产品定额成本	26 000	5 500	3 500	6 000		41 000
	31	费用分配率	1.01	0.9	0.91	0.95		
	31	完工产品成本（400 件）	52 520	19 800	12 740	22 800	2 800	110 660
	31	完工产品单位成本	131.3	49.5	31.85	57	7	276.65
	31	月末在产品成本	26 260	4 950	3 185	5 700		40 095

2. 完工产品与月末在产品成本的划分

产品成本明细账中归集的生产费用，应在本月完工产品与月末在产品间进行分配。该企业甲产品缺乏准确的定额，且各月在产品数量变化较大，采用约当产量法分配完工产品和月末在产品成本。其月末完工产品 820 件、在产品 100 件，加工程度 80%（表 4-2），材料费用系生产开始时一次性投入，燃料和动力费用随着加工程度的增加而发生。因此，甲产品分配材料费用的约当产量为 920 件，分配燃料和动力、直接人工、制造费用的约当产量为 900 件，据此可以计算各成本项目分配率，并据以分配甲完工产品成本和月末在产品成本如表 4-18 所示。

乙产品由于消耗定额比较准确、稳定，各月在产品数量变化较大，采用定额比例法进行分配。其月末完工产品 400 件、在产品 200 件，加工程度 50%（表 4-2），材料费用系生产开始一次性投入，燃料和动力费用随着加工程度的增加而发生。单位乙产品的各成本项目的定额分别为 130 元、55 元、35 元、60 元。根据月末乙完工产品和在产品的盘存数量以及单位产品定额成本，可以确定乙完工产品和在产品的定额总成本，并据以确定各成本项目分配率分配乙完工产品和月末在产品成本如表 4-19 所示。

（八）结转完工产品成本，编制产品成本汇总表

根据产品成本明细账中完工产品成本，编制"库存商品成本汇总表"如表 4-20 所示，结转完工产品成本。

表 4-20　库存商品成本汇总表

201×年 3 月

完工产品名称	单位	数量	直接材料	燃料和动力	直接人工	制造费用	废品损失	成本合计
甲产品	件	820	82 000	29 520	19 680	35 260		166 460
乙产品	件	400	52 520	19 800	12 740	22 800	2 800	110 660
合　计			134 520	49 320	32 420	58 060	2 800	277 120

根据上述库存商品成本汇总表，编制会计分录如下：

借：库存商品——甲产品　　　　　　　　　　　166 460
　　　　　　——乙产品　　　　　　　　　　　110 660
　　贷：生产成本——生产成本——甲产品　　　　　　166 460
　　　　　　　　　　　　——乙产品　　　　　　110 660

第三节　分　批　法

一、分批法的概念及其适用范围

成本计算分批法，也称为订单法，它是指以产品的批别（或订单）为成本计算对象，按产品的批别归集生产费用计算产品成本的一种方法。在目前订单化生产日趋普遍的情况下，分批法已经成为企业成本计算重要的方法之一。

分批法一般适用于单件或小批生产，管理上不要求分步骤计算成本的多步骤生产企业。如船舶、重型机械、精密仪器、专用设备和专用工具、模具等企业。在大量大批生产类型中，其主要产品生产之外的新产品试制、来料加工、自制设备等，也可以采用分批法。具体而言，分批法适用于：

（1）根据购买者订单生产的企业。这些企业专门根据客户的要求，生产特殊规格和特定数量的单件产品或小批产品。订货者的订货可能是单件的大型产品，如船舶、大型锅炉等，也可能是小批量的同样规格的产品。

（2）产品种类经常变动的小规模制造厂。这类企业规模小，不断根据市场需要变动产品的种类和数量，因此须按每批产品来计算成本。

（3）承揽修理业务的工厂。修理业务多种多样，企业往往根据签订的合同，提供各种修理业务，因此须按承接的各种修理工作分别计算成本，以收取货款。

（4）新产品试制车间。专门试制、开发新产品的车间，要按新产品的种类分别计算成本。

二、分批法的特点

（一）成本计算对象

单件小批生产，产品的生产一般根据用户的订单组织，生产何种产品、每批产品批量、完工时间等，通常需要根据用户单位的订单加以确定，即企业根据购买单位的订单通过企业生产计划部门下达"生产通知单（内部订单）"来组织生产。在下达"生产通知单"时，需要考虑用户单位订单的具体情况，并结合企业的生产负荷、成本控制目标等合理组织产品生产的批次和批量。当一张订单中有多种产品，为便于按品种考核分析成本计划的完成情况、便于成本管理和控制，生产计划部门要按产品的品种划分批别，或将同类产品划分为数批，签发"生产通知单"，组织生产，计算每批产品成本；当一张订单中只有一种产品，但其数量较大且购买单位要求分批交货，或这种产品是大型复杂产品，价值大，生产周期长，企业生产计划部门可以按数量或产品的组成部分开列"生产通知单"，分别组织生产；此外，当同一时期内有几张订单要求生产同一种产品，为了更加经济合理地组织生产，生产计划部门也可以将几张订单中的相同产品合并为一批产品，签发"生产通知单"，来组织生产，计算成本。

分批法的主要特点是所有的生产费用按产品的订单或批别归集，成本计算对象是购买者订货订单或企业的"生产通知单"，企业需要按每一张订单开设生产成本明细账，即使是相同品种的产品，由于批别不同，费用也要划分清楚。

（二）成本计算期

采用分批法，各批产品虽然都需要按月归集生产费用，登记生产成本明细账，但只有在该批产品全部完工时，才能计算产品成本。所以，分批法的成本计算期是不定期的，与该批产品的生产周期相一致，与会计报告期不一致。

（三）生产费用在完工产品和在产品之间的分配

一般情况下，分批法按产品批别归集生产费用，月末未完成的订单，就是在产品，生产成本明细账上所归集的生产费用，就是该批产品的在产品成本。订单完工后，把生产成本明细账上所归集的生产费用进行结算，就是完工产品成本。因此，这种方法一般只存在生产费用在各批次产品之间的分配问题，而不存在生产费用在完工产品和在产品之间的分配问题。

但是，如果出现批内产品跨月陆续完工并交付购货单位时，就需要采用一定的方法来分配计算完工产品成本和在产品成本。

如果批内产品跨月陆续完工的情况不多，可以采用简便的分配方法，即按计划单位成本、定额单位成本或最近一期相同产品的实际单位成本计算完工产品成本，从产品成本明细账中转出完工产品成本后，各项费用余额之和即为在产品成本。为了正确分析和考核该批产品成本计划的执行情况，在该批产品全部完工时，还应计算该批产品的实际总成本和单位成本，但对已经转账的完工产品成本，不作账面调整。

但如果批内产品跨月完工的情况较多，月末批内完工产品的数量占全部批量的比重较大，为提高成本计算的正确性，则要采用适当的分配方法，在月末完工产品和在产品之间分配生产费用，计算完工产品成本和月末在产品成本。

三、典型分批法及其例解

（一）典型分批法的成本计算程序

（1）根据生产计划部门下达的生产通知单，按产品批别或订单设置成本明细账，生产成本明细账分别成本项目设置专栏，上月末尚未生产完工的各批在产品明细账上所登记的生产费用，即为本月生产成本明细账的月初在产品成本。

（2）根据各项生产费用发生的原始凭证等资料，按月编制各种要素费用分配表。对于为生产某批次产品所发生的直接生产费用，可以根据原始凭证和费用分配表，计入该批产品成本明细账对应的成本项目中；对于间接生产费用，先按发生地点归集，然后再按合适的分配标准采用实际分配率法或预定分配率法在本月分配计入各产品成本明细账。典型的分批法，间接费用采用"当月分配法"。

（3）在某批产品没有完工之前，生产成本明细账中所归集的累计生产费用，就是该批产品的在产品成本；当该批产品完工并经验收合格后，由生产车间填制产品完工通知单，报送会计部门，此时，累计生产费用就是该批产品的完工产品总成本；如果批内产品出现跨月陆续完工的情况，则应采用合适的方法，将生产费用在这批已完工部分和未完工部分之间分配。

（二）典型分批法例解

【例4-2】 某企业采用分批法计算产品成本。根据用户需要，201×年5月有四批产品在生产之中：305批次甲产品，402批次乙产品，404批次产丙产品，501批次甲产品。原材料分配采用约当产量法，加工费用则按产品所耗用的定额工时比例分配，各批次产品已耗用的定额工时以及其他资料如表4-21所示，各批产品月初在产品成本和本月生产费用如表4-22至表4-25所示。

表4-21 产品投入产出及工时

201×年5月

产品批次	产品品种	数量（台）	完工情况	工时定额耗用量				在产品投料程度
				3月	4月	5月	小计	
305	甲	1	完工	4 000	1 000	1 000	6 000	
402	乙	6	完工4台		3 600	2 500	6 100	90%
			未完工2台		1 400	500	1 900	
404	丙	10	未完工		2 000	2 500	4 500	
501	甲	3	未完工			1 500	1 500	
合计				4 000	8 000	8 000	20 000	

表 4-22 　生产成本明细账

产品批号：305 　　　　　　　　　　　　　　　　　　　　　　投产日期：3 月 2 日
产品名称：甲产品 　　　　　　　批量：1 件 　　　　　　　完工日期：5 月 9 日

月	日	摘要	直接材料	直接人工	制造费用	合计
3	31	本月发生	365 000	48 000	100 000	513 000
4	30	本月发生	230 000	12 000	28 000	270 000
5	31	根据材料费用分配表	85 000			85 000
	31	根据职工薪酬费用分配表		12 000		12 000
	31	根据制造费用分配表			32 000	32 000
	31	合计	680 000	72 000	160 000	912 000
	31	结转完工产品成本（1 台）	680 000	72 000	160 000	912 000
	31	完工产品单位成本	680 000	72 000	160 000	912 000

表 4-23 　生产成本明细账

产品批号：402 　　　　　　　　　　　　　　　　　　　　　　投产日期：4 月 7 日
产品名称：乙产品 　　　　　　　批量：6 件 　　　　　　　完工日期：5 月 29 日完工 4 件

月	日	摘要	直接材料	直接人工	制造费用	合计
4	30	本月发生	3 520 000	60 000	140 000	3 720 000
5	31	根据材料费用分配表	2 860 000			2 860 000
	31	根据职工薪酬费用分配表		36 000		36 000
	31	根据制造费用分配表			96 000	96 000
	31	合计	6 380 000	96 000	236 000	6 712 000
	31	分配标准	5.8	8 000	8 000	
	31	分配率	1 100 000	12	29.5	
	31	结转完工产品成本（4 台）	4 400 000	73 200	179 950	4 653 150
	31	完工产品单位成本	1 100 000	18 300	44 987.5	1 163 287.5
	31	月末在产品成本（2 台）	1 980 000	22 800	56 050	2 058 850

表 4-24 　生产成本明细账

产品批号：404 　　　　　　　　　　　　　　　　　　　　　　投产日期：4 月 2 日
产品名称：丙产品 　　　　　　　批量：10 件 　　　　　　　完工日期：

月	日	摘要	直接材料	直接人工	制造费用	合计
4	30	本月发生	250 000	24 000	56 000	330 000
5	31	根据材料费用分配表	120 000			120 000
	31	根据职工薪酬费用分配表		30 000		30 000
	31	根据制造费用分配表			80 000	80 000
	31	合计	370 000	54 000	136 000	560 000

表 4-25　生产成本明细账

产品批号：501　　　　　　　　　　　　　　　　　投产日期：5 月 21 日

产品名称：甲产品　　　　　　批量：3 件　　　　完工日期：

月	日	摘要	直接材料	直接人工	制造费用	合计
5	31	根据材料费用分配表	910 000			910 000
	31	根据职工薪酬费用分配表		18 000		18 000
	31	根据制造费用分配表			48 000	48 000
	31	合计	910 000	18 000	48 000	976 000

上述四批产品中，404 批次和 501 批次产品均没有完工产品，本月不需要将生产费用在完工产品和月末在产品之间分配。

四、简化分批法及其例解

有些单件小批生产企业或车间中，各月投产的产品批数往往很多，而实际每月完工的订单不多，若将间接费用在各批产品之间按月进行分配，核算工作量会很繁重。因此，可以采用累计分配率法来简化各项间接计入费用的分配。只将工费在各批完工产品之间进行分配，对于各批未完工的在产品则不予分配，这就是简化的分批法。

（一）简化分批法的成本计算程序

（1）单独设置生产成本二级明细账，按照成本项目和生产工时分别开设专栏，用于按月登记其所属全部批次产品汇总的生产费用和生产工时。

（2）根据生产计划部门下达的生产通知单，按产品批别或订单设置生产成本明细账（三级明细账），明细账中分别成本项目和生产工时设置专栏。

（3）根据各项生产费用发生的原始凭证等资料，按月编制各种要素费用分配表。对于为生产某批次产品所发生的直接生产费用，可以根据原始凭证和费用分配表，计入该批产品成本明细账和二级明细账对应的成本项目中，并同时登记所耗用的生产工时；对于间接生产费用，按月登记生产成本二级明细账。

（4）如果某月有完工产品，则根据基本生产成本二级明细账中所登记的所有间接费用累计额和生产工时累计额，计算间接费用的累计分配率，并据以确定某批完工产品应承担的累计间接费用，平行登记完工批次产品的生产成本明细账和二级明细账，计算该批完工产品的总成本。

（5）月末，完工批次产品成本结转后，基本生产成本二级明细账中的余额，就是各批未完工产品的成本总和；而各批次产品的生产成本明细账中，则只登记了未完工批次产品的直接材料和生产工时。

（二）简化分批法例解

【例 4-3】　假设例 4-2 中，该企业采用简化分批法进行成本核算，则需建立基本生产成本二级明细账如表 4-26 所示，各批产品成本核算过程及其明细账如表 4-27 至表 4-30 所示。

表 4-26　生产成本二级明细账

月	日	摘要	直接材料	生产工时	直接人工	制造费用	合计
3	31	本月发生	365 000	4 000	48 000	100 000	513 000
4	30	本月发生	4 000 000	8 000	96 000	224 000	4 320 000
5	31	本月发生	3 975 000	8 000	96 000	256 000	4 327 000
	31	累计发生额	8 340 000	20 000	240 000	580 000	9 160 000
	31	间接费用累计分配率				12	29
	31	结转完工产品成本	5 080 000	12 100	145 200	350 900	5 576 100
	31	在产品成本	3 260 000		94 800	229 100	3 023 900

本例中，直接材料为直接计入费用，本月完工产品成本的"直接材料"和"生产工时"，应根据已完工的 305 批次和部分完工的 402 批次产品成本明细账中完工产品成本的这两栏数字相加填列。

由于该企业采用计时工资制，因而直接人工费用为间接计入费用，与制造费用相似，都采用累计分配率法确定本月已完工产品应承担部分。

表 4-27　生产成本明细账

产品批号：305　　　　　　　　　　　　　　　　　　　　投产日期：3 月 2 日
产品名称：甲产品　　　　　　　　批量：1 件　　　　　　完工日期：5 月 9 日

月	日	摘要	直接材料	生产工时	直接人工	制造费用	合计
3	31	本月发生	365 000	4 000			365 000
4	30	本月发生	230 000	1 000			230 000
5	31	本月发生	85 000	1 000			85 000
	31	累计工时及费用分配率		6 000	12	29	
	31	工资和制造费用			72 000	174 000	246 000
	31	完工产品总成本（1 台）	680 000		72 000	174 000	926 000
	31	完工产品单位成本	680 000	6 000	72 000	174 000	926 000

表 4-28　生产成本明细账

产品批号：402　　　　　　　　　　　　　　　　　　　　投产日期：4 月 7 日
产品名称：乙产品　　　　　　　　批量：6 件　　　　　　完工日期：5 月 29 日完工 4 件

月	日	摘要	直接材料	生产工时	直接人工	制造费用	合计
4	30	本月发生	3 520 000	5 000			3 520 000
5	31	本月发生	2 860 000	3 000			2 860 000
	31	累计工时及费用分配率		8 000	12	29	

续表

月	日	摘要	直接材料	生产工时	直接人工	制造费用	合计
	31	工资和制造费用		6 100	73 200	176 900	6 630 100
	31	结转完工产品总成本（4 台）	4 400 000		73 200	176 900	4 650 100
		完工产品单位成本	1 100 000		18 300	44 225	1 162 525
	31	月末在产品成本	1 980 000	1 900			1 980 000

表 4-29 生产成本明细账

产品批号：404   投产日期：4 月 2 日

产品名称：丙产品   批量：10 件   完工日期：

月	日	摘要	直接材料	生产工时	直接人工	制造费用	合计
4	30	本月发生	250 000	2 000			
5	31	本月发生	120 000	2 500			
	31	合计	370 000	4 500			

表 4-30 生产成本明细账

产品批号：501   投产日期：5 月 21 日

产品名称：甲产品   批量：3 件   完工日期：

月	日	摘要	直接材料	生产工时	直接人工	制造费用	合计
5	31	本月发生	910 000	1 500			
	31	合计	910 000	1 500			

上述各批次产品成本明细账中，在没有完工产品的月份，明细账中只登记直接材料费用和生产工时；对于有完工产品的月份，除登记直接材料费用和生产工时发生数和累计数外，还应根据二级账登记各项间接计入费用的累计分配率，并确定完工产品应承担的间接计入费用。

表 4-27 甲产品，月末全部完工，其累计的材料费用和生产工时就是完工产品的材料费用和生产工时，以此工时分别乘以各项累计分配率，即为该批完工产品的各该间接计入费用。

表 4-28 乙产品，月末部分完工，部分未完工，应先在完工产品与月末在产品间分配直接材料费用，根据相关资料，材料按产品的约当产量比例分配。完工的 4 件产品应承担的间接计入费用，则根据这 4 件产品耗用的累计工时 6 100 小时，分别乘以直接人工和制造费用的累计分配率确定计入。

表 4-29 丙产品、表 4-30 甲产品，月末均为全部未完工，因此其生产明细账只登记直接计入材料费用和生产工时，间接计入费用仍保留在生产成本二级账中。

各批产品生产成本明细账登记完毕，其中完工产品的直接材料费用和生产工时应分别汇总记入基本生产成本二级账，并据以计算各批完工产品的总成本。

（三）简化分批法的优缺点

采用简化分批法，必须设立基本生产成本二级明细账。通过二级明细账，可按月提供企业或车间全部产品的累计生产费用和累计生产工时等资料；在有完工产品的月份，可按累计分配率法计算各项间接计入费用的累计分配率，以便据以计算完工产品成本和月末在产品的总成本。

采用简化分批法，其间接费用的横向分配和纵向分配工作，到产品完工时合并一次完成；同时，采用同一个累计分配率，既可以完成各批产品之间间接计入费用的分配，也可以完成完工产品与月末在产品之间间接计入费用的分配；简化了生产费用的分配和产品成本明细账的登记工作。月末未完工批次的产品越多，核算就越简化。

但是，采用简化分批法，如果各月间接计入费用水平相差较多，就会导致累计间接计入费用分配率与实际分配率差距过大，影响产品成本计算的准确性，因此，简化分批法比较适宜于产品生产周期较长，各月份间接费用波动不大，同时各月未完工产品批数较多的企业或车间；这样既可简化成本核算，又能保持产品成本计算的相对正确。

此外，采用简化分批法，各批次产品基本生产成本明细账只能反映各批月末在产品的直接计入费用和耗用的生产工时，无法完整地反映各批月末在产品的成本。

第四节　分　步　法

一、分步法概述

（一）分步法的概念及其适用范围

成本计算分步法是指以产品的生产步骤作为成本计算对象，归集生产费用，计算产品成本的一种方法。

分步法适用于具有多步骤工艺过程的大量大批生产，并且管理上要求分步骤计算产品成本的企业，如冶金、纺织、造纸、机械制造等企业。在这些企业里，产品的生产要经过若干个生产步骤才能完成，从原材料投入生产，经过每个加工步骤，都能生产出一种形态、性能不同的半成品。例如，钢铁厂分为炼铁、炼钢和轧钢等生产步骤，各步骤的产品分别为生铁、钢锭和钢材；纺织厂分为纺纱、织布等生产步骤，各步骤的产品分别为棉纱和棉布。在这些类型的企业中，每个生产步骤除了生产出半成品（最后一步骤为产成品）外，还有一些加工中的在产品。已生产完工的半成品，可以用于下一步骤继续加工或装配，也可以对外销售，为了适应这种生产特点，满足企业计算损益、实行成本分级管理的需要，企业不仅需要按照产品成品，而且需要按照生产步骤来计算产品成本。

（二）分步法的特点

1. 成本计算对象

分步法是以产品的成本及其所经过的生产步骤作为成本计算对象，按产品及其各生产步骤设置生产成本明细账,据以归集各生产步骤的生产费用。各步骤所发生的生产费用,凡是能直接计入某步骤生产成本明细账的,则直接计入该步骤生产成本明细账;凡是不能直接计入各成本计算对象的,则先归集,然后再采用适当的方法分配计入各步骤生产成本明细账。

实际工作中,多步骤生产的企业往往按生产步骤设立生产车间,通常可以把生产车间视为生产步骤,作为成本计算对象。但是,两者并不完全一致。当企业生产车间的规模较大,生产车间内又划分为不同生产步骤,而管理上也需要在车间内分步骤计算和考核成本时,以可以将生产车间内的生产步骤作为成本计算对象;反之,当企业生产车间的规模很小,管理上又不要求分车间计算和考核产品成本时,也可以将几个车间合并为一个生产步骤计算成本。

2. 成本的计算期

大量大批的多步骤生产,原材料连续地投入,各步骤生产的产品连续不断地向下一生产步骤移动,直至产成品验收入库。为了使生产能有条不紊持续地进行,在生产过程中,各生产步骤需要保留一定数量的在产品,这样每月各步骤均有完工产品和在产品,因此每月末需计算完工半成品或产成品的成本,成本计算按月定期进行,与会计报告期一致,与生产周期不一定一致。

3. 生产费用在完工产品和在产品之间的分配

大量大批的多步骤生产,产品往往陆续完工,每月各步骤均有完工产品和在产品,因而需要将各步骤生产成本明细账中归集的生产费用,采用适当的分配方法在完工产品和在产品之间定期(月末)进行分配,计算出各步骤的完工产品和月末在产品的成本,然后结转到下一步骤,以至最终计算出产成品的成本。

4. 各步骤之间成本的结转

分步法按照各个生产步骤归集生产费用,再汇总据以计算产成品成本。因此,需要将各步骤归集的生产费用采用一定的方法结转,以确定最终产成品成本。根据成本管理对各生产步骤成本资料的要求,各步骤成本的结转可以采用两种不同的方法:逐步结转和平行结转。因此,产品成本计算的分步法也分为逐步结转分步法和平行结转分步法两种。

二、逐步结转分步法

(一) 逐步结转分步法及其计算程序

逐步结转分步法,又称顺序结转分步法或计列半成品成本法,是指按照产品生产步骤的先后顺序,逐步计算并结转半成品成本,半成品成本随着半成品实物在各生产步骤之间顺序转移,直到最后步骤计算出产成品成本的方法。

逐步结转分步法适用于连续式多步骤大量大批生产。在这种类型生产的企业中,其生产工艺过程从原材料投入第一生产步骤开始,第一步骤的完工产品投入第二步骤继续加工,经过若干生产步骤的加工,直到最后一步骤生产出终端产品。逐步结转分步法的计算程序与这种连续式多步骤的生产工艺过程密切联系，其按产品的加工顺序，先将第一步骤生产成本明细账中所归集的生产费用在第一步骤的完工半成品和月末在产品之间分配，计算出第一步骤完工半成品成本，随着第一步骤完工半成品实物转移到第二步骤，其完工半成品应承担的成本也结转到第二步骤；第二步骤将第一步骤转来的完工半成品成本加上本步骤发生的费用，在第二步骤的完工半成品和月末在产品之间分配，计算出第二步骤完工半成品成本，再随完工半成品实物转移，成本结转到第三步骤；如此顺序逐步结转累计，直至最后加工步骤计算出最终产成品成本。这种各步骤产品转移和成本结转的基本程序如图 4-1 所示。

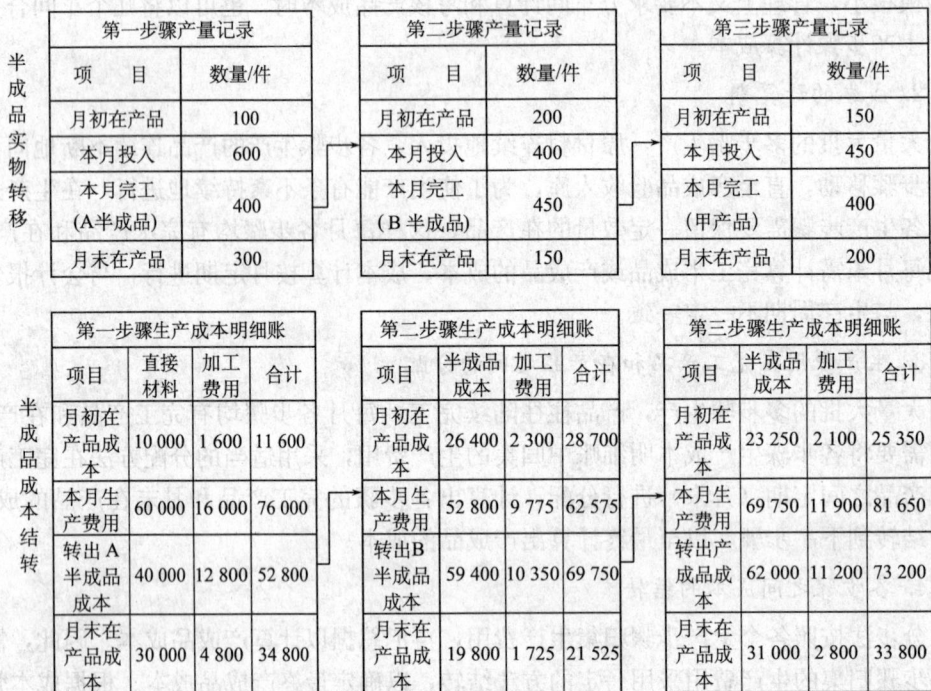

半成品实物转移

第一步骤产量记录	
项目	数量/件
月初在产品	100
本月投入	600
本月完工(A半成品)	400
月末在产品	300

第二步骤产量记录	
项目	数量/件
月初在产品	200
本月投入	400
本月完工(B半成品)	450
月末在产品	150

第三步骤产量记录	
项目	数量/件
月初在产品	150
本月投入	450
本月完工(甲产品)	400
月末在产品	200

半成品成本结转

第一步骤生产成本明细账			
项目	直接材料	加工费用	合计
月初在产品成本	10 000	1 600	11 600
本月生产费用	60 000	16 000	76 000
转出A半成品成本	40 000	12 800	52 800
月末在产品成本	30 000	4 800	34 800

第二步骤生产成本明细账			
项目	半成品成本	加工费用	合计
月初在产品成本	26 400	2 300	28 700
本月生产费用	52 800	9 775	62 575
转出B半成品成本	59 400	10 350	69 750
月末在产品成本	19 800	1 725	21 525

第三步骤生产成本明细账			
项目	半成品成本	加工费用	合计
月初在产品成本	23 250	2 100	25 350
本月生产费用	69 750	11 900	81 650
转出产成品成本	62 000	11 200	73 200
月末在产品成本	31 000	2 800	33 800

图 4-1　连续式多步骤生产的实物转移和逐步结转分步法的成本结转程序

注：图中数据参见例 4-4

　　逐步结转分步的成本结转，还须视企业完工半成品是否入库而采取不同的结转程序。图 4-1 反映的是半成品直接转移成本结转程序，各步骤所生产的半成品完工以后，直接转移到下一步骤继续加工，所以半成品成本就在各步骤生产成本明细账之间直接结转。如果各步骤所生产的半成品完工以后，通过半成品仓库收发，则需要采用半成品入库的成本结转程序：企业需设置半成品明细账，用以登记完工入库和生产领用的半成品；完工半成品经验收入半成品仓库时，借记"自制半成品"账户，贷记"生产成本"账户；下一步骤产品生产需使用半成品时，从半成品仓库领用半成品，借记"生产成本"账户，贷记"自制半成品"账户，即半成品成本不能在各步骤生产成本明细账之间直接结转，而需通过"自制半成品"账户结转。

可以发现，逐步结转分步法不仅计算出最终步骤的产成品成本，而且计算出每一步骤的完工半成品成本，有利于企业实行责任会计或内部经济核算，有利于确定外销半成品成本，为全面考核和分析各生产步骤等内部单位的生产耗费和资金占用水平，全面考核和分析商品产品成本计划执行情况提供信息。

（二）逐步结转分步法的特点

1. 成本计算对象及生产成本明细账的设置

逐步结转分步法以各种产成品的成本及其所经过的各步骤的半成品成本为成本计算对象。在最后生产步骤前的每一步骤都会有半成品入库或直接结转下一步骤作为加工对象，到最后步骤生产出的是经过全部生产步骤的最终产成品，因此，最后步骤需要按照产品设置生产成本明细账，其前面的步骤需要按各半成品设置明细账。

2. 半成品成本的结转

采用逐步结转分步法，各步骤的半成品成本要随着半成品实物转移而进行结转。半成品实物的转移方式有两种：一种是上一步骤完工的半成品，直接转入下一步骤继续加工，这时，上一步骤生产成本明细账中的半成品成本就直接结转计入下一步骤的生产成本明细账；另一种是半成品完工后，通过半成品仓库收发，这种情况下，每一步骤的完工半成品成本直接结转计入"自制半成品"明细账，下一步骤生产领用时，再结转"自制半成品"成本。

3. 生产费用在完工产品和在产品之间的分配

采用逐步结转分步法时，月末需要将各步骤生产成本明细账归集的生产费用，在各步骤完工半成品和在产品之间进行分配。这里，各步骤分配的生产费用既包括本步骤发生的费用，也包括上一步骤转入的半成品的成本；在产品是指月末实际结存于各步骤的在产品，是狭义在产品；完工产品则是指各步骤的完工半成品和最终产成品。分配方法可以根据企业的实际情况选择。

采用逐步结转分步法，按照半成品成本在下一步骤成本明细账中反映方法的不同，可以分为综合结转法和分项结转法两种方式。

（三）综合结转法

综合结转法是指上一步骤转入下一步骤的半成品成本以"直接材料"或专设的"半成品"项目综合记入下一步骤的生产成本明细账中。图4-1的第二步骤和第三步骤所耗用的上一步骤的半成品成本，就是按这种方式结转的，如第二步骤本月耗用第一步骤A半成品400件，400件A半成品的成本以总数52 800元反映在第二步骤生产成本明细账的"半成品成本"中，而不分具体项目。综合结转可以按半成品的实际成本结转，也可以按半成品的计划成本结转。

1. 按实际成本综合结转

采用实际成本综合结转，各步骤所耗上一步骤的半成品成本，应根据所耗半成品的数量乘以半成品的实际单位成本计算。若各步骤半成品成本是直接从上一生产步骤结转，不通过半成品仓库收发的，可将上一生产步骤半成品实际成本合计数转入本生产步骤生产成本明细账；若各步骤的半成品需要通过半成品仓库收发，则由于各月完工入库的半成品成本不同，需要采用加权平均法、先进先出法等来计算下一步骤应承担的半成品成本。

【例4-4】　某企业生产甲产品，顺序经过三车间的加工。原材料系加工一开始时投入，经一车间加工成A半成品后直接送入二车间继续加工，二车间加工成B半成品后直接送入三车间加工成产成品甲。各车间月初在产品成本和本月生产费用见各步骤生产成本明细账，产量资料（在产品的加工程度为50％）如表4-31所示。

表4-31　甲产品各步骤产量记录

201×年3月　　　　　　　　　　　　　　　　　单位：件

	一车间	二车间	三车间
月初在产品	100	200	150
本月投入	600	400	450
本月完工	400	450	400
月末在产品	300	150	200

第一步骤成本计算如表4-32所示。

表4-32　第一步骤生产成本明细账（A半成品）

201×年3月

项目	直接材料	直接人工	制造费用	合计
月初在产品成本	10 000	1 100	500	11 600
本月生产费用	60 000	11 000	5 000	76 000
合计	70 000	12 100	5 500	87 600
约当产量	700	550	550	
单位成本	100	22	10	132
完工半成品（A）成本转出	40 000	8 800	4 000	52 800
月末在产品成本	30 000	3 300	1 500	34 800

其中，将第一步骤生产成本明细账所归集的生产费用在完工半成品和在产品之间进行分配，计算A半成品（400件）的成本的过程如下：

直接材料约当产量单位成本＝(10 000＋60 000)/(400＋300)＝100(元/件)

A半成品（400件）的直接材料成本＝100×400＝40 000(元)

直接人工约当产量单位成本＝(1 100＋11 000)/(400＋300×50％)＝22(元/件)

A半成品（400件）的直接人工成本＝22×400＝8 800(元)

制造费用约当产量单位成本＝(500＋5 000)/(400＋300×50％)＝10(元/件)

A半成品（400件）的制造费用＝10×400＝4 000(元)

A半成品（400件）的总成本＝40 000＋8 800＋4 000＝52 800（元）

上述第一步骤A半成品的成本52 800元随同实物转移而结转到第二步骤生产成本明细账中的"直接材料"项目（或专设"半成品"项目），以计算第二步骤B半成品的成本。如果A半成品完工入库，则它的成本52 800元随同实物结转到自制半成品明细账。

第二步骤成本计算如表4-33所示。

表4-33 第二步骤生产成本明细账（B半成品）
201×年3月

项 目	直接材料	直接人工	制造费用	合计
月初在产品成本	26 400	1 500	800	28 700
本月发生费用	52 800	6 375	3 400	62 575
合 计	79 200	7 875	4 200	91 275
约当产量	600	525	525	
单位成本	132	15	8	155
完工半成品（B）成本转出	59 400	6 750	3 600	69 750
月末在产品成本	19 800	1 125	600	21 525

上述第二步骤B半成品的成本69 750元随同实物转移而结转到第三步骤生产成本明细账中的"直接材料"项目（或专设"半成品"项目），以计算第三步骤甲产成品的成本。如果B半成品完工入库，则它的成本69 750元随同实物结转到自制半成品明细账。

第三步骤成本计算如表4-34所示。

表4-34 第三步骤生产成本明细账（甲产成品）
201×年3月

项 目	直接材料	直接人工	制造费用	合计
月初在产品成本	23 250	1 350	750	25 350
本月发生费用	69 750	7 650	4 250	81 650
合 计	93 000	9 000	5 000	107 000
约当产量	600	500	500	
单位成本	155	18	10	183
完工产品（甲）成本转出	62 000	7 200	4 000	73 200
月末在产品成本	31 000	1 800	1 000	33 800

上述第三步骤甲产成品的成本73 200元随着产品完工入库而结转到相应的库存商品明细账。

2. 按计划成本综合结转

采用实际成本结转半成品成本，后面生产步骤的成本核算必须等到前面步骤半成品成本计算完成后才能进行，这就使得各生产步骤半成品或产成品成本的计算不能同步进行，而且按每种产品的每一步骤计算半成品实际成本工作量也比较大。

为了加速和简化成本核算工作，半成品也可以采用计划成本综合结转：半成品的日常收发按计划成本进行，待计算出半成品实际成本后，再计算半成品的成本差异率，将所耗半成品的计划成本调整为实际成本。

按计划成本结转半成品一般要通过仓库收发，各生产步骤领用半成品时，先按计划成本借记"生产成本——基本生产成本"账户，贷记"自制半成品"账户；在月末计算出完工半成品实际成本时，根据验收入库的半成品数量，按计划成本借记"自制半成品"账户，按实际成本贷记"生产成本——基本生产成本"账户，计划成本与实际成本的差额则列入"半成品成本差异"账户；然后将月初结存的半成品成本差异与本月收入半成品成本差异之和，除以月初结存半成品计划成本和本月收入半成品计划成本之和，求得半成品成本差异率，并据以计算已领用半成品应承担的成本差异，将其记入基本生产成本明细账，将所耗用半成品计划成本调整为实际成本。如果本月耗用的半成品大部分是以前月份生产的，也可以采用上月成本差异率调整计算已耗用半成品应承担的成本差异。

按计划成本综合结转半成品成本，可以简化和加速半成品收发的凭证计价和记账工作：按类计算半成品成本差异率调整所耗半成品成本差异时，可以省去按品种计算半成品实际成本的大量计算工作；按上月差异率调整所耗半成品成本差异时，各步骤成本计算可以同时进行，有利于加速成本计算工作。按计划成本结转半成品成本，由于所耗半成品分别按计划成本、成本差异反映，从而在分析和考核时，可以扣除上一步骤半成品成本节约或超支的影响。如果各步骤耗用半成品的成本差异，不调整计入各步骤产品成本，而是直接计入最终产成品成本，不仅简化和加速了各步骤成本计算，而且有利于排除上一步骤半成品成本水平变动对本步骤半成品或产成品成本水平的影响，便于分析各步骤成本升降原因和分清各步骤经济责任。

3. 综合结转法的成本还原

采用综合结转法，各步骤耗用半成品的成本是以总数反映在"半成品"或"直接材料"项目中，在转账时较为简单，但这样计算出来的产成品成本，不能提供按原始成本项目反映的成本资料。这样，成本计算的步骤越多，最终产成品成本中，"半成品"项目的成本占总成本的比重越大，而加工费用仅反映了最后一个步骤的加工费用，不能据以了解产品成本的结构，不利于按成本项目分析产品成本升降原因。因此，在管理上要求按原始成本项目进行考核和分析的企业，需要逐步进行成本还原。

成本还原的具体做法，是从最后一个步骤起，将本月产成品成本中所耗上一步骤半成品的综合成本，按照上一生产步骤本月完工半成品的成本项目比例分解还原为原来的成本项目，这样从后向前逐步分解还原，还原成"直接材料"、"直接人工"、"制造费用"等原始成本项目，从而求得按原始成本项目反映的产成品成本。具体而言，半成品成本还原可以采用成本还原率法和项目比重还原法。

（1）成本还原率法是指以本月产成品成本中所耗用的上一步骤半成品的综合成本占上一步骤本月所产该种半成品总成本的比例，分别乘以上一步骤本月所产该种半成品的各个成本项目金额进行还原，从而确定产成品原始成本结构的方法。其计算公式如下：

$$还原分配率 = \frac{本月产成品耗用上一步骤半成品成本合计}{上一步骤本月所产该种半成品成本合计}$$

$$\begin{matrix}还原为上一步骤 \\ 各成本项目的金额\end{matrix} = \begin{matrix}上一步骤本月所产该种 \\ 半成品各成本项目金额\end{matrix} \times 还原分配率$$

【例4-5】　以甲产品三个生产步骤的基本生产成本明细账（例4-4，表4-32至表4-34）的有关资料，用成本还原率法计算甲产品各成本项目的原始结构如表4-35所示。

表4-35　产品成本还原计算表（成本还原率法）

项目	按第二步骤成本结构还原				按第一步骤成本结构还原			
	还原前产成品成本 ①	本月所产B半成品成本 ②	按B半成品成本还原 ③	还原后成本 ④=①+③	本月所产A半成品成本 ⑤	按A半成品成本还原 ⑥	还原后成本	
							总成本 ⑦=④+⑥	单位成本 ⑧=⑦/产量
B半成品	62 000		−62 000					
A半成品		59 400	52 800	52 800		−52 800		
直接材料					40 000	40 000	40 000	100
直接人工	7 200	6 750	6 000	13 200	8 800	8 800	22 000	55
制造费用	4 000	3 600	3 200	7 200	4 000	4 000	11 200	28
合计	73 200	69 750	0	73 200	52 800	0	73 200	183

其中，第一次还原分配率＝62 000/69 750＝0.$\dot{8}$

因此，本月产成品所耗用的B半成品成本62 000元中，

A半成品成本（第二步骤直接材料）＝59 400×0.8＝52 800（元）

第二步骤的直接人工成本＝6 750×0.$\dot{8}$＝6 000（元）

第二步骤的制造费用＝3 600×0.$\dot{8}$＝3 200（元）

第二次还原过程略。

（2）项目比重还原法是指根据上一步骤本月所产半成品成本中各成本项目金额所占的比重，据以将本月产成品所耗用的上一步骤该种半成品的成本分解还原，从而确定产成品原始成本结构的方法。其计算公式如下：

$$\begin{matrix}上一步骤本月所产 \\ 半成品中各成本项目 \\ 金额所占的比重\end{matrix} = \frac{上一步骤本月所产半成品中各成本项目金额}{上一步骤本月所产该种半成品成本合计}$$

$$\begin{matrix}还原为上一步骤 \\ 各成本项目的金额\end{matrix} = \begin{matrix}本月产成品耗用上 \\ 一步骤半成品成本\end{matrix} \times \begin{matrix}上一步骤本月所产半成品 \\ 中各成本项目所占比重\end{matrix}$$

【例4-6】　上例4-5，如果采用项目比重还原法，计算甲产品成本项目的原始结构如表4-36所示。

表 4-36　产品成本还原计算表（项目比重还原法）

项　目	按第二步骤成本结构还原					按第一步骤成本结构还原				
	还原前产成品成本①	本月所产B半成品成本②	本月所产B半成品各成本项目比重/%③	按本月所产B半成品各成本项目比重还原④	还原后成本⑤=①+④	本月所产A半成品成本⑥	本月所产A半成品各成本项目比重/%⑦	按本月所产A半成品各成本项目比重还原⑧	还原后成本 总成本⑨=⑤+⑧	还原后成本 单位成本/产量⑩=⑨
B半成品	62 000			−62 000						
A半成品		59 400	85.161 3	52 800	52 800			−52 800		
直接材料						40 000	75.757 6	40 000	40 000	100
直接人工	7 200	6 750	9.677 4	6 000	13 200	8 800	16.666 7	8 800	22 000	55
制造费用	4 000	3 600	5.161 3	3 200	7 200	4 000	7.575 8	4 000	11 200	28
合　计	73 200	69 750	100	0	73 200	52 800	100	0	73 200	183

其中，本月所产 B 半成品中直接材料比重＝59 400/69 750≈0.851 613

直接人工比重＝6 750/69 750≈0.096 774

制造费用比重＝3 600/69 750≈0.051 613

因此，本月产成品所耗用的 B 半成品成本 62 000 元中，

A 半成品成本（第二步骤直接材料）＝0.851 613×62 000≈52 800（元）

第二步骤的直接人工成本＝0.096 774×62 000≈6 000（元）

第二步骤的制造费用＝0.051 613×62 000≈3 200（元）

第二次还原计算过程略。

从表 4-35、表 4-36 的成本还原计算表看出，甲产品成本经过连续两次还原计算，总成本没有变化，但其成本结构发生了变化。将综合成本项目还原为原来的成本项目，可以为按成本项目考核成本计划执行情况提供可靠的资料。

进行成本还原，一般按实际成本还原。但由于本月产成品耗用半成品可能是以前月份生产的，其成本构成与本月所产半成品的成本构成不同，甚至相差较大，按上述方法进行成本还原，还原的正确性受到影响。这种情况下，如果企业的定额成本或计划成本资料比较健全和完整，亦可按半成品的定额成本或计划成本的构成比例进行还原，以提高还原的正确性，也可以简化成本还原工作。

（四）分项结转法

采用综合结转法，便于分析、考核各步骤产品所耗半成品费用水平，有利于各生产步骤的成本管理，但成本还原工作较繁重。因此，这种方法适宜在管理上要求计算各步骤所耗半成品费用，但不要求进行成本还原的企业采用。

分项结转法是指各生产步骤将其所耗用的上一步骤半成品成本，分成本项目记入各步骤生产成本明细账中相同的成本项目中。如果半成品通过半成品仓库收发，在自制半

成品明细账中，也要分成本项目登记半成品成本。

【例 4-7】 沿用例 4-4 资料，如果该企业采用分项结转法计算甲产品成本，月初在产品成本和本月生产费用分别见各该步骤生产成本明细账。

第一步骤成本计算如表 4-37 所示。

表 4-37 第一步骤生产成本明细账（A 半成品）

201×年 3 月

项 目	直接材料	直接人工	制造费用	合计
月初在产品成本	10 000	1 100	500	11 600
本月生产费用	60 000	11 000	5 000	76 000
合 计	70 000	12 100	5 500	87 600
约当产量	700	550	550	
单位成本	100	22	10	132
完工半产品（A）成本转出	40 000	8 800	4 000	52 800
月末在产品成本	30 000	3 300	1 500	34 800

第一步骤成本计算与综合结转法相同，只是半成品成本转入第二步骤后在第二步骤中的反映方式不同。第一步骤本月完工 A 半成品（400 件）总成本 52 800 元中，直接材料 40 000 元、直接人工 8 800 元、制造费用 4 000 元，分别结转到第二步骤生产成本明细账中相同的成本项目。如果 A 半成品完工入库，则它的成本 52 800 元随同实物结转到自制半成品明细账相同的成本项目中。

第二步骤成本计算如表 4-38 所示。

表 4-38 第二步骤生产成本明细账（B 半成品）

201×年 3 月

项 目	直接材料		直接人工		制造费用		合计
	本步发生	上步转入	本步发生	上步转入	本步发生	上步转入	
月初在产品成本		20 000	1 500	4 400	800	2 000	28 700
本月本步骤发生费用			6 375		3 400		9 775
上步骤转入的半成品成本		40 000		8 800		4 000	52 800
合 计		60 000	7 875	13 200	4 200	6 000	91 275
约当产量		600	525	600	525	600	
单位成本		100	15	22	8	10	155
完工半产品（B）成本转出		45 000	6 750	9 900	3 600	4 500	69 750
月末在产品成本		15 000	1 125	3 300	600	1 500	21 525

第二步骤成本计算与综合结转有所不同。在分项结转法下，从第一步骤转入半成品的直接材料费用和加工费用，对第二步骤的完工产品和在产品来说，应负担相同

的成本，因而对于第一步骤转入的完工半成品成本，应按第二步骤的完工半成品和在产品实际数量（450＋150＝600件）分配；而对于第二步骤本步骤发生的费用，则应当按本步骤完工半成品的数量和月末在产品约当产量（450＋150×50％＝525件）进行分配。

上述第二步骤B半成品的成本69 750元随同实物转移而结转到第三步骤生产成本明细账对应的成本项目中，以计算第三步骤甲产成品的成本。如果B半成品完工入库，则它的成本69 750元随同实物结转到自制半成品明细账相同的成本项目中。

第三步骤成本计算如表4-39所示。

表4-39 第三步骤生产成本明细账（甲产成品）

201×年3月

项目	直接材料		直接人工		制造费用		合计
	本步发生	上步转入	本步发生	上步转入	本步发生	上步转入	
月初在产品成本	15 00		1 350	5 550	750	2 700	25 350
本月本步骤发生费用			7 650		4 250		11 900
上步骤转入的半成品成本		4 500		16 650		8 100	69 750
合 计	60 000		9 000	22 200	5 000	10 800	107 000
约当产量	600		500	600	500	600	
单位成本	100		18	37	10	18	183
完工产品（甲）成本转出	40 000		7 200	14 800	4 000	7 200	73 200
月末在产品成本	20 000		1 800	7 400	1 000	3 600	33 800

第三步骤生产成本计算方法基本上同第二步骤。第三步骤甲产成品的成本73 200元随着产品完工入库而结转到相应的库存商品明细账。

比较综合结转法成本还原计算表4-34或表4-35与分项结转法计算的产品成本结构是一致的，但如果企业生产各步骤各个月份所生产的产品成本结构有所不同，则综合结转法成本还原的结果与分项结转法的成本计算结果可能金额有所不同。这是因为成本还原是按本月所产的同种半成品成本构成进行分解还原，没有考虑以前月份半成品成本构成所造成的；如果分项结转法没有将月初在产品成本分解为上一步骤转入费用和本步骤发生费用，也会导致两者的计算结果不一致。

采用分项结转法，可以直接反映产成品各成本项目的原始结构，便于从整个企业角度考核和分析产品计划的执行情况，不需要成本还原；但其成本结转工作量较大。一般情况下，在成本计算工作中，提供按原始成本项目反映的成本资料，主要是为了了解产品成本结构的情况，对企业的成本管理，尤其是车间成本管理，意义并不太大，因为车间成本分析所注重的是本步骤发生的成本和自制半成品成本是多少，而不是所耗用的半成品成本和本步骤发生的成本按成本项目分别合并的成本资料。因此，凡不需要提供按原始成本项目反映的产品成本资料的企业，均以综合结转法为宜。

（五）逐步结转分步法的评价

1. 逐步结转分步法的优点

采用逐步结转分步法，能够按产品的加工步骤计算各步骤半成品和最终产成品的成本资料，为确定半成品的销售价格提供了依据，也有利于分析和考核企业产品成本计划和各生产步骤半成品计划的执行情况。各步骤半成品成本结转和实物结转相一致，各步骤生产成本明细账上在产品余额即为各步骤实际占用的生产资金数，能为各生产步骤在产品的实物管理和资金管理提供资料，能全面反映各步骤产品的生产耗费水平，因为各生产步骤产品成本中包括所耗上一步骤半成品成本。

2. 逐步结转分步法的缺陷

采用逐步结转分步法，需要按加工步骤进行成本计算，影响成本计算的及时性。采用逐步结转分步法，总体成本核算工作量大。如果采用综合结转法进行成本计算，在需按原始成本项目提供产品成本的企业，需要进行成本还原，不仅工作量大，而且不能准确反映成本结构的实际情况；如果半成品按计划成本结转，需要计算和调整半成品成本差异；而如果采用分项结转法，虽不需进行成本还原，但各步骤成本结转工作量较大。此外，由于后面步骤的半成品（或产成品）成本中包含了以前步骤成本，采用逐步结转分步法其成本会受到以前步骤成本水平波动的影响，不利于考核各生产步骤的成本管理工作，也不利于成本分析。

根据逐步结转分步法的核算程序及其优缺点，逐步结转分步法适用于半成品需要对外出售，或者虽不出售但需要按步骤进行比较分析半成品成本，或由于其他原因需要提供半成品成本资料的连续式多步骤大量大批生产。

三、平行结转分步法

（一）平行结转分步法及其计算程序

平行结转分步法，又称不计列半成品成本法，是指各生产步骤不计算本步骤所产半成品成本，也不计算各步骤所耗上一步骤半成品成本，只计算本步骤发生的各项费用以及这些费用中应该计入产成品成本的"份额"，然后将相同产品的各步骤成本明细账中的"份额"平行结转、汇总，计算出产成品成本的方法。

平行结转分步法主要适用于不需要计算半成品成本的大量大批连续式多步骤生产企业和装配式多步骤生产企业。采用平行结转分步法，先由各生产步骤计算出各该生产步骤所发生的生产费用；然后将各该生产步骤的生产费用在最终产成品和月末在产品之间进行分配，计算出每步骤生产费用中应该由最终产成品承担的部分（应计入产成品成本的"份额"）；最后，将最终产成品的各个生产步骤中应计入产成品成本的"份额"平行结转并汇总，即可计算出最终产成品成本。这种各步骤产品转移和成本结转的基本程序如图4-2所示。

可以发现，平行结转分步法不计算各步骤的完工半成品成本，只计算各步骤费用计入最终产成品成本的份额并且结转，因此，对于在成本管理上不要求计算各步骤半成品成本的企业来说，可以达到简化和加速成本核算和结转的目的。

半成品实物转移

第一步骤产量记录	
项　目	数量/件
月初在产品	100
本月投入	600
本月完工（A半成品）	400
月末在产品	300

第二步骤产量记录	
项　目	数量/件
月初在产品	200
本月投入	400
本月完工（B半成品）	450
月末在产品	150

第三步骤产量记录	
项　目	数量/件
月初在产品	150
本月投入	450
本月完工（甲产品）	400
月末在产品	200

半成品成本结转

第一步骤生产成本明细账			
项目	直接材料	加工费用	合计
月初在产品成本	45 000	12 800	57 800
本月生产费用	60 000	16 000	76 000
应计入产成品成本的"份额"	40 000	12 800	52 800
月末在产品成本	65 000	16 000	81 000

第二步骤生产成本明细账			
项目	直接材料	加工费用	合计
月初在产品成本		5 750	5 750
本月生产费用		9 775	9 775
应计入产成品成本的"份额"		9 200	9 200
月末在产品成本		6 325	6325

第三步骤生产成本明细账			
项目	直接材料	加工费用	合计
月初在产品成本		2100	2100
本月生产费用		1900	11900
应计入产成品成本的"份额"		11 200	11 200
月末在产品成本		2 800	2 800

甲产成品生产成本明细账				
成本项目	第一步骤"份额"	第二步骤"份额"	第三步骤"份额"	合计
直接材料	40 000			40 000
加工费用	12 800	9 200	11 200	33 200
合　计	52 800	9 200	11 200	73 200

图 4-2　连续式多步骤生产的实物转移和平行结转分步法的成本结转程序

注：图中数据参见例 4-8

（二）平行结转分步法的特点

1. 成本计算对象及生产成本明细账的设置

平行结转分步法是以各种产成品及其所经过的各生产步骤的成本"份额"为成本计算对象，各生产步骤的半成品均不是成本计算对象，因此，从各步骤生产成本明细账中转出的只是该步骤生产费用中应计入最终产成品成本的生产费用（"份额"），并将这个"份额"平行地计入最终完工产品的成本。但平行结转分步法同样需要按生产步骤归集生产费用，以确定本步骤生产费用中应计入产成品成本的"份额"，因此，与逐步结转分步法相同，平行结转分步法最后步骤需要按照产品设置生产成本明细账，其前面的步骤需要按各半成品设置明细账。

2. 产成品成本"份额"的结转

采用平行结转分步法，由于各步骤不计算完工半成品成本，只归集本步骤发生的生产费用，并计算和结转应计入产成品成本的"份额"。因此，在平行结转分步法下，每一生产步骤完工后需要进入下一步骤继续加工，但只要其尚未加工成最终产成品，完工半成品成本就继续保留在所经过步骤的生产成本明细账中，并不随着半成品实物的转移而结转。所以，不论半成品是通过仓库收发，还是在各生产步骤之间直接转移，都不通过"自制半成品"账户进行价值核算，而只需要进行自制半成品的数量核算。

3. 生产费用在完工产品和在产品之间的分配

为了计算各步骤生产费用中应计入产成品的"份额"，平行结转分步法每月月末需要将各步骤成本明细账归集的生产费用在完工产品和在产品之间进行分配。这里的完工产品指的是最后一个步骤完工的产成品；这里指的在产品是广义的在产品，即从全厂角度来看的在产品。因为在平行结转分步法下，各步骤生产费用不随半成品实物的转移而结转，对各生产步骤已经完工转出而最终尚未制成产成品的半成品，其生产费用留在各步骤的成本明细账中，因此各步骤的在产品不仅包括本步骤加工中的在产品（狭义在产品），而且包括经过本步骤加工完成转入以后步骤或留在半成品仓库，但尚未制成产成品的半成品两部分。但是，由于各生产步骤不结转完工半成品成本，因此，每个生产步骤所归集的费用，仅指各步骤所发生的费用，不包括其所耗用的以前步骤的完工半成品成本。

平行结转分步法各步骤生产费用在最终产成品和广义在产品之间进行分配，确定应计入产成品成本的"份额"时，可以采用约当产量比例法、定额比例法。

（1）采用约当产量法，其计算公式如下：

$$\begin{array}{l}\text{某步骤生产费用}\\\text{中应计入产成品}\\\text{成本的"份额"}\end{array} = \begin{array}{l}\text{产成品}\\\text{数量}\end{array} \times \begin{array}{l}\text{单位产成品}\\\text{耗用该步骤}\\\text{半成品数量}\end{array} \times \begin{array}{l}\text{该步骤完}\\\text{工半成品}\\\text{单位成本}\end{array}$$

其中，

$$\text{该步骤完工半成品单位成本} = \frac{\text{该步骤月初在产品成本} + \text{该步骤本月生产费用}}{\text{该步骤完工产品和在产品的约当产量}}$$

$$\begin{array}{l}\text{该步骤完工产品和}\\\text{在产品的约当产量}\end{array} = \begin{array}{l}\text{该步骤月初}\\\text{半成品数量}\end{array} + \begin{array}{l}\text{该步骤本月完}\\\text{工半成品数量}\end{array} + \begin{array}{l}\text{该步骤月末狭义}\\\text{在产品约当产量}\end{array}$$

其中，"该步骤月初半成品数量"是指月初所有在产品中经过本步骤加工完成留在半成品仓库、以后步骤需要进一步加工的在产品数量之和。

或者：

$$\begin{array}{l}\text{该步骤完工产品和}\\\text{在产品的约当产量}\end{array} = \begin{array}{l}\text{产成品}\\\text{数量}\end{array} \times \begin{array}{l}\text{单位产成品耗用该}\\\text{步骤半成品数量}\end{array} + \begin{array}{l}\text{本步骤月末广义}\\\text{在产品约当产量}\end{array}$$

其中，本步骤月末广义在产品约当产量包括正在本步骤加工中的在产品（狭义在产品）的约当产量，和已经完成本步骤加工转入以后步骤或留在半成品仓库，但尚未制成产成品的半成品耗用本步骤完工半成品的数量。

（2）采用定额比例法，其计算公式如下：

$$\text{某步骤生产费用中应计入产成品成本的"份额"} = \text{产成品数量} \times \text{单位产成品消耗定额} \times \text{该步骤某成本项目费用分配率}$$

其中，

$$\text{该步骤某成本项目费用分配率} = \frac{\text{该步骤该成本项目月初在产品成本} + \text{该步骤本月生产费用}}{\text{该步骤月初广义在产品定额消耗量} + \text{该步骤本月投入定额消耗量}}$$

或者：

$$\text{该步骤某成本项目费用分配率} = \frac{\text{该步骤该成本项目月初在产品成本} + \text{该步骤本月生产费用}}{\text{该步骤本月产成品定额消耗量} + \text{该步骤月末广义在产品定额消耗量}}$$

（三）平行结转分步法例举

【例 4-8】 沿用例 4-4 资料，如果该企业采用平行结转分步法计算甲产品成本，月初在产品成本和本月生产费用见各步骤生产成本明细账。

第一步骤成本计算如表 4-40 所示。

表 4-40　第一步骤生产成本明细账（A 半成品）

201×年 3 月

项 目	直接材料	直接人工	制造费用	合 计
月初在产品成本	45 000	8 800	4 000	57 800
本月生产费用	60 000	11 000	5 000	76 000
合 计	105 000	19 800	9 000	133 800
约当产量	1 050	900	900	
单位成本	100	22	10	132
应计入产成品成本的"份额"	40 000	8 800	4 000	52 800
月末在产品成本	65 000	11 000	5 000	81 000

其中，将第一步骤生产成本明细账所归集的生产费用在完工产品和月末在产品之间进行分配，计算第一步骤生产费用中应计入产成品成本"份额"的过程如下：

$$\begin{aligned}\text{第一步骤直接材料约当产量} &= \text{该步骤月初半成品数量（200+150）} + \text{该步骤本月完工半成品数量（400）} + \text{该步骤月末狭义在产品约当产量（300）}\\ &= \text{产成品数量（400）} \times \text{单位产成品耗用该步骤半成品数量（1）} + \text{本步骤月末广义在产品约当产量（300+150+200）}\\ &= 1050\end{aligned}$$

直接材料约当产量单位成本 = (45 000 + 60 000)/1 050 = 100(元/件)

应计入产成品成本的第一步骤直接材料"份额" = 100 × 400 = 40 000(元)

$$第一步骤加工费用约当产量 = \frac{该步骤月初半成品}{数量（200+150）} + \frac{该步骤本月完工}{半成品数量（400）} + \frac{该步骤月末狭义在产品}{约当产量（300×50\%）}$$

$$= \frac{产成品数量}{（400）} × \frac{单位产成品耗用该}{步骤半成品数量（1）} + \frac{本步骤月末广义在产品约当}{产量（300×50\%+150+200）}$$

$$= 900$$

直接人工约当产量单位成本 $= (8\ 800+11\ 000)/900 = 22$（元/件）

应计入产成品成本的第一步骤直接人工"份额" $= 22×400 = 8\ 800$（元）

制造费用约当产量单位成本 $= (400+5\ 000)/900 = 10$（元/件）

应计入产成品成本的第一步骤制造费用"份额" $= 10×400 = 4\ 000$（元）

第一步骤生产费用中应计入最终甲产成品（400件）的总成本"份额" $= 40\ 000+8\ 800+4\ 000 = 52\ 800$（元）

上述第一步骤生产费用中应计入最终甲产成品成本的"份额"52 800 元，与第二步骤、第三步骤生产费用中应由最终甲产成品承担的成本"份额"一起，平行结转，据以确定本月最终完工 400 件甲产成品的总成本和单位成本。

第二步骤成本计算如表 4-41 所示。

表 4-41 第二步骤生产成本明细账（B 半成品）

201×年 3 月

项 目	直接材料	直接人工	制造费用	合 计
月初在产品成本		3 750	2 000	5 750
本月发生费用		6 375	3 400	9 775
合 计		10 125	5 400	15 525
约当产量		675	675	
单位成本		15	8	23
应计入产成品成本的"份额"		6 000	3 200	9 200
月末在产品成本		4 125	2 200	6 325

第二步骤生产费用中应计入最终甲产成品成本"份额"的确定方法类似第一步骤。但由于第二步骤没有投入新的原材料，所以，只需要确定第二步骤的直接人工和制造费用中应计入产成品成本的"份额"即可。

上述第二步骤生产费用中应计入最终甲产成品成本的"份额"9 200 元，与其他步骤生产费用中应由最终甲产成品承担的成本"份额"一起，平行结转，据以确定本月最终完工 400 件甲产成品的总成本和单位成本。

第三步骤成本计算如表 4-42 所示。

表 4-42　第三步骤生产成本明细账（甲产成品）

201×年 3 月

项　目	直接材料	直接人工	制造费用	合计
月初在产品成本		1 350	750	2 100
本月发生费用		7 650	4 250	11 900
合　计		9 000	5 000	14 000
约当产量		500	500	
单位成本		18	10	28
应计入产成品成本的"份额"		7 200	4 000	11 200
月末在产品成本		1 800	1 000	2 800

第三步骤生产费用中应计入最终甲产成品成本"份额"的确定方法同样类似第一步骤。但同样地，第三步骤没有投入新的原材料，所以，只需要确定第三步骤的直接人工和制造费用中应计入产成品成本的"份额"即可。

上述第三步骤生产费用中应计入最终甲产成品成本的"份额"11 200 元，与其他步骤生产费用中应由最终甲产成品承担的成本"份额"一起，平行结转并计入甲产品库存商品明细账对应的成本项目，如表 4-43 所示。

表 4-43　甲库存商品成本汇总表

201×年 3 月

项　目	直接材料	直接人工	制造费用	合计
第一步骤转入	40 000	8 800	4 000	52 800
第一步骤转入		6 000	3 200	9 200
第三步骤转入		7 200	4 000	11 200
甲产成品（400 件）总成本	40 000	22 000	11 200	73 200
甲产品单位成本	100	55	28	183

（四）平行结转分步法的评价

1. 平行结转分步法的优点

采用平行结转分步法，不需要计算和结转各个生产步骤的完工半成品成本，所以各生产步骤的成本计算可以同时进行，平行汇总计入产成品成本，简化和加速了成本核算工作。此外，平行结转分步法能够直接提供按原始成本项目反映的产成品成本资料，不必进行成本还原。

2. 平行结转分步法的缺陷

采用平行结转分步法，由于不计算和结转各步骤完工半成品成本，因而不能提供各生产步骤半成品成本资料；除第一步骤外，各步骤的成本不能全面地反映各该步骤的生产耗费水平。同时，由于该方法半成品的成本结转和实物转移相脱节，也就是在产品的费用不按其所在地点登记，而按其发生地点登记，因而不能为各个生产步骤在产品的实物管理和资金管理提供资料。

根据平行结转分步法的核算程序及其优缺点，平行结转分步法主要适用于不需要计算半成品成本的大量大批连续式多步骤生产企业和装配式多步骤生产企业。在这些企业中，半成品种类很多，某些半成品成本没有独立经济意义，或者半成品很少对外销售，在这种情况下，如果仍然采用逐步结转分步法计算各步骤完工半成品成本，工作量很大，而且也没有必要，因此，为了简化分步成本的计算，可以采用平行结转分步法，各步骤可以不计算本步骤所生产的半成品成本，而只计算本步骤生产费用中应该由产成品承担的份额。

（五）逐步结转分步法和平行结转分步法的比较

成本计算的分步法，由于各生产步骤成本的计算和结转方式不同，形成了逐步结转分步法和平行结转分步法两种方法，它们的区别主要表现在以下几个方面。

1. 产成品成本计算方法不同

逐步结转分步法下，产成品成本是按加工步骤的顺序来累计计算的。除第一步骤外，某一步骤成本计算必须等到前一个步骤成本计算出来后才能进行，在其所耗用的前一步骤半成品成本的基础上加上本步骤新发生的生产费用来确定本步骤的完工半成品成本，这样逐渐累计；最后步骤产成品成本则是在其耗用的上一步骤半成品成本基础上，再累加最后步骤新发生的生产费用才能确定最终产成品成本。如果需要取得按原始成本项目反映的产品成本结构，还需要进行成本还原。

平行结转分步法各步骤可以同时计算成本，每一步骤均计算出应该由最终产成品承担的成本"份额"，平行转出并加总，就得出按原始成本项目反映的最终产成品成本，不需要进行成本还原。

2. 半成品成本处理方法不同

逐步结转分步法下，因为要结转每个生产步骤所完工的半成品成本，因此，每个步骤均要求计算出完工半成品成本，且其成本随着半成品实物而转移，即物资运动和价值运动同步。

平行结转分步法下，不需要结转每个生产步骤本期完工的半成品成本，因此，一般不计算出各步骤半成品成本，半成品实物转移到下一步骤继续加工时，其成本不随着半成品实物转入下一步骤成本计算单中，仍然保留在原发生地的成本明细账内，即物质运动和价值运动脱离，不便于加强半成品的实物管理。

3. 在产品含义不同

逐步结转分步法下，每一生产步骤都需要计算并且结转本步骤完工半成品成本，因此，其完工产品与在产品之间分配费用，在前几个步骤是在广义完工产品（完工半成品）与狭义在产品（正在各步骤加工中的在产品）之间分配费用，最后步骤是在产成品与狭义在产品之间分配费用，即在逐步结转分步法下，其在产品的含义是指狭义在产品——正在各生产步骤加工中的在产品。这样，在产品的成本是按所在地反映的，它有利于在产品资金的管理。

平行结转分步法下，不需要结转每个生产步骤本期完工的半成品成本，而是直接确定本步骤生产费用中应该由产成品承担的部分，因此，完工产品与在产品之间分配费用是指在产成品与广义在产品之间分配费用。广义在产品不仅包括正在加工中的在产品，还包括经过一个或多个步骤加工完毕，但还未最后成为产成品，也未对外销售的所有半成品。在产品的成本是集中留在成本发生地的成本明细账内，也就是按在产品费用的发生地反映，而不是按在产品所在地反映其成本。

4. 适用性不同

逐步结转分步法一般适用于半成品种类不多，逐步结转各步骤完工半成品工作量不大，管理上要求提供各生产步骤半成品成本资料的生产企业。

平行结转分步法一般适用于半成品种类较多，逐步结转各步骤完工半成品工作量较大，管理上也不要求提供各生产步骤半成品成本资料的生产企业。

第五节　分　类　法

一、分类法的概念及其适用范围

产品成本计算分类法是指以产品的类别作为成本计算对象归集生产费用，在计算出某类完工产品总成本的基础上，按一定的分配标准计算类内各种产品成本的方法。

有些工业企业，生产的产品品种、规格繁多，倘若按产品的每一品种、规格来设置生产成本明细账，归集生产费用，计算产品成本，那么成本核算的工作量将十分繁重。在这种情况下，为简化成本核算，可以根据各种产品的性质、结构、用途等特点，把所耗原材料相同或相近、工艺过程相同或相近的产品归为一类，以类别作为成本计算对象，采用分类法核算产品成本。

因此，分类法主要适用于产品品种、规格繁多，但又能按一定的标准对产品进行分类的大量生产企业，如电子元件、针织产品、化学试剂、食品等类企业。此外，分类法还适用于联产品、副产品和等级产品生产的企业。

二、分类法的特点和计算程序

（一）分类法的特点

1. 成本计算对象

分类法是以产品的类别作为成本计算对象，按产品类别设置基本生产成本明细账，归集生产费用。对于各类产品所耗用的直接费用，直接记入各类产品的基本生产成本明细账户，对于各类产品共同耗用的间接计入费用，应采用适当的方法分配后，再记入各类产品的基本生产成本明细账户。

分类法以产品类别作为成本计算对象，因此，恰当的分类是分类法的前提。产品分类过细，势必加大产品成本计算工作量，这就失去了采用分类法的意义；而产品分类过粗，归为同类的各种产品可能存在不可比性从而导致成本信息失真。分类的恰当与否，既关系到各种产品成本计算的相对准确性，从而对企业资产计价、损益确定产生影响，又关系到企业成本计算的及时性。所以，采用分类法，应依据各种产品的性质、结构、用途等特点，把所耗原材料相同或相近，生产工艺过程相同或相近的产品归为一类。

2. 成本计算期

分类法的成本计算期主要根据企业产品生产组织的特点和管理的需要来确定。对于大量大批生产，分类法可以结合品种法或分步法计算产品成本，其成本计算期应与会计报告期一致，以日历月份作为成本计算期，固定在月末计算产品成本；对于单件小批生产，分类法可结合分批法计算产品成本，其成本计算期与生产周期一致。

3. 生产费用在完工产品和月末在产品之间的分配

分类法倘若结合品种法和分步法计算产品成本，月末需要将所归集的该类产品的生产费用在该类所有完工产品和月末在产品之间进行分配。分类法倘若结合分批法计算产品成本，月末所归集的生产费用一般不需要进行分配，该类产品尚未完工，所有的生产费用就是在产品成本；若已经完工，则所有生产费用就是完工产品成本。

4. 类内产品成本的分配

按类别计算出完工产品成本后，需要将各类产品总成本在类内的各种产品之间进行分配，以便最终确定各产品的成本。恰当的分配标准取决于合理的分配标准。在分配类内各产品成本时，应根据各类产品生产特点和管理要求，选择与产品成本变动有密切关系，并且简便易行的分配标准。常见的分配标准包括：产品的经济价值指标，如计划成本、定额成本、销售价格等；产品的消耗定额指标，如定额工时、定额消耗量；产品的技术特征指标，如质量、体积、长度。

类别产品的成本在同类各种产品之间进行分配时，各成本项目可以按同一分配标准进行分配，也可以根据各成本项目的性质，分别确定不同的分配标准进行分配。为观察不同时期成本变动趋势，分配标准不宜经常变动，以免影响成本的可比性。但当产品结构、耗用的原材料或工艺过程发生较大变动时，应及时修订分配系数或另行选择分配标准，以确保产品成本计算的正确性。

正确划分产品类别和选择适当分配标准，是应用分类法的两个关键环节。

（二）分类法的成本计算程序

分类法计算程序如下：

（1）根据产品结构、使用原材料、工艺过程基本相同的原则，划分产品类别，类距要适中，使得成本核算工作得以简化而又能确保成本计算的正确可靠。以产品类别为成本计算对象，设置"生产成本——基本生产成本"明细账。例如，某企业生产A、B、C、D、E五种产品，企业将其划分为甲类和乙类产品作为成本计算对象，分别设置甲类产品成本明细账和乙类产品成本明细账。

（2）分产品类别成本项目归集本月生产费用，确定各类产品总成本。

（3）采用适当的分配标准和方法将各类产品总成本在完工产品和月末在产品之间进

行分配，计算各类完工产品总成本和月末在产品总成本。

（4）将各类完工产品总成本在类内各种产品之间进行分配，编制成本计算表，计算出类内各种产品成本。为简化核算，分类法类内各种产品成本的分配只分配各种完工产品成本，在产品成本不再分配到各种产品。

分类法成本计算程序如图4-3所示。

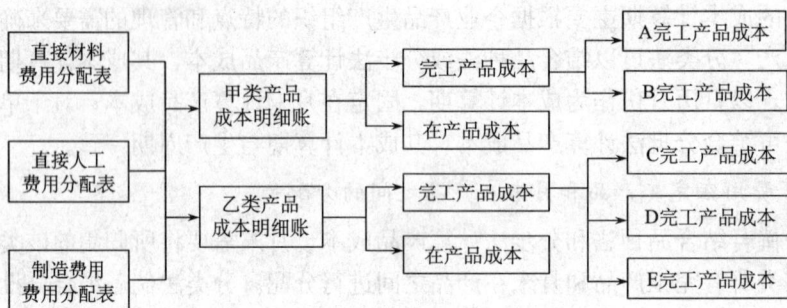

图4-3　分类法成本计算程序

三、类内成本的分配方法

综合而言，分类法是为了简化产品成本的计算工作，将相似的产品归为一类，按类别归集生产费用，计算出各类完工产品的总成本，再按一定标准和方法将类别成本在同类产品中进行分配，计算出各种产品的成本。因此，分类法是成本计算基本方法的延伸，不是一种独立的成本计算方法。它以类别作为品种，根据各类产品的工艺特点和管理上的需要，与品种法、分批法和分步法结合运用，按品种计算出类别产品成本后，再将各类产品总成本在同类产品之间分配，以确定每种产品的成本。因此，按类别计算出各种产品的总成本后，如何将每类产品总成本在类内各种产品之间进行分配，从而计算出各种完工产品的成本，是分类法的一个重要问题。

类别总成本在类内各产品之间的分配，通常采用的是系数分配法或定额比例分配法。

（一）系数分配法

系数，是指类内各产品之间的比例关系。系数分配法是指将分配标准折算成相对固定的系数，按照固定系数在类别内部各种产品之间分配费用，计算类内各种产品成本的方法，即采用系数分配法来划分类内各种产品的成本。系数法分配法的具体步骤如下：

（1）在同类产品中选择一种具有代表性，经济技术指标居中、产量大、生产比较稳定、规格适中的产品作为标准产品。单位标准产品的系数定为"1"。

（2）将其他产品的分配标准与标准产品的分配标准相比较，根据类内其他各种产品与标准产品之间经济技术指标的比例，确定其他产品的单位系数。

$$\frac{某种产品}{单位系数} = \frac{该种产品的分配标准}{标准产品的分配标准}$$

产品系数有综合系数和单项系数两种。综合系数是指产品各成本项目用同一系数分配，单项系数是指产品各成本项目采用不同的分配标准计算的系数。为保证产品成本的可比性，单位系数一经确定，不应任意变动，应相对稳定。

(3) 将各种产品的实际产量折算成标准产品的产量，即总系数。

$$\begin{matrix} 某种产品总系数 \\ （标准产量） \end{matrix} = \begin{matrix} 该种产品 \\ 实际产量 \end{matrix} \times \begin{matrix} 单位 \\ 系数 \end{matrix}$$

(4) 确定各成本项目费用分配率。

$$\begin{matrix} 该类产品某项 \\ 费用分配率 \end{matrix} = \frac{该类产品该项费用总额}{类内各种产品总系数总计}$$

(5) 计算类内各种产品的成本。

$$类内某种产品总成本 = 该种产品总系数 \times 费用分配率$$

（二）定额比例法

定额比例法是指将各类产品的总成本，按照定额比例在类内各种产品之间分配成本的一种方法。定额比例法不仅可以用于类内各种产品成本的划分，还可以用于实际生产费用在类内所有完工产品和月末在产品之间进行分配，因而这种方法简便易行。但是这种方法具有一定的假定性，所以它要求企业定额比较健全、稳定的企业。定额比例分配法的具体步骤如下。

(1) 确定分配标准。采用定额比例法分配费用一般应区分不同的成本项目，通常采用直接材料定额消耗费用作为分配标准分配原材料费用，而采用定额工时作为加工费用的分配标准。

(2) 确定各成本项目费用分配率。

$$\begin{matrix} 某类产品某成本 \\ 项目费用分配率 \end{matrix} = \frac{某类产品该成本项目实际总成本}{某类产品该成本项目定额分配标准总数}$$

(3) 计算类内各种产品的成本。

$$\begin{matrix} 类内某完工产品应承 \\ 担的某成本项目费用 \end{matrix} = \begin{matrix} 该完工产品某成本 \\ 项目定额分配标准 \end{matrix} \times \begin{matrix} 该成本项目 \\ 费用分配率 \end{matrix}$$

$$\begin{matrix} 在产品应承担的 \\ 某成本项目费用 \end{matrix} = \begin{matrix} 在产品某成本项目 \\ 定额分配标准 \end{matrix} \times \begin{matrix} 该成本项目 \\ 费用分配率 \end{matrix}$$

四、分类法例举

【例4-9】 某工业企业大量生产 A、B、C 三种产品。这三种产品所用原材料和生产工艺过程相近，合并为甲类计算产品成本。该企业采用系数分配法在类内分配生产费用，其中直接材料费用按照各产品的直接材料定额成本确定，A 产品由于其经济技术指标居中，产量较大，生产比较稳定而被定为标准产品，单位 A、B、C 产品的直接材料定额分别为 1 000 元、1 500 元、700 元；加工费用按照各种产品的定额工时比例分配，单位 A、B、C 产品的工时定额分别为 3 小时、4 小时、2 小时。3 月份完工 A 产品 500

件，B产品400件，C产品1300件。本月根据各种费用分配表，登记该类产品成本明细账如表4-44所示。

表4-44 生产成本明细账

产品名称：甲类产品　　　　　　　　201×年3月

月	日	摘要	直接材料	直接人工	制造费用	合计
3	1	月初在产品成本	677 280	5 400	11 250	693 930
		本月生产费用	1 882 440	67 800	141 250	2 091 490
	31	生产费用合计	2 559 720	73 200	152 500	2 785 420
	31	完工产品总成本	2 001 960	68 400	142 500	2 212 860
	31	月末在产品成本	557 760	4 800	10 000	572 560

根据上述资料，分别采用系数分配法和定额比例法计算类内各种产品成本。产品分配系数计算如表4-45所示。

表4-45 原材料系数和加工费用定额工时计算表

产品品种	产量	原材料费用系数			加工费用定额工时	
		费用定额	单位系数	总系数	单位产品工时定额	定额总工时
A	500	1 000	1	1×500＝500	3	3×500＝1 500
B	400	1 500	1 500/1 000＝1.5	1.5×400＝600	4	4×400＝1 600
C	1 300	700	7 00/1 000＝0.7	0.7×1 300＝910	2	2×1 300＝2 600
合计				2 010		5 700

根据表4-44中本月甲类完工产品总成本和表4-45中各种产品的原材料系数和加工费用定额总工时，编制甲类完工产品成本计算表如表4-46所示。

表4-46 甲类产品类内完工产品成本计算表

201×年3月

项目		原材料系数	定额工时	直接材料	直接人工	制造费用	合计
完工产品总成本		2 010	5 700	2 001 960	68 400	142 500	2 212 860
分配率				996	12	25	
A完工产品成本	总成本	500	1 500	498 000	18 000	37 500	553 500
（500件）	单位成本	1	3	996	36	75	1 107
B完工产品成本	总成本	600	1 600	597 600	19 200	40 000	656 800
（400件）	单位成本	1.5	4	1 494	48	100	1 642
C完工产品成本	总成本	910	2 600	906 360	31 200	65 000	1 002 560
（1300件）	单位成本	0.7	2	697.2	24	50	771.2

五、联产品、副产品和等级产品的成本计算

(一) 联产品成本计算

1. 联产品及其成本计算特点

联产品是指企业使用同种原材料，经过同一加工过程同时生产出的两种或两种以上具有同等地位的主要产品。如煤气厂在煤气生产过程中，可同时生产出煤气、焦炭和煤焦油等产品；炼油厂可以从原油中同时提炼出汽油、煤油、柴油等多种主要产品；制糖厂用甘蔗作为原料可以同时生产出白砂糖和赤砂糖。

联产品从原材料投入，经过同一生产过程，在某一个"点"上分离为各种不同的产品，这个点通常叫做"分离点"。"分离点"是联产品的联合生产程序结束，各种产品可以辨认的生产分界点。联产品在分离前所发生的成本称为联合成本或者共同成本。由于联产品所具有的特征，只要生产出一种联产品，就必须同时生产出所有的产品，而且对产出的各种产品的相对数量，生产者极少或根本无法控制，所以，在分离点前发生的原材料和加工费用难以按照产品直接计入，其成本的计算必须将所有联产品归为一类，汇集生产费用先计算联合成本，然后选择适当的方法将联合成本在联产品之间进行分配，计算各联产品应承担的联合成本。

分离后的联产品，有的可以直接销售，其成本就是其应承担的分离前的联合成本。若分离出来后需要进一步加工后才能出售，那么，这些联产品分离后继续加工发生的费用，可按分离后各联产品品种分别归集，计算出分离后成本，分离后进一步加工成本称为可归属成本。某种联产品的可归属成本加上它应承担的联合成本，构成了该种联产品整个生产过程的生产成本。联产品成本关系如图 4-4 所示。

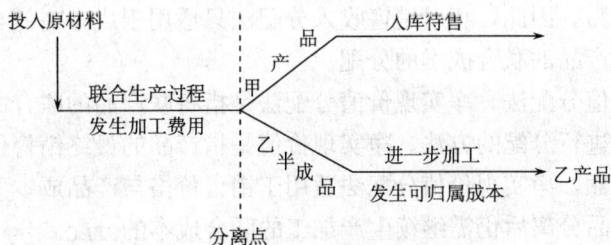

图 4-4　联产品成本关系图

由图 4-4 可知，联产品成本计算应分成两个阶段：首先，采用分类法计算和分配联产品的联合成本，即根据不同的生产类型和管理要求，采用品种法、分批法、分步法等通常的成本计算方法来计算确定联合成本，然后采用一定的方法将联合成本在各个联产品之间分配；其次，对分离点后需要继续加工的联产品的可归属成本，同样需要根据其生产特点和管理要求，采用适当的方法计算确定。

2. 联产品联合成本的分配方法

联产品联合成本的分配，常用的有系数分配法、实物量分配法、相对销售收入分配

法和净实现价值分配法等，企业应根据自身的特点、联产品加工情况和企业成本管理的要求，选择最适合的方法，使联产品的成本计算既准确合理又简便易行。

（1）系数分配法。系数分配法是指将联产品的实际产量按照事先规定的系数折算为标准产量，并据以分配联合成本的一种方法。用系数分配法分配联产品的联合成本，其正确程度取决于系数制订标准是否适当。确定系数的标准可以是各联产品的技术特征，如重量、体积、质量性能等；也可以是各联产品的经济指标，如定额成本、售价等。实际工作中，许多企业常常综合考虑技术特征和经济指标等标准制订综合系数，所以系数一经制订，应保持相对稳定。

（2）实物量分配法。实物量分配法是国外分配联产品的联合成本时普遍采用的方法。它将产品的联合成本按分离点上各联产品的重量、体积或其他实物量度比例进行分配。按实物量分配联合成本简便易行，但是，实物量分配法假设各联产品的单位成本相同，这不可避免存在一定的缺点，因为并非所有联产品的成本都与其实物量直接相关，这一方法忽略了各产品的特性和销售价值的差异，只适用于产品以实物量作为计量单位，并且成本的发生与产品的实物量关系密切，而且各种联产品的销售价格较为接近的联合成本的分配。

（3）相对销售收入分配法。相对销售收入分配法认为联产品是同时产出的，因此，从销售中获得的收益，理应在各种联产品之间按比例进行分配，即售价较高的联产品应成比例地负担较高份额的联合成本，售价较低的联产品应负担较低份额的联合成本，各种联产品应取得一致的毛利率。这种方法弥补了实物量分配法的缺点，把联合成本的分配和联产品的最终销售价值联系了起来，按各联产品的销售价值比例来分配联产品的联合成本，使各联产品毛利率一致。但并非所有的成本都与产品的售价有关，影响价格的因素很多，价格较高的联产品不一定相应地承担较高的成本，况且并非所有的联产品都具有同等的获利能力。因此，相对销售收入分配法只适用于成本高低与售价关系密切且销售价格稳定的联产品的联合成本的分配。

（4）净实现价值分配法。净实现价值分配法是指将联产品的联合成本按各种联产品的净实现价值比例进行分配的方法。净实现价值是指产品的最终销售价值减去其分离后的可归属成本的差额，净实现价值分配法适用于销售价格与产品成本关系密切，销售价格稳定，并且联产品分离后仍需继续生产加工的联合成本的分配。

（二）副产品成本计算

1. 副产品及其成本计算的特点

副产品是指企业使用同种原材料，经过同一加工过程，在生产主产品的同一生产过程中附带生产出来的非主要产品。副产品不是企业的主要产品，但它们却有一定的价值和用途，如在原油加工过程中产生的沥青原料油和渣油，炼钢生产过程中所产生的炉渣等。副产品不是企业的主要生产目的，它的产量取决于主产品的产量，随主产品产量的变动而变动。

副产品虽然同主要产品使用相同原材料，并且是在同一生产过程中生产出来的，但它不同于联产品。各种联产品均为主要产品，是制造活动的主要目标，其经济价值较高，是企业收入的主要来源，其销售收入直接影响到企业的经营效率和经济效益。副产品则是随主产品附带生产出来的，它依附于主产品，不是企业生产活动的主要目的，价值较小，其生产的好坏对企业的效益影响不大。

当然，联产品和副产品的划分并不绝对，随着客观条件变化，它们也可以相互转化。随着技术的进步、生产的发展，原来的某些副产品的用途可能扩大，经济价值提高，就可能由副产品上升为联产品，如原来的废气、废渣、废料经过综合利用可以变成有一定经济价值的产品，这些产品可能成为联产品。反之，一些联产品由于生产工艺的改变，也可能降为副产品。从企业的经营策略而言，如果企业的经营方向是多渠道全面地发展，就有可能把企业联合生产的全部产品都作为联产品；反之，如果企业集中财力、物力、人力生产某一两种产品，则余下的产品就可能全部是副产品。所以，在实际工作中，难以用绝对的标准来判断某企业联合生产中的某产品是联产品还是副产品，联产品和副产品的划分根据不同企业和不同要求而变化。

和联产品一样，副产品是同主产品一起使用相同原材料，在同一生产过程中生产出来的产品，所以，副产品的成本包括副产品应负担的分离点前的联合成本及其分离后可能进一步加工所需要承担的成本。其中，联合成本的计算和分配同样不能按产品品种进行，而需要应用分类法的原理进行计算。

2. 副产品计价

副产品与其主产品需要合并为一类开设成本明细账，归集各项生产费用，计算该类产品的联合成本。副产品不是企业的主要生产目的，其价值与主产品相比较低，在企业全部产品成本中所占的比重较小，因此，副产品的成本计算一般不像联产品成本计算那么复杂，可以采用简化的方法，将副产品按一定标准计价，然后将其从分离前的联合成本中扣除。扣除时，如果主副产品成本中直接材料费用所占比重较大或者副产品成本占联合成本的比重较小，副产品的成本可以从原材料成本项目中一笔扣除；否则，副产品成本按比例从各成本项目中扣除。扣除后剩余部分即是主产品应该承担的联合成本。所以，副产品成本计算的关键是副产品按什么标准计价的问题。

(1) 分离后无须进一步加工的副产品的计价。分离后不再加工的副产品，如果价值不大，可以不负担分离前的联合成本，即副产品只计数量，不计金额，联合成本全部由主产品负担；而副产品销售收入直接作为其他业务收入处理。采用这种方法，手续简单，使用方便。但由于副产品不计价，不负担分离前的联合成本，会对主产品的成本计算正确性有一定影响。分离后不再加工的副产品，如果价值相对较高，应以副产品的销售价格作为计价依据，扣除销售费用、销售税金和正常利润后的金额，倒轧计算出副产品应负担的联合成本。采用这种方法，考虑了副产品的计价，能较正确地反映主产品的成本。但是，当市价波动幅度较大时，副产品的价值和成本将大受影响，进而影响主产品成本计算的正确性。

$$\text{副产品应负担的联合成本} = \text{销售收入} - \left(\text{销售费用} + \text{销售税金} + \text{合理利润}\right)$$

(2) 分离后需要进一步加工的副产品的计价。分离后需进一步加工才能出售的副产品，如果其价值较小，可以不负担分离点前发生的任何成本，而只把分离后进一步加工的成本，作为该副产品的成本。这种方法简便易行，但它低估了副产品的成本，多计了主产品的成本。分离后需进一步加工才能出售的副产品，如果其价值相对较高，则需计算分离前应负担的联合成本和可归属成本，以确保主产品成本计算的合理性。这种方法下，副产品负担的联合成本，可采用前述方法，按销售价格扣除销售费用、销售税金、正常利润后再减去进一步加工的成本后的价值计算，将其从联合成本中扣除。

$$\frac{\text{副产品应负}}{\text{担的联合成本}} = \frac{\text{销售}}{\text{收入}} - \left(\frac{\text{营业}}{\text{费用}} + \frac{\text{销售}}{\text{税金}} + \frac{\text{合理}}{\text{利润}} + \frac{\text{可归属}}{\text{成本}}\right)$$

（三）等级产品成本计算

1. 等级产品概念

等级产品是指企业使用相同原材料，经过同一生产过程生产出来的品种相同但品级或质量不同的产品，如电子元件、针纺织品等，经常会出现一等、二等、三等品。低等级的产品不是非合格品，它们与高等级产品在质量上的差别是在允许的设计范围之内，这些差别一般不影响产品的正常使用。非合格品是等级以下的产品，其质量指标没有达到设计的要求，属于废品范围。

等级产品与联产品、副产品是不同的概念。等级产品和联副产品都是使用同一种原材料，经过相同生产过程生产出来的产品，但联副产品是指一组性质不同、用途不同的产品；而每种联副产品质量可以比较一致；等级产品是性质、用途相同的同一种产品，只是由于质量的高下之分而使得其销售单价相应分为不同等级。

2. 等级产品成本计算

不同等级的产品，企业会因此制定不同的售价，但其单位成本是否不同，则应该根据造成等级不同的原因进行分析判断。

（1）按实物量分配计算等级产品成本，不同等级产品承担相同成本。有些等级产品是因为工人操作不慎、技术不熟练、经营管理不善而造成的，如织布时出现跳线。这种情况下产生的各等级的产品，是经过完全相同的生产过程，使用了完全相同的原材料生产出来的，所以它们的成本应该是相同的。也就是说，等级低的产品应该和等级高的产品承担相同的成本。这样，等级低的产品由于售价低于等级高的产品而减少的利润，正好说明企业因工作上的过失而引起的损失。

（2）按系数分配，不同等级产品承担不同成本。有些等级产品是因为自然条件不同，或者因为原材料的质量不同、工艺技术上的要求不同、目前生产技术水平的限制等而造成的，例如，不同煤层的煤炭可能含量不同，采掘出不同等级的煤。这种由于客观条件产生的等级品是难以避免的，那么不同等级的产品就不应该负担相同的成本。在这种情况下，可将各等级品作为一类产品，计算出这类产品的联合成本，采用分类法的原理进行成本计算。具体而言，通常可以按产品的单位售价的比例定出系数，再按系数比例来分配各等级产品应负担的成本，也可以根据含量等其他工艺参数制订系数。

第六节 定 额 法

一、定额法的特点

企业通过成本决策，制订出目标成本，层层分解到各车间、班组和个人，动员各方面职工来完成。要实现目标成本，必须加强成本控制，及时揭示生产过程中实际成本脱离目标成本的差异，然后寻找原因，及时纠正偏差。成本计算的品种法、分批法、分步法、分类法等计算方法，虽然可以事先确定目标成本，但对生产费用的日常核算都是按照生产费用的实际发生额进行的，产品的实际成本也是根据实际生产费用计算的。这样，生产费用和产品成本脱离目标成本的差异以及发生的原因，都只有在月末通过实际成本与目标成本的对比分析，才能得到反映，而不能在生产过程中及时地反映出来，更不能及时分析差异产生的原因。

定额法就是为了及时反映和监督生产费用和产品成本脱离定额差异，加强定额管理和成本控制而采用的一种方法，它可以改变只能在事后提供信息的被动状态。

定额法以产品的定额成本为基础，加减实际脱离现行消耗定额的差异、材料成本差异和定额变动差异，来计算产品实际成本。采用定额法计算产品成本，在生产费用发生之时，就能根据生产费用定额和实际发生额，确定其脱离现行定额的差异，以随时控制和监督生产费用的发生，促使企业按定额成本为控制限度，节约生产费用，降低产品成本。

与前述各种成本计算方法相比，定额法的特点主要表现在：

(1) 在现行消耗定额的基础上，事前制订出产品的消耗定额、费用定额和定额成本，作为成本控制的目标以及成本计算的基础。

(2) 在生产费用发生当时，将符合定额的费用和差异分别核算，以加强对成本差异的日常核算、分析和控制，及时促进节约生产费用，降低成本。

(3) 月末，在定额成本的基础上，加减各种成本差异，包括实际脱离定额的差异、材料成本差异和定额变动差异，计算产品的实际成本，为成本的定期分析和考核提供数据。在定额法下，产品实际成本的计算公式如下：

$$\frac{产品实}{际成本} = \frac{现行定}{额成本} \pm \frac{脱离定}{额差异} \pm \frac{材料成}{本差异} \pm \frac{定额变}{动差异}$$

可以看出，定额法是通过定额成本的事先制订，成本差异的事中揭示和事后分析，将成本的事前控制、事中控制和事后控制有机地结合起来，以加强企业的成本管理，降低成本。因此，定额法不仅是一种成本计算方法，更重要的还是一种对产品成本进行控制和管理的方法。

二、定额成本的制定

制定产品的消耗定额、费用定额，并据以制订单位产品的定额成本，是定额法的起点。

　　定额成本是指根据企业现行材料消耗定额、工时定额、费用定额以及其他有关资料计算的成本。它既反映企业在现有生产条件下应该达到的成本水平，也是生产过程中衡量实际成本超支或节约的尺度。因此，产品定额成本的制订过程，是对产品成本进行事前的反映和监督，实行事前控制的过程。各种消耗定额、费用定额以及产品的定额成本，则是对生产耗费进行事中控制的目标，也是计算产品实际成本的基础及其事后对成本进行分析和考核的依据。

　　定额成本的制订要分别成本项目进行。制订定额成本所采用的成本项目应与计算产品实际成本的成本项目相同，这样才能比较实际成本和定额成本，揭示实际成本脱离定额成本的差异。但是，制订定额成本时一般不包括废品损失和停工损失项目，所以实际成本中的废品损失和停工损失都是实际超过定额成本的差异。

　　具体而言，制订定额成本时，每个成本项目都要考虑现行消耗定额和计划单位成本两个因素。现行定额包括材料消耗定额和工时定额。制订的现行消耗定额必须是在当前的生产技术条件下，各项消耗上应达到的标准，它应该是先进而且可能达到的，所以往往采用平均先进的定额，经过多数人努力能够达到。

　　计划单位成本包括材料计划单价、计划小时工资率、计划小时制造费用率。其中材料计划单位成本即材料购入时的计划成本。计划小时工资率可按车间或按整个企业综合计算，计算公式如下：

$$\frac{\text{计划小时}}{\text{工资率}} = \frac{\text{预计全年生产工人工资总额}}{\text{预计全年定额工时总数}}$$

　　计划小时制造费用率的计算应按车间分别计算，因为各车间费用水平以及各产品在各车间的定额工时比例都不相同，分车间计算计划小时制造费用率结果比较准确。其计算公式如下：

$$\frac{\text{计划小时}}{\text{制造费用率}} = \frac{\text{车间制造费用预算总额}}{\text{预计车间定额工时总数}}$$

各车间的制造费用预算总额应根据制造费用项目分别制订，然后汇总求得。

　　根据各成本项目消耗定额和计划单位成本，可以制定各项费用定额。计算公式如下：

$$\frac{\text{直接材料}}{\text{费用定额}} = \frac{\text{直接材料}}{\text{消耗定额}} \times \frac{\text{材料}}{\text{计划单价}}$$

$$\frac{\text{直接人工}}{\text{费用定额}} = \frac{\text{产品生产}}{\text{工时定额}} \times \frac{\text{计划小时}}{\text{工资率}}$$

$$\frac{\text{制造费}}{\text{用定额}} = \frac{\text{产品生产}}{\text{工时定额}} \times \frac{\text{计划小时}}{\text{制造费用率}}$$

各项费用定额相加，即为产品定额成本：

$$\frac{\text{单位产品}}{\text{定额成本}} = \frac{\text{直接材料}}{\text{费用定额}} + \frac{\text{直接人工}}{\text{费用定额}} + \frac{\text{制造费}}{\text{用定额}}$$

在实务中，单位产品定额成本的制订，通常由计划、技术和会计部门根据实际情况，通过编制定额成本计算表制订。不同行业、不同的生产工艺，产品定额成本的制订程序不尽相同。

定额成本是根据现行定额制订的，现行消耗定额是按计划期间生产条件的某些具体情况确定的，并且应随着生产技术的进步和劳动生产率的提高而不断修订，这样才能起到鼓励和促进的作用。因此，当生产条件中的任何一项有了变化时，现行定额应予以修订，从而也需要修订定额成本。定额成本的修订一般在年度开始时进行，在年度内，若无重大变动，一般可以不修订，如果年度内修订，则尽可能在月初进行，定额的修订工作类似于定额的制订工作。

通常修订定额工作，只是对个别零件、部件进行，然后调整单位定额成本。在实际工作中，当制订下一年度的产品定额成本时，有些企业并不是对个别零件、部件进行修订，而是根据管理上的要求，按一定比例降低整个产品的定额成本。这种方法工作简便，但必须具体落实措施。

三、实际脱离定额差异的核算

采用定额法，需要在生产费用发生时，以是否超过定额成本为标准来评价实际生产费用的超支或节约，及时分析差异发生的原因，确定差异的责任，并且及时地采取措施进行处理：属于实际消耗中存在的浪费和损失等问题，应予以制止或防止以后再发生；属于定额脱离实际，应按规定进行调整和修订。及时、正确地核算和分析生产费用脱离定额的差异，控制生产费用的支出，是定额法的关键。

脱离定额的差异是指生产过程中各项生产费用的实际支出数与现行定额的差异，简称定额差异。它标志着生产费用支出的合理程度，反映现行定额的执行情况。采用定额法，需要在生产费用发生之时，将生产费用的实际数与定额数进行比较，把实际生产费用分为定额成本和脱离定额的差异两部分来计算和反映：将符合定额的生产费用和脱离定额的差异分别编制定额凭证和差异凭证，并在有关的费用分配表和明细账中分别予以登记。为了加强对超支费用的控制，避免浪费损失，对差异凭证还必须按规定办理审批手续。有条件的企业应尽可能将脱离定额差异的日常核算同车间或班组的经济核算结合起来，依靠广大员工共同管理生产耗费，挖掘节约生产耗费的潜力，降低产品成本。

脱离定额差异的揭示，包括差异的计算和汇总，都要分别成本项目进行。

（一）原材料脱离定额差异的揭示

原材料脱离定额差异是指原材料实际耗用量和定额耗用量之间的差异，它是一种数量差异，不包括价格差异，计算公式如下：

$$\genfrac{}{}{0pt}{}{原材料脱离}{定额差异} = \left(\genfrac{}{}{0pt}{}{实际}{耗用量} - \genfrac{}{}{0pt}{}{定额}{耗用量} \right) \times \genfrac{}{}{0pt}{}{材料计}{划单价}$$

在各成本项目中，原材料费用（包括自制半成品费用）一般占有较大的比重且属于直接计入费用，因而更有必要和可能在费用发生的当时就按产品核算定额费用和脱离定额差异，并以不同的凭证予以反映。原材料脱离定额的核算方法，应与原材料控制的方法结合起来，根据不同的情况，选用限额法、整批切割法或盘存法。

1. 限额法

为了控制材料的领用，在定额法下，原材料的领用一般实行限额领料制度，即符合定额的原材料应根据限额领料单（或定额发料单）等定额凭证领发。如果增加产品产量，需要增加用料，在办理追加限额手续后，也可根据定额凭证领发。由于其他原因需要超额领料或领用代用材料，应根据专设的超额材料领料单、代用材料领料单等差异凭证领发。差异凭证的签发，必须经过一定的审批手续，而且差异凭证应填明差异的数量、金额以及差异的原因。

在每批生产任务完成后，应根据车间余料编制退料单，办理退料手续。退料单也应视为差异凭证，退料单中所列的原材料数额和限额领料单中的原材料余额，都是原材料脱离定额的节约差异。

限额领料单的格式如表 4-47 所示。

表 4-47 限额领料单

领料单位：总装车间　　　　　　　　　　　　　　　　　　　　编号：F200×0301

用途：160 冰箱　　　　　　　　　　201×年 3 月　　　　　　发料仓库：第二仓库

材料类别	材料编号	材料名称	规格	计量单位	全月领用限额	全月实发数量	计划单价	金额	备注
略	0 459	压缩机	160	只	500	480	400	192 000	

供应部门负责人：签章　　　　　　　　　　　　　　　　生产计划部门负责人：签章

日期	请领		实发			扣除代用数量	退料		限额余额
	数量	领料单位负责人	数量	发料人	领料人		数量	退料单编号	
3/1	200	×××	200	×××	×××				300
3/10	150	×××	150	×××	×××				150
3/20	150	×××	150	×××	×××				0
3/31							20	略	20
合计	500		500				20		20

采用限额法对控制领料，促进节约用料有着重要作用。但应该指出的是，上述差异凭证反映的差异往往只是领料差异，不一定是用料差异。在实际工作中，车间往往有期初、期末余料，并且余料的数量可能不一致，那么此时限额领料单规定的领料限额不一定就是原材料的定额消耗量，限额领料单所记的实际领料数量就不一定是原材料的实际消耗量，两者的差异也就不一定是用料脱离定额的差异。此时，可以通过以下公式计算原材料实际耗用量：

$$\text{实际耗用量} = \text{期初结存材料数量} + \text{本期领料} - \text{本期退料} - \text{期末结存材料数量}$$

2. 整批切割法

对于某些贵重材料或经常大量使用且又需要切割后才能进一步使用的材料，如板材、棒材等，可以采用整批切割法，通过材料切割核算单，核算材料定额消耗量和脱离定额的差异以控制用料。

材料切割核算单按切割材料的批别设立，单中填明发交切割材料的种类、数量、消耗定额、应切割成毛坯的数量，以及实际切割成毛坯的数量和材料实际消耗量。根据实际切割的毛坯数量和材料消耗定额，即可求得材料定额消耗量，将其与实际消耗量相比较，即可确定脱离定额的差异。产生差异的原因也应填入单中，由主管人员签证。材料切割核算单的格式如表 4-48 所示。

表 4-48　材料切割核算单

领料单位：箱体车间

用途：160 箱体制作　　　　　　　　201×年 3 月　　　　　　　　编号：G200×0301

工人姓名	工号	机床	工作令号或零件名称	工序名称或编号	应切成的毛坯数量
×××	3057	C-105	160 曲板	03	400
材料类别	材料编号	材料名称	规格	计量单位	材料计划单价
略	0633	卷板	—	千克	8.0

1. 材料领用				
期初结存	本批领料	退回余料		期末结存
		凭证号数	数量	
0	8 380	略	4	0

2. 切成毛坯				3. 废料缴库		4. 材料消耗定额			
应切成毛坯数量	实际切成毛坯数量	毛坯缴库		凭证号数	数量	单位消耗定额		定额消耗总量	
		数量	签收			定额	其中：废料	定额	其中：废料
481	480	480	××	略	72	17.4	0.1	8 352	48

5. 材料实际消耗		6. 切割结果		7. 差异		备注
单位用量	本批总用量	节约或超支	数量	原因	责任者	
17.45	8376	超支	24	操作工人技术不熟练，多留了边料		

3. 盘存法

盘存法是指按期（工作班、工作日或按周、旬等）通过盘点来确定本期产品所耗用的材料实际耗用量和脱离定额差异，以控制用料的方法。对于不能采用切割核算法的原材料，除了使用限额领料单等定额凭证和超额领料单等差异凭证控制日常材料的实际消耗外，还应采用盘存法核算用料差异，以控制用料。

盘存法需要通过定期盘存（实地盘存或账面盘存）完工产品和在产品数量以确定本期投产产品数量，并根据投料方式和原材料消耗定额据以计算原材料定额消耗量：

$$\frac{\text{本期投产}}{\text{产品数量}} = \frac{\text{本期完工}}{\text{产品数量}} + \frac{\text{期末}}{\text{在产品数量}} - \frac{\text{期初}}{\text{在产品数量}}$$

$$\text{材料定额消耗量} = \text{本期投产产品数量} \times \text{材料消耗量定额}$$

值得注意的是，如果原材料不是生产开始一次性投入，即在产品还要耗用原材料，那么，上列公式中的期初和期末在产品数量应折算成约当产量。

与此同时，还根据限额领料单和超额领料单等领、退料凭证和车间余料的盘存数量，计算原材料实际消耗量，并据以确定材料实际脱离定额的差异：

$$\frac{\text{实际}}{\text{耗用量}} = \frac{\text{期初结存}}{\text{材料数量}} + \frac{\text{本期}}{\text{领料}} - \frac{\text{本期}}{\text{退料}} - \frac{\text{期末结存}}{\text{材料数量}}$$

在此基础上，将原材料的实际消耗量与定额消耗量相比较，计算原材料脱离定额差异。

$$\frac{\text{原材料脱离}}{\text{定额差异}} = \left(\frac{\text{实际}}{\text{耗用量}} - \frac{\text{定额}}{\text{耗用量}} \right) \times \frac{\text{材料}}{\text{计划单价}}$$

无论采用哪一种方法核算，材料定额消耗量和脱离定额差异都应分批或定期地将这些资料按成本计算对象汇总，编制材料定额费用和脱离定额差异汇总表，以集中反映某种或某批产品耗费的各种材料的定额费用和脱离定额的差异，并分析说明发生差异的主要原因。

【例 4-10】　某冰箱厂第一车间企业生产 160 冰箱箱体，列示 3 月份材料定额费用和脱离定额差异汇总表如表 4-49 所示。

表 4-49　材料定额费用及脱离定额差异汇总表

产品名称：160 箱体　　　　　　　201×年 3 月 1～31 日

原材料类别	材料编号	计量单位	计划单价	单位产品定额成本		定额总成本(约当产量 480)		计划价格费用		脱离定额差异		差异原因
				数量	金额	数量	金额	数量	金额	数量	金额	
卷板	略	千克	8.0	17.4	139.2	8 352	66 816	8 376	67 008	+24	+192	略
彩色钢板	略	千克	8.8	6	52.8	2 880	25 344	2 860	25 168	-20	-176	略
ABS 板料	略	千克	16	7	112	3 360	53 760	3 390	54 240	+30	+480	略
其他材料	略	略	略	96	96	略	46 080	略	46 544	略	+464	略
合计	—	—	—	—	400	—	192 000	—	192 960	—	+960	—

在表 4-49 中，材料的定额费用、计划价格费用和脱离定额差异，都是按材料的计划单价计算的，不包括材料的价格差异。

（二）直接人工定额差异的揭示

直接人工定额差异的核算，因工资的形式不同而有所区别。

在计件工资制度下，按计件单价支付的工资费用就是定额的工资费用。如果工资计件单价不变，则生产工人劳动生产率的提高不会影响单位产品成本中的工资额。因料废而支付的计件工资、支付给计件生产工人的工资性奖金、津贴以及按这部分金额计提的职工福利费，属于脱离定额差异。

在计时工资制度下，生产工人工资总额平时无法确定，不可能随时按照产品直接计算直接人工差异。因此，可以把人工差异分为工时差异和工资率差异两部分进行核算。在日常核算中，主要核算工时差异，月末实际直接人工总额确定后，再计算工资率差异。

直接人工工时差异，主要反映因劳动生产效率的提高或下降而引起的工资的节约和浪费：

$$直接人工工时差异 = 生产记录实际耗用工时 - 实际产量 \times 工时定额$$

$$= \left(\begin{matrix} 实际 \\ 总工时 \end{matrix} - \begin{matrix} 定额 \\ 总工时 \end{matrix} \right) \times \begin{matrix} 计划小时 \\ 工资率 \end{matrix}$$

定额法下，对直接人工日常控制主要是控制生产工时。为了及时核算工时差异，产量记录应正确反映产品的定额工时与实际工时及其原因；班组应根据劳动记录，每天或定期按成本核算对象汇集实际产量的定额工时、实际工时及其直接人工工时差异，并按差异的原因分类反映，据以分析和考核工资定额成本的执行情况。

直接人工工资率差异，主要反映因实际小时工资率脱离计划小时工资率形成的工资差异。直接人工工资率差异需要在月终工资总额确定以后来确定：

$$\begin{matrix} 直接人工 \\ 工资率差异 \end{matrix} = \left(\begin{matrix} 实际小时 \\ 工资率 \end{matrix} - \begin{matrix} 计划小时 \\ 工资率 \end{matrix} \right) \times \begin{matrix} 实际 \\ 工时 \end{matrix}$$

从上述公式中可以看出，造成某产品产生直接人工定额差异的原因无非是两个：一是实际工时和定额工时不一致；二是实际小时工资率和计划小时工资率不一致。所以，为有效地加强生产工人工资的日常控制，可重点从三个方面着手：控制生产工资总额不超过计划；监督生产工时的有效利用；控制单位产品的生产工时不超过工时定额。

无论采取哪种工资形式，直接人工脱离定额的差异，都应根据上述资料，按成本计算对象汇编定额生产工资及脱离定额差异汇总表。表中汇总反映各种产品的定额工时和人工、实际工时和人工、工时和人工脱离定额的差异，以及产生差异的原因等资料，用以考核和分析各种产品生产工时和直接人工定额的执行情况，并据以计算人工费用；汇总表也可以代替人工费用分配表，据以登记产品生产成本明细账。

（三）制造费用和其他费用脱离定额差异的揭示

制造费用通常与计时工资费用一样，属于间接计入费用，在日常核算中不能按照产品直接确定脱离定额的差异。同时，制造费用又是一项综合性费用，其组成成分比较复杂，因此对制造费用的定额控制比较困难。一般情况下，可以根据月份的制造费用预算，按照费用发生的车间、部门和费用的项目，核算脱离预算的差异，据以控制和监督费用的发生。对于各种产品应负担的定额制造费用和脱离定额的差异，只有在月末将本月实际发生的制造费用分配到各种产品后才能确定。

如果制造费用按工时比例分配给各种产品，那么制造费用定额差异的计算公式与计时工资下直接人工定额差异的计算公式基本相同。

$$\frac{某产品制造费用}{脱离定额的差异} = \frac{该产品实际}{制造费用} - \frac{该产品定额}{制造费用}$$

$$= \frac{该产品实际}{生产工时} \times \frac{实际小时制}{造费用率} - \frac{该产品实际产量的}{定额生产工时} \times \frac{计划小时制}{造费用率}$$

引起制造费用定额差异产生的主要因素也有两个：一是产品实际工时与定额工时不一致；二是实际小时制造费用率和计划小时制造费用率不一致。要控制制造费用不超过定额，不仅要控制制造费用实际总额不超过计划总额，还要控制实际生产工时不超过定额工时。制造费用脱离定额差异，应根据上述资料按成本计算对象编制定额制造费用和脱离定额差异汇总表。汇总表可以代替制造费用分配表，据此登记产品生产成本明细账。

在单独核算废品损失的企业中，对于废品损失及其发生的原因，应该采用废品通知单和废品损失计算表单独反映，其中不可修复废品的成本应按定额成本计算。由于产品的定额成本一般不包括废品损失，因而发生的废品损失，通常作为脱离定额的差异处理。有些企业为了监督产品质量，也考核废品损失情况。这种情况下，可以按照成本资料分零部件按工序制定废品损失的定额标准，在日常核算中，用废品损失定额标准考核实际废品损失。若实际废品少，可以视为少损失若干元，就是废品损失的节约；反之，为废品损失超支，需及时查明原因，追究责任。对单独核算停工损失的企业，其处理方法与废品损失基本相同。

（四）脱离定额差异的分配

为了计算完工产品和月末在产品的实际成本，上述脱离定额的差异，还应该在完工产品和月末在产品之间进行分配。由于采用定额法计算产品成本的企业，都有现成的定额成本资料，所以脱离定额的差异在完工产品与月末在产品之间的分配时，大多数采用定额比例法进行分配，计算公式如下：

$$\frac{定额差异}{分配率} = \frac{脱离定额差异}{完工产品定额成本 + 月末在产品定额成本}$$

$$\frac{完工产品应负}{担的定额差异} = \frac{完工产品}{定额成本} \times \frac{定额差异}{分配率}$$

$$\frac{月末在产品应}{负担的定额差异} = \frac{月末在产品}{定额成本} \times \frac{定额差异}{分配率}$$

如果各月末在产品数量比较稳定，在产品也可以按定额成本计价，脱离定额差异全部由完工产品负担。

【例 4-11】 假设上例 4-10 中，冰箱厂第一车间 3 月份 160 箱体完工 400 件，月末在产品 100 件，在产品的投料程度为 80%，则有

$$定额差异分配率 = 960/(400 \times 400 + 100 \times 80\% \times 400) = 0.005$$

$$完工产品应负担的定额差异 = 400 \times 400 \times 0.005 = 800(元)$$

$$在产品应负担的定额差异 = 100 \times 80\% \times 400 \times 0.005 = 160(元)$$

四、材料成本差异的核算

在采用定额法计算产品成本的企业中，为了便于对产品成本的考核和分析，材料的日常核算都应按计划成本进行，以扣除材料成本差异对产品成本的影响。因此，日常所发生的原材料费用，包括原材料定额费用和原材料脱离定额的差异，都是按照原材料的计划单位成本计算的。因此，在月末计算产品的实际材料费用时，还须考虑所耗原材料应负担的成本差异问题，即所耗原材料的价差。其计算公式如下：

$$某产品应负担材料成本差异 = \left(\begin{array}{c}该产品材料\\定额费用\end{array} \pm \begin{array}{c}材料脱离\\定额差异\end{array}\right) \times \begin{array}{c}材料成本\\差异率\end{array}$$

【例 4-12】　假设上例 4-10 中，冰箱厂第一车间 160 箱体制作 3 月份的材料成本差异率为节约 1%。

根据表 4-49 材料定额费用及脱离定额差异汇总表，160 箱体 3 月份所耗材料的定额费用为 192 000 元，脱离定额差异为超支 960 元，则有

$$甲产品应分配的材料成本差异 = (192\,000 + 960) \times (-1\%) = 1\,929.6(元)$$

在实际工作中，材料成本差异的分配是在发料凭证汇总表或专设的材料成本差异分配表中进行的。根据上例资料编制该企业材料成本差异分配表如表 4-50 所示。

表 4-50　材料成本差异分配表

201×年 3 月

产品名称	定额费用	脱离定额差异	计划价格费用	材料成本差异率	材料成本差异
160 箱体	192 000	+960	192 960	−1%	−1 929.6

各种产品应承担的材料成本差异同样需要在完工产品和月末在产品之间进行分配。但为了便于计算产品成本，简化核算手续，材料成本差异通常由完工产品承担，月末在产品不再负担材料成本差异。

五、定额变动差异的核算

采用定额法进行成本核算，除了要及时核算实际费用脱离定额的差异，以考核费用定额执行情况外，还要核算定额变动差异。

定额变动差异简称定额变动，是指由于修订消耗定额或生产耗费的计划价格而引起的新旧定额之间的差异。产生定额变动差异的原因，是随着经济的发展，新技术、新工艺、新材料、新设备不断涌现，企业生产经营条件的变化、工人技术熟练程度的提高等引起原来定额的不合理，就需要按照实际生产水平对产品的材料消耗定额

和工时定额进行必要的修订，保持定额水平的先进合理，确保各项定额对生产活动的控制作用。

定额变动差异反映的是定额本身变动的结果，它与生产费用支出的节约或浪费无关。但是，不论月初或月份内定额变动，都应该及时地把受变动影响的一部分产品数量和定额变动数额及时记录下来，否则会影响到产品成本计算的正确性。定额变动差异的计算是定额成本制度的一个重要组成部分。

（一）月初定额变动差异的揭示

定额成本的修订一般在年初、季初、月初进行。之所以要核算定额变动差异，是因为当月初有在产品时，如果定额发生变动，月初在产品的定额成本是按修订前的定额计算的，而本月投入产品的定额成本、本月完工产品的定额成本和月末在产品的定额成本都是按修订后的新定额计算的。这样，"期初在产品的定额成本＋本月投入的定额成本＝本月完工产品的定额成本＋月末在产品的定额成本"就无法成立。因此，为了将按旧定额计算的月初在产品定额成本和按新定额计算的本月投入产品的定额成本，在新定额的统一基础上相加，需要对月初在产品定额成本进行调整，增加一个定额变动差异项目来平衡该等式，并突出该差异是定额变动差异，以便于成本的考核和控制。

月初定额变动差异的计算，应按成本项目分别计算，具体可以根据定额发生变动的在产品盘存数量或在产品账面结存数量和修订前后的定额成本差异，计算月初定额变动差异。计算公式如下：

$$\text{月初在产品定额变动差异} = (\text{旧定额} - \text{新定额}) \times \text{定额发生变动的月初在产品数量}$$

采用这种方法要按照零、部件进行计算定额变动差异。如果产品的零、部件较多，工作量就会较大。为了简化计算工作，定额变动差异也可以采用系数折算的方法。即将按新消耗定额计算的单位产品定额成本，与按原消耗定额计算的单位产品定额成本相对比，求得系数，然后根据系数计算月初在产品定额变动差异。计算公式如下：

$$\text{定额变动系数} = \frac{\text{按新定额计算的单位产品费用}}{\text{按旧定额计算的单位产品费用}}$$

$$\text{月初在产品定额变动差异} = \text{按旧定额计算的月初在产品费用} \times (1 - \text{定额变动系数})$$

采用这种方法来计算月初定额变动差异虽然比较简单，但由于其系数是按单位产品而不是按零部件计算的，所以它只有在产品零、部件配套生产，月初在产品的零部件也配套的情况下，才比较合理。否则，计算结果的准确性会受到一定的影响。

【例4-13】　上述例4-10、例4-11、例4-12中，由于采用新工艺，冰箱厂第一车间160箱体单位产品所耗ABS板料从4月1日调整为6.5千克/件，这样导致160箱体单位产品ABS板料定额从原来的112元/件，调整为104元/件；160箱体单位产品原材料总费用定额从原来的400元/件，调整为392元/件。3月末有在产品100件，原材料投入程度为 80%，总定额成本为 32 000 元，脱离定额差异为超支 160 元。

根据上述资料，月初定额变动差异计算如下：

160 箱体原材料月初定额变动差异 ＝（112－104）×100×80%＝ 640（元）

或者：

160 箱体原材料定额变动系数 ＝392 /400＝0.98

160 箱体原材料月初定额变动差异 ＝32 000×（1－0.98）＝640（元）

定额通常有降有升，倘若定额下降，一方面，应从月初在产品定额成本中扣除大于新定额的差异，进行月初定额成本的调整，使其与新定额相一致；另一方面，该项差异属于月初在产品生产费用的实际支出，因而，应将该项差异加入本月产品成本中，使月初在产品的实际成本不受月初在产品定额调整的影响。如果定额提高，则作相反处理。这就是说，月初在产品成本总额未变，只是内部的表现形式有所改变。上例中，如果月初定额不修订，月初 100 件在产品的总成本为 32 000＋160 ＝ 32 160(元)。定额修订后，月初在产品的定额成本降低了 640 元，变为 31 360 元，同时增加了定额变动差异 640 元，所以总成本仍然是 32 160 元（定额成本＋脱离定额差异＋定额变动差异＝31 360＋160＋640＝32 160）。

（二）月中定额变动差异

出于某些原因，如定额明显不合理，定额也可以在月份中修订。由于产品实际成本计算是以变动前的定额成本为基础，而月份内自定额变动日起到月底止所揭示的差异，则以变动后定额为准，因此必须计算月中定额变动差异，计算公式如下：

$$\frac{月中定额}{变动差异}＝（新定额－旧定额）×\frac{自变动日起到月底}{为止投入的生产量}$$

【例 4-14】 上述例 4-13 中，由于员工对新工艺的逐渐熟练，4 月 20 日起，冰箱厂再次将 160 箱体材料消耗定额调整为 6.2 千克/件，使得单位产品耗用 ABS 板料从 104 元/件再次降低为 99.2 元/件。本月总共投产的 700 件产品，其中有 200 件是从定额变动之日起到月底之间投入的，材料的投入程度均为 100%。则有

$$月中定额变动差异 ＝（99.2－104）×200＝－960（元）$$

（三）定额变动差异的分配

定额变动差异也是实际生产费用的组成部分，所以需要在完工产品和月末在产品之间进行分配。定额变动差异一般按完工产品和月末在产品定额成本比例分配，由完工产品和月末在产品共同承担。计算公式如下：

$$\frac{定额变动}{分配率}＝\frac{定额变动差异}{完工产品定额成本＋月末在产品定额成本}$$

$$\frac{完工产品应负担}{的定额变动}＝\frac{完工产品}{定额成本}×\frac{定额变动}{分配率}$$

$$月末在产品负担 \atop 的定额变动 = 月末在产品 \atop 定额成本 \times 定额变动 \atop 分配率$$

【例 4-15】 上述例 4-13、例 4-14 中，4 月末冰箱厂第一车间完工产品 550 件。则有

定额变动差异分配率＝（640－960）/（550×392＋250×392）≈－0.001 02

完工产品应负担的定额变动差异＝550×392×0.001 02≈－220（元）

在产品应负担的定额变动差异＝250×392×0.001 02≈－100（元）

若产品生产周期小于一个月或定额变动差异比较少，那么定额变动差异也可以全部由完工产品承担，月末在产品不再负担。

六、定额法产品实际成本计算的一般程序

定额法下，产品实际成本计算的一般程序如下：

（1）事先根据前述两种方法按产品品种制订各产品的各项消耗定额、费用定额和定额成本，作为降低成本的目标和成本控制的依据。如果因为各种原因，原来定额的不合理，就需要按照实际生产水平对产品的材料消耗定额和工时定额进行必要的修订。

（2）按成本计算对象设置产品生产成本明细账，明细账中按成本项目设"月初在产品成本"、"本月生产费用"、"生产费用合计"、"本月完工产品成本"和"月末在产品成本"等专栏。为了适应定额法的要求，所采用的生产成本明细账有关各栏，都要分为"定额成本"、"脱离定额差异"、"材料成本差异"、"定额变动差异"等栏目，其中，"材料成本差异"小栏只为原材料成本项目设置（表 4-51）。

表 4-51 产品成本计算单

产品名称：××产品　　　　　　　　年　　月

成本项目	月初在产品成本				月初在产品定额成本调整		本月生产费用				生产费用合计				本月完工产品成本				月末在产品成本			
	定额成本	脱离定额差异	材料成本差异	定额变动差异	定额成本	定额变动差异	定额成本	脱离定额差异	材料成本差异	定额变动差异	定额成本	脱离定额差异	材料成本差异	定额变动差异	定额成本	脱离定额差异	材料成本差异	定额变动差异	定额成本	脱离定额差异	材料成本差异	定额变动差异
	①	②	③	④	⑤	⑥	⑦	⑧	⑨	⑩	⑪	⑫	⑬	⑭	⑮	⑯	⑰	⑱	⑲	⑳	㉑	㉒
直接材料																						
直接人工																						
制造费用																						
合计																						

（3）根据上月生产成本明细账，填列月初在产品成本①、②、③、④栏。若当月发生月初定额变动，成本明细账应加设"月初在产品定额成本调整"栏，并将其分为"定额成本⑤"和"定额变动差异⑥"两小栏；计算月初定额变动差异，填入"月初在产品

定额成本调整"栏,调整月初在产品的定额成本。

（4）编制费用分配明细表,分别成本项目汇总本月生产费用。各项费用都应按定额成本和定额差异分别汇总和分配,填入产品成本明细账"本月费用"中的"定额成本⑦"、"脱离定额差异⑧"、"材料成本差异⑨"栏内。若月中发生定额变动,计算月中定额变动,填入产品成本明细账"本月生产费用"中的"定额变动差异⑩"栏内。

（5）计算本月生产费用累计数。将产品成本明细账内的"月初在产品成本"、"月初在产品定额成本调整"和"本月生产费用"各栏中的数字分别定额成本、脱离定额差异、材料成本差异、定额变动差异加总,将计算结果填入"本月生产费用合计"的各栏内。

（6）将本月生产费用累计数分别定额成本、脱离定额差异、材料成本差异、定额变动差异在完工产品和月末在产品之间进行分配。其中的差异视具体情况可以按比例分配给完工产品和月末在产品,也可以全部由完工产品全部承担。脱离定额差异和定额变动差异的分配,需要按成本项目分别进行。

（7）将本月完工产品的定额成本加减完工产品应负担的脱离定额差异、材料成本差异和定额变动差异,计算出本月完工产品的实际成本。

（8）将成本核算和分析结果及其改进建议上报单位负责人,由单位负责人对成本控制做最后的决策和评价。

七、定额法例举

【例4-16】 某企业大量生产甲产品,由于甲产品是在一个封闭式车间进行生产的,所以不分步计算成本。该产品各项消耗定额比较准确、稳定,为了加强定额管理和成本控制,采用定额法计算成本。原材料系生产开始一次性投入,在产品的完工程度为50%。甲产品201×年2月月末在产品成本如表4-52,3月份投入产出如表4-53,3月份生产费用如表4-54。原材料计划单价20元/千克,本月材料成本差异率为1%。要求采用定额法计算完工产品的材料成本。该企业规定:甲产品脱离定额的差异按完工产品和月末在产品的定额成本比例分配;定额变动差异和材料成本差异全部由完工产品承担。

表 4-52 甲产品 2 月末在产品资料

项目	直接材料	直接人工	制造费用	合计
定额成本	4.5×20×200=18 000	2 000	1 600	21 600
脱离定额差异	0	+30	−90	−60

表 4-53 甲产品 3 月份产量记录 单位:件

月初在产品	本月投产		本月完工	月末在产品
	1~20 日	21~31 日		
200	600	400	900	300

表 4-54　甲产品 3 月份生产费用

项目	直接材料/（千克/件）		直接人工/元	制造费用/元
	1～20 日	21～31 日		
定额	4.35	4.0	19 000	15 200
实际	4.25	4.1	19 075	15 164

根据上述资料，采用定额法计算甲产品实际成本，步骤如下：

（1）根据上月末在产品成本资料登记月初在产品成本（表 4-55，下同）。以直接材料为例（下同），月初在产品 200 件，根据表 4-51，直接材料定额总成本 18 000（元），月初在产品的各项差异均为 0。

表 4-55　产品成本明细账

产品名称：甲　　　　　　　　　　201×年 3 月

成本项目		直接材料	直接人工	制造费用	合计
月初在产品成本	定额成本	18 000	2 000	1 600	21 600
	脱离定额差异	0	＋30	−90	−60
月初在产品定额变动	定额成本调整	−600			−600
	定额变动差异	＋600			＋600
本月生产费用	定额成本	87 000	19 000	15 200	121 200
	脱离定额差异	−400	＋75	−36	−361
	材料成本差异	838			838
	定额变动差异	−2 800			−2 800
生产费用合计	定额成本	104 400	21 000	16 800	142 200
	脱离定额差异	−400	＋105	−126	−421
	材料成本差异	838			838
	定额变动差异	−2 200			−2 200
本月完工产品成本	定额成本	78 300	18 000	14 400	110 700
	脱离定额差异	−300	＋90	−108	−318
	材料成本差异	838			838
	定额变动差异	−2 200			−2 200
	实际成本	76 638	18 090	14 292	109 020
月末在产品成本	定额成本	26 100	3 000	2 400	31 500
	脱离定额差异	−100	＋15	−18	−103

（2）由于本月初直接材料定额调整，所以需要计算直接材料月初定额变动差异。表 4-54 中的定额成本调整数，是用来调整按旧定额计算的月初在产品定额成本的；定额变动差异数，是应由本月产品承担的月初在产品定额变动差异；两者数额相等，但正负符号相反。本月初直接材料消耗定额降低，直接材料月初定额变动差异 ＝（4.5−4.35）×20×

200＝600（元）。所以，应该调低定额成本 600 元，同时增加定额变动差异 600 元。

（3）归集本月生产费用。其中与直接材料有关的项目计算如下：

直接材料定额成本＝1 000×4.35×20＝87 000（元）。

$$脱离定额差异＝（4.25－4.35）×20×600＋（4.1－4）×20×400$$
$$＝－400（元）$$

$$定额变动差异＝（4－4.35）×20×400＝－2 800（元）$$

$$材料成本差异＝（4.25×20×600＋4.1×20×400）×1\%$$
$$＝（87 000－400－2 800）×1\%$$
$$＝838（元）$$

（4）分别定额成本、脱离定额差异、材料成本差异、定额变动差异汇总本月生产费用累计数。

（5）分别定额成本、脱离定额差异、定额变动差异、材料成本差异将本月的生产费用累计数在完工产品和在产品之间进行分配。

其中，完工产品的定额成本应根据入库完工产品数量乘以单位产品定额成本计算登记。如本例中，以直接材料为例，甲产品单位材料定额成本为 4.35×20＝87 元，本月完工产品 900（200＋1 000－300）件，所以完工产品直接材料的定额成本为 900×87＝78 300 元。月末在产品的定额成本，可以根据该种产品各工序各种在产品的盘存数量或账面结存数量，乘以各该费用定额计算登记，也可以根据本月定额成本合计数减去本月完工产品定额成本，即按倒挤的方法计算登记。本例中甲产品月末在产品直接材料的定额成本＝300×87＝18 000－600＋87 000－78 300＝26 100（元）。

根据企业有关规定，脱离定额差异要在完工产品和月末在产品之间按定额成本比例进行分配，所以要计算脱离定额差异分配率，并据以计算登记完工产品和月末在产品应负担的差异额。如本例中直接材料脱离定额差异为节约 400 元（月初为 0，本月发生定额差异为－400 元），则有

$$\begin{matrix}完工产品应负担直接\\材料脱离定额差异\end{matrix}＝\frac{-400}{78\ 300＋26\ 100}×78\ 300＝-300（元）$$

$$\begin{matrix}月末在产品应负担直接\\材料脱离定额差异\end{matrix}＝\frac{-400}{78\ 300＋26\ 100}×26\ 100＝-100（元）$$

（6）将本月完工产品和月末在产品的定额成本分别加减完工产品应负担的脱离定额差异、材料成本差异和定额变动差异，计算出本月完工产品和月末在产品的实际成本。

八、定额法的评价

（一）定额法的适用范围

采用定额法计算产品成本，通过对生产费用进行严密的日常核算和监督，对实际脱离定额差异、材料成本差异和定额变动差异进行核算，及时发现差异的原因使企业经营管理人员和生产人员对生产费用的发生和产品成本的形成做到心中有数，以便在生产过

程中主动控制费用，减少损失浪费，保证成本的实际发生额在定额成本的控制限额之内。

为了充分发挥定额法的作用，并简化核算工作，采用定额法计算产品成本应具备以下条件：

（1）企业的定额管理制度比较健全，定额管理基础工作较好。

（2）产品的生产基本定型，有比较准确、稳定的消耗定额。

可见，定额法与产品生产的组织形式和工艺过程并没有直接的联系，只要具备以上两个条件，不论哪种生产类型都可以采用定额法。但定额法不能单独使用，它不是一种独立的成本计算方法，必须与前述品种法、分批法、分步法结合使用。一般情况下，大量大批生产比较容易具备上述两个条件。

（二）定额法的评价

定额法是用产品的定额成本来控制实际生产费用支出，随后进一步分析实际生产费用脱离定额的差异及其原因，以降低成本。它是将产品成本的计划、核算和分析工作有机结合起来，将事前、事中、事后反映和监督融为一体的一种成本计算方法和成本管理制度。

1. 定额法的优点

（1）定额法有利于加强成本的日常控制。通过生产耗费及其脱离定额差异的日常核算，能够在产品发生的当时反映和监督脱离定额的差异，从而有利于加强成本控制、及时有效地促进生产耗费的节约，降低产品成本。

（2）定额法有利于对产品成本进行定期分析。由于产品实际成本是按照定额成本和各种差异分别核算的，因而便于对各项生产耗费和产品成本进行定期分析，有利于进一步挖掘降低成本的潜力。

（3）定额法有利于提高成本的定额管理水平和计划管理水平。定额法包括定额成本的制订、定额差异、定额变动差异的核算等内容，有利于提高成本计划和成本管理的工作水平。

（4）定额法有利于各项费用定额差异和定额变动差异在完工产品和月末在产品之间的合理分配。由于有现成的定额成本资料，能比较合理、简便地解决完工产品与月末在产品之间的生产费用分配问题。

2. 定额法的缺陷

采用定额法计算产品成本必须制订定额成本，单独核算脱离定额差异，在条件发生变化时必须修订定额并且计算定额变动差异，而且这些差异需要在完工产品和在产品之间的分配，这些都会增加计算工作量。此外，采用定额法，企业必须具备较为健全的定额管理制度、比较定型的产品和比较准确而稳定的消耗定额；否则，定额法的应用就有一定难度，并且也无法很好地发挥加强对产品成本日常控制的作用。

【进一步学习指南】

生产特点和管理要求决定了成本计算的基本方法。为适应不同类型生产特点和管理要求，产生了以成本计算对象为主要标志的三种成本计算的基本方法：品种法、分批法和分步法。品种法是产品成本计算的最基本方法。

分类法和定额法是成本计算的辅助方法，它们是为了解决成本计算或成本管理工作中某一个方面的问题而采用的成本计算方法。

成本计算的基本方法和辅助方法，适用于不同特点的生产类型，或满足不同的管理要求。在实际工作中，需结合不同的生产特点和管理要求，并考虑到企业的规模和管理水平等具体条件，从实际出发加以选择某种成本计算方法或结合应用几种不同的成本计算方法。课程之余，可以选择一些公司中实际使用的成本计算方法进行深入分析。

【思考题】

1. 试述生产的类型。企业生产类型的特点和管理要求是如何决定成本计算方法的？
2. 什么是品种法？它有哪些特点？它适用于什么条件？
3. 品种法的成本计算程序如何？
4. 什么是分批法？它有哪些特点？它适用于什么条件？
5. 什么是简化的分批法？如何进行简化？它有哪些特点？
6. 什么是分步法？它有哪些特点？它适用于什么条件？
7. 什么是逐步结转分步法？试说明综合结转和分项结转的优缺点。
8. 什么是成本还原？企业为何要进行成本还原？如何进行成本还原？
9. 什么是平行结转分步法？它有何特点？它如何应用？
10. 平行结转分步法与逐步结转分步法有何不同？
11. 试述分类法的特点及其适用条件。
12. 采用分类法时，划分产品类别需要注意什么？
13. 什么是联产品？什么是副产品？两者有何区别和联系？两者成本计算有何特点？
14. 什么是等级产品？它有哪两种成本计算方法？它们分别适用什么条件？
15. 什么是定额成本法？它有什么特点？
16. 什么是脱离定额差异？为何要反映脱离定额差异？
17. 原材料脱离定额差异如何计算，具体核算方法有哪些？
18. 试述定额法的优缺点和使用条件。

【核算题】

1. 某企业设一个基本生产车间和一个辅助生产车间——供电车间。基本生产车间生产甲、乙两种产品，采用品种法计算产品成本。辅助生产车间的制造费用不通过"制造费用"科目核算。本月份生产车间发生的经济业务如下：

（1）基本生产车间本月甲、乙产品共同耗用的 A 材料 6 210 千克（按甲、乙产品的定额消耗量比例进行分配，甲产品的定额消耗量为 2 850 千克，乙产品的定额消耗量为 2 550 千克），A 材料单价 20元/千克；甲产品生产直接领用的 B 材料 5 700 千克，B 材料单价 7 元/千克；乙产品生产直接领用其他材料 5 100 元，车间一般消耗其他材料 9 200 元；辅助生产车间领用材料 420 元，管理部门耗用其他材料 1 300 元。

（2）结算本月应付职工工资，其中，基本生产车间的工人工资 15 500 元（按甲、乙产品耗用的生产工时比例分配，甲产品生产工时为 1 100 小时，乙产品生产工时为 450 小时），车间管理人员工资3 300元，辅助生产车间职工工资 1 200 元，管理部门员工工资 5 000 元，共计 25 000 元。

（3）企业按照工资总额的 14% 计提职工福利费，按工资总额的 6% 结转各项社会保险费。

（4）计提固定资产折旧费。基本生产车间本月初应计折旧固定资产原值 500 000 元，上月新增固定资产 30 000 元，辅助生产车间月初应计折旧固定资产原值 60 000 元，管理部门月初应计折旧固定资产折旧 160 000；月折旧率为 1%。

（5）企业本月外购电力 3 740 元，全部由辅助生产车间承担，此外，基本生产车间、辅助生产车间和管理部门发生的其他支出分别为 6 680 元、600 元和 5 600 元，均通过银行办理转账结算。

（6）供电车间本月提供电力 3 400 度，其中甲产品工艺用电 990 度，乙产品生产工艺用电 540 度，基本生产车间一般性耗电 1 380 度，管理部门耗电 490 度。各受益部门按实际耗用劳务数量承担辅助生产成本。

（7）基本生产车间的制造费用按生产工时比例在甲、乙产品之间进行分配。

（8）本月完工甲产品 500 件，月末在产品 200 件，投料程度和加工程度均为 50%；甲产品月初在产品成本为 15 890 元，其中，原材料费用 12 890 元，直接人工 1 200 元，制造费用 1 800 元。本月完工乙产品 800 件，月末在产品 250 件，原材料系生产开始一次性投入，加工程度 80%；乙产品月初在产品成本为 16 500 元，其中，原材料费用 15 000 元，直接人工 600 元，制造费用 900 元。

（9）甲产品采用约当产量比例法在完工产品和月末在产品之间分配生产费用，原材料系生产开始时一次投入。乙产品各月在产品数量变化不大，其月末在产品数量比较稳定，生产费用在完工产品与在产品之间的分配，采用在产品按年初固定成本计价法。

要求：

（1）分配各项要素费用并编制相关会计分录。

（2）分配辅助生产费用并编制相关会计分录。

（3）分配基本生产车间制造费用并编制相关会计分录。

（4）计算甲、乙产品成本，编制并完成相应的生产成本明细账。

（5）编制结转入库产成品成本的会计分录。

2. 某企业生产组织方式属于小批量生产，采用分批法计算成本。本月（5 月）有三批产品正在生产中：213# 甲产品、405# 乙产品、501# 丙产品。本月末各批产品累计生产费用资料和投入产出情况如表 4-56 所示。

表 4-56　产品生产费用合计和投入产出表

批号	品种	批量/台	直接材料/万元	直接人工/万元	制造费用/万元	完工情况
213	甲产品	10	610	17	37	全部完工
405	乙产品	5	420	23	55	未完工
501	丙产品	8	58	4	10	完工 1 台

501# 丙产品完工数量少，完工产品按计划成本结转。每台产品计划成本：原材料 7 万元，直接人工 0.8 万元，制造费用 2 万元。

要求：根据上列资料，采用分批法计算各批产品的完工产品成本和月末在产品成本。

3. 某企业生产组织方式属于小批量生产，采用简化分批法计算成本。本月（5 月）有三批产品正在生产中：213# 甲产品、405# 乙产品、501# 丙产品。本月末三批产品累计耗用直接材料 1 088 万元、直接人工 44 万元、制造费用 102 万元，累计总工时 16 000 小时。各批产品累计直接材料、生产工时以及投入产出情况如表 4-57 所示。

表 4-57　产品材料费用、生产工时合计和投入产出表

批号	品种	批量/台	直接材料/万元	生产工时/小时	直接人工/万元	制造费用/万元	完工情况
213	甲产品	10	610	6 000			全部完工
405	乙产品	5	420	8 500			未完工
501	丙产品	8	58	1 500			完工 1 台

丙产品完工产品与月末在产品的直接材料按数量比例分配，完工产品耗用工时 300 小时。

要求：

（1）根据上列资料，编制并完成基本生产成本二级账和各批产品成本明细账。

（2）计算累计间接费用分配率，分配间接费用。

（3）计算各批完工产品成本。

4. 某企业大量生产丁产品，顺序经过三车间的加工。原材料系加工一开始时投入，经一车间加工后直接送入二车间继续加工，二车间加工后直接送入三车间加工成产成品。各车间月初在产品成本和本月生产费用见生产成本明细账，产量资料（在产品的加工程度为 50%）和各车间生产费用如表 4-58、表 4-59 所示。

表 4-58　丁产品投入产出表

	一车间	二车间	三车间
月初在产品	100	200	200
本月投入	500	300	400
本月完工	300	400	350
月末在产品	300	100	250

表 4-59　各车间月初在产品成本和本月生产费用

车间	项目	直接材料	直接人工	制造费用	合计
一车间	月初在产品成本	12 500	600	400	13 500
	本月生产费用	62 500	4 800	3 200	70 500
二车间	月初在产品成本	29 000	600	800	30 400
	本月发生费用		2 100	2 800	
三车间	月初在产品成本	31 800	1 100	1 800	34 700
	本月发生费用		4 125	6 750	

要求：

（1）采用综合结转分步法计算丁产品的半成品和产成品成本，编制并完成各步骤生产成本明细账。

（2）进行成本还原。

5. 某企业大量生产丁产品，顺序经过三车间的加工。原材料系加工一开始时投入，经一车间加工后直接送入二车间继续加工，二车间加工后直接送入三车间加工成产成品。各车间月初在产品成本和本月生产费用见生产成本明细账，产量资料（在产品的加工程度为 50%）如表 4-58 所示，各车间生产费用如表 4-60 所示。

表 4-60　各车间月初在产品成本和本月生产费用

车间	项目	直接材料	直接人工	制造费用	合计
一车间	月初在产品成本	62 500	5 400	3 600	71 500
	本月生产费用	62 500	4 800	3 200	70 500
二车间	月初在产品成本		1 800	2 400	4 200
	本月发生费用		2 100	2 800	4 900
三车间	月初在产品成本		1 100	1 800	2 900
	本月发生费用		4 125	6 750	10 875

要求：

(1) 计算各步骤应计入产成品成本的"份额"及月末在产品成本，编制并完成各步骤生产成本明细账。

(2) 编制产品成本汇总表。

6. 某企业采用定额法计算戊产品成本。戊产品原材料的现行消耗定额是：3 月 31 日为 52 千克，4 月 1 日降为 50 千克，4 月 15 日又降为 49 千克；每千克材料的计划单位成本为 5 元。3 月 31 日甲产品有在产品 300 件，脱离定额差异为节约 1 000 元。4 月 1 日至 4 月 15 日投产 1 000 件，实际耗用材料 49 800 千克；4 月 16 日至 4 月 30 日投产 700 件，实际耗用材料 34 600 千克；4 月份材料的成本差异率为节约 1%。本月完工产品 1 500 件。原材料系生产开始一次投入，定额变动差异和脱离定额差异采用定额比例法进行分配，材料成本差异全部由完工产品承担。

要求：

(1) 计算本月完工产品和月末在产品的定额成本。

(2) 计算月初定额变动差异和月中定额变动差异并进行分配。

(3) 计算脱离定额差异并进行分配。

(4) 计算材料成本差异。

(5) 根据上述计算结果，完成甲产品生产成本明细账。

7. 某企业采用定额法计算戊产品成本。4 月有关戊产品原材料费用的资料如下：

(1) 月初在产品原材料定额成本为 7 200 元，月初在产品脱离定额的差异节约 200 元，月初在产品定额成本调整为降低 200 元。定额变动差异全部由完工产品承担。

(2) 本月定额成本为 73 000 元，本月脱离定额差异为节约 400 元。脱离定额差异按定额成本比例在完工产品和月末在产品之间分配。

(3) 本月材料成本差异率为超支 2%。材料成本差异全部由完工产品承担。

(4) 本月完工产品的定额费用为 60 000 元。

要求：

(1) 计算月末在产品的定额材料成本。

(2) 计算原材料脱离定额的差异并进行分配。

(3) 计算材料成本差异。

(4) 计算本月完工产品实际材料成本。

(5) 计算月末在产品实际材料成本。

第五章

其他行业成本核算的方法

【本章学习目标】

- 了解其他行业生产活动与成本核算的特点
- 掌握其他行业成本核算方法与制造业成本核算方法的异同
- 掌握施工企业、房地产开发企业等重点行业企业成本核算的方法

【案例】

买一块土地动辄几个亿，但万科成立20年，在大部分时间里，资产负债率一直控制在60%左右。在60%的压力面前，万科总结出一套迅速有效的土地评估流程和测算模型。万科集团的财务部会在每年年初计划当年购买土地的估计量。集团对当年项目开发成本就要有一个准确的预估。以三年为一个周期，到每年年初的时候，万科要求一线公司对每一个开发项目做明晰的预算，第二年和第三年的也要算。但地产行业的成本管理涉及置地、设计、施工、销售等很多环节，从投入到回款，单个项目的开发周期可能需持续两三年的时间，成本核算必须动态管理；而且，万科的跨地域开发和开发规模的扩张也使得成本构成更加复杂；万科为此与金蝶合作开发了"目标成本管理系统"。开发成本预估和动态跟踪管理等创新管理思路，为万科提高"资源利用效率"。

（资料来源：朱盈旭. 万科资金温度计.21世纪商业评论，2005，3：40，41）

第一节 旅游餐饮服务企业成本核算

旅游餐饮服务企业是第三产业的重要组成部分，包括旅游企业、餐饮企业和服务企业。旅游企业是凭借旅游资源，以旅游设施为条件，为满足游客吃、住、行、游、购、娱等生活需求，提供服务和商品的综合性服务企业；餐饮企业是利用一定的设施，通过职工的烹饪技术，将主、副原材料加工为菜肴或食品，同时提供消费设施、场所和服务，满足消费者的需要，直接为消费者服务的企业；服务企业是利用具有特殊设施的场

所和具有特殊技能的劳动,为满足消费者特殊需要而提供服务的企业。这三个行业往往是相互关联、不可分割的。

旅游餐饮服务企业是集生产、流通、服务三大职能于一体的综合性企业,其经营特点表现为以服务为中心,辅之以生产和流通,直接为消费者服务。因此,其产品生产和销售,同时具有制造业和商品流通企业的特点,又特别具备服务企业的性质,在会计核算上具有一定的特殊性。

一、旅游餐饮服务企业成本的内容

旅游餐饮服务企业的营业成本是企业在各项经营业务中发生的各种直接耗费。由于各类业务的经营特点各有不同,因而营业成本的构成内容也不相同。主要包括以下几个方面。

(一)材料成本

企业直接耗用的原材料、调料、配料、辅料、燃料等直接材料,包括饭店餐馆和餐饮部耗用的食品、饮料的原材料、调料、配料成本;餐馆、浴室耗用的燃料成本;饭店洗衣房、洗染店、照相馆、修理店耗用的原材料、辅料成本。

(二)旅行社的营业成本

旅行社代付的房费、餐费、交通费、文娱费、行李托运费、票务费、门票费、专业活动费、签证费、陪同费、劳务费、宣传费、保险费、机场费等。

(三)商品进价成本

商品进价成本分为国内购进商品进价成本和国外购进商品进价成本。国内商品进价成本是指购进商品原价。国外购进商品进价成本是指商品在购进中发生的实际成本,包括进价、进口环节的税金、调进外汇差价、支付委托外贸部门代理进口的手续费等。

(四)汽车成本

旅游餐饮服务企业车辆在服务营运过程中所发生的直接费用,即出租汽车经营中所产生的实际成本,包括司机工资、燃料费、材料费、轮胎费、折旧费、维修费、养路费、低值易耗品摊销、制服费和其他直接费用等。

(五)其他成本

不能计入以上内容的其他营业项目所支付的直接成本。

需要注意的是,在旅游餐饮服务企业的成本核算中,并不像制造业那样核算人工费用这种直接费用,也不将通常意义上的间接费用分配计入成本中。从理论上讲,直接从事生产和服务人员的薪酬应列为成本,存在一定对象的费用也应分配计入收益对象的成本中。但在旅游餐饮服务企业的成本核算中,都直接计入期间费用,从而直接计入当期损益,即将经营人员的薪酬计入销售费用,将管理人员的薪酬计入管理费用。

二、旅游餐饮服务企业成本核算的特点

(一) 成本核算内容方法多样

旅游服务企业经营的项目多，因而成本核算也有不同的内容和方法。经营项目有旅行社、客房、客车出租等服务业务，也有商品经销业务，还有餐饮生产服务性业务。对生产服务性业务，在成本费用核算上需要归集成本费用；对商品经营项目则需要核算经营成本；而对旅行社、客房服务则主要是核算销售费用和管理费用。

(二) 成本核算对象特殊

制造业企业为物质生产部门，成本核算的主要对象是生产制造过程。与制造业企业相比，旅游服务性企业，成本核算的主要对象是商品经销和各类服务过程。因此，旅游服务企业的营业成本和费用核算有其自身的特点。

(三) 成本核算方法相对简单

旅游服务企业的成本项目和费用主要是按营业成本和营业费用划分的。管理费用和财务费用作为当期费用单独核算，从每期的营业收入中直接扣除。

三、旅游餐饮服务企业成本核算

(一) 旅游企业的成本核算

旅游企业在核算营业成本时，应按综合服务收入，组团外联收入及零星收入、劳务收入、票务收入、其他收入等收入项目，在"营业成本"账户下设置相应的明细账户，账内按成本项目设置专栏。旅游企业发生的费用一般可以分为两大类：一是旅行社为接待旅游团体和个人所代收代付的费用，此项费用发生时就能明确成本核算对象，发生时直接计入营业成本；二是旅行社为接待旅游团体和个人所支付的费用，即旅行社自身经营活动中发生的各项费用，此项费用发生时由于难以明确成本计算对象，因此直接计入销售费用，作为期间费用处理。

(二) 餐饮企业的成本核算

餐饮企业的成本通过"营业成本"账户核算。"营业成本"按对应的营业收入明细项目设置明细账，各明细账内一般按"直接材料"、"已销商品进价成本"和"其他成本"等项目设专栏。费用发生时，记入"营业成本"的借方。餐饮企业有生产加工性质，存在产品加工生产的，需要核算原材料耗用成本。原材料耗用成本一般按领料制和非领料制两种方法进行核算。

1. 领料制的成本核算方法

饭店和大中型餐饮企业一般设有专门的原材料仓库和保管人员，采用领料制方法管理原材料收发结存业务。厨房和操作间领用原材料时，根据计划需要填写"领料单"，

并按规定办理好相关手续并到仓库领料。根据领料单或领料汇总表，借记"营业成本"账户，贷记"原材料"账户。月末，如厨房或操作间有部分实际并未耗用的原材料，则应按规定办理假退料手续，并通过相应账务处理将这部分成本从已经计入的营业成本中扣除，下月初再将假退料数额冲回。

2. 非领料制的成本核算方法

小型餐饮企业由于一般没有专门的原材料仓库和保管人员，领料时则可简化手续，日常对厨房、操作间等部门领用的原材料，只办理业务登记，不填制"领料单"，不做账务处理，月末在实地盘存制下通过实地盘点确定期末库存，从而倒挤出本月耗用材料的数量和金额，并进行相应的账务处理。

（三）服务企业的成本核算

服务企业的种类较多，提供劳务的方式和内容各不相同，有的需要消耗较多的原材料，有的需要进行实物加工，有的并不需要或很少需要消耗原材料。因此，应根据具体情况分别进行成本核算。服务企业发生的成本，通过"营业成本"账户核算。

需要消耗材料较多的服务企业，如修理企业，应根据修理企业接受加工收费情况不同，耗用的材料成本需要进行相应的调整。对于先修理后收费的企业，如有已经修好但客户尚未取走的物品，已发生了材料费用，但还没有取得营业收入，此时，应确认营业成本，同时将营业收入记入应收账款。对于已经收款，但月末还未修理的企业，一般可以将收到的钱记入预收账款，等修理过再进行收入成本的处理。

对于材料消耗较少或者没有的服务企业，可将计算出来的成本，直接记入"营业成本"账户即可。

第二节　施工企业成本核算

一、施工活动及其成本核算的特点

（一）施工活动的特点

施工企业是指从事建筑工程、安装工程和其他专业施工活动的工程施工单位，又称为建筑安装企业。由于施工企业从事的生产活动一般规模较大，工期较长，因此，与其他行业相比有其自身的特点。

1. 施工生产的流动性

每一建筑安装工程必须在建设单位固定的地点进行施工，由于建筑产品的固定性，决定施工企业生产活动具有较大的流动性，因为不同工种的工人要在同一施工对象不同岗位上进行轮流或流动施工。就施工企业整体而言，他们要在不同工地、不同地区的承包工程之间进行一定范围内的轮流或流动施工。

2. 施工生产的单件性

施工企业的产品都有其特定目的和专门用途，企业只能按照建设项目的不同设计要求进行施工生产。因此，每一建筑安装工程都有其独特的形式、结构和质量要求，施工时，需采用不同的施工方法和施工组织；即使采用相同的标准设计，但由于建造地点不同，也会受到地形、地区、水文等自然条件的影响，还会受到交通等社会条件的影响，为此，往往需要对设计图纸、施工方法和施工组织等作适当调整和改变，使得建筑安装工程极少完全相同。建筑安装产品的多样性，决定了施工企业生产的单件性。

3. 施工生产受到气候条件的影响

建筑安装工程大多在露天进行施工，施工机械设备的使用寿命除了受到使用磨损影响外，还受自然侵蚀的影响，因此，施工机械设备的折旧方法既考虑机械设备的实际使用时间，又考虑其预计使用时间。由于受气候条件影响，施工企业各月完成的工作量很难均衡，因此，在费用分配上往往不宜将当月发生的费用全部计入当月工程成本，而应采用按全年工作量平均分配的方法。

4. 施工生产周期较长

建筑安装工程一般规模都比较大，而且往往会受到各种气候条件的影响，因此，生产周期较长，往往需要跨年度施工。

（二）施工企业成本核算的特点

施工企业成本计算方法取决于施工企业的生产特点。

1. 以单位工程作为成本计算对象

由于建设单位一般按单位工程编制工程预算、制订工程成本计划以及结算工程价款，因此，施工企业一般将单位工程作为施工工程成本计算的对象。这样既可与建设单位制订的工程成本计划保持口径一致，便于工程成本的比较分析，又可以与建设单位的工程价款结算相吻合，也有利于施工企业正确地归集生产费用，从而保证施工企业利润计算的正确性。

如果一个单位工程是由几个专业施工单位分包施工的，则各个专业施工单位可按本单位工程完成的工作作为费用归集和成本计算的对象，而且各专业施工单位对成本计算对象的确定应该一致，以便确定该单位工程的总成本。

如果单位工程规模较大，工期较长，为了及时分析工程成本超支节约情况，加强工程成本的管理，也可将分部工程作为工程成本计算的对象。

如果单位工程规模较小，工期较短，在一个建设项目或单位工程中，有若干个单位工程的施工地点相同、结构类型相同、开竣工时期接近，或若干个预算造价较低的单位工程，为了简化工程成本计算，也可以将其合并为一个成本计算对象。

2. 按月定期计算工程成本

施工企业工程规模较大、施工周期长的特点，决定了施工企业很多项目需跨月跨年完工，企业为了能及时分析、考核本工程计划的完成情况并计算财务成果，有必要将已完成预算定额规定的一定组成部分的工程作为"完工工程"，视为"产成品"进行成本计算；对尚未达到预算定额规定的一定组成部分的工程作为"未完工程"视为"在产品"进行成本计算，而不能待某项工程全部完工后再计算该项目的成本。

　　3. 施工费用需在已完工程和未完工程之间进行分配

　　施工企业尽管是以单位工程作为成本计算对象，但其生产费用应按月归集和分配，如果月末某成本计算对象没有"完工工程"，则该成本计算对象所归集的生产费用即为"未完工程"成本；如果当月有"完工工程"，则应同时计算"完工工程"成本和"未完工程"成本；如果当月该成本计算对象的工程竣工，则不仅要计算当月"完工工程"成本，而且还应对竣工工程进行决算，计算出竣工工程的实际总成本。

　　由上可见，施工企业的成本计算方法应采用类似于工业企业的分批法。因为它的生产特点属于单件多步骤生产，而且多步骤既有连续又有平行，与生产相交织，很难分步骤计算成本，所以，比较适宜分批法。但施工企业的分批法又与制造业企业不同，施工企业常需要按月定期计算成本，而不是等一批产品完工才计算成本。

二、施工企业成本的内容

　　施工企业成本可以分为直接成本和间接成本两部分。

（一）直接成本

　　直接成本主要是指耗费的构成工程实体或有助于工程形成的各项支出，通常包括人工费、材料费、机械使用费和其他直接费用。

　　（1）人工费，指在施工过程中直接从事工程施工人员的工资、奖金、福利费、工资性津贴等支出。

　　（2）材料费，指在施工过程中耗用的构成工程实体或有助于形成工程实体的原材料、辅助材料、结构件、零配件、半成品的成本和周转材料的摊销及租赁费用等。

　　（3）机械使用费，指在施工过程中使用自有施工机械所发生的机械使用费、租用外单位施工机械支付的租赁费以及施工机械的安装、拆卸和进出场费。

　　（4）其他直接费用，指施工过程中发生的材料二次搬运费、生产工具和用具使用费、检验试验费、工程定位复测和场地清理费等。

（二）间接成本

　　间接成本是指企业下属各施工单位为组织和管理施工生产所发生的各种费用，包括施工单位管理人员薪酬、劳动保护费、固定资产折旧修理费、低值易耗品摊销、取暖费、水电办公费、财产保险费、差旅费、排污费、工程保修费和其他费用。

　　需要注意的是，在施工成本中不包括企业行政管理部门为组织和管理生产经营活动所发生的管理费用，也不包括企业为筹集生产经营所需资金而发生的财务费用以及企业为订立工程合同而发生的相关费用。

三、施工企业账户设置及成本核算程序

（一）施工企业成本核算账户的设置

1. "工程施工"账户

该账户核算施工过程中实际发生的合同成本和合同毛利。"工程施工"账户可按建造合同，分"合同成本"、"间接费用"和"合同毛利"进行明细核算。

企业进行施工时发生的人工费、材料费、机械使用费以及施工现场材料的二次搬运费、生产工具和用具使用费、检验试验费、临时设施折旧费等其他直接费用，借记"工程施工"（合同成本），贷记"应付职工薪酬"、"原材料"等科目。发生的施工、生产单位管理人员职工薪酬、固定资产折旧费、财产保险费、工程保修费、排污费等间接费用，借记"工程施工"（间接费用），贷记"累计折旧"、"银行存款"等科目。月末，将间接费用分配计入有关合同成本，借记"工程施工"（合同成本），贷记"工程施工"（间接费用）。

确认施工收入、费用时，借记"主营业务成本"科目，贷记"主营业务收入"科目，按其差额，借记或贷记"工程施工"（合同毛利）。

2. "工程结算"账户

该账户核算企业根据建造合同约定向业主办理结算的累计金额。企业向业主办理工程价款结算时，按应结算的金额，借记"应收账款"等账户，贷记"工程结算"账户。合同完工时，应将"工程结算"账户与相关工程施工合同的"工程施工"账户对冲，借记"工程结算"，贷记"工程施工"账户。

3. "机械作业"账户

"机械作业"账户是集合分配账户，用以核算企业及其内部独立核算的施工单位、机械站和运输队使用自有施工机械和运输设备进行机械作业所发生的各种费用。当发生机械作业费时，借记"机械作业"，贷记"原材料"、"应付职工薪酬"、"累计折旧"等账户；月末按一定标准分配转入承包工程的成本，借记"工程施工"账户，贷记"机械作业"账户。该账户按不同机械设备设置明细账。

4. "辅助生产"账户

该账户是成本计算账户。用以核算非独立核算的辅助生产部门提供产品和劳务所发生的各种费用。当发生各项辅助生产费用时，记入该账户的借方；月末将借方归集的费用按一定标准分配转入各受益对象时，记入该账户的贷方；期末余额在借方，表示辅助生产部门在产品的实际成本。该账户按各辅助生产部门设置明细账。

（二）施工企业成本核算程序

施工企业通常的成本核算程序，如图 5-1 所示。

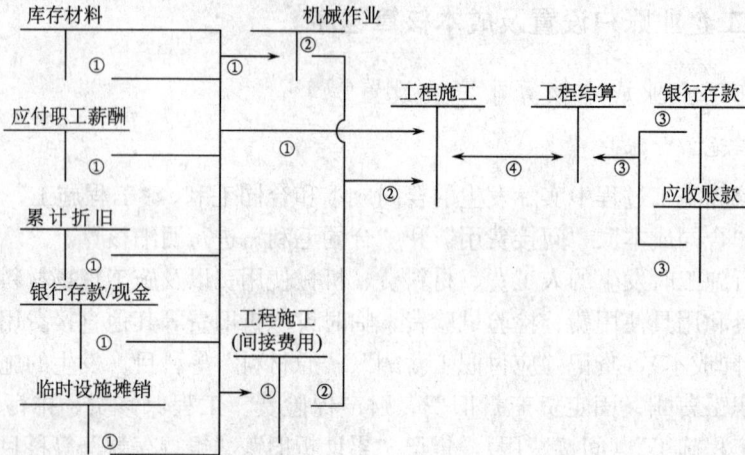

① 施工成本发生；② 施工成本归集；③ 进行工程结算；④ 合同完工对冲

图 5-1　施工企业成本计算程序

四、施工企业成本核算

（一）材料费用的分配

施工企业应于月末根据领料单、限额领料单、大堆材料耗用单，以及退料单、已领未用材料清单等编制材料费用分配表。对于大堆材料一般采用以存计耗制确定本月的实际耗用量，并按工程的定额耗用量比例分配，编制大堆材料耗用单。

（二）人工费用的分配

施工企业人工费用应按其不同的用途进行分配：直接从事施工的工人其人工费直接计入工程成本；机械设备操作员及设备管理员其人工费用先归集于机械作业成本中，月末随同机械作业成本的分配计入工程成本；施工单位管理人员其人工费应先记入"工程施工"（间接费用）账户的借方，月末随同间接费用分配计入工程成本。

月终施工企业应根据工资结算汇总表、施工工人工资费用分配表等有关凭证编制人工费用分配表。

（三）机械使用费的归集和分配

机械设备的运输费、安装费、拆卸费和辅助设施费用（如当月实际发生数额）较大时，可采用待摊或预提的方法，在现场施工期内每月平均负担。机械设备的折旧费，可采用平均年限法或工作量法（工作时数法）计算。

施工企业发生的机械使用费，应按机械类型分别归集到"机械作业"账户的借方；分配则可按各项工程的实际工作台数或完成工作量的比例进行。此外，为均衡各月工程成本负担的机械使用费，使工程成本不受季节施工等客观条件变化的影响，同时为了简化核算工作，施工企业还可以采用计划分配率进行分配。机械使用费采用的计划分配办法与工业企业制造费用采用年度计划分配率法的方法相同。

（四）其他直接费用的分配

根据发生其他直接费用的凭证直接计入"工程成本"账户的借方。对于几个工程项目共同耗用的其他直接费用，可按各项工程项目费用的预算比例，或定额耗用量比例进行分配，编制其他直接费用分配表。

（五）间接费用的归集和分配

间接费用应按发生地点进行归集，设"工程施工"（间接费用）账户进行核算。"间接费用"明细账户按施工单位分别进行归集和分配。间接费用发生时，应计入"间接费用"明细账的借方。月终间接费用应区别施工单位在各成本计算对象之间进行分配，一般按各项工程的人工费比例或直接成本的比例分配。

（六）竣工工程成本核算

作为成本计算对象的工程（一般为单位工程）全部完工后，称为竣工工程。单位工程完工后，为了反映工程预算的执行情况，分析工程成本升降的原因，并为同类工程积累成本资料，应对完工的单位工程进行竣工工程的成本决算。竣工工程成本决算表如表5-1所示。

表 5-1　竣工工程成本决算表

建设单位：××　　　　　　　　　　　　　　　　　建设面积：××

工程编号、名称：××　　　　　　　　　　　　　　开工日期：××

工程结构：××　　　　　　　　　　　　　　　　　竣工日期：××

	预算成本	实际成本	降低额	降低率
人工费				
材料费				
机械使用费				
其他直接费				
间接费用				
工程成本合计				
单位成本				

第三节　运输企业成本核算

运输企业是指运用交通运输工具及其设备等劳动工具，从事旅客和货物运输等活动的生产组织，它包括铁路、公路、航空、管道运输类企业。

一、运输活动及其成本核算的特点

运输企业由于其生产结果使劳动对象发生了变化——位移，所以也归属于物质生产部门。它是社会生产过程中的重要组成部分，是物质资料生产部门中的一个特殊行业，与其他物质生产部门相比具有如下特点：介于生产领域与流通领域之间，是生产领域在流通领域的继续和延伸；它无法明确划分生产阶段和销售阶段，生产的完成即销售的完成；无固定的生产场所，可以局限于一个地区，也可跨地区、跨管理局甚至跨国家之间，具有线长点多、流动分散的特点；不产生有形的物质产品，也不会使劳动对象发生物质形态的变化，其生产成果表现为所运输货物、旅客的位移及专项任务的完成，也不存在在产品。

运输企业成本具有一般物质生产部门的成本共性，也具有其成本核算的特殊性，主要表现在：

（1）成本计算对象具有多样性。运输企业的成本计算对象具体来说可以是运输企业生产的各类业务和构成各类业务的具体业务项目，也可以是运输工具，或者运输工具的运行情况，因而，成本计算对象具有多样性。

（2）成本构成特殊。运输企业成本主要是与使用运输工具有关的费用，如燃料、维护、折旧费用等，并无形成产品实体的原料及主要材料的支出。

（3）成本计算期一般比较固定。运输企业的成本计算期可定期也可以不定期，但由于其生产周期相对较短，期末没有或者很少有未完成的运输工作量，因而一般按月计算成本。

（4）成本计算采用复合计量单位。运输企业一般采用运送数量与运送距离相结合的复合计量单位。旅客的周转量通常用"人公里（海里）"复合单位计量；货物的周转量通常用"吨公里（海里）"复合单位计量。

二、运输企业成本的内容

运输企业在营运过程中发生的各种耗费可以划分为营运成本和期间费用两个部分。在计算营运成本时，只汇集和分配与营运生产直接有关的各项支出，而将管理费用、财务费用等与营运业务没有直接联系的支出作为期间费用，直接计入当期损益。

企业在营运过程中发生的与运输、装卸和其他业务相关的各项费用可计入营运成本，具体包括：

（1）直接材料费用。企业在营运过程中实际消耗的各种燃料、材料、油料、备品配件、轮胎、航空高价周转件、专用工器具、动力照明、低值易耗品等支出。

（2）直接人工费用。企业直接从事营运活动人员的工资、福利费、奖金、津贴、补贴等工资福利性支出。

（3）其他费用。企业在营运过程中实际发生的固定资产折旧费、修理费、租赁费、取暖费、水电费、办公房、保险费、设计制图费、试验检验费、劳动保护费、季节性修理期间的停工损失、事故净损失等。

除上述各种费用外，不同类型的运输企业还各自包括以下一些不同的费用：

（1）铁路运输企业。铁路线路灾害防治费、铁路线路绿化费、铁路护路护桥费、乘客紧急救护费等营运支出。

（2）公路运输企业。车辆牌照检验费、车辆清洗费、车辆预热费、公路养路费、公路运输管理费、过桥费、过路费、过渡费、过隧道费、司机途中住宿费、行车杂费等营运支出。

（3）水路运输企业。港务费、拖轮费、停泊费、代理费、理货费、开关舱费、扫舱费、洗舱费、烘舱费、翻舱费、转口费、倒栽费、空箱保管费、集装箱清洁费、破冰费、速遣费、航道养护费、水路运输保管费、船舶检验费、灯塔费、旅客接送费、航行国外及港澳地区船舶发生的吨税、过境税、运河费等营运支出。

（4）航空运输企业。乘客紧急救护费、熟练飞行训练费、客舱服务费、旅客餐宿供应品费、国内外起降服务费等营运支出。

三、运输企业账户设置及成本核算程序

（一）运输企业的账户设置

为了全面反映和监督运输企业的实际运营成本，需要设置如下账户。

（1）"运输支出"账户。该账户是费用账户，核算企业因运输作业而发生的一切费用。企业发生的各项运输支出，记入该账户的借方；因各种原因抵减的运输费用以及期末结转"本年利润"账户时，记入该账户的贷方。结转后该账户无余额。该账户下设置"客车运输支出"、"货车运输支出"等明细账户。

（2）"装卸支出"账户。该账户是费用账户，核算企业进行装卸作业而发生的一切费用。企业经营装卸业务发生的各项费用时，记入该账户的借方；期末结转"本年利润"账户时，记入该账户的贷方。结转后该账户无余额。

（3）"堆存支出"账户。该账户是费用账户，核算运输企业因经营仓库和堆场业务所发生的费用。企业经营堆存业务所发生的各项费用，记入该账户的借方；期末应将本账户余额转入"本年利润"账户，结转后无余额。

（4）"代理业务支出"账户。该账户是费用账户，用来核算企业经营代理业务发生的各项费用。企业经营代理业务发生各项费用时，记入该账户的借方；期末结转"本年利润"账户时，记入该账户的贷方。结转后该账户无余额。

（5）"港务管理支出"账户。该账户是费用账户，用来核算海、河港口企业所发生的各项港务管理支出。发生各种港务管理支出时，记入本账户的借方；期末结转"本年利润"账户时，记入该账户的贷方。结转后该账户无余额。

（6）"其他业务支出"账户。该账户用来核算企业除营运业务以外的其他业务所发生的各项支出，包括相关的成本、费用等。企业经营其他业务所发生的各项支出，记入该账户的借方，期末结转"本年利润"账户时，记入该账户的贷方。结转后该账户无余额。

（7）"辅助营运费用"账户。该账户是成本计算账户，用来核算车辆、装卸作业以外的其他各种业务发生的一切费用。企业发生辅助营运费用时，记入该账户借方；期末

按规定的标准分配到各项业务支出时，记入该账户的贷方，期末余额在借方，表示尚未完工的辅助营运成本。

（8）"营运间接费用"账户。该账户是成本计算账户，用来核算企业营运过程中发生的不能直接计入成本核算对象的各种间接费用（不包括企业管理部门的管理费用）。发生营运间接费用时，记入该账户借方；期末按规定的标准分配到各项业务支出时，记入该账户的贷方。分配后该账户无余额。

（9）"船舶固定费用"账户。该账户用于核算计算航次成本的海洋运输企业为保持船舶适航状态所发生的费用。海洋运输船舶的航次运行费用，发生时直接记入"运输支出"账户，不通过本账户核算。发生船舶固定费用时，记入该账户的借方；按照规定的标准分配由航次成本负担的船舶固定费用时，记入该账户的贷方。

（10）"船舶维护费用"账户。该账户核算有封冰、枯水等非通航期的内河运输企业所发生的应由通航期负担的船舶维护费用。发生船舶维护费用时，记入该账户的借方，按规定的标准分配时，记入该账户的贷方。

（11）"集装箱固定费用"账户。该账户用于核算运输企业发生的集装箱固定费用，包括集装箱的保管费、折旧费、修理费、保险费、租赁费、底盘车费以及其他费用。费用发生时，记入该账户的借方，月末按照规定的分配由单船或航次成本负担的固定费用时，记入该账户的贷方。

（二）运输企业成本核算程序

1. 按各成本计算对象设置相关的明细账户

不同类型的运输企业在营运业务过程中，按各类业务或业务项目设置相关成本计算对象，同时为计算各相关业务的营运成本设置明细账户，如运输业务成本是在"运输支出"账户下设"客车运输支出"、"货车运输支出"明细账户，或者也可以按车型设置明细账户。

2. 归集费用并计算各类业务成本

当期发生的各项与营运过程直接相关的费用直接记入"运输支出"、"装卸支出"、"堆存支出"、"代理业务支出"、"港务业务支出"账户及其各成本计算对象的明细账户；发生的各项营运间接费用、辅助营运费用则分别记入"营运间接费用"、"辅助营运费用"账户，期末再按照各营运业务的直接费用分配入相关的业务成本，如运输业务、装卸业务、堆存业务、代理业务及港务管理业务等。

3. 月末计算各类运输业务的总成本和单位成本

运输企业的各成本计算对象及明细账户记录的金额为各类运输业务的总成本，在此基础上结合运输周转量计算单位成本。同时，运输企业将各类业务的营运成本转入"本年利润"账户。

四、运输企业成本核算

在运输业各行业中，最具代表性的当属汽车运输，因此，本节主要以汽车运输业为例，说明运输企业的成本核算。

（一）汽车运输企业成本计算特点

1. 汽车运输企业成本计算对象

汽车运输成本计算对象是客车和货车的运输业务，即以客车和货车为主体，计算客车或货车完成运输周转量的总成本和单位成本。由于汽车运输企业主要是用客车和货车运输旅客和货物，完成运输任务，所以在运输过程中所消耗的各种运输费用，大部分是以车辆为对象而消耗的。但是，在同一运行中，往往货车载有少数的旅客，或者客车载有少量的货物，很难将客车和货车的总消耗划分为客运、货运各自的消耗。因此，在汽车运输企业的营运过程中发生的各项营运费用不是按旅客运输或货物运输归集，而是按客车运输或货车运输分别汇集，计算客车和货车的分类运输成本。

2. 汽车运输成本的计算单位

客车运输成本是以人公里、货车运输成本是以吨公里为成本计算单位的。

3. 汽车运输成本中含有空驶费用

汽车运输的费用，取决于运行距离的长短，而不是取决于完成人公里、吨公里的多少。在运输过程中，必然会发生空驶，在这种情况下，并不产生生产结果，而空驶所发生的费用要由完成的生产成果人公里、吨公里来承担。因此，从降低成本水平的角度来看，运行过程中一定要尽量减少空驶，提高车辆利用率。

4. 汽车运输成本项目及其内容

（1）车辆费用，是指汽车运输企业营运车辆（汽车和挂车）从事运输生产所发生的各项费用。主要包括：按规定支付给营运车辆司机和助手（包括随车乘务员）的工资、津贴和按规定计算的各种奖金；按规定的工资总额和提取标准计提的职工福利费，以及由企业负担的各类职工保险费、住房公积金等；营运车辆运行所耗用的各种燃料；营运车辆耗用的外胎、内胎、垫带、轮胎翻修费用和修补费；营运车辆进行各级维修所发生的各种费用；营运车辆按规定计提的折旧费；以及车船使用税、运输管理费、行车事故损失及车辆在营运过程中发生的行车杂费支出等其他费用。

（2）间接营运费用，指运输企业的下属分公司、车队、车场、车站的管理费用。

（二）汽车运输企业成本计算

1. 汽车运输企业发生的各项直接费用的归集与分配

期初运输企业发生的各项直接费用应根据"职工薪酬分配汇总表"、"燃料分配汇总表"、"折旧分配汇总表"等直接或者分配记入"运输支出"账户。

2. 营运间接费用的归集与分配

企业发生的营运间接费用要按一定的标准分摊给运输业务、装卸业务、辅助生产业务，分配标准一般为各类业务的直接费用，其中营运直接费用包括车辆直接费用、装卸直接费用和辅助生产营运费用。

3. 汽车运输单位成本的计算

$$客车运输单位成本 = \frac{客车总成本}{客车周转量}$$

$$货车运输单位成本 = \frac{货车总成本}{货车周转量}$$

$$客货车综合单位成本 = \frac{客货车总成本}{客货车换算量}$$

第四节 房地产开发企业成本核算

一、房地产开发活动及其成本核算的特点

房地产开发企业是从事房地产开发和经营的企业，其主要业务包括土地开发和经营、房屋开发和经营、城市基础设施和公共配套设施开发以及代建工程开发等。

（一）房地产开发活动的特点

与其他行业相比，房地产业的开发经营活动具有以下显著特点。主要表现在：

（1）开发产品的商品性。房地产开发企业的各种产品，无论是建设场地，还是房屋建筑物，均可作为商品进入流通领域，参与市场竞争，按照供需双方的合同价格、市场价格或双方议定的价格转让或销售。

（2）经营业务的复杂性。房地产开发企业从事的业务，除了商品房本身的建设，还要承担相关的市政、公用、动力、通信等基础设施和公共配套设施的开发建设。其经营业务非常复杂，具有多样性。

（3）经营结算关系的广泛性。在开发过程中，涉及经济往来的结算关系极为复杂，既有委托建房单位、建筑产品购买单位，又有勘测设计单位、施工单位等。企业与众多对象发生的经济往来活动贯穿开发经营全过程。

（4）生产周期的长期性。房地产开发项目的生产周期都较长，一般要跨年度生产，甚至跨好几个年度才能完成。

（二）房地产开发企业成本核算的特点

房地产开发企业的生产经营特点，决定了其成本核算的特点。

1. 成本计算对象

房地产开发企业的成本计算对象是指房地产开发和经营活动中所耗费用的承担者，应根据开发项目的地点、用途、结构、装修、层高、施工队伍等因素，按以下原则确定：

（1）一般开发项目，以每一独立编制设计概（预）算，或每一独立的施工图预算所列的单项开发工程为成本计算对象，以利于分析工程概（预）算和施工合同的完成

情况。

（2）对同一施工地点，同一结构类型、开竣工时间接近的各个单项工程，可合并为一个成本计算对象，以简化核算手续。

（3）对规模较大、工期较长的开发项目，可以结合经济责任制的需要，按开发项目的一定区域或部分，划分为若干个分部开发项目，然后以若干个分部开发项目作为成本计算对象。

2. 成本计算期

开发产品的成本计算期，一般以开发产品的开发周期为准，以便计算出整个开发项目从开发建设直到竣工验收所发生的一切耗费，以利于同开发项目的设计概（预）算和施工合同相对比，考核其开发成果。

3. 开发产品在成本中预提公共配套设施费用的处理

一个住宅小区的开发建设，通常需要若干年的时间。房地产开发企业在开发进度安排上，一般是先建住宅，后建配套设施。所以，往往是住宅已经建成而配套设施尚未投入使用，或者是住宅已经销售，而道路、绿化等配套设施工程尚未完工。这种开发产品与配套设施建设的时间差，使得那些已具有使用条件并已出售的开发产品应负担的配套设施建设费用无法按照配套设施的实际建设成本进行分摊和核算。为此，房地产开发企业一般只能以未完配套设施概（预）算为基础，计算出已出售产品应负担的数额，并以预提方式计入所出售住宅的开发成本，待小区正式竣工结算时，再调整预提数。

二、房地产开发企业成本的内容

房地产开发企业的开发产品主要是地产和房产，在产品的开发过程中，要发生征地费、建筑安装费、广告宣传费、利息支出等许多费用。这些费用中，有的作为直接开发费用，可以直接计入开发产品成本；有的作为间接开发费用，需要采用合理方法分配计入开发产品成本；而有的只能作为期间费用，直接计入当期损益。可计入开发成本的费用主要有以下几项：

（1）土地征用及拆迁补偿费。房地产开发企业按照城市建设总体规划进行土地开发而发生的各项费用，包括土地征用费、耗用占用费、劳动力安置费以及有关地上、地下附着物拆迁补偿的净支出（即扣除拆迁旧建筑物回收的残值收入）和安置动迁用房支出等。

（2）前期工程费。开发项目在前期工程阶段发生的各项费用，包括规划、设计、项目可行性研究、水文、地质、勘察、测绘、"三通一平"等支出。

（3）建筑安装费。开发过程中发生的各种建筑工程费用，包括企业以出包方式支付给承包单位的建筑安装工程费和以自营方式发生的各种建筑安装工程费。

（4）基础设施费。开发项目在开发过程中发生的各项基础性设施支出，包括开发小区内道路、供水、供电、供气、排污、排洪、通信、照明、环卫、绿化等工程建设发生的支出。

（5）公共配套设施费。非营利性的开发小区内公共配套设施支出，包括居委会、派出所、幼儿园、消防、水塔、公共厕所等设施支出。

（6）开发间接费用。企业在开发现场组织、管理开发项目所发生的工资、奖金、津贴、折旧费、修理费、办公费、水电费、劳动保护费、周转房摊销等。

（7）其他开发费用。除上述费用以外，其他应计入开发产品成本的支出，比如符合资本化条件的借款费用等。

三、房地产开发企业账户设置及成本核算程序

房地产开发企业开发项目时并非亲自进行施工建设，而是承包给施工企业完成，因此开发产品成本的主要资料可以由工程结算价款资料直接获得，在此基础上进行的成本核算就相对简单了。当然，对于自营开发工程成本的核算不属于这种情况，可以参照施工企业成本核算的方法进行。

（一）房地产开发企业账户设置

为了归集和分配各项开发费用，正确计算各开发项目的实际成本，房地产开发企业一般应设置"开发成本"和"开发间接费用"两个账户进行核算。

（1）"开发成本"账户。用来核算房地产开发企业在土地、房屋、配套设施和代建工程的开发过程中所发生的各项费用。该账户借方登记开发过程中发生的各项费用，贷方登记开发完成已竣工验收的开发产品的实际成本。该账户下应按开发成本的种类，如"土地开发成本"、"房屋开发成本"、"配套设施开发"、"代建工程开发"等设置明细账户，并按成本项目设置专栏。

（2）"开发间接费用"账户。核算房地产开发企业内部独立核算单位为开发产品而发生的各项间接费用，包括工资、福利费、折旧费、修理费、办公费、水电费等。该账户借方登记费用发生，贷方登记分配计入开发成本的开发间接费用。月末该账户无余额。

（二）房地产开发企业成本核算程序

1. 确定成本核算对象

房地产开发企业为核算开发成本，必须首先确定成本核算对象。一般说来，应该按照工程预算单位确定，然后为各成本核算对象设置相应的"开发成本明细账"，按成本项目归集该核算对象发生的全部费用。

2. 归集开发费用

房地产企业在项目开发中发生的各项直接开发费用，直接记入"开发成本"总账和各明细分类账户；在开发中发生的各项间接费用，先归集到"开发间接费用"账户中，期末按一定的方法分配记入各开发成本账户。

3. 结转已完开发产品成本

工程费用经过一定方法归集分配之后，均已记入有关成本计算对象"开发成本"账户中。此时"开发成本"明细账的借方归集了该成本计算对象应负担的全部工程费用。

若该项工程全部完工，则此费用就是该项工程完工成本；若该项工程仍属未完工程，则此费用就是未完工程成本；若期末某项工程部分完工，另有部分未完工，则应用一定的方法，将费用在已完工程和未完工程之间进行合理的分配，借以确定已完工程实际成本。已完工程成本确定后，转入"开发产品"账户。

四、房地产开发企业成本核算

（一）土地开发成本的核算

土地开发是房地产开发企业的主要业务之一，其开发产品为建设场地。土地开发的目的主要有两个：一是为销售或有偿转让而开发土地，即商品性建设场地；二是直接为本企业兴建商品房和其他经营性用房而开发土地，即自用建设场地。

土地开发成本是企业在开发土地过程中所发生的各种费用。土地开发过程中发生的各项直接费用，如土地征用和拆迁补偿费、前期工程费、基础设施费等，直接计入土地开发成本；而开发过程中的各项间接费用，如开发现场机构发生的管理费、折旧费、办公费等，先通过"开发间接费用"归集，期末再按一定的分配标准分配计入土地开发成本。土地开发的各项直接费用加上应负担的间接费用，就是土地开发的实际成本。

（二）房屋开发成本的核算

房屋的开发和建设也是房地产开发企业的主要经济业务之一。房屋开发分为四个方面：一是为销售而开发商品房；二是为出租经营而开发经营房；三是为安置拆迁居民周转使用而开发周转房；四是受其他单位委托而开发建设代建房。尽管这些开发建设的目的不同，但其费用支出和建设开发的过程基本上是相同的。

企业在房屋开发过程中发生的土地征用及补偿费、前期工程费、基础设施费等，若能分清成本计算对象的，应直接计入有关房屋开发成本计算单的对应成本项目；发生时分不清成本计算对象，由两个或两个以上成本计算对象负担的费用，应先通过"开发成本——土地开发成本"账户进行归集，待土地开发完成并用于房屋的建设开发时，再采用一定的方法分配之后结转记入"开发成本——房屋开发成本"项目。房屋开发中发生的建筑安装费用，如采用出包方式的，一般以实际支付的工程款记入"开发成本——房屋开发成本"账户的"建筑安装工程费"成本项目；如采用自营方式的，以实际发生的建筑安装工程费记入。房屋开发项目应负担的开发间接费用，平时通过"开发间接费用"账户进行归集，月末分配结转到有关房屋开发成本计算单的对应成本项目。

第五节　农业企业成本核算

农业是国民经济的基础，是一个综合性的物质生产部门。农业企业通过生物的生长和繁殖来取得产品，一般包括种植业和养殖业两大类。种植业又包括农业和林业，养殖业又包括畜牧业和渔业。因此，广义的农业包括农、林、牧、渔各业生产。

一、农业活动及其成本核算的特点

（一）农业活动的特点

农业生产的对象是有生命的动植物，其最显著的特点是经济再生产过程与自然再生产过程紧密结合、相互交织在一起，从而形成了与制造企业有明显区别的特点：

（1）土地是农业生产的重要资料。在农业生产中，尽管土地无须计提折旧，但是土地需要开发和维护，这会发生一定的土地开发和使用费。因此，除了要计算农产品成本外，通常还要计算单位面积的收入和成本，以便反映土地的利用情况。

（2）农业生产周期长、季节性强、劳动时间和生产时间不一致。由于农业生产以有生命的动植物为对象，动植物都有其自然生长的过程，同时，又需要人们的劳动帮助其生长，所以农业生产中的劳动时间和生产时间是不一致的。

（3）部分劳动对象和劳动资料可以互相转化。农业生产中，部分农产品可以作为生产资料重新投入生产，如将收获的小麦、水稻等粮食的一部分，作为种子留用供下期播种用，成为再生产的劳动资料。

（二）农业成本核算的特点

农业企业经营的特点和成本管理的要求，决定了其成本核算的特点，主要表现在以下三个方面。

1. 以主要产品为成本计算对象

农业企业一般本着"区别主次、突出重点、主要从细、次要从简"的原则，对农、林、牧、渔各业的主要产品，以产品为成本计算对象，单独核算其成本；对于次要产品，以产品类别为成本计算对象，分业合并核算其成本。如果有的产品需要按批次计算生产成本，也可以产品批别为成本计算对象；有的需要按生产步骤计算生产成本，也可以生产步骤为成本计算对象。

2. 各种产品的成本计算期受自然再生产过程的制约

由于农、林、牧、渔业的生产都受各自生产周期的影响，各种产品的收获时间是不同的，因而成本计算期也不可能完全一致，受到自然再生产过程的制约。对于经常有产成品产出的农业企业，应按月计算产品成本；对于一年只收获一次或几次的产品，应在产品收获月份计算产品的实际成本。

3. 不同产品有不同的在产品计价问题

农业组织的各种产品由于生长周期不同，它们的成本计算期也不相同。当成本计算期与生产周期一致时，就不需要将生产费用在产成品与在产品之间进行分配。例如，大田作物的产品生产计算期一般与产品的生产周期一致，则在产品收获月份计算产品生产成本。当成本计算期是定期的且与生产周期不一致时，就需要将生产费用在产成品和在产品之间进行分配。

二、农业企业成本的内容

农业企业生产成本是指农业企业为生产产品和提供劳务所发生的各项生产费用，主要包括产品所耗费的种子、饲料、燃料、生产工人工资、农机具的折旧以及因管理生产和为生产服务而发生的各种费用。按费用计入产品成本的方法，可以分为直接成本和间接成本。

（一）直接成本

直接成本是指农业企业为生产产品所发生的能直接计入有关成本计算对象的各项成本，主要包括直接材料、直接人工和其他直接支出。

（1）直接材料。农业企业在生产经营过程中实际消耗的原材料、农用材料、辅助材料、种苗、种子、饲料、肥料、备品配件、外购半成品、燃料、动力以及其他直接材料。

（2）直接人工。农业企业直接从事生产经营人员的工资、奖金、津贴、补贴及其他形式的职工薪酬。

（3）其他直接支出。这是指不属于以上各项的直接成本，包括直接从事生产经营的机械作业费、灌溉费、禽畜医药费、禽畜折旧费等。

（二）间接成本

间接成本是指农业企业的各个生产经营单位（如生产队、车间）为组织和管理生产所发生的各项费用。间接成本包括生产单位管理人员薪酬、生产单位的折旧费、租赁费、修理费、机物料消耗、低值易耗品摊销、取暖费、办公费、水电费、运输费、保险费、差旅费、劳动保护费、设计制图费、试验检验费以及其他间接费用。

三、农业企业的账户设置

农业企业的成本核算方法与制造业企业差不多，产品成本设置直接材料、直接人工、制造费用三个成本项目。凡是直接成本可以直接记入"农业生产成本"账户，间接成本需要先记入"制造费用"账户，然后按一定标准分配，计入各农业生产成本明细账。

四、农业企业成本核算

（一）种植业成本核算

种植业是从事农作物栽培而获得各种农作物产品的物质生产部门。种植业包括粮食作物、经济作物、饲料作物、蔬菜作物等农业生产，以及橡胶、果树、茶树等林业生产。

根据农作物产品的生产特点和成本管理方面的要求，小麦、水稻、大豆、玉米、棉花、糖料、烟叶等主要农作物产品，应以其产品的品种作为成本计算对象，单独核算其产品生产成本；其他农作物产品可以产品类别作为成本计算对象，合并核算其产品生产成本。

种植业产品生产具有季节性强、生产周期长、经济再生产与自然再生产相交织的特点，因此，其成本计算期应与生产周期一致，在产品产出的月份计算成本。种植业发生的各种费用通过"农业生产成本"账户核算，为了便于归集种植业产品的生产成本，可在"农业生产成本"账户下设置"种植业生产成本"二级账户，并按成本计算对象设置明细账。明细账中一般设置直接材料、直接人工、制造费用三个成本项目。

种植业生产中耗用的农用材料、职工薪酬及其他直接费用，直接记入"农业生产成本"账户。发生的间接费用，先在"制造费用"中归集，期末再按一定的标准分配记入"农业生产成本"账户。

1. 当年生大田作物的成本核算

当年生大田作物是指生长期不超过一年的农作物，一般是当年播种、当年收获。对于当年生大田作物需要计算其生产总成本、单位面积成本和单位产量成本。计算方法一般采用品种法，以主要产品品种为成本计算对象，并按其设置生产成本明细账户，归集各项目生产费用，但是产品生产成本的计算要在产品产出月份进行，成本计算期与生产周期相一致。

大田作物的生产总成本，就是该种大田作物在生产过程中发生的生产费用总额，应当按其在收获前发生的材料费、人工费、其他直接费和应分摊的间接费用来确定。

大田作物的单位面积成本，是指种植某大田农作物平均每单位播种面积所支出的成本。

大田作物的单位产量成本，是指种植某大田农作物平均每单位产量所支出的成本。

大田作物完成生产过程后，一般可以产出主产品和副产品两类产品。主产品是生产的主要目的，如小麦、水稻等；副产品不是生产的主要目的，而是在生产过程中随着主产品附带获得的产品，如麦秸、稻草等。由于主产品和副产品是同一个生产过程的结果，其各种费用是联系在一起的，必须将费用在主产品和副产品之间进行分配，以分别确定其成本。分配方法参见前面制造业企业副产品成本的计算。

2. 多年生作物的成本核算

多年生作物是指人参、甘蔗、剑麻、啤酒花等作物，其特点是生产周期较长。多年生作物又可以分为一次收获和多次收获两种情况。

一次收获的多年生作物，如人参等，是连续培育几年，一次收获产品。应按生长期内各年累计的生产费用计算成本，其成本计算方法可以采用品种法或分批法，生产期内各年累计的生产费用即为总成本。总成本扣除副产品成本，即为农作物主产品成本。一次收获的主产品成本计算公式如下：

$$\text{一次性收获的多年生作物主产品成本} = \text{往年费用} + \text{本年截止收获月份累计费用} - \text{副产品成本}$$

多次收获的多年生作物，如甘蔗、剑麻、胡椒等，是年年培育，年年获得产品，在未提供产品以前费用的情况下，视同长期待摊费用处理。投产后按计划总产量与每年产量的比例，摊入投产后各年产出产品的成本。投产后各年发生的生产费用，由当年产出的产品负担，其成本计算方法亦可采用分批法或品种法。多次收获的主产品成本计算公式如下：

多次收获的多年生作物主产品成本＝往年费用本年摊销额＋本年费用－副产品成本

3. 蔬菜的成本核算

按照栽培方式，蔬菜有露天栽培和保护地栽培两种情况。

对大宗的和主要的露天栽培蔬菜，应按每种蔬菜设置明细账户，单独核算每种蔬菜的生产成本，其费用归集、成本计算指标和计算方法与大田作物相同。对于小量的和次要的露天栽培蔬菜，可采用分类法计算其生产成本，即按蔬菜类别设置明细账户，先计算每类蔬菜的总成本，再采用一定的方法计算类内每种蔬菜的总成本和单位产量成本。

保护地栽培蔬菜，是利用温床和温室进行蔬菜栽培，一般是先用温床育苗，然后移栽至温室。这样，蔬菜作物的总成本，包括直接计入蔬菜成本的费用、需要分配的温床和温室费用、其他间接费用。其中，直接计入蔬菜生产成本的费用，是指耗用的种子、肥料、农药、生产人员薪酬等；需要分配的温床和温室费用，是指温床、温室的发热材料费、燃料费、供水费、管理温床和温室的折旧修理费等；其他间接费用是指保护地栽培蔬菜应负担的制造费用等。温床和温室的费用，如果能明确划分某种蔬菜费用的，就直接计入某种蔬菜的成本；不能明确划分的，应按照各种蔬菜占用的温床格日数或室温平方米日数，分配计入各种蔬菜的生产成本。

（二）养殖业成本核算

养殖业也是农业企业的一个重要部分，包括养猪、养牛、养禽等畜牧业生产以及水生动物和植物的育苗、养殖等渔业生产。下面就以畜牧业为例说明养殖业的成本核算方法。

畜牧业生产成本计算对象是由畜牧业采用分群核算制还是混群核算制决定的。按照现行制度要求，凡有条件的畜牧业生产单位，原则上都要实行分群饲养管理、分群核算成本；条件不具备的可按禽畜类别，混群饲养管理、混群核算成本。所谓分群核算制，是将各种禽畜按照其畜龄不同划分为若干群别，分别不同禽畜的不同群别作为成本计算对象，按群别设置畜牧业生产明细账，归集生产费用，采用分步法计算各群别产品的生产总成本及单位成本。所谓混群核算制，是直接以各种禽畜种类作为成本计算对象，畜牧业生产明细账按禽畜种类设置，采用品种法计算各种禽畜产品的生产成本及单位成本。

畜牧业生产发生的各项生产费用在"农业生产成本"账户核算、为了便于归集畜牧业及各个成本计算对象的各项费用，计算畜牧业产品的生产成本，可在"农业生产成本"账户下设置"畜牧业生产成本"二级账户，并按成本计算对象设置明细账户。明细账内按直接材料、直接人工、制造费用等项目设置专栏。发生或通过分配转来的各项费用，记入"农业生产成本——畜牧业生产成本"账户及其所属有关明细账户的借方。成本明细账的格式与种植业生产成本核算要求相同。

如果按照畜牧业生产过程的不同阶段划分群别，采用分步法计算生产成本，则畜牧群别的划分要以饲料管理的要求为基础，同时考虑简化核算工作的需要。

【进一步学习指南】

无论是旅游餐饮服务企业、施工企业、运输企业，还是房地产开发企业和农业企业其生产经营均具有非常鲜明的行业特点，其成本核算对象、核算方法也与制造业企业有所区别。

实际上，本章只是针对各行业的生产经营特点，对其成本核算方法进行了简要论述，并未深入分析。同学们可以在课余选择自己感兴趣的行业，对其成本核算对象、流程、方法进行详细研讨。

【思考题】

1. 旅游餐饮服务业成本核算有何特点？
2. 施工企业成本由哪些内容构成？
3. 施工企业生产活动和成本核算方法有何特殊性？
4. 运输企业成本由哪些内容构成？
5. 运输企业生产活动和成本核算方法有何特殊性？
6. 房地产开发企业成本由哪些内容构成？
7. 房地产开发企业生产活动和成本核算方法有何特殊性？
8. 农业企业成本由哪些内容构成？
9. 农业企业生产活动和成本核算方法有何特殊性？

【讨论题】

物流行业作为我国的一个新兴行业，其发展方兴未艾。目前对于物流行业的成本核算主要有以下四种方法：

（1）把对外提供物流服务看成是一种无形产品，把相关物流功能整合成的合同服务看作是企业的一个生产品种，以此作为成本计算对象，采用生产企业常用的品种法将各成本项目细分为直接材料、直接人工、间接费用，而营业费用、管理费用作为期间费用。

（2）沿用交通运输企业成本核算方法，以业务划分成本计算对象，如货运业务、装卸业务；或以营运工具划分成本计算对象，如货柜车、散货车、空调车；或以运输路线来划分成本计算对象，并把成本费用构成细分为运输营运成本、仓储成本、管理费用，运输营运成本与仓储成本的简单累加就构成该类企业的物流成本。

（3）为生产企业和大型超市从事物料、商品的配送的交通运输企业通常采用的办法是以上年的实际营运情况，制定一个参照基准费率（上年成本费用总额/上年配送总金额），再根据配送物品具体特征、客户重要性程度、客户的需要等具体情况在基准费率基础上制定浮动费率。业务部门与客户定价基础就是浮动费率加目标利润率。基准费率加上浮动费率就是成本。

（4）倒扣法，即从收入中扣除一定百分比的利润，剩余部分被作为成本，在每个会计期间与收入配比。

请搜集物流行业相关资料，分析其经营特点，对上述四种成本核算方法进行评价，并为物流企业设计理想的成本核算体系。

第三篇
控 制 篇

第六章

成本预测

【本章学习目标】

- 理解成本预测的概念、程序和意义
- 熟悉成本预测的方法及其应用

【案例】

开发利用新能源是许多国家能源战略的重要组成部分。去年全球金融危机以来，新能源再次成为我国政府扶持的重点，而风力发电是未来重点发展的新能源产业之一。但十多年前建成的浙江省鹤顶山和括苍山风电场的上网电价高达 1.20 元/度，而 2009 年 8 月 1 日国家发展和改革委员会发改价格〔2009〕1906 号文明确了 I ~ IV 资源区域标杆上网电价最高为 0.61 元/度。风电电价是否能达到上网要求？

神华集团总经理助理、国华能源投资有限公司董事长解建宁等按照项目国民经济评价方法建立风力发电度电成本预测模型，预测了 2009 年、2015 年 和 2020 年三个年度的度电成本，进而用内插法估计计算出其他年度的度电成本，并绘制了 2009~2020 年风力发电度电成本预测曲线，发现未来度电成本呈明显下降趋势。而随着全球能源消耗逐步增加，化石能源供不应求的形势更加严峻，未来五年内火力发电成本必将延续近年来上涨的趋势。因此，预计 2015 年风电将具备同火力发电上网竞争的实力。

（资料来源：解建宁，高辉，韩仁德．我国风力发电度电成本的分析与预测研究，神华科技，2009，5：39-72）

第一节　成本预测概述

一、成本预测的概念

预测，是人们根据已知信息，运用科学的方法来预计、推测事物未来发展趋势和可能结果的一种分析行为。一项有用的预测应具备两个特点：一是能减少有关问题的不确定因素，达到一定的目的；二是根据预测所作出的决策能带来比预测所花的费用获得更大的收益。预测的理论依据是被研究对象的发展趋势具有一定的规律性，只要人们能够认识和掌握这种规律性，就可以事先对研究对象在未来的发展变化进行科学的估计。

将预测的理论与方法运用于成本管理领域，就是成本预测，它是在科学的理论指导下，根据成本特性和大量的经济信息资料，分析影响成本的各种因素及其程度，掌握成本的变化趋势与规律、选择恰当的预测方法，对成本的未来发展趋势或状况进行估计，为企业的决策、计划服务，以提高生产经营综合经济效益的一种会计预测。

二、成本预测的意义

成本预测是成本管理的重要环节。认真做好成本预测工作，对于促进企业加强经济核算、改善经营管理、降低产品成本、提高经济效益，都具有十分重要的意义。

(1) 成本预测是进行成本决策和编制成本计划的依据。通过成本预测，掌握未来的成本水平及其变动趋势，有助于把未知因素转化为已知因素，帮助管理者提高自觉性，减少盲目性；对生产经营活动中可能出现的有利与不利情况作出全面和系统的分析，还可避免成本决策的片面性和局限性。成本预测的过程，同时也是为成本计划提供系统的客观资料的过程，有了科学的成本决策，可以使成本计划建立在客观实际的基础之上。

(2) 成本预测是降低产品成本的重要措施。企业在做好市场预测、利润预测之后，能否提高经济效益以及提高多少，完全取决于成本降低多少。为了降低成本，必须根据企业实际情况组织全面预测，寻找方向和途径，并由此力求实现预期的奋斗目标，降低产品成本。

(3) 成本预测是增强企业竞争力和提高企业经济效益的主要手段。伴随着社会主义市场经济的进一步发展，企业的成本管理工作也在不断提高。单靠事后的计算分析已经远远不能适应客观的需要。成本工作的重点必须相应地转到事前控制上。这一观念的形成将对促进企业合理地降低成本、提高经济效益具有非常重要的作用。

在进行成本预测时，应注意如下几点：

(1) 重视成本预测所花的费用与效益之间的关系。这一点是根本的。进行成本预测是为了能获取较高的经济效益；如果预测本身所花的代价要比可能获取的效益大，或者是两者相差无几，这样的预测就没有必要了。

(2) 确定成本预测的时间范围。成本预测可以是短期的（月、季、年），也可以是长期的（3 年、5 年、10 年）。月份、季度预测一般只是对成本的完成情况进行估计，不要求全面考虑降低成本的措施。长期预测，通常只是指出方向，不可能十分具体。只有年度预测不仅要预计完成情况，还要全面地考虑降低成本的各种措施。

(3) 正确认识成本预测的效果。成本预测具有假设性，效果再好的预测与实际发生的结果也不可能是完全相符的。因而，根据预测结果所作出的决策，必须留有余地；但也不能因此对预测丧失信心，要相信预测有助于提高决策的准确性。

(4) 注意预测结果具有可变性。客观条件变化时，预测本身也要不断修改。

第二节 成本预测的程序

一、确定预测目标

预测首先要有目标，才能有目的地收集资料，才能选择合适的方法。否则，预测效果往往不显著。成本预测的目标，就是根据企业的总目标，通过预测目标成本，即一定时期内需要努力达到的成本水平，寻求降低成本的途径。确定合理的成本目标是成本预测的第一步。

二、收集和分析成本预测资料

在建立成本预测目标的基础上，收集一切有关的预测资料。主要包括会计资料、市场调查等原始数据以及国家统计局公布的统计数据等。由于收集的各种资料通常内容庞杂，真伪并存，因此，还需对收集的各种资料进行分析加工，去粗取精，去伪存真。

三、选择预测方法

根据目标成本和现有资料，提出假设，设计不同的降低成本的方案，然后建立成本预测模型进行成本预测。预测模型是反映成本与各个因素或相关条件之间的数据依存关系的公式。但是，由于数学模型不可能包括全部影响预测对象变化的各种因素，因此，有时需要采用定性分析方法，对数学模型所作的预测结果进行修正，以使其结果更加接近实际，增加成本预测的准确性。

四、分析预测结果

由于所建立的模型和利用的资料是过去和现在情况的反映，模型本身又存在很多假定条件，而且在计算和推测过程中会产生一些误差，因而预测结果的假定程度较高，不能直接使用，预测完成之后还必须对预测结果加以分析和评价。要针对成本预测目标，对成本预测的多个备选方案进行分析，权衡得失，作出合理的判断，选择最优方案，供管理当局决策参考。

以上成本预测程序只是单个成本预测过程（图 6-1），而要达到最终确定的成本预测目标，这种过程必须反复多次。也就是说，只有经过多次的预测、比较以及对初步目标成本的不断修改、完善，才能最终确定正式的成本目标，并按此目标进行成本管理。

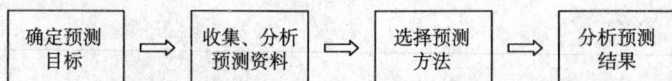

确定预测目标 $\Rightarrow$ 收集、分析预测资料 $\Rightarrow$ 选择预测方法 $\Rightarrow$ 分析预测结果

图 6-1 成本预测基本程序

第三节　成本预测的方法

一、成本预测的基本方法

成本预测的基本方法，总体来说可以分为定性预测方法和定量预测方法两类。

定性预测是指预测人员根据自身的专业知识和实践经验，对产品成本的形成、发展趋势以及可能达到的水平所作的分析和判断。常用的方法主要有：

(1) 意见集合法。此即预测人员召集各种经营管理人员，对预测对象进行评议，让他们提出自己的预测意见，然后根据一定的权数，求得平均值，并将这一数值作为预测值。

(2) 专家预测法。它是以专家（会计师、工程师、经济师等）为索取信息的对象，依靠他们的知识和经验来预测成本的方法。具体可采用个人判断、会议判断和采用函证询问的往复判断三种方式。采用专家预测法时，应先向专家提出问题，提供成本信息，由专家经过分析综合，根据他们自己的知识和经验，对成本作出个人的判断，然后再归纳整理各专家的不同意见，形成预测结论。

定量预测法是指在某些假定条件下，把影响成本变化的、相互制约、相互依存的几个主要因素，将其规律性联系按一定的数量关系结合起来，据以测算未来成本的可能结果。基本的方法包括：

(1) 因果关系模型。这种方法利用数学方法描述预测目标与影响因素之间的函数关系，也就是建立成本 y 与影响因素 x 之间的某种函数关系 $y = f(x)$。根据收集的统计资料，对函数中的参数进行估计和检验，从而得到与统计资料发展趋势大体相符的成本预测模型。常用的因果关系模型有一元线性回归分析模型、多元线性回归分析模型、非线性回归分析模型等。

(2) 时间关系模型。这种方法利用数学方法描述预测目标与时间过程之间的演变关系，也就是建立成本 y 与时间变量 t 之间的某种函数关系 $y = f(t)$，通过趋势的外推预测成本。常用的时间关系模型有移动平均模型、趋势外推模型及回归模型。

(3) 结构关系模型。这种方法通过因素之间相互依存的结构比例变化，预测成本的数值。常用的模型是高低点法分析模型。

二、成本预测方法的应用

（一）高低点法

1. 概念

高低点法是指以历史成本资料中产量最高和最低两个时期的成本数据为依据，借以推算成本的固定部分和变动部分，用来预测计划期内产量变化条件下的总成本水平。

2. 数学模型

$$y = a + bx$$

$$b = \frac{y_h - y_l}{x_h - x_l}$$

$$a = y_h - bx_h = y_l - bx_l$$

式中，y 为总成本，x 为产品产量，a 为固定成本总额，b 为单位变动成本，y_h 为高点产量的成本，y_l 为低点产量的成本，x_h 为高点产量，x_l 为低点产量。

【例 6-1】 产量最高 800 件，其总成本为 600 元；产量最低点 200 件，其总成本为 180 元，设计划年度的产量为 300 件，预计其总成本与单位成本各为多少？

首先，计算 b：

$$b = (600 - 180) \div (800 - 200) = 420 \div 600 = 0.7$$

其次，计算固定成本 a：

$$a = 600 - 0.7 \times 800 = 40(元)$$

或

$$a = 180 - 0.7 \times 200 = 40(元)$$

最后，计算计划期产品总成本 y 和单位成本 b：

$$y = 40 + 0.7 \times 300 = 250(元)$$

$$b = 250 \div 300 = 0.83(元)$$

（二）回归直线法

1. 概念

回归分析法，或称回归直线法，是研究变量之间相互关系的一种数理统计方法。它是先从变量的资料中，找出变量之间的内在联系，加以模型化，形成经验公式，即回归方程。运用这个方程，根据自变量的变化来预测变量的数值。

2. 数学模型

在经济预测中，常用的是一元线性回归分析，其数学模型为

$$y = a + bx$$

式中，y 为因变量；x 为自变量；b 为常数（回归直线的斜率）。

在实际工作中，以成本总额为因变量 y，以业务量为自变量 x，并假定成本变化趋势可以近似地用一条直线 $y = a + bx$ 来描述，从数学观点看，全部观测数据点与该直线的误差平方和最小的直线为最合理的成本直线。数学上把误差平方和最小的直线称为"回归直线"。

直线方程 $y = a + bx$ 中的两个常数 a，b 可以用下列公式计算：

$$a = \frac{\sum y - b \sum x}{n}$$

$$b = \frac{n\sum xy - \sum x \sum y}{n\sum x^2 - (\sum x)^2}$$

【例 6-2】　生产 A 产品，其最近 5 年的产量和历史成本资料如表 6-1 所示。

表 6-1　A 产品最近 5 年的产量和历史成本

年度	产量/件	单位产品成本/元
1	10	200
2	20	130
3	30	210
4	40	160
5	50	100

如果该厂计划年度产量为 100 件，预测 A 产品总成本的方法如下：

首先，将相关数据上述两公式进行计算：

$b = (5 \times 767\ 000 - 150 \times 22\ 300)/(5 \times 5\ 500 - 22\ 500) = 98$（元）

$a = (22\ 300 - 98 \times 150)/5 = 1\ 520$（元）

在此基础上，测算 A 产品计划期的预计总成本：

$$\begin{aligned} y &= a + bx \\ &= 1\ 520 + 98 \times 100 \\ &= 11\ 320 \text{（元）} \end{aligned}$$

计划期预计单位成本

$$b_1 = y/x = 11\ 320/100 = 113.2 \text{（元）}$$

（三）趋势预测分析法

趋势预测分析法是根据积累的历史资料，分析有关指标过去的发展过程及规律性，并且估计这种规律性在将来仍然起作用，据此预测有关指标在将来一定时期的数值。主要有加权平均法、指数平滑法和移动平均趋势法。

1. 加权平均法

1）概念

当企业具备比较详细的成本资料，并且已经详知固定成本总额和单位变动成本的资料时，可利用加权平均法来预测企业未来期的产品总成本。

2）数学模型

$$y = \frac{\sum af}{\sum f} + \frac{\sum bf}{\sum f}x$$

式中，y 为预测未来期总成本；a 为固定成本总额；b 为单位变动成本；f 为权数；x 为产量。

2. 指数平滑法

1) 概念

指数平滑法是根据本期的实际数和以前对本期的预测数来确定下期预测数的一种方法，它是以过去的发展规律来反映未来变化趋势的。

2) 数学模型

$$F_t = F_{t-1} + a(A_{t-1} - F_{t-1}) = aA_{t-1} + (1-a)F_{t-1}$$

式中，F_t 为下期成本预测值；F_{t-1} 为本期成本预测值；a 为加权因子或平滑系数，取值范围为 $0 < a < 1$；A_{t-1} 为本期实际成本值。

各项系数之和为

$$a + a(1-a) + \cdots + a(1-a)^{t-1} + (1-a)^t = 1$$

采用该种方法，连续预测时，只需储存最低限度的数据，只要有了本期的实际数据及预测值就可以推算出下期的预测值。

3. 移动平均趋势法

移动平均趋势法就是将过去的历史资料移动平均，并且假定预测期的有关指标与它相连续时期的数值最为接近，以此为基础，运用一定的数学方法来预测未来期成本值和变化趋势。

应该指出的是，定性预测法和定量预测法并不是相互排斥，而是可以相互补充的。要注意把它们正确地结合起来使用。在具备比较完备的历史资料的条件下，应先用一定的数学方法进行加工处理，找出有关变量之间的规律性的联系，作为预测未来的一个重要依据。但是任何数学方法的应用，都是以过去资料赖以产生的条件人为基础来预测未来，如果在预测期一些影响较大的因素发生变化，则根据数学计算所得到的结果，还要根据这些因素进行修正。在这种情况下，依靠熟悉情况和业务的专家进行分析判断，提出修正意见，就具有十分重要的意义。而运用定性方法进行预测，也要尽可能利用一些数据资料作参考，使判断更加正确。

【进一步学习指南】

成本预测是在科学的理论指导下，根据成本特性和大量的经济信息资料，分析影响成本的各种因素及其程度，掌握成本的变化趋势与规律、选择恰当的预测方法，对成本的未来发展趋势或状况进行估计，为企业的决策、计划服务，以提高生产经营综合经济效益的一种会计预测。

成本预测方法，总的可以分为定性预测方法和定量预测方法两类。在学习过程中，注意将两种方法结合使用，这两种方法的结合将更有助于准确预测成本。

【思考题】

1. 什么是成本预测？成本预测有何作用？
2. 简述成本预测的程序。
3. 什么是成本预测的定性预测法和定量预测法？

【核算题】

某企业 2002～2007 年销售及成本资料见表 6-2。

表 6-2　某企业 2002～2007 年销售及成本资料

年份	年销量/件	总成本/万元
2002	200	4
2003	160	305
2004	170	308
2005	180	4
2006	250	5
2007	300	6

假设 2008 年计划产量为 400 件。

要求：

（1）利用高低点法预测计划期目标成本。

（2）利用回归分析法预测计划期目标成本。

第七章

成 本 决 策

【本章学习目标】

- 理解成本决策的概念、程序
- 熟悉成本决策的具体应用

【案例】

新港锁业集团公司主要以生产各种锁具为主，铜挂锁是该企业的主要产品。由于经济危机的影响，产品销售量开始降低。针对这种情况，企业高层为了降低产品的成本费用，对铜锁生产采取了水平连铸新工艺，作出决策，用价格便宜的黄杂铜代替了价格昂贵的电解铜生产铜锁锁体。这样一来，铜锁的原材料消耗费用大幅度下降，给企业降低产品价格、提高市场竞争力创造了条件；而其黄杂铜属于废铜，用其做原材料生产，有利于环境保护，可以和税务部门协商取得纳税优惠政策的惠顾。经过计算以上两项可以给企业带来每年3 988万元的收益。虽然在初始阶段也出现锁体质量不稳定，正品率下降等问题，但经企业加强内部控制好管理、加强技术改造等措施的实施，企业创造了历史上铜锁质量的最好水平。

(资料来源：郭梅，张道斌，郭健，等．对新港锁业原材料替代决策的案例分析．会计之友，2008，12上：108，109)

第一节 成本决策概述

一、成本决策的概念

决策是对两种或两种以上的方案导致的不同结果进行比较分析，权衡利害得失，以便从中选择最优方案。

成本决策利用成本资料数据，对备选的方案进行分析比较，研究哪一种方法在经济上最有利，从中选择最佳经济效果，为确定最优方案提供客观依据。成本决策是产品成本发生前的决策，它涉及对成本有影响的各个方面，包括合理生产批量的成本决策、零部件自制或外购的成本决策、是否接受低价追加订货的成本决策、半成品进一步加工或出售的成本决策、亏损产品应否停产的成本决策等。

二、成本决策的意义

成本决策是现代企业成本管理中的一个重要组成部分，其目的是通过各种途径来降低产品的成本，以促使提高企业的经济效益和竞争能力。

（一）成本决策是成本管理的核心内容

现代成本管理工作已逐渐形成了完整的成本管理体系，在这个完整的管理体系中，成本决策处于核心地位：成本预测是成本决策的基础。成本预测是为成本决策服务的；而成本计划是成本决策目标的具体化，落实到有关产品或责任单位，才能对生产起到指导作用；成本控制是实现成本决策目标的保证；成本核算和成本分析是成本目标的评价依据；成本考核是实现成本决策目标的重要方法。因此，在成本管理体系七个环节中，成本核心是核心点，其决策的准确性直接影响到企业成本管理工作的效率和效益。

（二）成本决策是降低成本的关键

在其他属性（如产品质量、性能和外观等）相差不大的情况下，产品之间的竞争关键在于成本的高低。传统的成本管理工作只注重成本的事后核算和控制，因此成本的降低数量是很有限的。成本决策把成本管理工作由单纯的事后管理转向事前管理与事后管理相结合，从而为降低成本，提高经济效益开创出一条崭新的途径。要想大幅度降低成本，必须在生产过程之前，对产品的设计、工艺方案的选择、生产过程的组织进行决策。几十年的实践证明，西方国家的企业在这方面取得了很大成功，事前成本决策已成为企业降低成本的一种重要方法。

近些年来，我国很多企业根据我国的具体情况，积极引进和吸收了西方成本决策中的许多先进管理方法，如价值工程、目标成本、变动成本法、最低成本法等成本决策技术，并在改进产品结构、合理选择工艺方案等方面取得了良好成绩。

三、与成本决策有关的概念

与成本决策有关的成本如表 7-1 所示。

表 7-1　与成本决策有关的成本

成本名称	概　念
付现成本	指那些由于某项未来决策所引起的、需要在将来运用现金支付的费用支出
沉没成本	指那些由于过去的决策所引起并已经支付过款项的成本
差量成本	指一个备选方案的预期成本与另一备选方案的预期成本之间的差额数，也称为差别成本或差额成本

续表

成本名称	概念
边际成本	指成本对应于产量无限小变化的部分，即增加一单位的产量随即而产生的成本增加量
机会成本	指在决策中，选择某个方案而放弃的其他方案所丧失的潜在利益
估算成本	指与某项经济活动有关联，需要通过估计和推算才能确定的机会成本
专属成本	指可以明确归属于某种、某几批产品或某个部门的成本
共同成本	指那些需由几种、几批产品或有关部门共同分担的成本
可避免成本	指通过管理当局的决策行动可改变其数额的成本
不可避免成本	指通过管理当局的决策行动很难改变其数额的成本
相关成本	指与决策有关联的成本，也就是在决策分析时必须认真加以考虑的各种形式的未来成本
非相关成本	指过去已经发生、或虽未发生但对未来决策没有影响的成本，也就是在决策分析上可以舍弃、无须加以考虑的成本

第二节　成本决策的程序

一、成本决策程序

成本决策的程序如图 7-1 所示。

图 7-1　成本决策的程序

（1）确定经营目标。调研经营形势、明确经营问题、确定经营目标。进行企业诊断，找出存在的问题为进一步开展决策分析工作创造条件。这需要收集大量信息。

（2）确定决策分析目标。多目标决策，应首先分清主次，区别对待。注意分清战略目标与战术目标、远景目标与近期目标、主要目标与从属目标、未达目标与期望目标等，进而理解目标排列顺序。

（3）设计各种备选方案。在明确提出决策目标的前提下，应充分考虑现实与可能，设计各种可能实现决策目标的备选方案。

（4）评价方案的可行性。对形成的各种方案应采用定性、定量的方法进行可行性研究论证，从不同侧面分析评价各方案在技术、经济等方面的先进性、合理性与可能性。

（5）选择未来行动的方案。在综合比较各方案优缺点的举措上，全面权衡利弊得失，按照一定原则要求确定最终择优的标准及有关方法，筛选较为理想的相对最优的方案。

（6）组织决策方案的实施。组织决策方案的实施，并跟踪反馈。随时调整目标或修改方案乃至作出下一轮新的决策，使决策过程处于决策—实施—反馈—再决策—再实施的动态良性循环。

二、成本决策中应注意问题

从成本决策的程序可看出，成本决策不是瞬间的决定，它有一个过程，成本决策是一个提出问题、分析问题和解决问题的系统分析过程，决策中应注意以下几个问题：

(1) 成本决策不能主观臆断。

(2) 成本决策必须目的明确。

(3) 成本决策必须是集体智慧的结晶。

第三节　成本决策的具体应用

一、最优生产批量的成本决策

在制造业中，零件必须维持一定的库存水平，以供下一工序装配使用；当存量下降到一定点时，则需要制造出新的零件，以恢复其库存量，满足下一工序的需要。库存零件会发生一定的存储成本，每次投产要发生一定的生产准备费用，考虑到这二者之间的此消彼长的矛盾关系，于是就要求计算零件投产的最佳批量，使保管费用和每次生产准备费用之和最低，借此措施来降低成本。

合理生产批量法就是用数学方法来求得费用最低的投产批量，计算公式如下：

$$T = Q/M$$
$$S = A \cdot MN/Q + P \cdot Q/2$$
$$Q = \sqrt{2A \cdot MN/P}$$

式中，T 为生产间隔期，Q 为投产批量，M 为每日零件需要量，N 为每年生产日数，MN 为零件全年需要量，P 为每年每只零件的保管费，A 为每次投产的生产准备费。

【例 7-1】　某型号零件每次投产生产准备费为 300 元，全年该零件的需要量为 6 000 只，全年每只零件保管费为 3.6 元，代入公式得：

最佳生产批量 $Q = \sqrt{2 \times 300 \times 6\,000 \div 3.6} = 1\,000$（只）

其总费用 $S = A \cdot MN/Q + P \cdot Q/2 = 300 \times 6\,000 \div 1\,000 + 3.6 \times 1\,000 \div 2$
$$= 3\,600\,（元）$$

假设采用经济批量法前，每次批量为 2 000 只，其总费用为
$$S = 300 \times 6\,000 \div 2\,000 + 3.6 \times 2\,000 \div 2 = 4\,500\,（元）$$

则采用经济批量后，成本可节约 900（4 500 － 3 600）元。

经济批量法应用较为广泛，不仅可用于对零件生产批量的确定，合理组织生产批量，还可用于对材料采购批量的分析，以确定每种材料最合适的采购数量，使全年材料采购费和保管费的总和最低。

二、零部件自制或外购的决策

在一些企业中，生产所需耗用的零部件有许多是通用件，它们既可自制，也可外购。在考虑零部件质量和供应情况的稳定性外，企业往往会比较自制和外购零部件的成本，以作出决策。

【例7-2】 某企业每月生产耗用A零件20 000只，如自制，每只变动成本30元，发生固定成本共60 000元；如外购，每只采购成本32元，生产设备不能移作他用，但可避免固定成本20 000元。

对于这一案例的决策，关键是比较两种方案的总成本，总成本低者为最佳方案，根据所给资料，两种方案总成本的计算如下：

自制总成本＝30×20 000＋60 000＝660 000（元）

外购总成本＝32×20 000＋（60 000－20 000）＝680 000（元）

由于自制总本比外购总成本节约20 000（680 000－660 000）元，所以自制方案为最佳方案。

如果A零件外购后，机器设备可用作生产B零件10 000只，而B零件原来是外购的，每只采购成本为50元，自制每只变动成本为44元。

这一情况告诉我们，该企业生产所需耗用的零件有两种A和B，但自制能力有限，只能自制其中的一种，另一种需外购，这时，就存在是自制A外购B还是自制B外购A的决策，两种方案的总成本计算如下：

自制A外购B的总成本＝30×20 000＋60 000＋50×10 000＝1 160 000（元）

自制B外购A的总成本＝44×10 000＋60 000＋32×20 000＝1 140 000（元）

由于自制B零件外购A零件方案比自制A零件外购B零件方案节约20 000（1 160 000－1 140 000）元，因此该方案是最佳方案。

三、是否接受低价追加订货的决策

正常订货是指企业在组织一定时期生产之前争取到的、已纳入该期生产经营计划的订货，又称正常任务；与正常订货相联系的售价为正常价格。追加订货通常是指计划执行过程中，由外单位临时提出的额外订货任务，即正常订货以外的订货。

1. 直接判断法

直接判断法的判断原则如下：

（1）如果追加订货的单价大于该产品的单位变动生产成本，就应当接受追加订货。

（2）如果追加订货的单价小于该产品的单位变动生产成本，就应当拒绝接受追加订货。

（3）如果追加订单的单价等于该产品的单位变动生产成本，则接受或拒绝接受追加订货都可以。

【例7-3】 甲企业生产A产品，每年最大生产能力为2 000件。当年已与其他企业签订了1 700件A产品的供货合同，平均价格为2 000元/件，单位完全成本为1 800元/件，单位变动生产成本为 1 600 元/件。假定该企业的绝对剩余生产能力无法转移。如果乙企业要求以 1 900 元/件的价格向该企业追加订货 100 件 A 产品，年度前交货，追加订货不涉及追加投入专属成本。那么，采用直接判断法进行决策：

企业的绝对剩余生产能力＝最大生产能力－正常任务＝2 000－1 700＝300（件）

因为剩余生产能力 300 件大于追加订货量 100 件，而企业的绝对剩余生产能力无法转移，不需要追加投入专属成本，所以符合应用直接判断法的条件；同时，因为追加订货的价格 1 900 元大于 A 产品的单位变动成本 1 600 元，所以应当接受此项追加订货。

2. 差别损益分析法

【例 7-4】　甲企业只生产 A 产品，每年最大生产能力为 12 000 件。本年已与其他企业签订了 10 000 件 A 产品的供货合同，平均价格为 1 400 元/件，单位变动生产成本为 1 000 元/件。假定该企业的绝对剩余生产能力无法转移。一月上旬，乙企业要求以 1 200 元/件的价格向企业追加订货 1 000 件 A 产品，年底前交货；追加订货不涉及追加投入专属成本。甲企业采用差别损益分析法进行决策：

"接受追加订货"方案的相关收入＝1 200×1 000＝1 200 000（元）

"接受追加订货"方案的增量成本＝1 000×1 000＝1 000 000（元）

依题意编制的差别损益分析表如表 7-2 所示。

表 7-2　差别损益分析表

项目	方案		
	接受追加订货	拒绝追加订货	差异额
相关收入	1 200 000	0	1 200 000
相关成本	1 000 000	0	1 000 000
其中：增量成本	1 000 000	0	1 000 000
差别损益			200 000

根据表 7-2，差别损益指标为 200 000 元，所以接受此项追加订货，这样可使企业多获得 200 000 元的利润。

四、半成品进一步加工或出售的成本决策

在企业中，一些产品完成一定的加工过程后，可作为半成品出售，也可继续加工再出售，如纺织厂的棉纱可以出售，也可以进一步加工成棉布。分析是出售半成品还是出售产成品，可用差量成本法进行分析。其中，进一步加工前发生的成本，无论是变动成本或固定成本都属于无关成本，不必加以考虑。需要加以比较的是进一步加工增加的收入是否超过进一步加工追加的支出，如果前者大于后者，进一步加工的方案可以接受；反之，出售半成品的方案较优。

【例 7-5】　甲企业生产 B 产品，在完成一定的工序后，其半成品 A 即可对外销售，单位售价是 20 元，单位变动成本是 14 元，单位固定成本为 4 元。如将 A 产品继续加工

成B产品，其销售单价可增至30元，但需要追加单位变动成本3元，购置一台加工设备，每年发生固定成本20 000元，年生产量为10 000件。

对这些资料进行分析，我们可以发现，这家企业生产半成品发生的14元单位变动成本和4元单位固定成本，是该决策无法改变的，属已经发生的沉没成本，故不必加以考虑。与决策有关的是进一步加工的差量收入和差量成本。

差量收入＝进一步加工后出售的收入－半成品出售后的收入

＝10 000×30－10 000×20＝100 000（元）

差量成本＝进一步加工追加的变动成本＋进一步加工追加的固定成本

＝10 000×3＋20 000＝50 000（元）

差量利润＝100 000－50 000＝50 000（元）

计算结果表明，进一步加工成B产品可使企业多获利50 000元，进一步加工方案可取。

五、亏损产品应否停产的成本决策

（一）是否继续生产亏损产品的直接判断法

是否继续生产亏损产品的决策，又称亏损产品是否停产的决策，是指围绕亏损产品所作出的在未来一段时间内（如一年内）是否按照原有规模继续组织生产而开展的决策。

所谓直接判断法就是根据有关判定条件直接作出亏损产品是否停产决策的方法。

1. 相对剩余生产经营能力无法转移

在相对剩余生产经营能力无法转移的条件下，可以首先考虑采用直接判断法：该亏损产品的边际贡献是否大于零。如果该亏损产品继续生产能够提供正的边际贡献，那至少可以为企业补偿一部分固定成本，如果停产，作为沉没成本的固定成本仍然要发生，就会转由其他产品负担，最终导致整个企业利润减少，所以应该继续生产。

【例7-6】 甲企业组织多品种经营。2008年A产品的产销量为2 000件，单位变动成本为1 000元/件，发生亏损100万元，其完全成本为1 000万元。假定2009年A产品的市场容量、价格和成本水平均不变，停产后的相对剩余能力无法转移。企业2009年是否该继续生产A产品？

根据上述条件，则有：

A产品的销售收入＝成本＋利润＝1 000＋（－100）＝900（万元）

A产品的变动成本＝1 000×2 000＝200（万元）

A产品的边际贡献＝销售收入－变动成本＝900－200＝700（万元）

在其他条件不变的情况下，2009年应当继续生产A产品，因为A产品的边际贡献为700万元，大于零，符合继续生产亏损产品的条件。

2. 相对剩余生产经营能力可以转移

在相对剩余生产经营能力可以转移的情况下，应用直接判断法，需要根据下列结论作出决策：

（1）如果亏损产品创造的边际贡献大于相对剩余生产经营能力转移有关的机会成本，就应当继续生产。如果停产，该亏损产品边际贡献所能弥补的固定成本会转嫁由其他产品承担，企业将因此损失利润。

（2）如果亏损产品创造的边际贡献小于剩余生产经营能力转移有关的机会成本，就应当停止生产该亏损产品，因为在此情况下，生产越多，亏损越多。

（3）如果亏损产品创造的边际贡献等于与剩余生产经营能力转移有关的机会成本，则停止或继续生产该亏损产品都可以。但基本建议是停产，除非是政府必须让企业生产的产品。

（二）是否增产亏损产品的决策

1. 企业已具备增产能力，且无法转移

在不应当停产亏损产品的情况下，如果能利用已经具备且无法转移的绝对剩余生产经营能力增加亏损产品的产量，就会给企业带来更多的边际贡献，从而扩大企业的盈利能力。对此，可以分别利用边际贡献总额分析法和差别损益分析法来进行分析。

【例7-7】 假定上例7-6中，2009年甲企业具备增产亏损产品A30％的能力，且无法转移。市场上有充分的市场容量，其他条件不变。

要求：用边际贡献总额分析法作出是否增产A产品的决策。具体计算如表7-3所示。

表7-3　边际贡献总额分析表

项目	方案	
	增产甲产品	继续按原有规模生产甲产品
相关收入	900×（1+30％）=1 170	900
变动成本	200×（1+30％）=260	200
边际贡献	910	700

根据表7-3，增产可使企业多获得210（910-700）万元的边际贡献，因此，应当增产A产品。

2. 相对剩余生产经营能力转移

【例7-8】 甲企业生产B产品销售数量2 000件，单价为120万元/件，单位变动成本为100万元/件。2009年企业具备增产20％B产品的能力，但该能力可以转移，对外出租可获得租金20 000元。

根据上述条件分析：

增产B产品方案的相关业务量=2 000×（1+20％）=2 400（件）

增产B产品方案的相关收入=120×2 400=288 000（万元）

增产 B 产品方案的增量成本＝100×2 400＝240 000（万元）

增产 B 产品的机会成本＝20 000（万元）

依据题意编制的相关损益分析表如表 7-4 所示。

表 7-4　相关损益分析表

方案 项目	增产 A 产品	不增产 A 产品	
		继续生产 A 产品	停止生产 A 产品
相关收入	288 000	240 000	0
相关成本合计	260 000	220 000	0
其中：增量成本	240 000	200 000	0
机会成本	20 000	20 000	0
	28 000	20 000	0

根据表 7-4，增产 A 产品的相关损益为 28 000 万元，比按原有规模生产方案生产的相关损益多，因此应该增产 A 产品。

【进一步学习指南】

成本决策是利用成本资料数据，对备选的方案进行分析比较，研究哪一种方法在经济上最有利，从中选择最佳经济效果，为确定最优方案提供客观依据的过程。

本章主要从理论和实践两个层面来论述企业的成本决策，首先阐述成本决策的概念、意义、程序和相关的成本概念，接着论述成本决策的基本方法及具体应用。

在平时学习中，应特别注意理论与实际相结合，要注意成本决策的实际表现及在企业中的具体运用过程。

【思考题】

1. 什么是成本决策？成本决策有何作用？

2. 简述成本决策的基本程序。

3. 什么是相关成本？为什么历史成本是与决策无关的？

4. 什么是机会成本？

【核算题】

1. 某企业生产甲产品每年需要 A 零件 10 000 个，企业可以自制也可以外购。市场售价为每件 30 元。企业生产该零件支出单位变动成本 19 元，固定成本总额为 10 000 元。

要求：运用差量分析法优选方案。

2. 某企业现有生产能力可生产半成品 5 000 件。如果将这些半成品直接出售，单价为 20 元，其单位成本资料为单位材料 8 元，单位工资 4 元，单位变动性制造费用 3 元，单位固定性制造费用 2 元，合计 17 元。现该企业还可以利用剩余生产能力对半成品继续加工后再出售，这样单价可以提高到 27 元，但每件需追加工资（变动成本）3 元、变动性制造费用 1 元、固定性制造费用 1.5 元。

要求：

（1）若该企业的剩余生产能力足以将半成品全部加工为产成品，是否继续加工？

（2）若该企业只具有80%的加工能力，是否继续加工？

（3）若该企业要将半成品全部加工为产成品，需租入一台设备，年租金为25 000元，是否继续加工？

第八章

成本计划

【本章学习目标】

- 理解成本计划的概念、原则和步骤
- 熟悉成本计划的编制方法

【案例】

日本企业在 20 世纪 80 年代成为举世瞩目的成功典范，日本公司制定成本的顺序是：目标成本→产品设计→成本预算→计划成本。在新产品设计前制定目标成本，是日本公司成本管理的特点之一。以汽车制造商为例，汽车的每一项功能都被视为产品成本的一个组成部分，从汽车的挡风玻璃、引擎滑轮箱都事先制定一个目标成本。在日产汽车公司做了 8 年成本计划员的山本一田说，制定目标成本，"这只是成本核算战役的开始"。这一"战役"的过程就是公司同外部供应商之间，以及负责产品不同方面的各部门之间紧张的谈判过程。最初的成本预算结果也许高出目标成本 20% 左右，或是一个更高的比例，但通过成本计划人员、工程设计人员以及营销专家之间协商和利益权衡后，最终产生出与最初制定的目标成本最为接近的计划成本。

（资料来源：陈良华. 成本管理. 北京：中信出版社，2005）

第一节　成本计划概述

一、成本计划的概念

计划是为达到预期的目标而对未来事项进行安排的过程。好的计划有助于管理者达到目标、把握机会、尽量降低不利事项的负面影响。企业的成功常常得益于良好的计划。相反，失败的计划通常会使目标无法实现，还可能会引起财务危机。

成本计划是以货币形式规定企业在一定时期内为完成生产任务所应达到的成本水

平。它的内容主要包括费用预算、主要产品单位成本计划、全部商品产品成本计划等。

二、成本计划的意义

编制成本计划，对加强成本会计管理，合理利用企业资源，降低产品成本，提高经济效益具有非常重要的意义。

（1）计划是企业成本控制的重要依据。企业要降低产品成本，就必须要有先进的成本控制标准，实行严格的成本控制。计划成本是成本计划的产物，它是计划期内总体的控制标准。成本计划体现了企业降低成本的具体要求，是企业降低成本的努力的目标。企业的生产经营过程实质上也是计划的执行过程，成本的发生过程伴随着成本控制。

（2）计划是成本分析与考核的标准尺度。成本计划指标不仅是产品的成本目标，同时也是各部门进行成本管理的目标。企业依据成本计划中成本降低任务指标，逐级落实到各职能部门、生产车间、班组和个人，它是企业对各部门和个人耗费进行分析和考核的标准尺度。

（3）计划是企业内部建立成本管理责任制的基础。切实可行、科学先进的成本计划是落实成本降低任务，明确各级部门、单位的责任的基础。企业只有在日常管理中依据成本计划控制和监督各项耗费，才能检查和考核各部门、单位的成本完成水平及各部门、单位的业绩水平。

（4）计划是企业编制其他方面计划的基础。成本计划是企业生产、技术、财务计划的组成部分，对其他计划提出最优成本要求。在财务计划中，成本计划是核心，如企业的利润计划、营运资金计划必须建立在先进的成本计划的基础之上。

三、成本计划的内容

从广义上来说，成本计划包括产品成本计划和期间费用预算两部分。产品成本计划是对计划期生产产品的生产费用提出的成本目标，期间费用预算是对计划期利润直接负担的期间费用提出的费用预算目标。从狭义上来说成本计划仅指产品成本计划。

产品计划的内容在不同时期、不同部门是有所差异的，它应该既要适应宏观成本调控的要求，又要能满足企业成本管理的要求。成本计划的主要内容如下。

（1）全部商品产品成本计划。全部商品产品成本计划用来反映计划期内全部商品产品（包括可比产品和不可比产品）的总成本、单位成本，以及可比产品成本降低任务，为挖掘降低产品成本的潜力指明方向。全部商品产品成本计划在编制过程中既要按产品类别编制，又要按产品成本项目编制。

按产品类别编制的全部商品产品计划的内容主要包括"全部商品产品成本计划总成本""全部可比产品计划总成本及计划降低率指标"、"全部不可比产品计划总成本"、"各主要可比产品计划单位成本和总成本以及成本降低计划指标"、"各主要不可比产品单位成本及总成本"。

按产品成本项目编制的全部商品产品成本计划的内容主要包括"全部可比产品直接材料、直接人工和制造费用等成本项目的计划成本及计划降低额和降低率"、"全部不可比产品直接材料、直接人工和制造费用等成本项目计划成本指标"、"全部产品按不同成本项目表示的各项目成本计划指标及总成本计划指标"。

（2）主要产品单位成本计划。主要产品单位成本计划是按企业生产经营的主要产品分成本项目编制，用来反映计划期内主要产品应达到的单位成本水平及单位成本降低任务。

（3）生产费用预算。生产费用预算是按照生产费用要素编制的，反映在计划期内企业为生产经营活动所预支的全部生产费用总额。它是企业控制各种性质的费用支出、分项制定各种消耗定额的依据。生产费用预算包括两大部分：其一，是基本部分，按费用要素计算的各项生产费用数额以及各项费用要素所占的比重；其二，是调整部分，在生产费用总额的基础上，加减有关调整项目，计算出全部商品产品成本总额，便于与全部商品产品计划相互核对。

（4）制造费用预算。制造费用预算是反映各车间（或分厂）为了组织生产和管理生产所发生的各种费用的预算。制造费用预算一般是按费用项目并依据费用与业务量的依存关系来编制。制造费用属于综合性间接费用，既包括固定性费用如管理人员工资、固定资产折旧等，又包括变动性费用如一般性材料消耗，还包括一些混合性费用如检验费、修理费等。

（5）期间费用预算。企业期间费用预算包括管理费用、销售费用和财务费用。这些费用不计入产品成本，但是影响企业利润水平，是成本管理中不可缺少的一部分。

（6）成本降低的措施方案。成本降低措施方案是在各部门提出的相应措施的基础上，经过综合平衡并加以汇总之后编制的，用来反映企业在计划期内降低成本的方法和途径，成本降低的项目、内容、数额和所产生的经济效果。

成本计划除了以上内容外，通常还有文字说明部分，主要包括上年成本计价预计完成情况的分析、计划中存在的问题和解决办法、重大因素变动对成本计划的影响，以及计划年度改善成本会计工作的规划等。

四、编制成本计划的原则和步骤

（一）编制成本计划的原则

成本计划是在其他有关计划指标的基础上编制的，它综合反映了各有关计划所产生的预算经济效益。成本计划水平的高低，是其他计划指标的具体反映，它既受其他计划的约束，又积极影响其他计划。为了保证经营目标的实现，编制成本计划应遵守下列原则：

（1）编制成本计划要求做到实事求是。成本计划要以技术经济定额为基础，指标既要先进，又要有充分依据。为使成本计划能顺利实现，应有切实可行的计划措施作保证。

（2）编制成本计划应遵守国家的财经纪律及规章制度，成本项目及成本计算方法都必须与实际成本核算一致。

（3）编制成本计划必须与其他有关计划指标进行反复试算平衡，密切衔接，相互促进。从降低成本角度要求有关计划厉行节约，促进其他计划制定得既先进又合理。

（4）通过编制成本计划，促使企业各部门贯彻增产节约的原则，推动各部门改进工作，不断提高生产经营的经济效益，共同实现企业经营目标。

（二）编制成本计划的步骤

成本计划是整个企业计划的有机组成部分，各项具体计划的编制，必须保证企业目标利润的实现。编制计划首先应编制销售计划，预测销售数量和销售金额；然后编制生产计划，保证生产出满足销售需要的产品，在销售计划和生产计划的基础上编制成本计划。具体编制成本计划的步骤如图 8-1 所示。

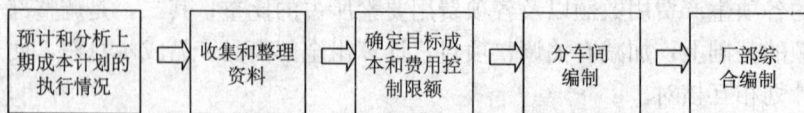

图 8-1　成本计划编制程序

（1）预计和分析上期成本计划的执行情况。在编制成本计划前应对报告期成本管理工作进行总结，总结成功的经验，发扬成绩，克服工作中的缺点，吸取教训，厉行节约，增加生产，努力降低成本。因为编制成本计划是在总结报告期成本计划执行情况的基础上进行的，正确预计上年成本计划完成情况，分析成本升降原因，找出降低成本的规律是十分必要的。

（2）收集和整理资料。为使成本计划先进合理，企业应尽量收集有关上期实际成本和与成本相关的历史资料、同行业先进资料、市场调查资料、厂内计划价格资料，以及新产品的设计资料等相关信息，并按照管理当局对成本降低的要求进行综合整理。

（3）确定目标成本和费用控制限额。在确定了成本降低要求后，应在成本预测和成本决策的基础上，考虑各项消费定额的降低及物价水平上涨等因素，进行成本试算平衡，以确定可行的目标成本水平和费用控制额度。

（4）分车间部门编制成本计划及费用预算。按照分级归口责任管理的要求，厂部应将成本费用目标下达到有关职能部门、生产车间和辅助生产车间，由各部门和车间结合其实际情况加以修正，连同各项成本降低措施上报厂部。

（5）厂部综合平衡、正式编制成本计划。在各职能部门和车间反馈的成本费用计划和预算的基础上，厂部从全局出发对成本指标进行试算、综合平衡，尽可能考虑各局部的合理要求，调动全体员工降低成本的积极性，上下结合编制正式成本计划。

第二节　成本计划编制方法

由于企业生产特点不同，成本计划编制方法也不一样。一般而言，成本计划编制方法包括集中编制法和分级编制法。

一、集中编制法

集中编制成本计划法由厂部直接编制全厂的成本计划。具体而言，是以企业财务部门为主，由其他部门提供基本数据资料，统一编制成本计划。这种方法一般适应于中、小型企业或生产品种较少的企业。集中编制法的程序如图 8-2 所示。

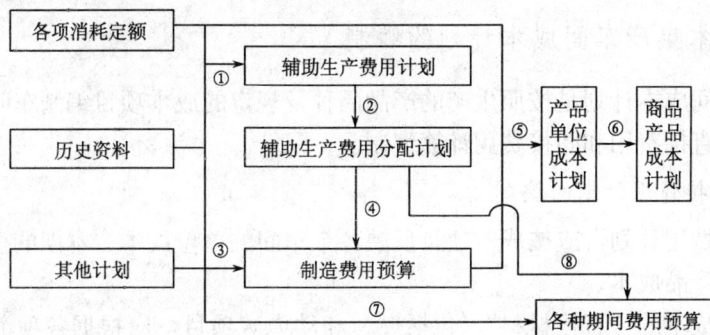

图 8-2　集中编制法程序图

（1）单位产品成本计划的编制。对单位产品成本计划进行编制，是通过按成本项目分项具体结合各项资料及定额成本编制，各成本项目内容的计划数相加，即为单位产品计划成本。

（2）商品产品成本计划的编制。商品产品成本计划是根据单位产品成本计划和生产计划计算编制的，是在计算可比产品与不可比产品单位成本的基础上，计算其各种产品的总成本及可比产品成本的降低额和降低率。

二、分级编制法

分级编制成本计划法，先编制车间成本计划，然后再汇总编制全厂的成本计划。具体而言，是由企业各部门、各车间根据下达的成本控制指标，编制车间成本计划，然后由企业财务部门统一汇总平衡，编制工厂成本计划。这种方法适应于大型企业或生产品种较多的企业。

分级编制法的程序如图 8-3 所示。

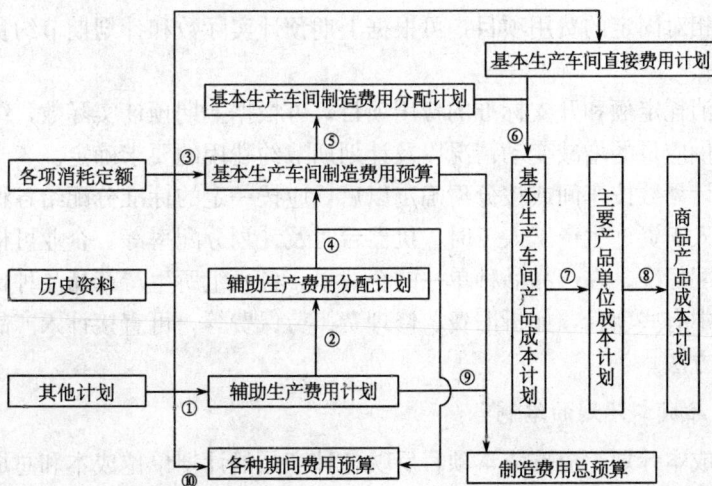

图 8-3　分级编制法程序图

具体编制方法如下。

（一）基本生产车间成本计划的编制

基本上车间成本计划是按照生产的产品品种及规定的成本项目编制车间产品成本计划，并分别按直接费用和间接费用计算编制。

1. 车间直接费用计划的编制

车间直接费用计划，应按成本项目反映各个车间的单位成本、本期的生产费用总额及本期完工的产品成本。

产品单位成本的"直接材料"（包括燃料和动力）项目，应根据各项消耗定额及厂内计划价格计算确定。如果材料消耗定额包括的废料具有回收价值，则应在直接材料项目下扣除。在实际工作中，对于那些数量零星、品种繁多的材料物资，也可以根据上年度实际发生额并考虑计划期节约消耗的要求等确定其消耗额。而对主要的原材料、燃料和动力，一定要有先进而合理的消耗定额作为计算基础。

"直接工资"项目。如果工资是直接计入产品成本，则用该产品计划产量除其计划工资即可求得单位产品工资。在实际工作中，由于大多数企业工资是用定额工时计算求得，因而直接工资则是按计划期该产品的工时定额及每小时的生产工人工资进行计算确定的。每小时的生产工人工资以生产工人计划工资总额除以计划期各产品所需生产工人总工时而求得。

2. 制造费用预算的编制

制造费用预算的编制方法应分别按照费用的明细项目计算确定，其计算方法有以下几种：

（1）有规定费用开支标准的，按有关资料计算，如可根据车间人数和规定标准计算劳动保护费等。

（2）其他计划中已有现成资料的费用项目，可根据其他计划资料计算确定。

（3）对于相对固定的费用项目，可根据上期预计实际数和计划期节约费用的要求来确定。

（4）没有消耗定额和开支标准的费用项目，可根据上期预计实际数，结合计划期车间产量或劳务供应量的增减变动情况以及计划期节约费用的要求确定。

制造费用计划数按车间或按分厂确定以后，应按一定的标准分配给各种产品。分配标准有生产工人工资、生产工人工时、机器台时及计划分配率等。企业可根据实际情况确定适当的分配标准。在产品品种单一的企业里，各班组所生产产品品种比较单一，因此，制造费用中有些项目，如折旧费、修理费、劳保费等，可直接计入产品成本，其余费用采取分配方法。

3. 车间产品成本计划的编制

车间产品成本计划，应按成本项目反映各种产品的计划单位成本和总成本。它主要是根据各种产品的直接费用计划和制造费用分配计划，并结合计划期完工产量进行编制。

（二）辅助生产成本计划的编制

辅助生产车间是为基本生产车间和管理部门提供产品或劳务的车间，辅助生产车间的产品或劳务费用最终是要分配到基本生产车间和管理部门中去，构成基本生产车间产品成本的一部分。因而，正确编制辅助生产车间成本计划，合理分配辅助生产费用，对正确编制基本生产车间成本计划和期间费用计划有重要影响。

1. 辅助生产费用计划的编制

根据辅助生产费用项目不同，分别采用不同方法确定计划发生额。

（1）有规定开支标准的费用项目，按有关标准计算编制。

（2）其他计划中已有现成资料的费用项目，可根据其他计划的有关资料编制，如折旧费、管理人员工资等。

（3）有消耗定额的费用项目，可按计划期计划产量、单位产品（或劳务）消耗定额和计划单价计算编制，如原材料、燃料及动力等。

（4）没有消耗定额和开支标准的费用项目，比如与产品产量增减没有直接关系的低值易耗品和修理费用等费用，及一些相对固定的办公费、水电费等费用，可根据上年和计划年度资料提出节约费用的要求予以匡算。计算公式如下：

$$本年费用计划数 ＝上年预计数× （1－节约指标）$$

2. 辅助生产费用的分配

辅助生产费用应根据受益原则进行分配，谁受益，谁负担。受益多，负担费用多；受益少，负担费用少。其分配方法一般有直接分配法、一次交互分配法、代数分配法、顺序分配法等。

（三）全厂成本计划的编制

财务部门对各车间上报的成本计划进行审查后，就可以着手汇编全厂成本计划。

1. 主要产品单位成本计划

它是根据各车间产品成本计划编制的。在采用逐步结转分步法时，可直接在最后一个车间的计划单位成本基础上编制，如果要求按原始成本项目反映产品成本结构，则要将最后一个车间的计划单位成本的"自制半成品"项目逐步分解后编制。在采用平行结转分步法时，将各车间同一产品单位成本的相同项目相加，就是各种产品的计划单位成本。

2. 商品产品成本计划

它是根据各种产品单位成本计划，结合计划期产品编制的。它是将各种产品计划产量乘上年平均单位成本，汇总起来计算出按上年平均单位成本计算的总成本；以各种产品的计划产量乘计划单位成本，汇总起来就是本期计划总成本。在此基础上计算总成本的计划降低额和计划降低率。

（四）期间成本预算的编制

期间费用包括管理费用和销售费用。这两项费用应分别按规定的明细项目编制计划。这些费用的预算，有的可根据费用开支标准计算，如办公费等；有的可以根据一定的标准计提，如工会经费；有的可根据其他计划的组成资料得出，如折旧费等；还有的则可以以基期实际数为基础，结合计划期降低费用的要求编制。

第三节　成本计划编制案例

【例 8-1】　汇丰公司有两个基本生产车间和一个机修辅助生产车间，该公司生产甲产品和乙产品，原材料在每个车间生产开始时一次投入，甲产品需要顺序经过基本生产一车间和基本生产二车间加工后得到完工产成品，每个车间在产品完工程度均按 50% 计算，乙产品只需经过基本生产一车间加工完成，该公司甲产品的成本计算采用平行结转分步法，间接费用按生产工时比例分配。现在公司拟编制下一年度的成本计划。下一计划年度有关资料如下：

公司继续生产甲产品和乙产品，各产品的计划产量如表 8-1 所示，各产品消耗定额及计划单价如表 8-2 所示，期初在产品成本资料如表 8-3 所示。

表 8-1　各产品计划产量表　　　　　　　　　　单位：件

车间名称	产品名称	起初在产品		本期投入		本期完工	期末在产品	
		投料产量	约当产量	投料产量	约当产量		投料产量	约当产量
一车间	甲产品	100	50	450	500	550	0	0
	乙产品			200		200		
二车间	甲产品			550		550		

注：本期投入人工和制造费用的约当产量 500（件）＝550−100×50%。

表 8-2　各产品消耗定额及计划单价

项目	单位	计划单价/元	单位消耗定额			
			甲产品			乙产品
			一车间	二车间	合计	一车间
直接材料						
A 材料	千克	5		1	1	
B 材料	千克	2	3		3	
C 材料	千克	3				2
直接人工	工时		2	3	5	3

注：一车间和二车间计划每小时工资率为 2 元/工时和 1 元/工时。

表 8-3 期初在产品成本资料

车间	产品	数量/件	成本项目	单位	单位消耗量	金额/元
一车间	甲产品	100	直接材料（材料）	千克	3.275	655
			直接人工	工时	2.55	255
			制造费用			300
			合计			1 210

根据上述资料采用分级编制法编制计划年度成本计划。

一、编制车间成本计划

（一）编制辅助生产车间成本计划

该公司机修车间主要任务是为全公司内部各部门进行设备、仪器的修理。本年度机修车间生产费用计划数为 6 000 元，计划规定为第一车间服务 1 500 小时，为第二车间服务 900 小时，为行政管理部门服务 600 小时。辅助生产车间成本计划如表 8-4 所示。

表 8-4 辅助生产车间成本计划

车间名称：机修车间

费用项目	计划数额/元	辅助生产费用分配			
		受益单位	修理工时/小时	分配率	金额/元
直接材料	2 000	基本生产一车间	1 500		3 000
直接人工	2 000	基本生产二车间	900		1 800
制造费用		行政管理部门	600		1 200
1. 工资	600	合计	3 000	2	6 000
2. 劳动保护费	100				
3. 折旧	1 000	计划单位成本 = $\dfrac{费用计划数额}{修理工时计划数}$			
4. 低值易耗品	100	某部分应承担的费用 = 耗用修理工时数×计划单位成本			
5. 办公费	200				
合计	6 000				

（二）编制基本生产车间成本计划

首先编制各车间直接费用计划，然后，编制各车间的制造费用预算，并在各产品之间进行分配，最后编制各车间的产品成本计划。

1. 一车间生产成本计划

一车间生产成本计划如表 8-5 至表 8-9 所示。

产品:甲产品

表8-5 基本生产车间直接费用计划

单位:元

项目	计量单位	期初在产品			本期生产费用						产量	完工产品成本				期末在产品		
					单价	单位成本		生产费用总额				总成本		单位成本		约当产量	消耗量	金额
		产量	消耗量	金额		消耗量	金额	产量	消耗量	金额		消耗量	金额	消耗量	金额			
栏次	(1)	(2)	(3)	(4)	(5)	(6)	(7)	(8)	(9)	(10)	(11)	(12)	(13)	(14)	(15)	(16)	(17)	(18)
直接材料 B材料	千克	100	327.5	655	2	3	6	450	1 350	2 700	550	1 677.5	3 355	3.05	6.1			
直接人工	工时	100	100	255	2	2	4	500	1 000	2 000	550	1 100	2 255	2	4.1			
合计				910			10			4 700			5 610		10.2			

表 8-6　基本生产一车间直接费用计划

产品：乙产品 单位：元

项目	计量单位	单价	单位成本		总成本		
			消耗量	金额	产量	消耗量	金额
		(1)	(2)	(3)=(1)×(2)	(4)	(5)=(4)×(2)	(6)=(5)×(1)
直接材料 C 材料	千克	3	2	6	200	400	1 200
直接人工	工时	2	3	6	200	600	1 200
合计				12			2 400

表 8-7　基本生产一车间制造费用预算表

单位：元

明细项目	工资	办公费	折旧费	修理费	检验费	消耗材料	其他	合计
金额	1 000	200	1 000	3 000	200	500	100	6 000

表 8-8　基本生产一车间制造费用分配表

单位：元

产品名称	本期生产工时消耗	分配	制造费用			约当产量			分配率	制造费用分配	
			本期数	期初数	合计	完工产品	期末在产品	合计		完工产品	期末在产品
	(1)	(2)	(3)	(4)	(5)	(6)	(7)	(8)	(9)	(10)	(11)
甲产品	1 000		3 000	300	3 300	550	0	550	6	3 300	0
乙产品	1 000		3 000		3 000	200	0	550	15	3 000	0
合计	2 000	3	6 000								

表 8-9　基本生产一车间产品成本计划

单位：元

项目	甲产品		乙产品		计划总成本
	计划产量 550 件		计划产量 200 件		
	单位成本	总成本	单位成本	总成本	
直接材料	6.1	3 355	6	1 200	4 555
直接人工	4.1	3 255	6	1 200	3 455
制造费用	6	3 300	15	3 000	6 300
合计	16.2	9 910	27	5 400	14 310

2. 二车间成本计划

第二车间生产成本计划如表 8-10、表 8-11、表 8-12 所示。

表 8-10 基本生产二车间直接费用计划

产量：甲产品   单位：元

项目	计量单位	单价	单位成本		总金额		
			消耗量	金额	产量	消耗量	金额
		(1)	(2)	(3)=(1)×(2)	(4)	(5)=(4)×(2)	(6)=(5)×(1)
直接材料 A材料	千克	5	1	5	550	550	2 750
直接人工	工时	1	3	3	550	1 650	1 650
合计				8			4 400

表 8-11 基本生产二车间制造费用预算表

明细项目	工资	办公费	折旧费	修理费	检验费	消耗材料	其他	合计
金额	500	100	800	1 800	100	500	50	3 850

表 8-12 基本生产二车间产品成本计划

单位：元

项目	甲产品 计划产量550件 单位成本	计划总成本
直接材料	5	2 750
直接人工	3	1 650
制造费用	7	3 850
合计	15	8 250

二、编制基本车间制造费用总预算

基本生产一车间、二车间制造费用总预算如表 8-13 所示。

表 8-13 制造费用总预算表

明细项目	辅助生产车间	一车间	二车间	减内部转账	合计
工资		1 000	500		2 100
劳动保护费					100
折旧	600	1 000	800		2 800
低值易耗品	100				100
办公费	1000	200	100		500
修理费	100	3 000	1 800		0
检验费	200	200	100		300
消耗材料		500	500	4 800	1 000
其他		100	50		150
合计	2 000	6 000	3 850	4 800	7 050

三、编制全厂成本计划

全厂成本计划包括主要产品单位成本计划和商品产品成本计划。财会部门对各车间编制的成本计划进行审查后，综合编制全厂成本计划。

（一）编制主要产品单位成本计划

主要产品成本计划是根据各基本生产车间的产品成本计划汇总编制的。各主要产品成本计划如表 8-14 和表 8-15 所示。

表 8-14　主要产品单位成本计划

产品名称：甲产品
计划产量：550 件

成本项目	行次	单位成本/元		降低额/元	降低率/%
		上年实际平均	本年计划		
直接材料	1	13	11.1	1.9	14.63
直接人工	2	8	7.1	0.9	11.25
制造费用	3	15	13	2	13.33
制造成本	4	36	31.2	4.8	13.33

表 8-15　主要产品单位成本计划

产品名称：乙产品
计划产量：200 件

成本项目	行次	单位成本/元		降低额/元	降低率/%
		上年实际平均	本年计划		
直接材料	1	7	6	1	14.29
直接人工	2	8	6	2	25
制造费用	3	16	15	1	6.25
制造成本	4	31	27	4	12.90

（二）编制商品产品成本计划

商品产品成本计划是根据各种产品单位成本计划，结合计划产量而编制的，既可按成本项目类别编制，也可按产品类别编制。可比产品需要根据上年平均单位成本和计划年度计划单位成本，计算可比产品的计划成本降低额和降低率指标。商品产品成本计划如表 8-16 所示。

表 8-16　商品产品成本计划（按产品类别）　　　　单位：元

产品名称	计划产量	单位成本		总成本			
		上年实际平均	本年计划	按上年实际单位计算	按上年计划单位成本计算	降低额	降低率
	(1)	(2)	(3)	(4)=(2)×(1)	(5)=(3)×(1)	(6)=(4)－(5)	(7)=(6)÷(4)×100%
可比产品							
其中：甲产品	550	36	31.2	19 800	17 160	2 640	13.3%
乙产品	200	31	27	6 200	5 400	800	12.9%
不可比产品							
全部商品产品成本				26 000	22 560		

【进一步学习指南】

　　成本计划是以货币形式规定企业在一定时期内为完成生产任务所应达到的成本水平。其内容主要包括全部商品产品成本计划、主要产品单位成本计划、生产费用预算、制造费用预算、期间费用预算、成本降低的措施方案等。

　　成本计划编制方法主要有两种，即集中编制法和分级编制法。集中编制法是指由厂部直接编制全厂的成本计划，这种方法一般适应于中、小型企业或生产品种较少的企业。分级编制法是企业先编制车间成本计划，然后再汇总编制全厂的成本计划，这种方法适应于大型企业或生产品种较多的企业。学习之余，可以选择一些企业对两种成本计划编制方法进行比较、分析。

【思考题】

　　1. 什么是成本计划？编制成本计划有何作用？

　　2. 成本计划包括哪些内容？

　　3. 简述成本计划编制的程序。

　　4. 成本计划编制的方法有哪些？如何编制成本计划？

【核算题】

　　某厂生产 A、B 两种可比产品和生产 C 不可比产品，计划年度产量：A 产品 50 台，B 产品 80 台，C 产品 100 台。由于在产品都比较稳定，不考虑期初、期末在产品差额。

　　有关消耗定额和计划单价资料见表 8-17。

表 8-17 各产品消耗定额及计划单价

项目	计量单位	单位产品消耗定额			计划单价 / (元/千克)
		A产品	B产品	C产品	
原材料					
甲材料	千克	10	4		9
乙材料	千克		12	15	70
丙材料	千克	5		9	40
工量定额	小时	800	950	1 000	

计划年度生产工人工资总额为 216 000 元，职工福利费按 14% 计提，计划年度制造费用总额为 108 000 元。

A、B 两种产品上年预计平均单位成本见表 8-18。

表 8-18 各产品上年预计平均单位成本

项目	单位成本/元	
	A产品	B产品
直接材料	1 180	1 275
直接人工	1 000	1 200
制造费用	420	525
合计	2 600	3 000

要求：根据上述资料，编制各种产品单位成本计划和按产品品种、按成本项目分别编制全部商品产品成本计划。

第九章

成 本 控 制

【本章学习目标】

- 理解成本控制的概念、原则和程序
- 熟悉价值工程、目标成本法和标准成本法

【案例】

邯郸钢铁总厂（简称邯钢）是 1958 年建成的老厂，是中国钢铁企业前 10 名的国有大型企业。1990 年邯钢生产 28 种钢材有 26 种亏本。1991 年开始邯钢实行低成本目标管理战略——成本控制，以"模拟市场核算，实行成本否决"为核心，加大了企业技术改造力度，加强了内部经营管理，坚持走集约化经营的道路，勤俭节约，使效益大幅度提高，实力迅速壮大。

（资料来源：曾繁荣. 成本会计. 大连：东北财经大学出版社，2009）

第一节　成本控制概述

一、成本控制的概念

控制，是指对事物起因、发展及结果的全过程的一种把握，是能预测和了解并决定事物的结果。

成本控制是指运用以成本会计为主的各种方法，预定成本限额，按限额开支成本和费用，将实际成本和成本限额进行比较，衡量经营活动的经营效果，并纠正不利差异，促使企业提高经济效益。

二、成本控制的意义

1. 成本控制有利于降低成本、提高经济效益

提高经济效益是企业管理的核心目标之一。在商品生产条件下，经营成果的取得需

要通过社会补偿来实现，企业的可控性是很有限的。但消耗是个别生产者的事，更易于组织实施。成本是劳动消耗的具体表现形式，企业开展成本控制，可以有计划地控制成本的形成，使成本不超过预先制定标准，不断降低成本。此外，降低成本也降低了盈亏临界点，扩大了安全边际，增强了企业的抗风险能力；降低成本又可以减少企业的资金占用，提高资金的使用效率等，也有助于企业增强竞争能力。

2. 成本控制有利于提高现代企业的管理水平

通过成本控制，可以促使企业更好地贯彻执行有关成本的各项法令、方针和政策，使企业经营管理工作提高到一个新的水平。首先，成本控制目标的制定过程中，需要企业内部设计、供应、生产、销售、质检等部门的人员参与其中，有利于加强各部门之间的沟通，提高管理效率；其次，实施成本控制还需要按照成本目标编制具体的成本计划并加以实施，需要各部门实施科学管理，保证成本目标和计划的完成；最后，通过成本控制可以分清企业内部各单位对成本形成应承担的经济责任，有利于加强企业内部核算，建立和健全企业内部经济责任制。

3. 成本控制是加强整个宏观经济控制的基础

成本控制的效果在很大程度上影响到宏观经济控制的效果。长期以来，我国成本控制工作一直不甚理想。成本失控，一方面，造成企业损失浪费日趋严重，成本不断上升；另一方面，也导致了物价的上升。所以，我们必须清楚意识到成本控制在整个宏观经济控制中的地位和作用，树立系统的成本控制因素，强化成本控制，才能为加强整个宏观经济控制奠定重要的基础。

三、成本控制的原则

企业要进行有效的成本控制，通常需要遵循以下一些基本原则。

（一）全面性原则

全面性原则是指企业在进行成本控制时，应实现全员控制，充分调动全体员工的积极性，使他们积极参与成本控制和承担成本控制责任；同时，企业应对产品投产前的设计阶段、产品生产过程和产品销售各个阶段发生的成本和费用进行全过程成本控制。

（二）讲究效益原则

企业在成本控制中应遵循成本-效益原则，因推行成本控制而发生的成本，不应超过因缺少控制而丧失的收益，否则得不偿失；同时，成本控制不仅要求企业尽量降低成本支出，讲究效益还应该开源节流，要求企业充分利用现有资源，实现生产要素的最佳配置。

（三）目标管理原则

企业的成本目标要层层分解，落实到各部门和人员，作为业绩考核依据。一般来说，成本目标分解越细，各个部门或人员的责任越明确，控制效果越好。

（四）责权利相结合原则

在落实目标管理原则时，应注意与各个部门或人员的责权利结合起来。只有某部门或某人能够控制的成本，才是成本控制的目标成本，否则目标管理原则失效。同时，针对目标实现的好坏，应给予适当奖惩，以充分调动员工的积极性。

（五）例外管理原则

例外管理原则是指在成本控制中，应把注意力放在重要的、不正常、不符合常规的关键性成本差异上。在进行例外管理时，应注意以下几个方面的内容：

（1）重要性。重要性通常是根据成本差异金额的大小来确定的，其中成本差异金额一般以成本差异占标准成本或预算成本总额的百分比来表示。企业可以根据自身实际情况确定重要性比率。

（2）一贯性。如果某些成本差异金额虽未达到重要性标准，但该差异金额一贯在这一控制线（限额）的上下限徘徊，也应引起管理人员的足够重视。这种情况的出现可能说明原标准成本已经过时或由于成本控制不严造成的。

（3）可控性。只有相关人员能够控制的成本项目才是例外管理的对象。否则，即使某一成本项目符合例外管理的条件，但管理人员却无权或不能控制该成本项目，则也不应该视为例外。

（4）特殊性。对企业长期获利能力有重要影响的成本项目，即使没有达到重要性标准也应视为例外，进行重点管理。

四、成本控制的程序

成本控制程序包括事前、事中、事后控制三个阶段（图9-1）。

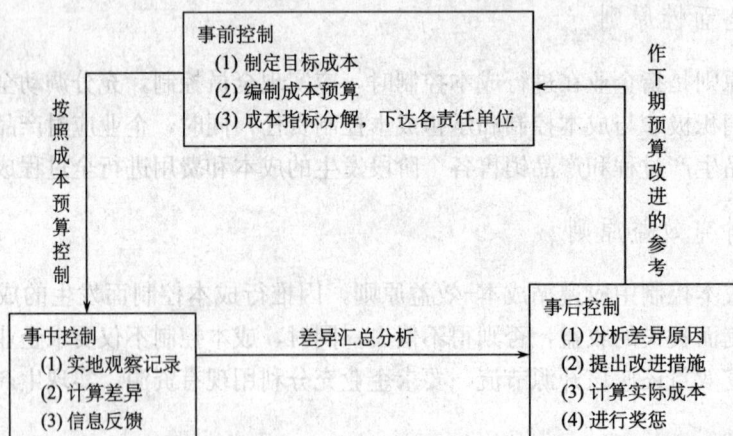

图9-1　成本控制程序

（一）事前控制

事前控制就是在设计阶段的成本控制。产品设计阶段应配合企业的总目标和全盘计划，确定目标成本，建立标准成本和预算，并将指标层层分解到各责任单位。将成本控制的目标进行必要宣传，提高广大职工成本控制的自觉性和热忱。

（二）事中控制

事中控制也就是在执行过程的控制。要有专人进行实地观察，根据分解的指标，记录有关的差异，及时进行信息的反馈。由于成本支出遍及企业的各车间、各部门，必须由各车间、各部门从全局观念出发，努力做好成本控制工作。

（三）事后控制

成本目标和计划执行以后，要就实际成本提出报告，将实际成本与目标成本之间的差异加以分析，查明原因和责任的归属，以利工作的改进。有时随着情况的发展，还应修正原订的限额。

第二节　价值工程

一、价值工程的定义

价值工程起源于 20 世纪 40 年代的美国，60 年代迅速推广到英国、法国、加拿大及北欧诸国，广泛应用于航空、造船、汽车、电子、武器研制及建筑等部门。从 80 年代开始，我国北京、天津、上海各大城市的许多部门引进价值工程，广泛应用于实际工作，取得了很大的经济效益。价值工程是把技术和经济紧密结合起来的科学管理技术，大量的实践证明，价值工程不仅能降低产品成本、提高产品质量，而且也是事前控制成本的有效手段，已成为企业实现管理现代化的一项重要内容。

什么是价值工程呢？对它的解释有各种不同的表述，比较简明的定义是："价值工程是以功能分析为核心，使产品或作业能达到适当的价值，即用最低的成本来实现（或创造）它具备的必要功能的一项有组织的活动。"

根据这个定义，我们可以把价值工程的基本原理归纳为三个方面：

（1）价值工程的目的是以最低的成本使某产品（或作业）具有适当的价值，即实现（或创造）它应具备的必要功能。

（2）价值工程的核心是对产品（或作业）进行功能分析。

（3）价值工程的组织领导是依靠广大员工集体智慧所进行的一项有计划、有组织、有领导的活动。

这里所说的"价值"，不是政治经济学中所说的"交换价值"的概念。它指的是某种产品的功能（或称效用）与成本（或生产费用）的比值。价值、功能（或效用）和成本（或生产费用）三者之间的关系，可用下列公式表示：

$$价值=功能（或效用）/成本（或生产费用），或 V=F/C$$

任何一种产品（或作业）必须具备一定的功能，这是顾客或消费者的要求，也是他们购买该产品的原因。价值工程就是以满足用户的要求，不降低质量为前提，以最低的费用使产品具有这些功能，或在成本不增加的情况下，提高产品质量。

二、开展价值工程的程序

开展价值工程活动，主要可分为计划、执行、检查评估和处理四个阶段，而其中的计划阶段是关键，它一般可分为以下五个程序。

（一）选择对象

在一个企业，不是对所有产品都要进行价值分析；就一种产品而言，也不是对所有零件都进行价值分析，而是应该有所选择。

（1）设计方面，应选择结构复杂的、体积比较庞大的、比较笨重的、材料昂贵的、技术水平低且性能差的等。

（2）生产方面，应选择批量大、工艺复杂的、原材料或能源消耗大的、成品率低的等。

（3）销售方面，应选择顾客意见大的、竞争能力较差的、多年未革新的老产品等。

（4）成本方面，应选择成本高于同类产品或高于功能相同的产品，成本结构中过高的构成部分，如材料费、加工费、能源费等。

（二）收集资料

确定对象以后，应根据对象的性质、范围和要求，制定收集情报资料的计划，寻找可靠的信息来源。它主要包括：

（1）本企业的基本情况。如生产规模，设备能力，产品的品种、产量、质量等。

（2）技术资料。本企业和国内外同行业同类产品的技术资料，如产品的结构、性能、设计方案、加工工艺等。

（3）经济资料。本企业和国内外同行业同类产品的成本构成，如材料费、加工费、外购件等。

（4）顾客意见。国内外用户的要求，使用的目的、使用的条件、使用中的问题等。

（三）功能分析

功能分析一般可分为以下三个步骤：

（1）功能了解，就是把价值工程对象所具有的各种功能，细致地加以剖析研究，对生产过程中采用的每一种工艺、每一道工序、每一种材料、每个零部件等都应了解它们对构成最终产品所引起的作用，所负担的职能，省去它们，是否影响产品的功能、是否还有便宜的东西可以代替等。

（2）功能整理，就是对一种产品写出它的全部功能定义后，还需要进行分类和整理，目的是弄清楚哪些是基本功能（顾客购买产品的目的就是购买它的基本功能）、哪些是辅助功能（即为实现基本功能而附加的功能）、哪些是过剩功能而哪些功能不足等。

（3）功能评价，就是探讨功能的价值，通常以下列两个公式作为评价功能的指标：

功能价值＝实现某一功能的最低成本/实现某一功能的目前成本

$$\frac{成本较低幅度}{（或预期节约额）} = \frac{实现某一功能的}{目前成本} - \frac{实现该功能的}{最低成本}$$

（四）制订方案

这是价值工程中充分发挥集体智慧和积极性及创造才能的阶段，通常又可分为提出改进方案、评价改进方案和选定改进方案三个步骤。通过功能分析，从不同角度提出各种成本更低而功能不变，或甚至功能还能提高的合理的备选方案，并进一步把备选方案从技术、经济和社会等方面进行充分比较，选出最优方案。

（五）确定目标成本

为了对新产品和新工艺的成本水平进行事前控制，还需要对选定的最优方案进行目标成本的计算，并将产品的目标成本按功能评价系数分配给各有关的零部件，算出各零部件的目标成本，作为事前控制零部件设计的经济依据。

三、价值工程例举

【例9-1】 假定甲产品由4个零件组成，分别以A、B、C、D表示。甲产品已生产一年，目前成本为800元，与同行业同类产品比较功能相同，但成本偏高，被确定为价值工程的对象。首先要比较这些零件的相对重要性，见表9-1所示。

表9-1 零件的相对重要性

	B	C	D	得分合计
A	A_1	A_1	A_1	3
	B	C_1	D_1	0
		C	D_1	1
			D	2
				6

在表9-1中，零件A同B比较，如果A重要，就得1分，在空格里写A_1；A与C比较，A重要就得1分，在空格里写A_1；A与D比较，同样A比较重要得1分，在空格里写A_1；零件A比较完后，再就零件B与其他零件比较，依次类推。

1. 计算功能评价系数

构成产品的零件之间的重要性进行一对一的比较，可以说明它们之间的相对重要性。如表9-1所示，4个零件共得6分，其中A最重要，得3分。为了把相对重要性表现得更明显，可以计算它们的功能评价系数，评价系数越高，说明该零件越重要。功能评价系数计算公式如下：

功能评价系数＝ 某零件的功能分数/全部零件的功能分数

甲产品功能评价系数计算结果如表 9-2 所示。

表 9-2　按评价系数分配成本

零件名称	目前成本	功能评价系数（1）	成本系数（2）	价值系数（3）	按功能评价系数分配目前成本（4）	按功能评价系数分配目标成本（5）	应降低的成本指标（6）	实施价值工程后的实际成本（7）
A	500	0.5	0.5	1	500	450	50	450
B	50	0	0.05	0	0	0	50	0
C	120	0.167	0.12	1.39	167	150.3	−30.3	140
D	330	0.333	0.33	1	333	299.7	30.3	290
合计	1 000	1	1		1 000	900		880

2．计算成本系数

成本系数计算公式如下：

成本系数＝ 某零件的成本/产品成本

3．计算价值系数

在确定功能评价系数和成本系数后，可以计算价值系数：

价值系数＝ 功能评价系数/成本系数

计算出的价值系数有如下三种情况：

第一种情况，价值系数等于或接近 1，说明分配在该零件上的成本比例适宜，如表 9-2 中零件 A 和 D，价值系数为 1。

第二种情况，价值系数大于 1，说明分配在该零件上的成本偏低，如零件 C。

第三种情况，价值系数小于 1，说明分配在该零件上的成本偏高，如零件 D。

4．按功能评价系数分配目前成本

按功能评价系数分配目前成本计算公式如下：

按功能评价系数分配目前成本＝目前成本×功能评价系数

5．按功能评价系数分配目标成本

推行价值工程的目的是降低成本，假定目标成本指标实现要在目标成本指标基础上降低 10%，即目标成本确定为 900 元（同行业先进水平），按照各零件功能评价系数，把 900 元分配到各零件上。

按功能评价系数分配目标成本计算公式如下：

按功能评价系数分配目标成本＝目标成本×功能评价系数

6．计算应降低的成本指标

应降低的成本指标计算公式如下：

应降低的成本指标＝目前成本−按功能评价系数分配的目标成本

上述计算结果见表 9-2。

7. 实施价值工程后的实际成本

通过开展价值工程工作，对这个零件进行改进之后，其实际成本填入表9-2最后一栏。该栏为推行价值工程后实际成本的合计数，可以与预定目标成本进行比较，是降低了还是升高了，最终反映开展价值工程的成效。上例中，实施价值工程后的实际成本为880元，比预定目标成本900元降低了20元。

<h2 style="text-align:center">第三节　标准成本法</h2>

一、标准成本法的含义和特点

标准成本法又称为标准成本制度，不仅仅是一种成本计算方法，而且是把成本的计划、控制、计算、分析相结合的一种成本控制系统。在标准成本法下，要为产品成本制定各种标准，并使之适用于管理中对产品成本进行有效的控制。其主要目的在于尽可能地降低成本，提高企业经营绩效。

标准成本法具体有以下特点：

（1）事先为企业生产的各种产品制定各成本项目的标准（即标准成本），将标准成本作为员工努力工作的目标，也是衡量实际成本节约或超支的尺度，从而起到事先控制的作用。

（2）生产过程中实际发生的成本与标准成本作比较，及时揭示并分析成本差异，并可以迅速采取有效措施加以改进，起到事中控制的作用。

（3）月末，将实际产量下的标准成本与实际成本作比较，揭示成本差异分析原因，查明责任，评估业绩，并指出降低成本的途径，达到事后控制的目的。

（4）标准成本法在西方国家及我国管理较为先进的企业中被广泛应用，就是因为它可以简化成本核算，有效地进行成本控制，有利于正确评价业绩，增强员工的成本意识，最终提高企业经营的绩效。

二、成本标准的制定

采用标准成本法核算，企业必须事先制定产品的各项标准成本。标准成本是指在整个生产经营过程中为各部门、各单位、各种产品规定的费用开支和人力、物力的消耗标准。

（一）成本标准的类型

常见的成本标准有三种分类方法：

（1）按照制定成本标准的依据不同，分为历史标准成本和预期标准成本。历史标准成本是某产品过去已实现的实际成本为标准确定的成本。历史标准成本可以选择历史平均成本，也可以选择历史最低成本。预算标准成本是以现有的技术水平为基础，考虑未来可能发生的变化制定的标准成本，是企业短期内的目标成本。

（2）按照标准成本使用的期限不同，分为基本标准成本和现行标准成本。基本标准成本是在制定后，只要基本生产条件不变则不再变动的一种标准成本。现行标准成本是在企业现行的生产条件下有效经营可以达到的成本，该标准成本应随着企业生产条件的变化而调整，通常每年制定一次。

(3) 按照标准成本的水平，分为理想标准成本和正常标准成本。理想标准成本是企业的生产经营条件达到最优水平时的成本。这种情况只在理论上存在，现实中不可能达到。正常标准成本是在合理的工作效率、正常的生产能力和有效的经营条件下所能达到的成本。这种成本经过生产经营者的努力是可以达到的。

企业在成本控制中应采用何种标准成本，要考虑自身情况，既要选择先进的标准，又要选择切实可行的标准。制定以后既不能长期不变，也不能变化过频，一般以每年修订一次为宜。

(二) 各成本项目标准成本的制定

产品的标准成本和实际成本一样，包括直接材料、直接人工和制造费用三个成本项目。标准成本的制定应分为成本项目进行分别进行，每一个成本项目都遵循一个公式：

$$标准成本＝标准消耗量×标准价格$$

1. 直接材料的标准成本

$$某产品直接材料的标准成本＝直接材料标准数量×直接材料标准价格$$

其中，数量标准在制定时，要以正常生产条件下构成产品实体所消耗的原材料数量为准，同时考虑合理的损耗和不可避免的废品所耗；价格标准是指材料的采购成本标准，包括买家和采购费用。

2. 直接人工的标准成本

$$某产品直接人工的标准成本＝直接人工标准工时×直接人工标准工资率$$

其中，工时标准即为数量标准，应考虑产品正常加工时间、必要停工时间和不可避免废品所耗时间等。工资率标准即为价格标准。

3. 制造费用的标准成本

制造费用标准成本，一般区分固定制造费用和变动制造费用而制定：

$$某产品固定制造费用标准成本＝该产品标准工时×固定制造费用标准分配率$$

$$某产品变动制造费用标准成本＝该产品标准工时×变动制造费用标准分配率$$

其中，制造费用的价格标准一般以部门为单位，先分别编制固定制造费用和变动制造费用预算额，再除以标准总工时，求得各自的标准分配率。

综上所述，单位产品的标准成本为

$$单位产品标准成本＝直接材料标准成本＋直接人工标准成本＋制造费用标准成本$$

三、标准成本差异的计算和分析

标准成本差异是指标准成本与实际成本之间的差额。如果实际成本高于标准成本，为超支差异；如果实际成本低于标准成本，为节约差异。成本差异的存在，表明成本发生过程中不利或有利的因素在起作用。企业可以从差异入手，找出这些影响成本的因素，并采取措施，控制成本。由于标准成本均由数量标准和价格标准组成，因此，成本差异的分析主要也从数量差异和价格差异两方面入手（图9-2）。

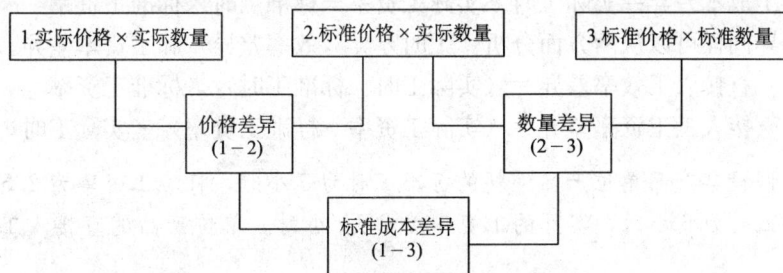

图 9-2 成本差异分解图

（一）直接材料成本差异

直接材料成本差异＝材料实际成本－材料标准成本

＝实际数量×实际价格－标准数量×标准价格

上述差异可以从数量和价格两方面考虑：

材料数量差异＝（实际数量－标准数量）×标准价格

材料价格差异＝（实际价格－标准价格）×实际数量

【例9-2】 某产品生产过程耗用甲材料。甲材料的标准消耗量为500千克，标准单价为6元，实际消耗量为600千克，实际单价为5.5元，则甲材料成本差异计算如下：

甲材料成本差异＝600×5.5－500×6＝300（元）

其中，

数量差异＝（600－500）×6＝600（元）

价格差异＝（5.5－6）×600＝－300（元）

计算结果表明，该产品直接材料超支300元，其中由于增加了材料的消耗量引起成本超支600元，由于降低了采购成本而节约了300元。

直接材料的用量差异是在材料耗用过程中形成的，反映生产部门的成本控制业绩，所以一般应由控制用量的生产部门负责。影响直接材料用量差异的因素很多，如是否合理用料、技术熟练程度、加工设备的完好程度、产品质量控制制度等，这些因素基本上是由生产部门负责。但是，影响材料耗用量的因素也可能是其他部门引起的，例如，所采购材料质量低劣而产生废品所引起材料的过量使用，这种情况下应该由采购部门负责。

直接材料价格差异是在采购过程中形成的，影响因素大致包括市场环境、价格变动状况、材料采购方式、采购批量、运输方式以及供应商的选择等。这些费用的高低，基本上是采购部门造成的，属于采购部门的控制范围。

上例中，企业应该在控制采购成本的基础上，有效控制生产部门的消耗量，减少浪费。

（二）直接人工成本差异

直接人工成本差异＝实际工时×实际工资率－标准工时×标准工资率

上述差异同样可以从两方面分析：工时差异（效率差异）和工资率差异。

直接人工效率差异＝（实际工时－标准工时）×标准工资率

直接人工工资率差异＝（实际工资率－标准工资率）×实际工时

【例9-3】 假设某产品单位产品消耗的标准工时为5小时，标准工资率为2.5元/小时，实际消耗的工时为6小时，实际的工资率为2元/小时。单位产品的直接人工成本差异计算如下：

直接人工成本差异＝6×2－5×2.5＝－0.5（元）

其中，

效率差异＝（6－5）×2.5＝2.5（元）

工资率差异＝（2－2.5）×6＝－3（元）

计算结果表明，单位产品的直接人工成本节约0.5元。其中，由于生产效率降低导致成本增加了2.5元，工资率降低使得成本降低了3元。

直接人工效率差异的影响因素主要有工人的技术熟练程度和责任感、劳动生产率、加工设备、工作环境、材料半成品的供应保障程度等。通常情况下，直接人工效率差异主要是生产部门的责任。

直接人工工资率通常较少变动，主要影响因素是工人工资结构和工资水平变动，如工人升级或降级使用、加班或使用临时工、出勤率变化等，原因较为复杂。一般而言，直接人工工资率差异应归属于企业劳动人事部门，也会涉及生产部门或其他部门。

上例中，要降低直接人工成本，在工资水平不断提高的前提下，必须改进生产工艺，提高劳动熟悉程度，以提高劳动生产率。

（三）制造费用的成本差异

制造费用的成本差异要分固定制造费用和变动制造费用分别计算和分析，其中变动制造费用和产品产量有关，其差异仍然可以从效率（工时）差异和开支（分配率）差异两方面考虑。固定制造费用与变动制造费用不同，它具有在相关范围内固定不变的特性，因此，固定制造费用的成本控制方法与变动制造费用的成本控制方法不同，其标准成本差异的计算也不相同。

1. 变动制造费用的成本差异

变动制造费用的成本差异＝实际变动费用－标准工时×标准变动制造费用分配率

其中，

效率差异＝（实际工时－标准工时）×标准变动制造费用分配率

开支差异＝（实际变动制造费用分配率－标准变动制造费用分配率）×实际工时

【例9-4】 某生产车间变动制造费用实际发生额为48 520元，实际消耗工时为4 320小时，标准工时为4 200小时，变动制造费用材料标准分配率为11.5。变动制造费用成本差异计算如下：

变动制造费用成本差异＝48 520－4 200×11.5＝220（元）

其中，效率差异＝（4 320－4 200）×11.5＝1 380（元）

开支差异＝48 520－4 320×11.5＝－1 160（元）

计算结果表明，变动制造费用成本超支220元，由于机器工时的增加使成本增加了1380元，而变动制造费用开支的降低使成本降低了1160元。

变动制造费用效率差异是由于实际工时脱离了标准工时，因此，其形成原因与人工效率差异基本相同，实际上反映的是产品制造过程中的工时利用效率问题，在分析时应结合直接人工效率差异进行分析。

变动制造费用分配率差异，是实际产量实际变动制造费用与按实际工时和标准小时工资率计算的预算数之间的差额。由于后者是在承认实际工时是必要的前提下计算出来的弹性预算数，因此该项差异的实质是每小时业务量支出的变动费用脱离了标准。部门需要将变动制造费用控制在弹性预算限额内。

2. 固定制造费用的成本差异

固定制造费用成本差异是指在实际产量下，固定制造费用实际发生额与标准发生额之间的差额。由于固定性制造费用的成本性态不同于变动性制造费用，因此，一般采用固定预算而不是弹性预算。而固定制造费用成本差异一般从预算差异和产量差异进行分析。

固定制造费用预算差异（耗费差异）是指实际产量实际固定制造费用与预算产量标准固定制造费用之间的差额。由于固定性制造费用总量随着业务量的发生而发生，因此，在考核时不考虑业务量变动，直接以预算数为基准，实际数超过预算数即视为耗费过多，反之亦然。它反映的是制造费用预算执行情况。其计算公式如下：

固定制造费用预算差异＝实际产量实际固定制造费用－预算产量标准固定制造费用

固定性制造费用产量差异是指预算产量标准固定制造费用与实际产量标准固定制造费用之间的差额，也就是预算产量标准工时与实际产量标准工时的差额用标准分配率计算出的金额。它反映企业未能充分利用现有生产能量（预算产量标准工时）而造成的损失。其计算公式如下：

固定制造费用产量差异＝预算产量标准固定制造费用－实际产量标准固定制造费用

$$＝（预算产量－实际产量）×单位产品固定制造费用标准$$

$$＝\left(\frac{预算产量}{标准工时}－\frac{实际产量}{标准工时}\right)×\frac{固定制造费用标}{准小时分配率}$$

【例9-5】 某企业预计本月生产甲产品180件，预计耗用直接人工小时900小时；实际完成产品产量200件，耗费980直接人工小时。本月固定制造费用预算为7 200元，实际发生额7 370元。

固定制造费用成本差异＝实际成本－标准成本

$$＝7 370－200×（7 200/180）＝－630（元）$$

其中，固定制造费用预算差异＝7 370－7 200＝170（元）

固定制造费用产量差异＝（180－200）×（7 200/180）
　　　　　　　　　　＝［900－200×（900/180）］×（7 200/900）
　　　　　　　　　　＝－800（元）

由于固定制造费用一般为固定成本，与业务量变动无关，因此，预算差异一旦为不利差异，说明实际耗费超过预算，应根据具体费用项目，进一步分析各项目差异形成的原因，从而采取必要的成本控制措施。产量差异是生产能量（预算产量标准工时）与实际产量标准工时不一致所引起的差异，当实际产量标准工时大于生产能量时，为有利差异，说明生产能力被超额利用；反之则为不利差异，说明生产能力出现浪费。

上例中，固定性制造费用总计节约 630 元，但固定性制造费用实际超过预算 170元，而由于超额利用生产能力，产量差异为节约 800 元。

四、标准成本法账务处理

采用标准成本法，其账务处理具有以下特点：

（1）在标准成本法下，"生产成本"、"库存商品"账户，无论是借方还是贷方均登记实际产量的标准成本，至于各种差异，则可另设各个成本差异账户进行核算。

（2）对标准成本差异，单独开设账户进行核算，如"直接材料用量差异"、"直接材料价格差异"、"直接人工效率差异"、"直接人工工资率差异"、"变动制造费用效率差异"、"变动制造费用开支差异"、"固定制造费用预算差异"和"固定制造费用产量差异"等账户。这些差异账户借方登记超支差异，贷方登记节约差异。

（3）月末，将各差异账户额汇总后，编制"成本差异汇总表"，并将各种差异抵消后的净额列入利润表，作为主营业务成本的调整范围。

五、标准成本法的应用

【例 9-6】　某公司预计生产乙产品 320 件，实际生产 300 件，全部完工，全部出售，每件售价 500 元。"生产成本"、"库存商品"账户期初均无余额，本月有关费用资料如下：

（1）耗用 B 材料，标准耗用量为 9.5 千克/件，标准价格为 5 元/千克，实际耗用为3 200 千克，实际价格 4 元/千克。

（2）实际耗用工时 6 000 小时，实际工资总额 66 000 元，标准工资率 12 元/小时，单位产品标准工时 18 小时。

（3）本月变动制造费用 24 000 元，变动制造费用标准分配率为 5 元/小时。

（4）本月固定性制造费用预算 15 360 元，实际发生固定制造费用 15 000 元。

按照标准成本法，根据以上资料，计算过程如下：

（1）计算直接材料成本差异并编制领用材料会计分录。

借：生产成本 [300×9.5×5]　　　　　　　　　　　　　14 250
　　直接材料用量差异 [（3 200－300×9.5）×5]　　　　 1 750
　　贷：原材料 [3 200×4]　　　　　　　　　　　　　　　　　12 800
　　　　直接材料价格差异 [（4－5）×3 200]　　　　　　　　　 3 200

（2）计算直接人工成本差异并编制直接人工会计分录。

借：生产成本 [300×18×12]   64 800

  直接人工效率差异 [（6 000−300×18）×12] 7 200

 贷：应付职工薪酬   66 000

   直接人工工资率差异 [（66 000/6 000−12）×6 000] 6 000

（3）编制变动制造费用会计分录。

借：生产成本 [300×18×5]   27 000

  变动制造费用效率差异 [（6 000−300×18）×5] 3 000

 贷：变动制造费用   24 000

   变动制造费用开支差异 [（24 000/6 000−5）×6 000] 6 000

（4）编制固定制造费用会计分录。

借：生产成本 [300×（15 360/320）]   14 400

  固定制造费用产量差异（320−300）×（15 360/320） 960

 贷：固定制造费用   15 000

   固定制造费用预算差异（15 000−15 360） 360

（5）编制完工入库的会计分录。

借：库存商品   120 450

 贷：生产成本 [14 250+64 800+27 000+14 400] 120 450

（6）编制销售会计分录。

借：银行存款   150 000

 贷：主营业务收入   150 000

（7）编制结转产品销售成本的会计分录

借：主营业务成本   120 450

 贷：库存商品   120 450

（8）编制结转本期各项成本差异的会计分录

编制成本差异汇总表如表9-3所示。

表9-3 成本差异汇总表

账户名称	不利差异	有利差异
材料价格差异		3 200
材料用量差异	1 750	
直接人工工资率差异		6 000
直接人工效率差异	7 200	
变动制造费用开支差异		6 000
变动制造费用效率差异	3 000	
固定制造费用预算差异		360
固定制造费用产量差异	960	
合计	12 910	15 560
差异净额		2 650

```
借：材料价格差异                                    3 200
    直接人工工资率差异                              6 000
    变动制造费用开支差异                            6 000
    固定制造费用预算差异                              360
  贷：主营业务成本/本年利润                         2 650
      材料用量差异                                  1 750
      直接人工效率差异                              7 200
      变动制造费用效率差异                          3 000
      固定制造费用产量差异                            960
```

【进一步学习指南】

　　成本控制是指运用以成本会计为主的各种方法，预定成本目标，按目标开支成本和费用，将实际成本和成本目标进行比较，衡量经营活动的经营效果，从而纠正不利差异，促使企业提高经济效益。

　　价值工程是指以功能分析为核心，使产品或作业能达到适当的价值，即用最低的成本来实现（或创造）它具备的必要功能的一项有组织的活动。标准成本法，又称为标准成本制度，是把成本的计划、控制、计算、分析相结合的一种成本控制系统。企业成本控制对于企业的重要意义不言而喻，有兴趣的同学可以收集一些成本控制的案例进行研究分析。

【思考题】

　　1. 什么是成本控制？

　　2. 简述成本控制的基本程序。

　　3. 什么是价值工程？

　　4. 价值工程的一般程序如何？

　　5. 标准成本的分类。

　　6. 如何制定产品标准成本？

　　7. 什么是标准成本差异？怎样分析？

【核算题】

　　1. 某企业上年投产的 A 产品由甲、乙、丙、丁四种组合件组成，目前成本为 480 元，各组合成本分别为 130 元、80 元、180 元、90 元。比较各组合件的相对重要性，得分数分别为 2、2、1、1。通过与同行业同类产品比较，发现 A 产品功能相同，但成本偏高，被确定为价值工程对象（A 产品的目标成本确定在目前成本基础上降低 10%）。

　　要求：计算各组合件的功能评价系数、成本系数及价值系数；计算各组合件按功能评价系数分配的目标成本及应降低的成本指标。

　　2. 某企业生产 A 产品，2008 年 5 月份计划生产 A 产品 700 件，单位产品工时定额为 20 小时，标准人工小时工资率 8 元；固定制造费用预算为 6 300 元。本月实际产量 650 件，耗用总工时 14 300 小时，单位小时工资率 7.8 元，固定制造费用总额 6 200 元。

　　要求：对各成本项目进行成本差异的计算和分析，并编制相关会计分录（差异全部由产品销售成本负担）。

第四篇

分析篇

第十章

成 本 报 表

【本章学习目标】

- 了解成本报表的作用、种类及编制的要求
- 掌握全部产品生产成本报表、主要产品单位成本表和各种费用报表的结构与编制

【案例】

众所周知，在我国珠三角，有很多按订单生产的制造企业，其中大部分是港资、台资及民营企业。这些企业，一般都没有自己或者不侧重自己的品牌，主要是给别的企业贴牌生产，做代工。对港资和台资企业来讲，在珠三角的工厂，纯粹只是生产基地，其销售和设计大多都不放在这边（有的工厂几乎都是按派单方的产品设计结果生产），所以，对这类工厂而言，生产制造成本基本上就是成本的全部；这一点，对接单代工类型的民营企业而言，也同样适合。

对于这些企业，他们在市场中赖以生存的核心竞争力就是强大的成本控制能力，而成本控制的基础就是一张张成本报表。

（资料来源：熊昌兵. 论代工企业的生产成本控制. http://hi.baidu.com/%BD%AA%BF%AA%C8%F3de%BF%D5%BC%E4/blog/item/104f33b77d070ff330 addlle. html. 2008-10-31.）

第一节 成本报表概述

成本是综合反映制造企业生产、技术和经营、管理工作水平的一项重要质量指标，成本报表则是按照成本管理的各种需要，根据日常成本核算和其他有关资料定期编制，用以反映和监督制造企业一定时期产品成本水平和构成情况，以及各项费用支出情况的一种报告文件。编制成本报表是成本会计的一项重要内容。

由于在市场经济环境下，企业的生产经营情况、资金耗费和产品成本水平等成本信息都属于对外保密的资料，企业将其作为一种商业秘密，因此，成本费用报表不宜对外

公开报送，只是作为向企业经营管理者提供有关成本和经营管理费用信息，进行成本分析的一种内部管理报表。

一、成本报表的作用

成本报表需要同时满足财会部门、各级生产技术部门和计划管理部门等对成本管理的需要，对这些职能部门而言，不仅要求提供用于事后分析的资料，而且要求提供事前计划、事中控制所需要的大量信息。因此，正确、及时地编制成本报表显得尤为重要，具体表现在以下几个方面。

（一）反映工业企业报告期内产品成本水平

产品成本是反映制造企业生产技术经营成果的一项综合性指标，制造企业在一定时期内的物质消耗、劳动效率、工艺水平、生产经营管理水平，都会直接或间接地在产品成本中综合地体现出来。通过编制成本报表能够及时地揭示企业在生产、技术、质量、管理等方面取得的成绩和存在的问题，不断总结经验，提高企业经济效益。

（二）反映企业成本计划的完成情况

成本报表中所反映的各项产品成本指标，对掌握制造企业一定时期的成本水平，分析和考核产品成本计划完成情况及加强成本管理具有重要作用。

（三）为制定成本计划提供依据

成本计划是在报告年度产品成本实际水平的基础上，结合报告年度成本计划执行情况，考虑计划年度中可能出现的有利因素和不利因素而编制的，所以报告年度成本报表所提供的资料，是制定计划年度成本计划的重要参考依据，各管理部门还可以根据成本报表的资料对未来时期的成本进行预测。

（四）为企业的成本决策提供信息

对成本报表进行分析，可以发现成本管理工作中存在的问题，揭示成本差异对产品成本升降的影响程度，从而把注意力集中放在那些引起成本不正常变动的影响因素上，查明原因和责任，以便采取有针对性的措施，促使成本水平的不断降低，为企业挖掘降低成本的潜力指明方向。

二、成本报表的种类

成本报表主要是为满足企业内部经营管理的需要而编制的对内报表，因此，从报表的种类、格式、编制报表项目、编制方法，到报送时间和报送对象，都不是由国家统一规定的，而是由企业根据自身生产经营过程的特点和成本管理的要求所设置的，并随着生产条件的变化、管理要求的提高，适时进行修改和调整。因此，制造企业的成本报表具有较大的灵活性和多样性。除此以外，成本报表不仅要设置货币指标，往往还需要设置反映成本消耗的多种形式的指标，体现了较强的综合性。为了加强制造企业成本的日常管理，有必要对成本报表进行科学的分类。

（一）成本报表按其反映的内容分类

根据成本报表的成本信息归集对象和在成本管理中的用途不同，可以分为反映成本水平的报表、反映费用支出情况的报表和成本管理专题报表。这是成本报表的最基本分类。

（1）反映成本水平的报表。这类报表主要反映报告期内企业各种产品的实际成本水平。通过本期实际成本与前期平均成本、本期计划成本的对比，可以了解企业成本发展变化的趋势和成本计划的完成情况，并为进行深入的成本分析、挖掘降低成本的潜力提供资料。这类报表主要有产品生产成本表和主要产品单位成本表等。

（2）反映费用支出情况的报表。这类报表主要反映企业在报告期内某些费用支出的总额及其构成情况。通过此类报表可以分析费用支出的合理程度及变化趋势，有利于企业制定费用预算，考核费用预算的实际完成情况，以明确有关经济责任。这类报表主要有制造费用明细表、管理费用明细表、营业费用明细表和财务费用明细表等。

（3）成本管理专题报表。这类报表主要反映企业在报告期内某些成本、费用发生的具体情况和成本管理中某些特定、重要的信息。通过对这些信息的反馈和分析，可以有针对性地采取措施，从而加强企业的成本管理。这类报表一般根据企业实际需要灵活设置，通常有责任成本表、质量成本表等。

（二）成本报表按其编制的时间分类

成本报表按其编制的时间分类可以分为定期报表和不定期报表两大类。定期报表一般按月、季、半年、年来编制，如产品生产成本表、主要产品单位成本表、制造费用明细表等。但为了及时反馈某些重要的成本信息，以便管理部门采取对策，定期报表也可采用旬报、周报、日报乃至班报的形式。不定期报表是针对成本管理中出现的问题或急需解决的问题而随时按要求编制的，如发生了金额较大的内部故障成本，需及时将信息反馈给有关部门而编制的质量成本表等。

（三）成本报表按其编制的范围分类

成本报表按编制的范围划分为全厂成本报表、车间成本报表和班组（或个人）成本报表等。一般来说，商品产品成本表、主要产品单位成本表、管理费用明细表、营业费用明细表、财务费用明细表等都是全厂成本报表，而制造费用明细表，既可以是全厂成本报表，也可以是车间、班组（或个人）成本报表。

三、成本费用报表的编制要求

为了充分发挥成本报表在经济管理中的积极作用，企业在编制各种成本报表时需遵守以下一些基本要求。

（一）数字准确

数字准确是指报表中的各项数据必须真实可靠，不得以估计数字、计划数字、定额数字替代实际数字，更不允许弄虚作假、篡改数字。因此，企业在编制成本报表前，应将所有的经济业务登记入账，调整不应列入成本的费用，并核对各种账簿之间的记录，做到账账相符；认真清查财产物质，做到账实相符，然后再依据有关账簿的记录编制报表。报表编制完毕后，还应检查各个报表中相关指标的数字是否一致，做到表表相符。

（二）内容完整

内容完整是指主要成本报表的种类必须齐全，应填列的报表指标和文字说明必须全面，表内项目和表外补充资料，不论根据账簿资料直接填列，还是分析填列，都应当完整无缺，不得任意取舍。

（三）编报及时

编报及时是要求按规定期限报送成本报表。为了反映成本计划和费用预算的执行情况，成本报表可以像财务报表一样定期按月、季、半年、年编制，以便为企业进行成本预测、编制成本计划提供必要的成本信息。在日常成本核算过程中，为了及时反馈成本信息和提示存在的问题，还需要以旬报、周报、日报甚至班报为形式编制不定期成本报表，从而使有关部门及时了解生产耗费的变化情况和发展趋势，并采取相应的措施改进工作，加强成本控制。

作为内部报表的成本费用报表在编制时，除遵守会计报表的基本要求外，还应结合企业生产特点和管理要求注意以下几个方面的问题：

一是成本报表的专题性。成本报表有些是反映企业成本的全貌，有些则是反映企业成本中的某一方面或某些方面。作为内部报表的成本费用报表，其专题性强调的是成本报表的设置应适应成本管理中某一方面的需要，突出成本管理中的重点问题，对成本形成产生重大影响或费用发生集中的部门，应单独设置有关成本费用报表，以提供充分的成本信息，从而满足企业内部成本管理的需要。

二是成本报表指标的实用性。成本报表的指标设置应以适应企业内部成本管理的需要为标准。成本指标既可按完全成本进行反映，也可按变动成本和固定成本来反映，还可以考虑将成本指标与生产工艺规程以及各项消耗定额对照，以便从最原始的资料入手，分析成本升降的原因，挖掘降低产品成本的潜力。

三是成本报表格式的针对性。成本费用报表格式的设计，应能针对某一具体业务的特点及其存在的问题，重点突出，简明扼要，切忌表式复杂庞大，避免无用的烦琐计算。

第二节　成本报表的编制方法

各种成本报表，一般需要反映本期产品的实际成本，本期经营管理费用的实际发生额，以及实际成本或实际费用的累计数。为了考核和分析成本计划的执行情况，这些报表还需反映有关的计划数和某些补充资料。

一、全部产品生产成本报表的编制

全部产品生产成本报表可以定期、总括地考核和分析企业全部生产费用和全部产品总成本计划的完成情况，对企业成本工作从总体上进行评价，并为进一步分析指明方向。

全部产品生产成本报表可以从两个不同角度进行编制：一是按产品种类编制全部产品生产成本表，反映企业在报告期所产全部产品的总成本和各种主要产品（含可比产品和不可比产品）单位成本及总成本。二是按成本项目编制全部产品生产成本表，汇总反映企业在报告期发生的全部生产费用（按成本项目反映）和全部产品总成本。

（一）全部产品生产成本表（按产品种类反映）的编制

全部产品生产成本表（按产品种类反映）分为正表和补充资料两部分。正表项目栏的纵栏中首先分为可比产品与不可比产品两部分。可比产品是指上一年正式生产过，有上年度较完备的成本资料的产品。由于可比产品需要同上年度实际成本进行比较，因此，表中不仅要反映本期的计划成本和实际成本，还要反映按上年实际平均单位成本计算的总成本。不可比产品是指上一年没有正式生产过，没有上年度成本资料的产品，所以只反映本年度的计划成本和实际成本。将可比产品成本与不可比产品成本加总，可以求得全部产品生产的制造成本。

正表项目栏的横栏中，分别反映各种产品的实际产量、单位成本、本月总成本和本年累计总成本，分别以上年实际平均单位成本、本年计划单位成本和本月实际单位成本为标准计算的实际产量总成本，以便将本年实际与上年实际和本年计划进行比较，正确评价企业成本工作的业绩。补充资料则是按年填报可比产品成本降低额、降低率、产值成本率的累计实际数与计划数，以及按现行价格计算的产品产值等。以方便对报表资料进行分析和利用。

全部产品生产成本表（按产品种类反映）的格式如表 10-1 所示。

全部产品生产成本表（按产品种类反映）的编制方法如下：

（1）实际产量栏。分为本月数和本年累计数两栏，分别反映本月和从本年 1 月 1 日起至报表编制月月末止各种主要商品的实际产量。应根据成本计算单或产品成本明细账的记录计算填列。

（2）单位成本栏。按上年度本报表资料、本期成本计划资料、本期实际成本资料和本年累计成本资料分别计算填列。

（3）本月总成本栏。包括本月实际总成本、按上年实际平均单位成本计算的总成本和本年计划单位成本计算的总成本三项内容。其中，本月实际总成本按本月产品成本计算单的有关数字填列；后两项内容分别根据上年实际平均单位成本和本年计划单位成本乘以本月实际产量所得积数填列。

编制单位:嘉城制造有限责任公司

表 10-1　全部产品生产成本表(按产品种类反映)

20×× 年 12

单位:元

产品名称 规格	计量单位	实际产量		单位成本				本月总成本			本年累计总成本		
		本月	本年累计	上年实际平均	本年计划	本月实际	本年累计实际平均	按上年实际平均单位成本计算	按本年计划单位成本计算	本月实际	按上年实际平均单位成本计算	按本年计划单位成本计算	本年实际
		(1)	(2)	(3)	(4)	(5)=(9)÷(1)	(6)=(12)÷(2)	(7)=(1)×(3)	(8)=(1)×(4)	(9)	(10)=(2)×(3)	(11)=(2)×(4)	(12)
可比产品合计								22 400	21 120	22 480	280 000	264 000	278 000
1,甲	台	32	400	325	310	313	305	22 400	21 120	22 480	280 000	264 000	278 000
2,乙	台	16	200	750	700	775	780	10 400	9 920	10 080	130 000	124 000	122 000
								12 000	1 1200	12 400	150 000	140 000	156 000
不可比产品合计													
1,丙	件	8	100		525	540	530		4 200	4 320		52 500	53 000
									4 200	4 320		52 500	53 000
全部产品生产成本									25 320	26 800		316 500	331 000

补充资料(本年实际数):

(1) 可比产品成本降低额 2000 元(本年计划降低额为 12 500 元)

(2) 可比产品成本降低率 0.71%(本年计划降低率为 5.75%)

(3) 按现行价格计算的商品产值 935 000 元

(4) 产值成本率 35.40 元/百元(本年计划产值成本率为 35 元/百元)

（4）本年累计总成本栏。包括按上年实际平均单位成本计算、按本年计划单位成本计算和本年实际总成本三栏。应按自年初至本月末止的本年累计产量分别乘以上年实际平均单位成本、本年计划单位成本和本年累计实际平均单位成本的积填列。

（5）补充资料部分。补充资料部分只填列本年累计实际数。具体指标计算将在下一章详细介绍，在此不再赘述。

（二）全部产品生产成本表（按成本项目反映）的编制

全部产品生产成本表（按成本项目反映）分为生产费用和产品成本两部分。生产费用部分按成本项目反映；产品成本部分是在生产费用合计数的基础上，加减期初、期末在产品和自制半成品余额计算的产品成本合计数。生产费用和产品成本可以按本年计划数、本月实际数和本年累计实际数分档反映，以便于分析利用。如果可比产品单列，还可以增设上年实际数档。

全部产品生产成本表（按产品项目反映）的格式如表 10-2 所示。

表 10-2　全部产品生产成本表（按成本项目反映）

编制单位：嘉城制造有限责任公司　　　　　20××年 12 月　　　　　单位：元

项目	本年计划数	本月实际数	本年累计实际数
生产费用			
直接材料	211 190	17 580	237 970
直接人工	61 480	4 630	53 150
制造费用	41 150	3 470	37 080
生产费用合计	313 820	25 680	328 200
加：在产品、自制半成品期初余额	16 000	3 120	21 800
减：在产品、自制半成品期末余额	13 320	2 000	19 000
产品成本合计	316 500	26 800	331 000

全部产品生产成本表（按产品项目反映）中，本年计划数根据成本计划有关资料填列；本月实际数根据各种产品成本明细账所记本月生产费用合计数，按成本项目分别汇总填列；本年累计实际数根据本月实际数，加上上月本表的本年累计实际数计算填列；期初、期末在产品和自制半成品余额，根据各种产品成本明细账的期初、期末在产品成本和各自自制半成品的期初、期末余额，分别汇总填列；而以生产费用合计数加（减）在产品、自制半成品期初、期末余额，即可计算出产品成本合计数。

二、主要产品单位成本表的编制

主要产品单位成本表是反映企业在报告期内生产的各种主要产品单位成本构成情况和各项主要技术经济指标报告情况的报表。该表按主要产品分别编制，它是对全部产品成本表的有关单位成本作进一步补充说明的报表。利用主要全部产品成本表，可以具体了解各种主要产品单位成本的结构和水平，并按成本项目考核和分析各种主要产品单位成本计划执行情况，分析单位成本构成变化及趋势。该表通常每月编制。

（一）主要产品单位成本表的结构

主要产品单位成本表的结构可分为两部分：第一部分为本表的基本部分，是分别按每一种主要产品进行编制的，表中除反映产品名称、规格、计量单位、产量、售价之外，主要是按成本项目反映单位成本的构成和水平及各项主要技术经济指标；第二部分为本表的补充资料，反映上年和本年的几项经济指标，为分析、考核提供简便的资料。

主要产品单位成本表的格式如表 10-3 所示。

表 10-3　主要产品单位成本表

编制单位：嘉城制造有限责任公司　　　　　　　20××年12月　　　　　　单位：元

产品名称	乙产品	本月计划产量	12
规　格		本月实际产量	16
计量单位	台	本年累计计划产量	160
销售单价	750 元	本年累计实际产量	200

成本项目	历史先进水平	上年实际平均	本年计划	本月实际	本年累计实际平均
直接材料	490	540	500	605	600
直接人工	100	120	125	100	115
制造费用	60	90	75	70	65
生产成本	650	750	700	775	780

主要技术经济指标	单位	用量	用量	用量	用量	用量
1. 主要材料	千克	20	21.6	20	22	21.5
2. 生产工时	小时	16	18	17	16	16.4

补充资料：

项目	上年实际	本年实际
成本利润率/%		
资金利润率/%		
净产值率/%		
流动资金周转次数/次		
实际利税总额		
职工工资总额		
年末职工人数		
全年平均职工人数		

（二）主要产品单位成本表的编制方法

主要产品单位成本表的编制方法如下：本月计划产量和本年累计计划产量，根据本月和本年产品产量计划资料填列；本月实际产量和本年累计实际产量项目，根据统计提供的产品产量资料，或产品入库单填列；主要技术经济指标，反映主要产品单位产量所消耗的主要原材料、燃料、工时，应根据产品成本计算资料（包括领料单等凭证）以及统计资料整理填列；历史先进水平，根据本企业历史上该种产品成本最低年度的成本资料填列；上年实际平均，根据上年度本表的本年累计实际平均单位成本和单位用量的资料填列；本年计划，根据年度成本计划中的资料填列；本月实际，根据本月完工的该种产品成本明细账上的有关数字计算后填列；累计实际平均，根据年初至本月末止已完工产品成本计算单等有关资料，采用加权平均计算后填列；补充资料有关指标的需要计算填列，其中：

$$成本利润率 = \frac{产品销售利润}{产品销售成本} \times 100\%$$

$$资金利润率 = \frac{利润总额}{资金总额} \times 100\%$$

$$净产值率 = \frac{工业净产值}{产品销售收入} \times 100\%$$

$$流动资金周转次数（次） = \frac{产品销售收入}{流动资金平均余额}$$

三、各种费用报表的编制

制造费用、销售费用、财务费用、管理费用明细表，是分别按其费用明细项目反映企业在一定时期内发生的制造费用、销售费用、财务费用、管理费用的总额及其详细构成情况的成本报表。

费用明细表的结构基本相同，都是按费用明细项目设置专栏反映的，其中明细项目的设置可参照《工业企业财务制度》有关规定，同时应注意遵循一贯性原则，以保持各报告期之间有关数据的可比性。

费用明细表中每一明细项目都应填列本年计划数、上年同期实际数、本年实际数及本年累计实际数。各费用明细表编制方法类似，其中，"本年计划数"应根据相关费用预算中的有关项目数字填列；"上年同期实际数"应根据上年同期对应费用明细表的累计实际数填列；"本月实际数"应根据对应费用明细账的本月发生数填列。"本年累计实际数"各项数字，填列自年初起至编报月末止的累计实际数，应根据对应费用明细账的记录计算填列，或根据本月实际数加上期本表的本年累计实际数填列。

通过制造费用、销售费用、财务费用、管理费用明细表，可以考核制造费用、销售费用、财务费用、管理费用预算的执行情况，分析各项费用的构成及其增减变动的情况和原因，以便企业采取措施，压缩开支，降低费用。下面分别说明各明细表的结构。

（一）制造费用明细表的结构和编制方法

制造费用明细表的一般格式如表 10-4 所示。

表 10-4　制造费用明细表

编制单位：嘉城制造有限责任公司　　　　　20××年12月　　　　　单位：元

费用项目	本年计划数	上年同期实际数	本月实际数	本年累计实际数
工资				
工资附加费				
折旧费				
办公费				
水电费				
差旅费				
运输费				
保险费				
租赁费				
设计制图费				
试验检验费				
在产品盘亏与毁损				
停工损失				
其他				
合计				

从表 10-4 可以看出，此表应按制造费用明细项目设置专栏，反映制造费用各费用项目的本年计划数、上年同期实际数、本月实际和本年累计实际数。

（二）销售费用明细表的结构和编制方法

销售费用明细表的一般格式如表 10-5 所示。

表 10-5　销售费用明细表

编制单位：嘉城制造有限责任公司　　　　　20××年12月　　　　　单位：元

费用项目	本年计划数	上年同期实际数	本月实际数	本年累计实际数
工资				
工资附加费				
广告费				
展览费				
折旧费				
办公费				
水电费				
差旅费				
运输费				
其他				
合计				

从表 10-5 可以看到，此表应按销售费用明细项目设置专栏，反映销售费用各费用项目的本年计划数、上年同期实际数、本月实际和本年累计实际数。

（三）财务费用明细表的结构和编制方法

财务费用明细表的一般格式如表 10-6 所示。

表 10-6 财务费用明细表

编制单位：嘉城制造有限责任公司　　　　　　　　20××年 12 月　　　　　　　　单位：元

费 用 项 目	本年计划数	上年同期实际数	本月实际数	本年累计实际数
利息支出（减利息收入）				
汇兑损失（减汇兑收益）				
调剂外汇手续费				
金融机构手续费				
其他筹资费用				
合 计				

从表 10-6 可以看到，此表应按财务费用明细项目设置专栏，反映财务费用各费用项目的本年计划数、上年同期实际数、本月实际和本年累计实际数。

（四）管理费用明细表的结构和编制方法

管理费用明细表的一般格式如表 10-7 所示。

表 10-7 管理费用明细表

编制单位：嘉城制造有限责任公司　　　　　　　　20××年 12 月　　　　　　　　单位：元

费 用 项 目	本年计划数	上年同期实际数	本月实际数	本年累计实际数
职工薪酬				
办公费				
业务费				
运输费				
装卸费				
修理费				
包装费				
保险费				
差旅费				
租赁费				
低值易耗品摊销				
产品质量保证费				
折旧费				
其他				
合 计				

从表 10-7 可以看出，此表应按管理费用明细项目设置专栏，反映管理费用各费用项目的本年计划数、上年同期实际数、本月实际和本年累计实际数。

【进一步学习指南】

成本报表则是按照成本管理的各种需要，根据日常成本核算和其他有关资料定期编制，用以反映和监督制造企业一定时期产品成本水平和构成情况，以及各项费用支出情况的一种报告文件。编制成本报表是成本会计的一项重要内容。

随着我国市场经济的发展，企业在市场中面临的竞争也日益激烈。成本领先战略成为我国企业的主要发展战略，而这就需要强大的成本控制能力，深刻理解并熟练应用成本报表是成本控制的基础工作。在课程之余，可以选择一些公司中实际使用的成本报表分析其是如何编制的。

【思考题】

1. 什么是成本报表？成本报表的种类有哪些？
2. 编制成本报表的作用是什么？
3. 填制各类成本报表的依据是什么？

【核算题】

某企业有关产品产量、单位成本和总成本的资料如表 10-8 所示。

表 10-8 某企业有关产品产量、单位成本和总成本的资料

产品名称		实际产量/台		单位成本/元		总成本/元	
		本月	本年累计	上年实际平均数	本年计划	本月实际	本年累计实际
可比产品	A 产品	100	900	800	780	75 000	684 000
	B 产品	30	500	500	480	13 500	235 000
	C 产品	80	1 100	700	710	55 200	748 000
不可比产品	D 产品	300	3 200		1 150	375 000	3 520 000
	E 产品	600	7 800		1 480	894 000	11 076 000

要求：根据上述资料，编制完成"全部产品成本表"。

第十一章

成 本 分 析

【本章学习目标】

- 了解成本分析的含义、作用及常用的方法
- 掌握全部产品成本计划完成情况、可比产品成本计划完成情况、可比产品单位成本、制造费用和各项期间费用的分析方法
- 理解技术经济指标变动对成本影响的分析方法
- 掌握成本效益分析的方法

【案例】

　　邯郸钢铁集团有限责任公司自 1958 年建厂投产以来，历经近半个世纪的艰苦创业，已从一个名不见经传的地方中小企业，发展成为一个现代化钢铁企业集团。邯钢的"模拟市场核算，实行成本否决"经营机制，可以总结为以下几种：①市场。实行内部模拟市场机制，根据市场上产品售价和采购原料的市场价格来计算目标成本和目标利润。②倒推。从产品在市场上承认能接受的价格开始，一个工序一个工序剖析其潜在效益，从后向前核定。③否决。以成本和效益决定分配和对干部业绩进行考评。④全员。每一人都要分担成本指标或费用指标，实行全员或全过程的成本管理。邯钢将模拟市场确定的目标分解为 10 万多个指标，层层负责，事后以成本降低额和内部利润为依据进行考核和奖惩依据，保障这一机制的有效运转。

　　（资料来源：中国心理人才网. 邯钢 你能领跑多少年？——访邯郸钢铁集团公司总经理刘汉章. http://www. psy51. com/Article/show Article. asp？Article ID＝1300. 2008-05-19）

第一节　成本分析概述

一、成本分析的含义

　　成本分析是根据成本核算资料和成本计划资料及其他有关资料，运用一系列专门方

法，揭示企业费用预算和成本计划的完成情况，查明影响成本计划和费用预算完成的原因，计算各种因素变化的影响程度，寻求降低成本、节约费用的途径，以便进一步认识和掌握成本变动的规律，充分挖掘企业内部降低成本潜力的一项专门工作。

二、成本分析的作用

企业定期和不定期的成本分析，在查明费用预算和成本计划的完成情况下，对找出成本管理工作中的成绩和问题，明确成本管理的责任，挖掘降低成本、费用的潜力，以及编制成本计划，进行成本预测和决策提供资料等方面有着重要的意义。

通过成本分析，可以随时查明各项定额、费用指标和成本计划的执行情况，及时采取有效措施，使各项消耗和费用开支控制在预先制订的标准限度内，实现降低成本的目的。

通过系统地、全面地分析成本计划完成或未完成的原因，可对成本计划本身及其执行情况进行评价，对成本管理的经验教训进行总结，逐步认识和掌握产品成本变动规律，以便于更好地完成计划任务，且为下期成本计划的编制提供重要依据。

进行成本分析，对各种备选方案进行经济效果的比较，为确定最佳方案提供客观依据。这对于企业正确进行生产、技术和经营决策，提高经济效益，具有重要意义。

三、成本分析的方法

在实际工作中，企业进行成本分析的方法很多，具体采用哪一种方法，取决于企业成本分析的目的、成本管理的要求、费用和成本形成的特点以及成本分析所依据的资料性质等。

（一）比较分析法

比较分析法是将两个或两个以上相关的数据进行对比，从数量上确定差异的一种分析方法。成本报表中有关成本指标数量上的差异，反映成本管理工作的绩效或差距。进行对比分析的基数由于成本分析的目的不同而有所不同，实际工作中通常有三种形式。

（1）以分析期成本的实际指标与成本的计划或定额指标对比，这是基本的比较方法。该方法可以找出分析期成本或费用与计划成本或费用之间的差异，提示成本计划或定额的完成情况。实际数与计划数或定额之间差异的产生，除了成本管理水平的原因外，还可能是由计划或定额太保守或不切实际造成的。所以，在分析时应该检查计划或定额本身是否既先进又切实可行。

（2）以分析期的实际成本指标与前期（上月、上季、上年、上年同期、本企业历史先进水平等）的实际成本指标对比，可以反映企业成本、费用指标的变动情况和变动趋势，了解企业生产经营工作的改进情况。在有关成本、费用的计划（或定额）资料不全或计划（或定额）制订质量不高时，这种比较将显得尤为重要。

（3）以本企业实际成本指标与国内外同行业先进指标对比，可在更大的范围内发现与先进水平的差距，从而学习先进，推动企业改进经营管理，赶上和超越先进。

需要注意的是，比较分析法只适用于同质指标的数量对比。因此，在采用这种分析方法时，应该注意对比指标的可比性。进行对比的各项指标，在经济内容、计算方法、计算期和影响指标形成的客观条件等方面，应当具有共同基础。

比较分析法是经济分析中广泛应用的一种分析方法。其对比的范围越广泛，越能发现差距，越有利于企业挖掘潜力，学习和推广先进经验。

（二）比率分析法

比率分析法是指通过计算和对比经济指标的比率，进行数量分析的一种方法。采用这种方法，要把对比的数值变成相对数，求出比率，然后进行对比分析。

1. 相关指标比率分析

相关指标比率是将两个性质不同但又相互联系的指标对比，求出比率，再以实际数与计划数（或前期实际数）进行对比分析，以便从经济活动的客观联系中，更深入地认识企业的生产经营状况。通过相关比率的计算，可以排除不同企业之间和同一企业不同期间的某些不可比因素，有利于企业经营管理者进行成本效益分析和经营决策。

成本分析中常见的相关指标比率分析主要是将成本指标与反映生产、销售等生产经营成果的产值、销售收入、利润指标对比，求出的产值成本率、销售成本率和成本费用利润率指标，据以分析和比较生产耗费的经济效益。

2. 构成比率分析

构成比率是指某项经济指标的各个组成部分所占总体的比重。在成本分析中，常见的构成比率分析包括构成产品成本的各个组成部分占总体的比重分析、构成产品成本的各个成本项目占产品成本总额比重分析、各个费用项目占总费用的比重分析等。

3. 趋势比率分析

趋势比率分析又称动态比率分析。它是将几个时期的同类指标的数值进行对比，求出比率，据以分析该项指标的增减速度和变动趋势，以判断企业某方面业务的趋势，从其变化中发现企业在生产经营方面所取得的成绩或不足。

（三）因素分析法

因素分析法就是将综合经济技术指标分解成各个原始因素，然后确定各个因素变动对该项经济指标的影响程度。

因素分析法一般采用连环替代法（连环置换法）。它是用来计算几个相互联系的因素，对综合经济指标变动影响程度的一种分析方法。运用连环替代法进行分析计算，应当遵循下列计算程序：

首先，分解指标体系，确定分析对象。此即根据影响某项经济指标完成情况的因素，按其依存关系将经济指标的基数（计划数或上期数）和实际数分解为两个指标体系，将该指标的实际数与基数进行比较，求出实际脱离基数的差异，即为分析对象。

其次，连环顺序替代，计算替代结果。此即以基数指标体系为计算基础，用实际指标体系中每项因素的实际数顺序地替代其基数；每次替代后，实际数就被保留下来，有几个因素就替换几次；每次替换后算出由于该因素变动所得新的结果。

再次，比较替代结果，确定影响程度。此即将每次替代所计算的结果与这一因素被替代前的结果进行比较，两者的差额，就是这个因素变化对经济指标的影响程度。

最后，汇总影响数额，验算分析结果。此即将各个因素的影响数值相加，其代数和应当与经济指标的实际数与基数的总差异数（即分析对象）相符，据此检验分析结果是否正确。

应用连环替代法，必须注意以下四个问题：

（1）因素分析的关联性。在确定构成经济指标的因素时，必须考虑各种因素客观上存在的因果关系，否则会失去其存在的价值。

（2）因素替代的顺序性。应当按照因素的依存关系，排列成一定的顺序并依次替代。一般排列因素顺序的原则是：先替代数量指标，后替代质量指标；先替代实物量指标，后替代货币量指标；先替代主要指标，后替代次要指标。

（3）顺序替代的连环性。连环替代法在计算每个因素变动的影响时，都是在前一次基础上进行的，并且采用连环比较的方法确定因素变化的影响结果。

（4）计算结果的假定性。由于连环替代法计算的各因素变动影响数，因替代计算顺序的不同而有差别，因而计算结果难免带有一定的假定性。

第二节　产品成本分析

一、全部产品成本计划完成情况分析

生产成本计划完成情况的分析是一种综合分析通过分析，可以总体地考核成本计划指标的完成情况，查明全部产品总成本中各个成本项目的成本计划完成情况，找出成本超支或降低幅度较大的产品或成本项目，为进一步分析指明方向。

（一）按产品种类进行的成本计划完成情况的分析

工业企业全部产品可以分为可比产品和不可比产品两大类。它们在考核和分析方法上是不同的。

对于可比产品的实际成本，不仅要与计划成本进行比较，考核成本计划的完成程度，还需要与上年的实际平均成本进行比较，以衡量报告期实际成本较上年成本降低的幅度和数额，用以检查企业在报告期内生产技术和生产组织以及经营管理工作的改进情况。

对于不可比产品，因为在以前年度未正式生产过，所以其实际成本只能与计划成本进行比较。由于在全部产品成本中，包括了不可比产品的成本，因此，它只能以实际总成本与计划总成本进行比较，以确定其实际成本较计划成本上升的降低额和降低率。

【例 11-1】　以表 10-1 所列的嘉城制造有限责任公司 20××年 12 月份产品生产成本报表资料，说明按产品类别分析全部产品成本计划完成情况的方法。

（1）将全部产品的实际总成本与计划总成本进行对比，确定实际总成本比计划总成本的成本降低额与成本降低率。

$$成本降低额 = 计划总成本 - 实际总成本$$

$$= \sum \left[实际产量 \times \left(计划单位成本 - 实际单位成本 \right) \right]$$

$$= 316\,500 - 331\,000 = -14\,500$$

$$计划总成本 = \sum \left(各种产品实际产量 \times 各该产品计划单位成本 \right)$$

$$成本降低率 = \frac{成本降低额}{全部产品计划总成本} \times 100\%$$

$$= \frac{-14500}{316500} \times 100\% = -4.58\%$$

（2）按产品类别分析考核可比产品和不可比产品成本计划完成情况，分别计算可比产品和不可比产品的成本降低额和降低率。

（3）按每种产品考核其成本计划的完成情况，计算每种产品的降低额和降低率。

上述计算结果，可以编制全部产品成本计划完成情况表如表 11-1 所示。

表 11-1　全部产品成本计划完成情况表（按产品类别）

产品名称	计划总成本	实际总成本	实际比计划降低额	实际比计划降低
1. 可比产品	264 000	278 000	−14 000	−5.30%
其中：甲	124 000	122 000	2 000	1.61%
乙	140 000	156 000	−16 000	−11.43%
2. 不可比产品	52 500	53 000	−500	−0.95%
丙	52 500	53 000	−500	−0.95%
合计	316 500	331 000	−14 500	−4.58%

从以上分析可以看出，该企业全部产品未能完成成本降低任务，实际成本比计划成本超支 14 500 元，使成本降低率为 −4.58%。其中，可比产品总成本超支 14 000 元，降低率为 −5.3%，不可比产品成本超支 500 元，降低率为 −0.95%。在可比产品成本中，乙产品成本较计划成本超支了 16 000 元，甲产品成本较计划成本降低了 2 000 元。显然，对产品成本进行进一步分析的重点，应当查明乙产品超支的原因。

（二）全部产品按成本项目的分析

在实际工作中，工业企业产品生产所发生的费用支出是多种多样的，这些费用支出的节约或超支必然影响产品生产的成本水平。为了充分了解成本变动的原因，挖掘成本降低的潜力，还要根据企业编制的按成本项目反映的产品生产成本表和产品成本计划表，对构成产品成本的各个项目支出的变动情况及其对总成本的影响程度进行比较和分析。

【例 11-2】　仍以表 10-1 资料为例，设嘉城制造有限责任公司 20×× 年度生产的全部产品成本的各成本项目的计划与实际构成情况如表 11-2 所示。

表 11-2　全部产品生产成本计划完成情况表（按成本项目类别）

成本项目	全部商品产品成本		降低指标	
	计划	实际	降低额	降低率
直接材料	213 000	240 000	−27 000	−12.68%
直接人工	62 000	53 600	8 400	13.55%
制造费用	41 500	37 400	4 100	9.88%
生产成本	316 500	331 000	−14 500	−4.58%

从表 11-2 可以看出，全部产品总成本超支的原因，主要是直接材料成本项目超支造成的，而直接人工和制造费用等成本项目是降低的。所以，还需要进一步对各成本项目进行分析，特别是直接材料成本项目。通过分析找出成本超支和降低的具体原因。

二、可比产品成本降低计划完成情况的分析

企业的可比产品往往是企业主要产品。可比产品的产量、消耗、成本、收入、利润等在企业全部产品中占有很大的比重，是产品成本分析的重要内容。

在企业产品成本计划中，除了规定可比产品的计划单位成本和计划总成本外，还规定了与上年比较的成本降低任务，即可比产品计划成本降低额和降低率。因此，可比产品成本计划完成情况的分析，重点在于可比产品降低任务完成情况的分析。

（一）可比产品成本降低任务的完成情况

可比产品的实际成本，除了应与计划成本进行比较以外，还应与实际产量按上年单位成本计算的总成本进行比较，以确定可比产品实际成本较上年成本的降低额和降低率，且与成本计划中所确定的计划降低额和降低率进行比较，进而考察可比产品成本降低任务的完成情况。

【例 11-3】　承表 10-1 资料，嘉城制造有限责任公司生产甲、乙两种可比产品，该公司确定的可比产品成本降低计划如表 11-3 所示。其成本降低任务完成情况如表 11-4 所示。

表 11-3　可比产品成本降低任务表

20××年

可比产品名称	计划产量	单位成本		总 成 本		计划成本降低任务	
		上年	计划	上年	计划	降低额	降低率
甲	360	325	310	117 000	111 600	5 400	4.615%
乙	200	750	700	150 000	140 000	10 000	6.667%
合计				267 000	251 600	15 400	5.768%

表 11-4 可比产品成本降低任务完成情况分析表

20××年   单位：元

可比产品名称	实际产量	单位成本			总成本			降低情况	
		上年	计划	实际	上年	计划	实际	降低额	降低率
甲	400	325	310	305	130 000	124 000	122 000	8 000	6.154%
乙	200	750	700	780	150 000	140 000	156 000	−6 000	−4%
合计					280 000	264 000	278 000	2 000	0.714%

从表 11-3 可以看出，该公司可比产品成本计划降低额为 15 400 元，计划降低率为 5.768%。通过表 11-4 的计算，该公司可比产品成本实际降低额为 2 000 元，降低率为 0.714%。从总体上分析，该公司的可比产品成本降低额计划和成本降低率计划均未完成。针对具体的可比产品，甲产品计划成本降低额为 5 400 元，实际成本降低额为 8 000 元；计划成本降低率 4.615%，实际成本降低率 6.154%；成本降低额和降低率计划均超额完成。而乙产品的计划成本降低额和降低率分别为 10 000 元和 6.667%，执行的结果不但没有降低，反而超支了 6 000 元，使成本降低率为 −4%。

据以计算实际脱离计划差异如下：

降低额＝2 000−15 400＝−13 400（元）

降低率＝0.714%−5.768%＝−5.054%

通过对比，说明该公司的成本降低计划未能完成。

（二）影响可比产品成本降低任务完成情况的因素分析

实际脱离计划的差异只是成本降低计划执行的结果，并不能说明是什么原因造成成本计划执行背离了计划。为此，有必要对成本降低计划执行情况作进一步的分析。

从一种产品来看，影响可比产品成本降低任务完成情况的因素包括产品的单位成本和产品产量两个因素；而从多种产品综合来看，产品产量、产品单位成本和产品品种结构三个因素都会影响可比产品成本降低任务完成情况。这三个因素变动的影响是不同的，其中产品产量的变动会使成本降低额发生变动，但不影响成本降低率的变动；而产品的单位成本和品种结构的变动，会使成本降低额和降低率同时发生变动。

1. 可比产品产量变动

可比产品总成本的降低任务是根据各种可比产品的计划产量计算的，而可比产品的实际成本是按实际产量计算的，在其他因素不变的情况下，可比产品产量的增减变动，就会引起可比产品总成本的增减变动，从而影响成本降低额。产品产量变动对可比产品总成本降低额的影响可采用差额分析法进行分析。其计算公式如下：

$$\text{产品产量变动对成本降低额影响} = \left[\sum \binom{\text{实际}}{\text{产量}} \times \binom{\text{上年单}}{\text{位成本}} - \sum \binom{\text{计划}}{\text{产量}} \times \binom{\text{上年单}}{\text{位成本}} \right] \times \text{计划降低率}$$

根据表 11-3 和表 11-4 的资料计算如下：

产品产量变动对成本降低额的影响＝（280 000−267 000）×5.768%＝749.9（元）

由于产品产量变动使实际成本降低额比计划多 749.9 元。

产品产量变动不影响成本降低率。

2. 可比产品品种结构变动

产品品种结构对成本降低额、降低率均有影响。这是因为各种产品的成本降低率不尽相同。若成本降低率高的产品比重升高，则可比产品的平均降低率升高，反之则降低。可比产品成本降低率变动后，降低额也随之受影响。其计算公式如下：

$$\begin{matrix}产品品种结构\\变动对成本\\降低额的影响\end{matrix}=\sum\left[\begin{matrix}按上年实际单\\位成本计算的\\实际总成本\end{matrix}\times\left(\begin{matrix}某产品\\实际产\\品结构\end{matrix}-\begin{matrix}该产品\\计划产\\品结构\end{matrix}\right)\times\begin{matrix}该产品的\\计划成本\\降低率\end{matrix}\right]$$

$$\begin{matrix}某产品的\\产品结构\end{matrix}=\frac{该产品产量\times该产品上年实际单位成本}{\sum(某产品产量\times某产品上年实际单位成本)}\times100\%$$

根据表 11-3、表 11-4 所示，计算可比产品品种结构变动对成本降低计划的影响如下：

甲乙可比产品的计划产品品种结构分别为

甲产品比重 $=\dfrac{117\ 000}{267\ 000}\times100\%=43.82\%$

乙产品比重 $=\dfrac{150\ 000}{267\ 000}\times100\%=56.18\%$

甲乙可比产品的实际产品品种结构分别为

甲产品比重 $=\dfrac{130\ 000}{280\ 000}\times100\%=46.43\%$

乙产品比重 $=\dfrac{150\ 000}{280\ 000}\times100\%=53.57\%$

结构变动对成本降低额的影响为

甲产品结构变动的影响 $=280\ 000\times(46.43\%-43.82\%)\times4.615\%=337.3$（元）

乙产品结构变动的影响 $=280\ 000\times(53.57\%-56.18\%)\times6.667\%=-487.2$（元）

合计：-149.9（元）

结构变动对成本降低率的影响为

$$\begin{matrix}产品品种结构变动\\对成本降低率影响\end{matrix}=\frac{产品品种结构变动对成本降低额的影响}{\sum(某产品实际产量\times某产品上年实际单位成本)}\times100\%$$

$$=\frac{-149.9}{280\ 000}\times100\%=-0.054\%$$

3. 可比产品单位成本变动

可比产品成本降低任务完成情况，是以上年实际单位成本为基础进行分析计算的。因此，某种产品本年实际单位成本与计划单位成本之间发生变动后，必然会引起实际成本降低额与降低率和计划成本降低额与降低率之间发生变动。可比产品单位成本变动既影响成本降低额又影响成本降低率，以表 11-4 中的资料为例，运用公式计算如下：

$$\begin{matrix}单位成本的变动对\\成本降低额影响\end{matrix}=\left[\sum\left(\begin{matrix}某产品的\\实际产量\end{matrix}\times\begin{matrix}该产品计划\\单位成本\end{matrix}\right)-\sum\left(\begin{matrix}某产品的\\实际产量\end{matrix}\times\begin{matrix}该产品实际\\单位成本\end{matrix}\right)\right]$$

$$=264\ 000-278\ 000=-14\ 000\ （元）$$

$$\frac{单位成本变动对}{成本降低率影响}=\frac{单位成本变动对成本降低额的影响}{\sum（某产品实际产量\times某产品上年实际单位成本）}\times100\%$$

$$=\frac{-14\ 000}{280\ 000}\times100\%=-5.0\%$$

将各因素对成本降低计划的影响结果进行汇总，如表 11-5 所示。

表 11-5　各因素对成本降低额和降低率的影响

20××年

影响因素	影响程度	
	降低额/元	降低率/%
产品产量变动	749.9	0
产品品种结构变动	−149.9	−0.054
产品单位成本变动	−14 000	−5.000
合　计	−13 400	−5.054

通过以上分析可以对嘉城制造有限责任公司 20××年度可比产品成本降低任务完成情况作出评价。该企业的可比产品成本降低任务未能完成，未完成成本降低额 13 400元；成本降低率脱离计划 5.054%。具体原因是乙产品成本降低计划未能完成。从具体影响因素分析，造成实际成本超支的根本原因是乙产品实际单位成本较计划单位成本高出了 80 元之多，单项超支 16 000 元。此外，甲产品多生产了 40 件，其产量变动使产品成本多降低了 749.9 元，但甲产品单位产品计划降低率相对较低，因此产品品种结构变动使产品成本超支了 149.9 元。总体而言，该企业需要对乙产品单位成本严重超标这一问题进一步重点查明原因。

三、可比产品单位成本的分析

企业在进行产品成本分析中，除了要对全部产品成本表从总的方面进行一般的评价外，为了能够更深入地了解主要产品单位成本计划完成情况及其节约或超支的具体原因，还须进一步对主要产品成本进行分析，揭示各种产品单位成本及其各个成本项目的变动情况，尤其是各项消耗定额的执行情况；确定产品结构、工艺和操作方法的改变，以及有关技术经济指标变动对产品单位成本的影响，查明主要产品单位成本升降的具体原因，从而采取有效措施，挖掘降低产品成本的潜力。

在工业企业中，生产产品的品类一般都比较繁多，如果不进行选择，各种产品的单位成本都进行详细的分析，不仅要花费极大的不必要的工作量，而且也使成本分析工作缺乏重点，不能收到预期的效果。所以，在进行产品单位成本分析时，应该着重研究一些主要产品或者成本升降幅度较大的产品的单位成本。只有这样才能抓住关键，使成本分析获得预期的效果。

（一）产品单位成本的比较分析

在进行产品单位成本分析时，首先应从总的方面研究单位成本的实际比计划、比上期、比历史先进水平的升降情况；然后着重对某些产品进一步按成本项目对比研究其成本变动的情况，查明造成单位成本升降的具体原因。

【例 11-4】　承表 10-3 资料，对嘉城制造有限责任公司的主要产品乙产品的单位成本进行分析，比较分析表如表 11-6 所示。

表 11-6　乙产品单位成本分析表　　　　　　　　　　单位：元

成本项目	历史最好水平	上年实际平均	本年计划	本年累计实际平均	本月实际	差异			
						比历史最好水平	比上年平均	比计划	比本年平均
直接材料	490	540	500	600	605	115	65	105	5
直接人工	100	120	125	115	100	0	−20	−25	−15
制造费用	60	90	75	65	70	10	−20	−5	5
产品单位成本	650	750	700	780	775	125	25	75	−5

从表 11-6 可以看出，乙产品本月实际单位成本比历史最好水平、上年实际平均、本年计划都升高了，但与本年累计实际平均相比，单位成本还是有所降低。从成本项目对比中可以看出，产品单位成本的升高主要是直接材料成本超支所致，直接人工与制造费用比计划均有所降低。从降低额对单位成本的影响看，由于材料成本的上升，使乙产品的单位成本有大幅增加，直接人工费用与制造费用的降低相对减缓了乙产品单位成本上升的速度。这说明企业在加强生产管理和提高劳动生产率方面取得了较好的成绩，但材料费用上升过快，需要查明其原因。

（二）产品单位成本各主要成本项目分析

企业一定时期的产品单位成本的高低，是与企业的生产技术、生产组织的状况和经营管理水平，以及采取的技术组织措施效果紧密相连的。因此，紧密结合企业技术经济方面的资料，查明成本升降的具体原因，是进行产品单位成本各个成本项目分析的特点。

1. 材料费用项目的分析

材料费用在产品成本中所占的比重一般都比较大。节约使用材料是降低产品成本的一个重要内容，也是增加产品生产的一个重要条件。因此，对材料成本要进行重点分析，以便制定节约使用材料的有效措施，在保证产品质量的前提下，进一步降低原料、材料、燃料及动力的消耗，争取最大的节约。

一般情况下，材料费用的升降取决于材料的消耗数量和材料的价格两个因素。

2. 直接人工费用项目的分析

直接人工费用是指直接从事产品生产工人的工资及职工福利费。直接人工费用的多少，反映企业劳动组织是否合理、工时利用是否充分以及劳动生产率的高低等。因此，单位产品人工成本的高低取决于单位产品的生产工时和小时薪酬分配率这两个因素。

3. 制造费用项目的分析

制造费用是为组织和管理生产所发生的费用，由部分不能直接计入产品成本的直接费用和生产车间开展生产管理活动发生的间接费用。因此，单位产品制造费用的高低取决于单位产品的生产工时和小时制造费用分配率这两个因素。

在上述分析的基础上，还要进一步分析造成这些差异的具体原因，借以挖掘成本降低的具体途径。

四、制造费用和各项期间费用的分析

制造费用、产品销售费用、管理费用和财务费用，都是由许多具有不同经济性质和不同经济用途的费用组成的。这些费用支出的节约或浪费，往往与公司（总厂）的行政管理部门和生产车间工作的质量及相关责任制度、节约制度的贯彻执行情况密切相关。因此，向各有关部门、车间编报上述报表，分析这些费用的支出情况，不仅是促进节约各项费用支出、杜绝一切铺张浪费、不断降低成本和增加盈利的重要途径，而且是推动企业改进生产经营管理工作、提高工作效率的重要措施。

对上述各种费用进行分析，首先应根据各费用明细表中资料以本年实际与本年计划相比较，确定实际脱离计划差异，然后分析差异的原因。由于各种费用所包括的费用项目具有不同的经济性质和用途，各项费用的变动又分别受不同因素变动影响，因此，在确定费用实际支出脱离计划差异时，应按各组成项目分别进行；要注意不同费用项目支出的特点，不能孤立地看费用是超支了还是节约了，而应结合其他有关情况，结合各项技术组织措施效果来分析，结合各项费用支出的经济效益进行"评价"。

在按费用组成项目进行分析时，由于费用项目多，因此每次分析只能抓住重点，对其中费用支出占总支出比重较大的，或与计划相比发生较大偏差的项目进行分析。

分析时，除将本年实际与本年计划相比，检查计划完成情况外，为了动态上观察、比较各项费用的变动情况和变动趋势，还应将本月实际与上年同期实际进行对比，以了解企业工作改进情况，并将这一分析与推行经济责任制结合，与检查各项管理制度的执行情况结合，以推动企业改进经营管理，提高工作效率，降低各项费用支出。

第三节 技术经济指标变动对成本影响的分析

一、编报主要技术经济指标变动对产品成本分析的意义

技术经济指标是指那些与企业生产技术特点具有内在联系的经济指标。企业的技术经济指标从不同的角度反映着企业生产经营活动的效果，其完成的好坏必然会直接或间

接地影响产品成本水平。因此，分别向主管各项技术经济指标的部门编报主要技术经济指标变动对产品成本影响分析表具有十分重要的意义。

技术经济指标变动对产品成本的影响主要表现在对产品单位成本的影响。根据各项技术经济指标同产品单位成本的关系，可以分为以下三种情况：

（1）一些技术经济指标，如冶金生产的焦比、每吨电炉钢耗电量、造纸生产的每吨纸耗用标准煤量等，它们的变动直接影响产品成本中燃料及动力费用水平。

（2）一些技术经济指标，如机械生产的设备利用率指标等，它们的变动并不直接影响产品总成本，但却直接影响产品产量，并通过产量间接地影响产品单位成本。

（3）一些技术经济指标，如铸造、轧钢生产的成品率指标，它们的变动不仅直接影响总成本中原材料和燃料消耗，而且通过影响产量变动间接影响产品单位成本。

二、各类技术经济指标变动对产品单位成本影响的分析方法

不同类别技术经济指标变动对产品成本影响的方式不同，下面分别举例说明各类技术经济指标变动对产品单位成本影响的分析方法。

（一）直接影响产品单位成本的技术经济指标

这类指标变动直接影响产品总成本中燃料及动力费用水平。以冶金生产中的焦比为例，焦比是反映焦炭消耗量与生铁合格品产量之间对比关系的技术经济指标，降低焦比意味着炼制每吨生铁所耗焦炭量的减少，从而直接影响单位产品成本。在这种情况下，分析焦比变动对生铁单位成本的影响，就是根据焦炭实际消耗量同计划对比的节约或超支来确定的。

（二）影响产量从而影响产品单位成本的经济技术指标

有些指标，它们的变动并不直接影响产品总成本，但会影响产品产量，从而影响产品单位成本。例如，在其他条件不变的情况下，设备利用率指标的变动将使产量同比例地增加或减少。分析这类技术经济指标变动对产品单位成本的影响，首先必须了解如何确定产量变动对产品单位成本的影响，然后再分析其如何通过产量影响产品单位成本。

产量变动之所以影响产品单位成本，是由于在产品全部成本中包括了一部分相对固定的费用。当产量变动时，变动费用总额与产量增减成正比例变动，而固定费用总额却相对不变，因而单位产品成本中的固定费用将随产量的增加或减少而相应地降低或提高。在此基础上，可以具体分析由于指标变动导致的产量变动所引起的产品单位成本变动情况。

（三）既影响产量又直接影响产品单位成本的经济指标

这类指标既直接影响产品单位成本，而且还会影响产量从而间接影响产品单位成本，如成品率。成品率是反映原材料投入量与制成合格品数量之间比例关系的一项技术经济指标。成品率提高意味着用同样数量的原材料可以生产出更多的合格产品，即降低了单位产品的原材料消耗，又增加了产量。而产量的增加反过来又会影响产品单位成本

的降低。因此，分析成品率指标变动对产品单位成本的影响，应同时从原材料消耗变动和产量变动两个角度确定其对产品单位成本的影响程度。

第四节 成本效益分析

在企业生产经营中，成本费用与企业的经济效益有着密切、直接的联系。节约劳动耗费，降低产品成本是提高企业经济效益的重要途径。因此，要全面评价企业的成本管理工作，就不能局限于成本费用指标的变动分析，还应将成本费用指标与反映企业经济效益方面的指标联系起来，以全面地分析、评价企业劳动耗费的经济效益，即要进行成本效益分析。

反映企业成本效益的指标很多，其中最为常用的有产值成本率、主营业务成本费用率和成本费用利润率等指标。下面我们介绍这些指标的分析方法。

一、产值成本率

产值成本率是企业全部商品生产成本与商品产值的比率，其计算公式如下：

$$产值成本率 = \frac{全部商品产品生产成本}{商品产值} \times 100\%$$

或：

$$产值成本率（元/百元）= \frac{全部商品产品生产成本}{商品产值} \times 100$$

产值成本率可以反映产品的劳动耗费与生产成本之间的关系；产值成本率越低，表明产品劳动耗费的经济效益高，反之经济效益越低。

分析产值成本率，一般是先采用运用比较法，将本期实际数与计划、上期实际、上年实际平均或同类企业实际数对比，检查其计划的完成程度，分析其发展变化趋势和与同类企业的差距。

【例 11-5】 某企业 200×年度生产和销售甲、乙两种产品。该年度这两种产品的产量、成本、价格及每百元产值成本的资料如表 11-7 所示。

表 11-7 甲、乙产品产量、成本、价格及每百元产值成本的资料表

产品	产量		单价		单位成本		产值		总成本		产值成本率	
	计划	实际	计划	实际	计划	实际	计划	实际	计划	实际	计划	实际
甲	200	240	1 500	1 600	1 000	950	300 000	384 000	200 000	228 000	66.67%	59.375%
乙	400	380	2 000	1 950	1 500	1 400	800 000	741 000	600 000	532 000	75%	71.8%
合计	—	—	—	—	—	—	1 100 000	1 125 000	800 000	760 000	72.73%	67.56%

通过表 11-7 的资料，并进行比较可知，该企业 200×年度的产值成本率完成了计划，即计划为 72.23%，实际为 67.56%，产值成本率实际较计划的差异为 -5.17%，且甲、乙两种产品均完成了计划。

在总体分析的基础上,企业也可进一步研究影响产值成本率变动的各个因素,确定各因素的影响程度。影响产值成本率指标变动的因素有产品品种构成的变动、产品单位成本的变动;在商品产值按现行价格计算时,还有价格变动的影响。

除了分析商品产品全部成本的产值成本率指标外,还可以根据实际需要分别计算和比较某一成本项目的产值成本率指标,如每百元商品产值直接材料费用、每百元商品产值人工费用等。

二、主营业务成本费用率分析

主营业务成本率是本期的主营业务成本及期间费用等与主营业务收入的比率。它也可以用每百元主营业务收入所耗得成本费用来表示。其计算公式如下:

$$主营业务成本费用率 = \frac{主营业务成本 + 期间费用}{主营业务收入} \times 100\%$$

或:

$$主营业务成本费用率(元/百元) = \frac{主营业务成本 + 期间费用}{主营业务收入} \times 100$$

主营业务成本费用率指标反映主营业务收入耗用成本费用的水平,可以较为全面地反映企业生产经营过程中各种劳动耗费的经济效益。该指标越低,说明企业的经济效益越好。

为了进一步对主营业务成本费用率进行分析,可以将上述主营业务成本费用率的计算公式进行分解:

$$
\begin{aligned}
主营业务成本费用率 &= \frac{主营业务成本 + 期间费用}{主营业务收入} \times 100\% \\
&= \left(\frac{主营业务成本}{主营业务收入} + \frac{期间费用}{主营业务收入} \right) \times 100\% \\
&= \frac{主营业务成本}{主营业务收入} \times 100\% + \frac{期间费用}{主营业务收入} \times 100\% \\
&= 主营业务成本率 + 主营业务费用率
\end{aligned}
$$

【例 11-6】   假定某企业生产和销售 A、B 两种产品,期初无库存商品,本期生产的产品全部售出。本期计划的期间费用为 43 750 元,实际期间费用为 58 080 元。本期的其他有关资料如表 11-8 所示。

表 11-8　A、B 产品产量、单价、成本、收入资料表

产品	销售量		单价		单位成本		成本		收入	
	计划	实际	计划	实际	计划	实际	计划	实际	计划	实际
A	3 000	2 400	750	800	500	550	1 500 000	1 320 000	225 000 0	1 920 000
B	2 000	2 400	1 500	1 550	1 000	900	2 000 000	2 160 000	3 000 000	3 720 000
合计	—	—	—	—	—	—	3 500 000	3 480 000	5 250 000	5 640 000

根据以上资料,可计算出本期计划和实际的主营业务成本费用率:

$$计划主营业务成本费用率=\frac{3\ 500\ 000+437\ 500}{5\ 250\ 000}\times100\%=75\%$$

$$实际主营业务成本费用率=\frac{3\ 480\ 000+580\ 800}{5\ 640\ 000}\times100\%=72\%$$

由以上计算成果可以看出，该企业本期实际的主营业务成本费用率比计划规定的低，完成了计划，其差异为－3%（72%～75%）。上述主营业务成本费用率这一指标可以进一步分解分析如表11-9所示。

表 11-9　主营业务成本费用率分析表

指标	计划	实际	差异
主营业务成本率	3 500 000/5 250 000×100% =66.67%	3 480 000/5 640 000×100% =61.7%	－4.97%
主营业务费用率	437 500/5 250 000×100% =8.33%	580 800/5 640 000×100% =10.3%	1.97%
主营业务成本费用率	(3 500 000+437 500)/ 5 250 000 ×100%=75%	(3 480 000+580 800)/ 5 640 000 ×100%=72%	－3%

在对主营业务成本费用率指标分解分析的基础上，也可以对主营业务成本率指标和主营业务费用率指标分别进行进一步的因素分析，以确定影响主营业务成本率变动的因素与影响产值成本率指标的因素，这些因素主要有销售产品的品种构成、产品单位成本以及销售单价。

三、成本费用利润率分析

成本费用利润率是企业一定期间的利润总额与成本、费用总额的比率。其计算公式如下：

$$成本费用利润率=\frac{利润总额}{成本费用总额}\times100\%$$

成本费用利润指标，反映每一元成本费用可获得的利润，体现企业生产经营耗费与财务成本之间的关系，因此，是一个综合反映企业成本效益优劣的重要指标。该指标越高，说明企业经济效益越好，越低说明企业经济效益越差。

分析成本费用利润率一般是运用比较法，通过该项指标的本年实际数与本年计划数对比，或与上年实际数对比，按指标形成的各项因素，查明其变动原因及其对指标升降的影响，为加强成本管理、制定控制成本费用的措施提供有用的信息。

需要指出的是，由于企业的利润指标可以有多种形式，如营业利润、利润总额、净利润等，成本费用也可以分为主营业务成本和各项期间费用等（上述资料有的可以从利润表中直接获取，有的则需要从企业的有关核算资料取得），不同利润值与相应的成本费用指标之间的比率，说明不同的问题。因此，成本费用利润率的分析，应根据企业的实际情况和成本管理的实际需要来进行；在分析时，必须注意计算这类指标时所采用的有关"利润"与"成本费用"之间的相关性，以使分析的结果更具说服力和有用性。

【例 11-7】 某企业 2007 年度和 2008 年度的有关资料如表 11-10 所示。

表 11-10 成本利润资料表

项目	2007 年度	2008 年度
主营业务成本	300 000	400 000
期间费用	60 000	84 000
主营业务毛利	63 000	80 000
营业利润	75 600	96 800
利润总额	68 400	101 640

根据表 11-10 的资料，可计算出该企业 2007 年度与 2008 年度有关利润率指标，如表 11-11 所示。

表 11-11 成本费用利润率分析表

指标	计划	实际	差异
成本费用利润率	68 400/（300 000＋60 000）×100%＝19%	101 640/（400 000＋84 000）×100%＝21%	+2%
主营业务成本毛利润	63 000/300 000×100%＝21%	80 000/400 000×100%＝20%	−1%
成本费用营业利润率	75 600/（300 000＋60 000）×100%＝21%	96 800/（400 000＋84 000）×100%＝20%	−1%

由表 11-11 的计算分析资料可以看出，尽管 2008 年度比 2007 年度成本费用利润率有所提高，但主营业务成本毛利润和成本费用营业利润率均有所降低。因此，应结合企业生产经营的其他有关资料和部分情况进行深入分析。

【进一步学习指南】

成本分析是成本管理的重要组成部分，其作用是正确评价企业成本计划的执行结果，揭示成本升降变动的原因，为编制成本计划和制定经营决策提供重要依据。在竞争日趋激烈的市场经济环境中，低成本运营是最大的竞争优势，即以同样的成本创造更高的顾客价值，或以低于对手的成本创造同等的价值。为此，就必须首先对产品的成本进行分析，从而加强成本管理。当然，成本分析仅仅是企业绩效分析、决策制定的一个重要方面，需要结合其他非成本、非货币因素的多方位分析。有兴趣的同学可以在这个方面加以拓展。

【思考题】

1. 成本报表分析的方法有哪些？这些方法的主要内容是什么？
2. 如何对全部产品成本表进行分析？
3. 请简要回答影响可比产品成本降低任务完成情况有哪些因素？各因素对其产生如何影响。
4. 如何对产品单位成本各主要成本项目分析？

5. 什么是技术经济指标? 用于企业分析的主要技术经济指标有哪些?

6. 成本效益分析的指标包括哪些?

【核算题】

1. 某企业 20××年原材料费用实际为 80 388 元, 计划为 80 000 元, 实际比计划增加了 388 元, 其原材料消耗情况如表 11-12 所示。

表 11-12　原材料消耗分析表

项目	计量单位	计划数	实际数	差异
产量	件	400	406	+6
单位产品原材料消耗	千克	20	18	-2
材料单价	元	10	11	+1
原材料费用总额	元	80 000	80 388	+388

要求: 根据上述资料, 采用连环替代法分析各因素对原材料费用的影响。

2. 某企业产品生产成本如表 11-13 所示。

表 11-13　某企业产品生产成本表

产品名称	计量单位	实际产量	单位成本			本年总成本(实际产量)		
			上年实际	本年计划	本年实际	按上年实际单位成本计算	按本年计划单位成本计算	实际成本
一、可比产品								
甲产品	件	30	1 050	1 035	1 020			
乙产品	件	35	1 350	1 275	1 245			
小计								
二、不可比产品								
丙产品	件	20	—	600	690			
全部产品成本								

产值成本率计划数为 60 元/百元, 商品产值本月实际数按现行价格计算为 153 000 元。

要求:

(1) 计算和填列产品生产成本表中总成本各栏数字。

(2) 分析全部产品生产成本计划的完成情况和产值成本率计划的完成情况。

【讨论题】

某厂 20××年 12 月份全部产品成本资料如表 11-14 所示。

表 11-14　全部产品成本资料

项目		可比产品		不可比产品
		甲产品	乙产品	（丙产品）
产量（件）本月	本月	120	150	12
	本年累计	1 200	1 500	120
单位产品生产成本	上年实际	240	480	
	本年计划	235	460	600
	本月实际	220	465	590
	本年累计实际	216	468	596

李明同学计算出的可比产品成本降低率为 4.64%，本年计划成本降低率为 3.58；而李强同学计算的可比产品成本降低率为 3.58%，本年计划成本降低率为 4.64%.

问题：你认为谁的结果正确？说明理由。

第五篇

发 展 篇

第十二章

成本会计前沿

【本章学习目标】

• 了解作业成本法产生的背景，理解作业成本法的基本概念，掌握作业成本法的基本原理和一般程序，理解作业成本法与传统成本计算方法的区别

• 理解质量和质量成本的基本概念，掌握质量成本的确认、计量、记录与报告方法和程序

• 理解环境成本的概念与内容

【案例】

P公司是一家生产汽车尾灯罩的公司，一直为G公司生产和提供两种尾灯罩：简单尾灯罩（SL3）和复杂尾灯罩（CL5）。一天，P公司的销售经理卡拉收到了G公司通知，被告知G公司打算从另外的供货商购买更价廉的SL3产品。卡拉心急如焚，找来生产部经理丹尼和会计长华特进行商讨：

卡拉：G公司准备从价格比我们便宜的厂家购买他们SL3，这将对我们造成巨大的损失，但我们又不能低于成本销售。丹尼，我们能够采取什么措施降低产品成本吗？

丹尼：我们产品的生产技术和程序是相当固定的，但不是说没有改进的空间，但我们是否在生产过程之外能够减少SL3的成本呢？

卡拉：丹尼，我知道你在两种产品的生产上已经非常尽力了。我记得你曾提到过CL5的定价只是SL3的两倍好像不是很合理，因为CL5的生产比SL3复杂得多。我们的成本核算体系是否有问题？

华特：当提供的产品和服务所消耗的资源相似时，采用像我们一样的成本核算方法或体系，采用一个成本库和一个单一的间接成本分配率把间接成本分配到一项工作、产品、服务等是合适的。但如果消耗的资源不同时，可能导致成本数据不准确。一个简单的成本体系不能反映不同的产品所消耗资源。我们也许需要改进我们的成本核算体系。

卡拉：说得非常好，华特。我不希望我们的成本核算体系导致错误的定价而带来

灾难。

（资料来源：Horngren C T，Datar S M，Foster G M. Cost Accounting. 12th. New Jersey：Pearson Prentice Hall，2005）

第一节　作业成本法

一、作业成本法及其产生背景

作业成本（activity-based costing，ABC）法，是以作业（activity）为基础，对各种主要间接费用采用不同的分配标准或分配率，分配到成本计算对象（产品、服务、顾客等）上的一种成本计算方法。作业成本法可以简单理解为，是在前述传统成本计算方法基础上，对间接费用（制造费用）分配进行精确化改进的一种成本计算方法。

对作业成本的研究最早可追溯到 20 世纪 40 年代，由美国会计学家埃里克·科勒（Eric Kohler）教授于 1941 年提出的"作业会计"（activity-based accounting/activity accounting）。20 世纪 80 年代末，以美国会计学家罗宾·库珀（Robin Cooper）为代表的会计学者，对作业成本法进行了提炼、研究和推广，随后，在西方国家的企业中得到了广泛的应用。

企业在生产经营过程中所发生的资源耗费，如果能够直接地计入成本计算对象，我们称之为"直接成本"，如直接材料、直接人工等。这一类成本可以直接计入到成本计算对象上，不需要选择分配标准（或基础）分配计入，其成本信息是客观准确的。

不能直接计入到成本计算对象上的"间接成本"，是多个成本对象（如不同产品）共同发生的，因此不能直接认定每个成本对象负担多少，即不能直接计入到具体的成本对象上，必须选择一定的标准或基础，通过计算分配率，分配计入每种成本计算对象。因此成本信息精确与否，最终取决于间接成本的分配问题。

在传统的成本计算方法中，间接成本（制造费用）分配是简化进行的，间接成本通常采用单一的标准，即单一的分配率进行分配，如机器工时、人工工时、定额工时等，这是一种广泛的平均方法。其实质是将各种性质不同的间接成本采用同一种分配标准进行分配。这种方法的直接结果，会产生"产品成本交叉补偿"（product-cost cross-subsidization）现象，即如果某一成本对象成本多计（overcosting），则一定产生另一种或多种成本对象少计（undercosting），从而造成成本信息不真实、不准确，甚至产生成本管理决策上的误导。当间接成本在产品成本构成中所占比重不大时，这种简单的成本分配方法是可行的。而当间接成本的比重较大，间接成本构成趋于复杂时，这种简单的分配方法，可能产生成本信息的失真和扭曲。作业成本法正是为了弥补传统成本计算方法这一缺陷而产生的。

作业成本法不仅是成本计算方法上的一个里程碑式的突破，而且在企业成本管理上提供了新的理念和方法。鉴于本书的宗旨，这里只介绍其成本计算方面的相关内容。

二、作业成本法的主要概念体系

作业成本法涉及的主要概念有资源、作业、成本动因及其相关的作业成本、作业中心、作业链和价值链、资源动因、作业动因、作业成本库等。其相互之间的关系如图12-1 所示。

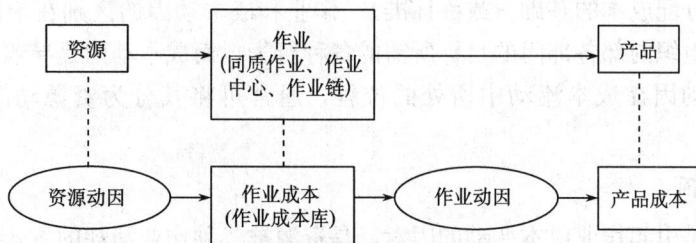

图 12-1 作业成本法基本概念体系

（一）资源

资源（resources）是指生产过程中所投入的要素，是成本的来源构成。一般制造企业的资源包括材料费用、人工费用、机器设备、生产维持费用等。资源是作业的前提和基础，如果企业没有可供使用的资源，企业的作业无法执行，企业的生产经营活动就无法实现。实际上，产品成本就是所耗资源价值的总和。

（二）作业及其相关概念

作业是指企业在经营活动中的各项具体活动或行为，如研发、设计、采购、运输、生产、制作、检验、配送等，每一项具体活动就是一项作业。"作业"是作业成本法下最基本的概念，是进行作业成本计算的核心和基础。作业的范围可大可小，一项作业可以指一项非常具体的活动，如车工作业，也可能泛指一类活动，如机加工车间的车、铣、刨、磨等所有作业可以归为一类作业——机加工作业，甚至可以将机加工作业、产品组装作业等统称为生产作业。在作业成本法的应用中，常常将有共同资源动因的作业称为同质作业或作业中心，以减少成本分配的工作量。执行任何一项作业都需要耗费一定的资源，如人工、材料、能源和资本（厂房和设备等），某个作业上耗费的资源加总构成该作业的成本，称为作业成本；同质作业的成本称之为作业成本库（cost pool）。

我们通常还可以看到与作业密切相关两个概念：作业链和价值链。

作业成本管理理论认为，企业管理深入到作业层次以后，现代企业实质上是一个为了满足顾客需要而建立的一系列有序的作业集合体，称为作业链。每执行一项作业要消耗一定量的资源，而作业的产出又形成一定的价值，转移给下一个作业，按此逐步转移，直至最终把产品提供给企业外部的消费者。最终产品或服务，是企业内部一系列作业的总产出，凝集了在各个作业上形成而最终转移给消费者的价值。因此，作业链同时也表现为价值链。随着作业及其所耗费资源价值的逐步积累和转移，最后形成转移给外部消费者的总价值，这个总价值就是产品的成本。

（三）成本动因

成本动因（cost driver）亦称成本驱动因素，是指决定成本发生的那些重要的活动或事项，是作业成本计算法的核心内容。成本动因支配着成本行动，决定着成本的产生，并可作为分配成本的基础（或称标准）。作业和成本动因的区别在于作业是为达到组织的目的和组织内部各部门的目标所需的各种行为，而成本动因是导致成本升降的因素。根据成本动因在成本流动中所处的位置，通常可将其分为资源动因和作业动因两类。

1. 资源动因

资源动因是引起作业成本变动的因素，是资源被各种作业消耗的方式和原因，它反映作业中心对资源的消耗情况，是资源成本分配到作业中心的标准。例如，如果人工方面的费用主要与从事各项作业的人数相关，那么就可以按照人数作为各作业中心（作业成本库）分配人工方面费用的基础或标准。在这里，从事各项作业的人数就是一个资源动因。

2. 作业动因

作业动因是引起产品成本变动的因素。作业动因计量各种产品对作业耗用的情况，并被用来作为作业成本的分配基础。比如，某车间生产若干种产品，每种产品又分若干批次完成，每批产品完工后都需进行质量检验。假定对任何产品的每一批次进行质量检验所发生的成本相同，则检验的"次数"就是检验成本的作业动因，它是引起产品检验成本变动的因素。

三、作业成本的分类

在作业成本法下，作业的合理划分是产品成本计算是否精确最为关键的环节。一般将作业按其与资源消耗方式的相关性进行分类，通常分为产出单位作业、批量作业、产品（服务）维持作业及设施维护作业四类。

1. 产出单位作业

产出单位作业（output unit-level activity），是指与每件产品或每项服务相关的作业，如直接材料和直接人工成本等，这种作业消耗的资源与产量或劳务量成比例关系，即产量增加一倍时，则直接材料成本也会相应增加一倍。这里的产出单位可以是实物量单位，如千克、米、平方米等，也可以是时间单位，如机器小时、人工小时等。它们都与产量直接相关。

2. 批量作业

批量作业（batch-level activity），是与一组产品或者服务相关的作业，即使一批产品受益的作业。例如，对每批产品的检验、机器调试、材料采购、订单处理等。这些作业的资源消耗与产品的批数成比例变动。

3. 产品（或服务）维持作业

产品（或服务）维持作业（product-sustaining activity/service-sustaining activity），是与产品的品种和服务的种类相关的作业，而与产品（或服务）的数量和批量无关。如产品的个性化设计，这种作业所消耗的资源与产品产量及批数无关，但与产品品种成比例变动。

4. 生产维持作业

生产维持（facility-sustaining activity），是与某个机构或某个部门相关的作业，它与产品的种类、数量、批量无关，是在总体上为支撑所有产品生产或服务而发生的作业，如保安、保险、维修、供暖、照明、工厂管理、支付财产税等。这类作业的成本，为全部生产产品的共同成本。这类作业所耗费的资源很难追踪到某种产品或服务上，因此，很多公司把这部分花费不纳入产品成本，取而代之的是直接从经营收入中扣除。

作业分类能为作业成本信息的计算和使用提供帮助，因为作业类别与作业动因的选择有着内在的对应关系，不同的作业具有不同的成本动因，或者说作业要依据不同的成本动因加以分类。在传统成本法下，间接成本分配只考虑了产出单位水平作业。因此，其制造费用的分配主要采用与单位水平作业相关的成本动因。

四、作业成本法的基本原理和一般程序

（一）作业成本法的基本原理

作业成本法的基本原理是："作业消耗资源、产品消耗作业。"其实质是以作业作为基本的成本计算对象为特征，将作业成本进行归集和分配。根据这一原理，作业成本法的计算过程一般划分为两个阶段：第一阶段，将作业执行中耗费的资源，依据资源动因，将资源消耗的价值追溯到作业上，计算各作业的成本。这个过程可以理解为是作业成本的归集；第二阶段，将第一阶段归集的作业成本，根据作业动因进行成本分配，将作业成本追溯到各有关最终成本对象（如产品、服务等）。作业成本法的基本原理如图12-2 所示。

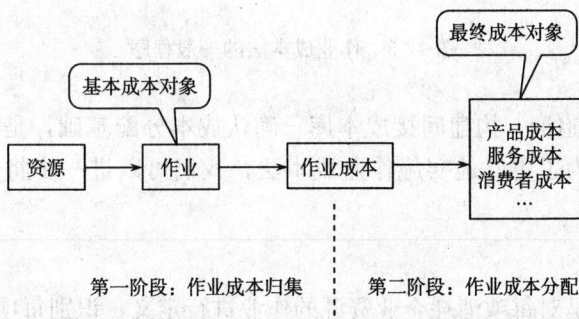

图 12-2　作业成本法基本原理

（二）作业成本法的一般程序

作业成本法下，可以将成本计算对象所耗资源和作业的成本分为直接成本和间接成本。可以直接归集（追溯）到最终成本计算对象，不需要通过作业进行归集与分配的部分所构成的成本，如同传统成本法一样，称为直接成本或直接费用，如直接材料、直接人工等。另外，在企业确定的各作业中，有的作业所消耗的资源，是直接可追溯到最终成本计算对象的，也归为直接成本。这类成本在传统成本法下是归为间接成本（费用）的。因此，我们可以看出，作业成本法的直接成本范围要比传统成本法大一些，包括了直接的作业成本，本书称之为直接作业成本；而间接成本实质是指间接的作业成本，我们称之为间接作业成本。或者说，在作业成本法下，要将传统成本法中的制造费用重新分类，将一部分可以直接计入最终成本计算对象的部分归为直接成本，将资源或作业成本直接归集（登记）到最终成本计算对象这一过程，西方国家的成本会计教材常常称为直接成本追溯（direct-cost tracing）。

而对于不能直接归集到最终成本计算对象的资源或作业，要按照同质作业建立若干间接成本库（indirect-cost pools），即间接作业成本库，然后确认每一个间接成本库的成本动因，即成本分配基础（cost-allocation bases），我们也常常称之为分配标准。根据成本分配基础计算作业成本分配率进行分配，计入到最终成本计算对象上。最终产品的成本等于其各直接成本的总额和各种间接作业成本的总额之和。作业成本法基本程序如图 12-3 所示。

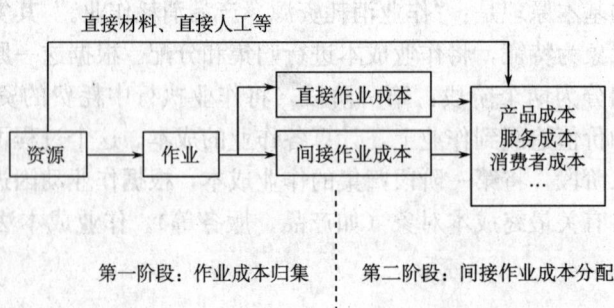

图 12-3　作业成本法的一般程序

进行直接成本追溯—构建间接成本库—确认成本分配基础，是作业成本法的基本程序和关键环节。为了更好地实施作业成本法，我们可以进一步将其细分为八个具体步骤。

1. 认定作业

作业的认定就是对每项消耗企业资源的作业进行定义，识别每项作业在生产活动中的作用、与其他作业的区别，以及每项作业与耗用资源的联系。确定一个企业作业的种类和数量是一件不容易的事，取决于企业的生产经营特点和成本管理的要求。作业划分越细，成本分配越准确，但成本计算的工作量越大。各作业认定一般有两种形式：一种是根据企业总的生产流程，自上而下进行分解；另一种是通过与各责任部门（设计、生产、维护、质检、配送等）进行讨论，自下而上地确认他们所做的工作，并逐一认定各项作业。企业的实际作业数量可以上百个，但必须按照作业的"同质性"，将庞杂的实际作业归为一定数量的同质作业，作为成本计算的作业（本书所称的"基本成本对象"）。在成功实施作业成本法的企业里，每个部门一般确定5～10个作业。

2．确定成本计算对象

如同传统成本法一样，成本计算首先要确定成本计算对象。这里所指的成本对象为最终成本对象。而成本对象因企业不同而不同，要根据企业的经营特点和管理要求而定。对于制造企业的成本计算首先要根据企业的生产特点和企业管理要求，确定产品成本计算对象，如品种、批别、步骤、类别等，并设置相应的明细账。对于服务性企业，要根据服务种类、服务对象以及管理要求确定最终成本对象。

3．确定直接成本

如前所述，作业成本法下的直接成本包括了传统成本法的直接材料、直接人工等直接成本项目，同时还要将原来在制造费用归集的，但能直接追溯到产品成本作业成本，归为直接成本。这样可以减少间接成本的分配工作量。这一步骤是作业成本法中相对比较简单的。这部分的成本直接计入到每个最终成本对象上，如各种产品、服务等。

4．选择作业成本分配基础

选择作业成本分配基础，即选择间接作业成本分配标准，是为了将归集的各间接作业成本分配到最终成本对象上。选择成本分配基础的适当与否，直接决定着作业成本分配的精确性，也就关系到最终成本对象计算的精确性，是作业成本法下关键的一步。根据前述按成本动因将作业成本划分为产出单位作业、批量作业、产品（服务）维持作业及设施维护作业四类，其对应成本分配基础是产品的数量、作业的次数、产品的种类、机器小时等。确定了分配基础的种类后，再确定分配基础的总数量。

5．确定每个作业的间接成本

这一步是将企业发生的间接成本归集到各种作业上。确定每个作业上所发生的间接成本，也就是与每个成本分配基础有关的间接成本。每个作业的间接成本既是作业消耗资源的结果，又是被分配到最终成本对象（如产品）的内容或项目，类似于传统成本核算的制造费用的归集。但传统制造费用的归集，是按车间进行的，而作业成本法是按作业进行的。一些成本可以直接认定由某个作业承担；而另外一些成本需要通过分配计入到多个作业上。这是作业成本归集合理性的关键。

6．计算各间接成本分配率

当每个作业的间接成本与其对应的成本分配基础（标准）确定以后，就可以计算每个间接作业成本的分配率，即单位作业分配基础应负担的间接作业成本。其计算公式如下：

$$某作业的间接成本分配率 = \frac{该作业的间接成本总额}{该作业对应的成本分配基础}$$

7. 计算各最终成本对象应负担的总的间接成本

这一过程可分为两个步骤进行。

（1）根据每个作业的成本分配率，将每个作业的间接成本分配到每个最终成本计算对象（如各种产品）。其计算公式如下：

$$\begin{array}{c}\text{某最终成本计算对象（如产品）}\\\text{负担的某作业的间接成本}\end{array} = \begin{array}{c}\text{该最终成本计算对象（如产品）}\\\text{的该作业成本分配基础的数量}\end{array} \times \begin{array}{c}\text{该作业的}\\\text{成本分配率}\end{array}$$

（2）将每个最终成本计算对象（如产品）所耗的各种作业的间接成本加总就是该最终成本计算对象（如产品）的间接成本总额。

8. 计算各最终成本对象的总成本和单位成本

将第 3 步归集的各种最终成本对象的直接成本加上第 7 步计算的该成本对象的间接成本总额就是最终成本对象的总成本，正如在图 12-4 中，产品 1 的成本⑧＝直接成本③＋间接成本⑦；再除以该总成本对象的数量就是该成本对象的单位成本，如某产品的单位成本。作业成本法具体计算步骤如图 12-4 所示。

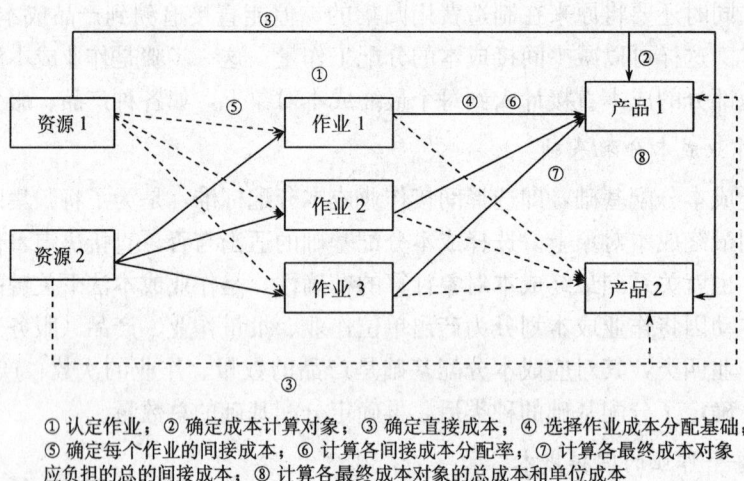

① 认定作业；② 确定成本计算对象；③ 确定直接成本；④ 选择作业成本分配基础；
⑤ 确定每个作业的间接成本；⑥ 计算各间接成本分配率；⑦ 计算各最终成本对象
应负担的总的间接成本；⑧ 计算各最终成本对象的总成本和单位成本

图 12-4　作业成本法的具体步骤

五、作业成本法的账户体系设置

作业成本法下总分类账户的设置，可以采用传统成本计算方法相同的账户，即"生产成本"、"制造费用"（名称可改为"作业成本"）总账等。但它们的二级账户及明细账户与传统成本计算方法有着明显的不同。

1. "生产成本"账户

"生产成本"账户可以不再分为"基本生产成本"和"辅助生产成本"两个二级账户，这是因为辅助生产可以视为一项作业，辅助生产的成本可通过设置一个或几个成本库进行核算。以产品的品种或批别作为成本计算对象（即按品种或批别计算成本）的企业，在"生产成本"账户下直接设置明细账，即成本计算单；以产品生产步骤为成本计算对象（即分步计算产品成本）的企业，其二级账户可按产品生产步骤设置，在二级账户下再设置成本计算单。成本计算单内按"直接材料"、"直接人工"和"作业成本"设置专栏。当直接材料、直接人工等直接成本发生时，根据有关凭证，直接记入"生产成本"账户及其所属各明细账户（成本计算单）的"直接材料"和"直接人工"栏内。月末，根据各有关成本库分配转来的作业成本记入"作业成本"栏内。按照一定的方法进行完工产品与在产品成本分配后，将完工产品成本从本账户及所属各明细账户的贷方，转入"库存商品（产成品）"账户。

2."作业成本"账户

"制造费用"账户可以改称为"作业成本"账户。除了按生产步骤计算成本的企业之外，"作业成本"账户一般不按生产部门（分厂或车间）设置二级账户，而是按作业成本库的名称设置二级账户，账内按作业耗用的各项资源的名称设置专栏，如机物料消耗、职工薪酬、固定资产折旧、办公费、水电费、停工损失等。专栏的名称应尽量与会计准则及指南所规定的制造费用明细项目名称相一致，以便对外提供财务报告时，将作业所耗用的各项资源成本，还原为制造费用。如果会计准则及指南所规定的项目不能涵盖作业所耗资源成本的内容，可以增设专栏，但在编制对外财务报告时，需将增设专栏项下的内容归并到会计准则及指南规定的有关项目中去。

各作业成本库的成本发生时，根据有关原始凭证和会计凭证，以及所耗资源的内容，记入"作业成本"各有关二级账户的相应专栏内。月末，将当期各二级账户中记录的作业成本发生额累计，计算出每个作业成本库实际发生的成本。然后根据当月作业成本二级账户发生额的合计数和相应的成本分配基础总额，计算作业成本分配率。同时，根据各有关产品实际耗用的作业基础数量，将作业成本从本账户及所属各二级账户的贷方结转到"生产成本"账户及其所属各明细账户，即成本计算单内。

作业成本法基本账务处理程序如图 12-5 所示。

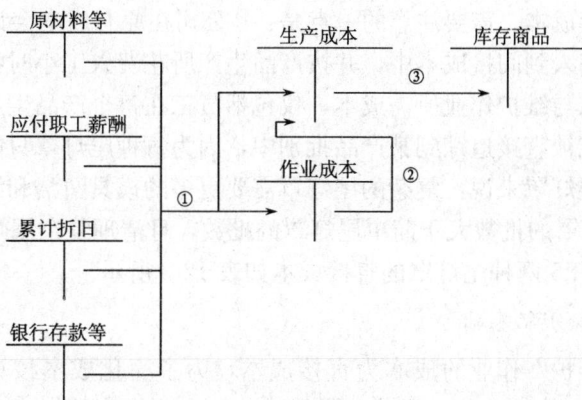

①各要素费用(资源)分配；②作业成本分配；③结转完工产品成本

图 12-5　作业成本法基本账务处理程序

六、作业成本法应用案例①

P公司是一家生产汽车尾灯罩的公司。该公司为一家汽车厂家生产和提供两种尾灯罩：简单尾灯罩（SL3）和复杂尾灯罩（CL5）。两种产品由不同颜色的塑料注塑而成，但分别有不同的特性。不管是简单的尾灯罩还是复杂的尾灯罩，都包括设计、制造、配送过程。本月的产量分别是：SL3，60 000件；CL5，15 000件。P公司在评价其原采用的简单成本核算体系（品种法）存在产品成本潜在误计的情况后，该公司决定采用作业成本法。P公司实施了如下步骤。

1. 聘请专家确定作业种类和数量

由于作业的认定不是成本会计人员所能完成的。为此，P公司聘请了设计、生产、配送、核算和经营方面的专家组成了一个团队去划分、确定作业的种类和数量。在选择作业的过程中，他们评估了P公司运转的几百个任务，P公司的团队将那些间接成本占了很大比重的作业，再结合具有相同成本分配基础的作业作为一个单独的作业。比如，团队决定将塑制机器的维修、运行，调控和成品检验组合成一个作业：塑制机器的运行（下称"生产"）。这样划分的原因是这些作业有相同的成本动因，即有相同的分配基础：塑制机器时间。

最终，这个团队将P公司的所有步骤划分了设计、安装、生产、清洗和维护、准备装运、配送和管理。

2. 确定最终的成本计算对象

P公司确定的最终成本计算对象是SL3和CL5两种尾灯罩，同时需提供单个产品的设计、生产和分配等作业成本数据。

3. 确定SL3和CL5两种尾灯罩的直接成本

P公司将材料的直接成本、直接的产品生产劳动力花费及模具的清洁及维护的成本确定为尾灯罩的直接成本。需要注意的一点是：P公司在原有成本会计系统中，将模具清理及维护的费用归入到间接成本中，并按产品生产所花费人工小时将其分配到产品成本中。然而模具清洁与维护作业所需成本，仅包括员工在每个产品生产出来后做清洁及护理所需的工资，能被直接追踪到某产品批别中，因为每种尾灯罩只能由特定模具生产出来。比起简单的尾灯罩来说，复杂的尾灯罩需要更多的模具清洁和维护成本，因为在P公司生产复杂尾灯罩的批数大于简单尾灯罩的批数，且清理复杂尾灯罩要比清理简单尾灯罩难。SL3和CL5两种尾灯罩的直接成本如表12-3所示。

4. 选择作业成本分配基础

由于"清洗和维护"作业的成本为直接成本，为了简化成本核算，P公司决定将"设计、安装、生产、装运准备、配送和管理"六个作业作为基本成本计算对象，并以此为基础来归集和分配间接成本。表12-1中的第2栏与第4栏展示了成本等级分类、

---

① 引自 Horngren C T，Datar S M，Foster G M. Cost Accounting. 12th. New Jersey：Pearson Prentice Hall，2005

成本分配基础，以及各作业的成本分配基础的总数量。

值得注意的是，确定成本分配基础时通常要将各种同质作业归为一类。比如，P公司会倾向于将产品设计、工艺设计及外形设计归为一个同质设计成本库而非将其单个分开认定，因为它们有相近的成本动因。

选择一个适当的分配基础的第二个考虑因素是必须有准确可靠的数据及计量手段。对于设计作业的分配基础来说，设计成本的动因是产品维持成本，为产品维护的一部分，其成本多少是由模具的复杂性决定的，越复杂的模具设计起来花费的时间越多。P公司是根据模具的组成部分的多少及模具的表面积来衡量的。

表 12-1　间接成本库的作业成本率

作业种类（1）	成本类别（2）	第5步 间接成本总额（3）	第4步 成本分配基础数量（4）		第6步 作业成本分配率 (5)＝(3)÷(4)		分配基础和作业成本之间的因果关系（6）
设计	维持产品	450 000	100	部件平方英尺	4 500	每部件平方英尺	设计部门的间接成本随着模型的复杂而增加
安装	批别级	300 000	2000	安装时间	150	每个安装小时	间接安装成本随着安装时间的增加而增加
生产	产出单位成本	637 500	12 750	塑制机器小时	50	每个塑制机器小时	间接机器运行成本随着机器时间的增加而增加
装运	批别级	81 000	200	装运	405	每次装运	准备分批装运的成本随着装运的数量增加而增加
配送	产出单位成本	391 500	67 500	配送的立方英尺	5.80	每立方英尺	配送成本随着运输的立方英尺数量增加而增加
管理	生产维持	255 000	39 750	直接生产人工小时	6.4151	每直接人工小时	管理资源的需求随着直接生产时间的增加而增加

5. 确定每个作业的间接成本

P公司各作业的间接成本的总额如表12-1第3栏中所示。在这个步骤中，一些资源消耗要根据因果关系，选择一定的分配基础，将其分配到具体的作业上。例如，所有与立方英尺有因果关系的搬运包装箱成本，都应按照立方英尺的数量基础，将其分配并归集到"配送作业成本库"。而一些资源的消耗可以直接确认由一个具体的作业负担。比如，设计产品所用的材料、支付给设计师的酬劳以及在设计部门设备的折旧等都可以直接认定由设计作业承担。表12-2记录了P公司一名工程师，2006年花费在不同作业上的时间（共计2 000小时），然后将这些时间转化为货币成本，即该工程师的酬劳（50 000 美元）。

表 12-2　人工费用分配到作业

作业种类	小时	每小时的费率	总计
产品和程序的设计（设计）	700	25	17 500
模型机器的安装（安装）	400	25	10 000
模型机的运行（生产）	900	25	22 500
总计	2 000		50 000

6. 计算各作业间接成本分配率

P 公司 6 个作业间接成本分配率计算如表 12-1 第 5 栏所示，是每个作业的间接成本总额（第 3 栏）除以成本分配基础的数量（第 4 栏）所得。

7. 计算各最终成本对象应负担的总的间接成本

表 12-3 显示了分配给简单尾灯罩（SL3）的总的间接成本 1 153 953 美元，分配给复杂尾灯罩（CL5）的 961 047 美元。为了计算每个尾灯罩的总的间接成本，应将每个型号的尾灯罩的各种作业的成本分配基础的数量（表 12-3），分别乘以第 6 步所计算出来的成本分配率（表 12-1，第 5 栏），然后加总即为该尾灯罩的总的间接成本。计算结果如表 12-3 所示。

表 12-3　P 公司采用作业成本法的产品成本表

成本项目	简单尾灯罩（SL3）(60 000 件)		复杂尾灯罩（CL5）(15 000 件)		合计
	总成本	单位成本	总成本	单位成本	
	(1)	(2) =(1) ÷60 000	(3)	(4) =(3) ÷15 000	(5) =(1) ＋ (3)
直接成本：					
直接材料	1 125 000	18.75	675 000	45.00	1 800 000
直接人工	600 000	10.00	195 000	13.00	795 500
直接清洗和维护成本	120 000	2.00	150 000	10.00	27 000
总的直接成本（第3步）	1 845 000	30.75	1 020 000	68.00	2 865 000
间接作业成本：					
设计：					
SL3（30 部件平方英尺×4 500 美元）	135 000	2.25			450 000
CL5（70 部件平方英尺×4 500 美元）			315 000	21.00	
安装：					
SL3（500 安装小时×150 美元）	75 000	1.25			300 000
CL5（1500 安装小时×150 美元）			225 000	15.00	

续表

成本项目	简单尾灯罩（SL3）(60 000 件)		复杂尾灯罩（CL5）(15 000 件)		合计
	总成本	单位成本	总成本	单位成本	
生产：					
SL3（9000 机器小时×50 美元）	450 000	7.50			637 500
CL5（3750 机器小时×50 美元）			187 500	12.50	
装运：					
SL3（100 批次×405 美元）	40 500	0.68			81 000
CL5（100 批次×405 美元）			40 500	2.70	
配送					
SL3（45000 立方英尺×5.80 美元）	261 000	4.35			391 000
CL5（22500 立方英尺×5.80 美元）			130 500	8.70	
管理					
SL3（30000 直接人工小时×6.4151 美元）	192 453	3.21			255 000
CL5（9750 直接人工小时×6.4151 美元）			62 547	4.17	
分配的间接成本总额（第 7 步）	1 153 953	19.24	961 047	64.07	2 115 000
总成本（第 8 步）	2 998 953	49.99	1 981 047	132.07	4 980 000

8. 计算各最终成本对象的总成本和单位成本

分别将分配给 SL3 和 CL5 两种尾灯罩的所有直接和间接成本加总就可计算出两种产品的总成本，再分别除以其产量计算出每件 SL3 和 CL5 的成本。表 12-3 列出了简单和复杂尾灯罩的产品成本。直接成本是第 3 步计算的结果，间接成本是第 7 步计算出的结果。

图 12-6 描述了 P 公司作业成本实施的概况。

七、传统成本法与作业成本法的比较

表 12-4 分别列示了 P 公司采用传统成本法与作业成本法的产品成本计算的情况，并计算出了二者的差异。

根据表 12-4，可以看出作业成本法的特点：①作业成本法进行更多的直接成本追溯；②作业成本法建立与不同作业有关的同质成本库；③对于每一个作业成本库，作业成本法寻求一个成本分配基础，这个基础与这个成本库的成本存在因果关系。作业成本法下，同质成本库和成本分配原则的选择，依赖于成本类别，这样可以让 P 公司的管理者更加信赖采用作业成本法提供的成本数据，并且通过作业控制成本。从表 12-4 可以看出，仅采用"直接人工小时"成本分配基础计算的传统成本计算法下，SL3 尾灯罩成本每件被高估了 8.76 美元，而 CL5 尾灯罩每件低估了 35.07 美元。因为 CL5 消耗了大量的设计和机器安装成本，而 SL3 相对较小一些。

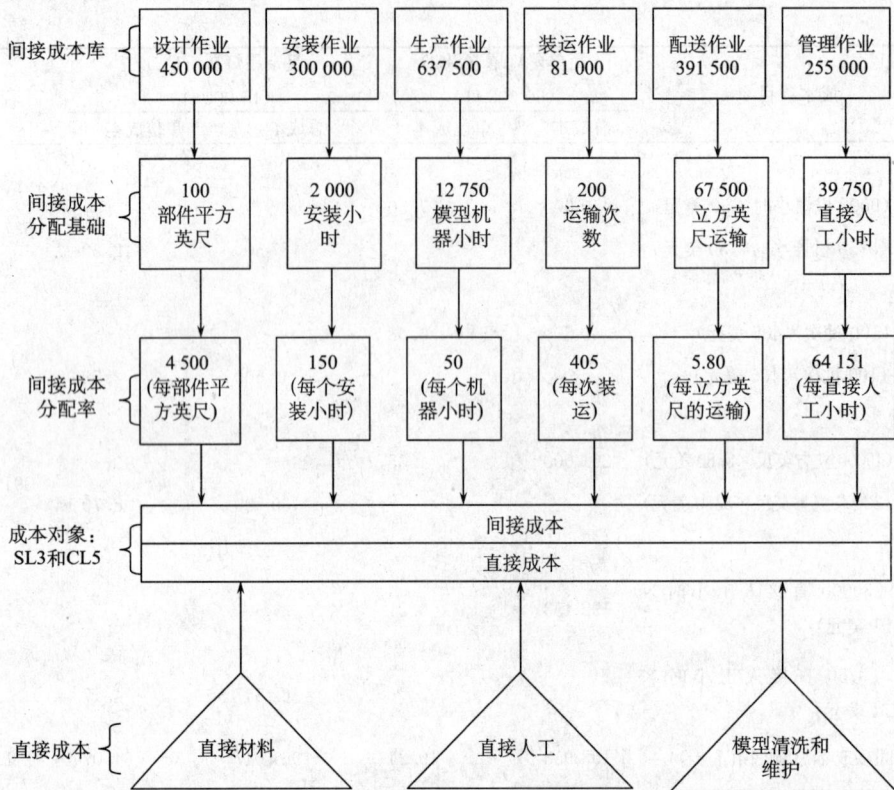

图 12-6　P公司作业成本实施概况图

表 12-4　传统成本法与作业成本法的比较

单位：美元

	传统成本法（1）	作业成本法（2）	差异（3）＝（2）－（1）
直接成本类别	2	3	＋1
	直接材料	直接材料	
	直接人工	直接人工	
		直接模型清洗和维持	
总的直接成本	2 595 000	2 865 000	270 000
间接成本库	1	6	5
		设计（部件平方英尺）	
		安装（安装小时）	
	单一成本库（采用直接人工小时分配）	生产（机器小时）	
		装运（装运的次数）	
		配送（配送的立方英尺）	
		管理（直接人工小时）	
总的间接成本	2 385 000	2 115 000	－270 000
分配给 SL3 的总成本	3 525 000	2 998 953	－526 047
SL3 尾灯罩的单位成本	58.75	49.99	－8.76
分配给 CL5 的总成本	1 455 000	1 981 047	526 047
CL5 尾灯罩的单位成本	97.00	132.07	35.07

作业成本法的优点是，能够提供决策更有用的信息。但在实施过程中应考虑其实施成本。关于作业成本管理方面的内容将在"管理会计"课程中阐述。

第二节 质量成本核算

产品质量不仅是企业生存、发展的基础和竞争的手段，同时也是反映企业社会责任的一个重要方面。质量问题事件频频发生，由此造成的生命、财产和经济等方面的社会损失，何堪以计。例如，2008 年我国的"三鹿奶粉事件"，影响了 3 000 万儿童的健康，给国家造成了 20 亿元的损失；2010 年世界性的"丰田汽车召回事件"，让百年丰田深陷严重危机和损失。对于产品质量，在消费者要求越来越高的背景下，企业为此花费的代价相应加大。据估计，许多企业的质量成本占销售额的 10%～25%。尽管保证和提高产品质量会增加成本，但会因此带来销售额增长；反过来，产品质量如果出现问题，会对产品销售产生很大的负面影响甚至企业破产。因此，产品质量是企业非常关注的内容，质量管理是企业管理的重要组成部分。如何为质量管理提供数据支持，是本节所要介绍的的内容，即质量成本核算。

一、质量成本的相关概念

1. 产品质量

根据国际标准化组织制订的国际标准——《质量管理和质量保证——术语》（ISO 8402—1994），产品质量（product quality）是指产品"反映实体满足明确和隐含需要的能力和特性的总和"。这个定义虽然指的是有形物质产品的产品质量，但对于无形的产品仍然适用，如服务质量。

产品质量是由产品所具有的各种特征和特性所组成。不同的产品具有不同的特征和特性，其总和便构成了产品质量的内涵。产品质量要求，一方面反映了产品的特性，另一方面反映了满足消费者和其他相关方要求的能力。消费者和其他质量要求往往随时间与科学技术的进步而发生变化。产品质量可以用一些具体特征指标来描述，通常包括使用性能、安全、可用性、可靠性、可维修性、经济性和环境等指标。

2. 质量管理

质量管理（quality management）是指确定质量方针、目标和职责，并通过质量体系中的质量策划、质量控制、质量保证和质量改进来使其实现的所有管理职能的全部活动。质量管理的发展大致经历了三个阶段：

（1）质量检验阶段。20 世纪以前，产品质量主要依靠加工者的技艺水平和经验来保证和控制，属于"加工者的质量管理"。20 世纪初，以 F. W. 泰勒为代表的科学管理理论的产生，促使产品的质量检验从加工制造中分离出来，质量管理的职能由加工者转移给工长，是"工长的质量管理"。随着企业生产规模的扩大和产品复杂程度的提高，产品有了技术标准（技术条件），各种检验工具和检验技术也随之发展，大多数企业开始设置检验部门，形成了"检验员的质量管理"。这些都属于事后检验的质量管理方式。

（2）统计质量控制阶段。20 世纪 20 年代，美国数理统计学家 W. A. 休哈特提出了

"控制和预防缺陷"的概念。他运用数理统计的原理，提出了在产品生产过程中进行质量控制的"6S"法。但该方法很长时间未得到重视和发展，直到第二次世界大战，由于事后检验无法控制武器弹药的质量，美国国防部决定把数理统计法用于质量管理，并由标准协会制定有关数理统计方法应用于质量管理方面的规划，成立了专门委员会，并于 1941~1942 年先后公布一批美国战时的质量管理标准。为此，以数理统计理论为基础的统计质量控制得到了推广应用。

(3) 全面质量管理阶段。20 世纪 50 年代以来，随着生产力和科学技术的发展，人们对产品的质量从注重产品的一般性能，发展为注重产品的耐用性、可靠性、安全性、维修性和经济性等质量特征。在生产技术和企业管理中要求运用系统的观点来研究质量问题。在管理理论上也有新的发展，突出重视人的因素，强调依靠企业全体人员的努力来保证质量。此外，还有"保护消费者利益"运动的兴起，企业之间市场竞争越来越激烈。在这种情况下，美国 A. V. 费根鲍姆于 20 世纪 60 年代初提出全面质量管理的概念。全面质量管理（total quality management，TQM）是"为了能够在最经济的水平上、并考虑到充分满足顾客要求的条件下进行生产和提供服务，并把企业各部门在研制质量、维持质量和提高质量方面的活动构成为一体的一种有效体系"。全面质量管理的内容包括设计过程、制造过程、辅助过程、使用过程等四个过程的质量控制。

3. 质量成本

20 世纪 50 年代，随着质量管理发展的需要，美国质量专家 A. V. 菲根堡姆提出了"质量成本"的概念。他将企业中质量预防和鉴定成本费用，以及产品质量不符合企业自身和顾客要求所造成的损失加以考虑，编制质量报告，为企业高层管理者了解质量问题对企业经济效益的影响和质量管理决策提供重要依据。随着全面质量管理的出现，人们更充分地认识到质量成本管理对提高企业经济效益的作用，以及在企业经营战略中的重要性。

质量成本（cost of quality）是指企业为了保证和提高产品或服务质量而支出的一切费用，以及因未达到产品质量标准，不能满足用户和消费者需要而产生的一切损失。

二、质量成本的一般分类

质量成本可从不同的角度进行分类。根据质量成本产生的环节和作用，其一般分为预防成本、检验成本、内部损失成本和外部损失成本四类。其中，预防成本和检验成本属控制成本，而内部损失成本和外部损失成本，亦称为故障成本。

1. 预防成本

预防成本（prevention cost）是指为了防止出现低质量、不合格产品所发生的成本。预防成本又可进一步划分为质量设计工程费用、质量流程改进费用、质量培训费用、质量审计费用、预防性设备维修费用、质量管理专职人员薪酬费用等。预防成本一般都发生在产品生产之前，它与后述的失败成本是一种此消彼长的关系，即当预防成本增加时，预期失败成本会减少，反之亦然。

2. 检验成本

检验成本（appraisal costs）是为了确定产品是否符合顾客要求而发生的成本，包括流程检验费用、产品检验费用、包装检验费用、设备检测费用、外部鉴定费用等。检验成本是为了及时发现不符合质量要求的产品，阻止后续损失的发生。

3. 内部失败成本

内部失败成本（internal failure costs）是指由于低质量产品在送达顾客之前被发现而引起的成本，或称内部故障成本，包括废品损失、返修费用、停工检验费用、重新测试费用、设计变更费用等。这类成本与企业的废品的数量成正比。

4. 外部失败成本

外部失败成本（external failure costs）是指由于低质量产品在送达顾客之后被发现而引起的成本，包括产品回收、折扣、索赔、退货、保修、顾客满意度下降以及市场份额下降等导致的费用和损失。在所有质量成本中，外部失败成本难以计量，但最具破坏性，有时甚至导致企业破产。

根据上述概念可得：

$$质量成本＝预防成本＋检验成本＋内部损失成本＋外部损失成本$$

三、质量成本的计量

质量成本按其表现形式可分为显性质量成本和隐性质量成本。不同表现形式的质量成本，计量方式并不相同。

显性质量成本，是指企业在生产经营过程中，为了保证产品质量，进行产品质量控制所发生的各种耗费，以及由于产生了质量问题而发生的损失，包括预防成本、检验成本、内部失败成本以及一部分外部失败成本。显性质量成本是属于现实和直接成本，是实实在在花费了的成本，有各种原始凭证为据。因此，显性质量成本的计量，可以从企业的会计记录中获得数据。

隐性质量成本，主要指由产品质量问题而对企业造成潜在的、间接的损失，包含在外部失败成本中，如由于顾客满意度下降、丢失市场份额等导致的损失。隐性质量成本，是一种非现实成本，没有原始凭证可供计量，虽然项目较少，但数额可能非常大，而且在企业的会计记录中通常未予确认，因此需要对其进行估计。隐性质量成本估计的常用方法有下列三种。

（1）乘数法。乘数法（multiplier method）是一种简单的隐性质量成本估计法。它假定全部外部失败成本是显性外部失败成本的一定倍数。其计算公式为

$$全部外部失败成本＝K×显性外部失败成本$$

则有

$$隐性外部失败成本＝K×显性外部失败成本－显性外部失败成本$$
$$＝显性外部失败成本（K－1）$$

式中，K 为乘数因子，根据经验估计确定。

（2）市场调查法。市场调查法（market research method），通过对顾客的调查和对

企业销售人员的访谈，用来评估质量问题对销售和市场份额的影响。该方法可以对隐性质量成本的估计提供重要参考依据，可用于预计不良质量对未来利润的影响额。

（3）塔古奇损失函数法。塔古奇损失函数法（the Taguchi quality loss function），假定任一质量特性相对其目标值的偏离都会导致隐性质量成本的发生；而且当实际特性偏离其目标值时，隐性质量成本以平方倍增加。其公式为

$$L（y）=K（y-T)^{2}$$

式中，L 为隐性质量成本；K 为企业外部失败成本结构的比例常数，通过一定方式估计确定；y 为质量特性的实际值；T 为质量特性的目标值。

四、质量成本的账务处理

关于质量成本的账务处理，目前尚无统一的模式和规范。目前企业进行质量成本核算形式有非独立核算形式和独立核算形式两种。

1. 非独立核算形式

非独立核算形式，也叫单轨制，就是将质量成本核算纳入传统的成本会计核算账户体系的一种核算形式。在这种形式下，企业在原有的会计账户体系增设"质量成本"一级账户，同时取消"废品损失"一级账户。"质量成本"一级账户下设"预防成本"、"检验成本"、"内部失败成本"和"外部失败成本"四个二级或明细账户，各二级账户或明细账户中可按具体内容设置专栏。

当期发生的各种质量成本，首先通过"质量成本"账户的借方进行归集；期末，将归集的、应属于当期分摊的质量成本，根据其发生的部门和受益对象，分别转入各相关账户中。例如，质量预防成本从"质量成本"账户的贷方转入"管理费用"账户的借方；质量检验成本从"质量成本"账户的贷方转入"制造费用"或"生产成本"账户的借方；废品净损失从"质量成本"账户的贷方转入"生产成本"账户中的"废品损失"成本项目；废品残值收入从"质量成本"账户的贷方转入"原材料"账户的借方；应由责任人赔偿的损失从"质量成本"账户的贷方转入"其他应收款"账户的借方；意外事故损失从"质量成本"账户的贷方转入"营业外支出"账户的借方；质量外部失败成本从"质量成本"账户的贷方转入"销售费用"的借方，或冲减当期"主营业务收入"。"质量成本"账户期末如有余额（一般在借方），表示应由以后会计期间负担的质量预防成本。质量成本核算账务处理的一般程序如图 12-7 所示。

非独立核算形式是将质量成本核算纳入会计账户体系，作为日常会计核算的内容之一，有利于质量成本的控制和管理。但主要的问题是与现行的账户体系存在差异，无法在资产负债表和利润表上反映出来。

2. 独立核算形式

独立核算形式，又称双轨制，是把质量成本的核算和传统的会计核算体系完全分开，单独进行质量成本的核算，建立质量成本核算的独立体系。采用这种方式，可以由企业内部各责任单位（责任网点）设置"质量成本"账户，按照质量成本的各项构成内容、发生地点、责任主体、发生数额和主要原因，逐项予以登记。质量成本发生的数额

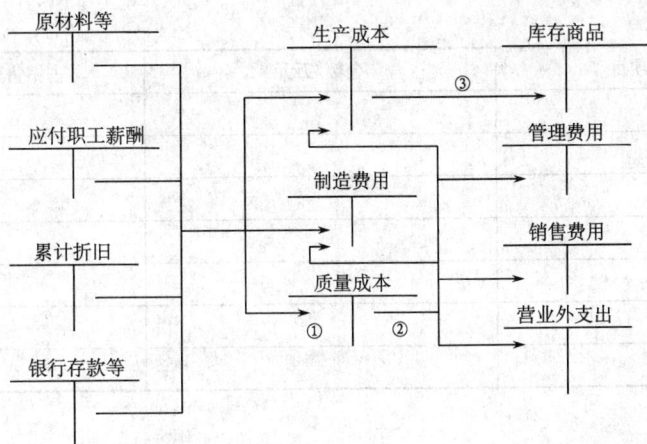

① 质量成本的归集；② 质量成本的分配；③ 结转完工产品成本

图 12-7 质量成本账务处理的一般程序

有的可直接从会计核算账户中取得，如废品净损失费用、停工损失费用等。有的则需要从发生的生产费用中通过分析、计算和汇总取得。各内部责任单位可以根据核算结果定期编制质量成本报告，作为考评该责任单位质量成本管理业绩的依据。

独立核算形式的优点是不影响现有的会计核算体系，独立完整地反映质量成本情况。但质量成本的核算脱离了会计管理的监督和控制，使原始凭证的真实可靠性受到影响。需设置专职的质量成本核算部门或人员，增加了会计核算与管理的工作量。

五、质量成本报告

质量成本报告是指根据质量成本核算的结果编制的、向管理者定期提供质量成本信息的书面文件。它可以由质量成本报表和文字说明组成。质量成本报表的作用，是为质量成本分析、制定质量方针目标、评价质量体系的有效性和进行质量改进提供依据。

质量成本报告是一种内部报告，目前没有统一的模式。质量成本报告一般可采取以下四种主要形式：报表式、图表式、陈述式和综合式。质量成本报告还可以根据反映的期间长短分为：短期质量成本报告、多期趋势质量成本报告和长期质量成本报告等三种类型。至于选择哪些形式，企业应根据自身的实际情况具体决定。

不论企业采用何种方式编制质量成本报告，其内容不外乎强调各成本要素的构成情况，以及反映产品发生的质量成本占其销售额比重的报告。其基本格式如表 12-5 所示。

表 12-5 某公司某年质量成本报表

质量成本项目	金额/万元	占销售额的比重/%
一、预防成本		
1.		
2.		
...		

续表

质量成本项目	金额/万元	占销售额的比重/%
二、检验成本		
三、内部失败成本		
四、外部失败成本		
合计		

第三节　环境成本核算

　　环境问题是我国乃至全球经济社会发展中一个极其棘手的问题，是社会可持续发展的一个关键性的制约因素。如何控制污染和改善环境成为我国政府、企业、公众十分关注的内容。企业是环境污染的主体，承担环境责任是企业义不容辞的社会责任。为此，我国在 2008 年出台了《环境信息公开办法（试行）》，强制污染严重的企业公开有关信息，鼓励企业自愿公开环境信息。因此，无论是出于企业环境责任还是政府强制环境信息披露要求的考虑，加强企业环境会计的研究与实践具有非常重要的意义。

　　环境成本核算是环境会计的基础，是环境会计中非常重要的内容。企业应当从环境成本的确认、计量以及账务处理来进行系统的成本核算，使企业在产品生产中计入环境成本，为企业挖掘内部潜力，降低耗能、维护社会资源环境、提高企业经济效益提供数据支持。由于目前尚没有统一的环境成本核算标准，因此，本书所介绍的相关内容也许存在偏颇之嫌，仅供参考。

一、环境成本概念及其分类

（一）环境成本的定义

　　环境会计兴起于 20 世纪 70 年代。由于对环境会计主体和其核算的具体内容的不同立场和角度，到目前为止，环境成本的概念尚无统一的定义。

　　联合国国际会计和报告标准政府专家工作组，1999 年发布的《环境会计和财务报告的立场公告》文件中认为："环境成本是指，本着对环境负责的原则，为管理企业活动对环境造成的影响而被要求采取的措施成本，以及因企业执行环境目标和要求所付出的其他成本。"这是一种常见且具有一定权威性的定义。它是指内部环境成本，而且是现实成本，不包括潜在成本。

（二）环境成本的初步分类

　　关于环境成本的分类，因不同的立场和角度而异，大体可以归纳为三种分类，即初步分类。如图 12-8 所示。

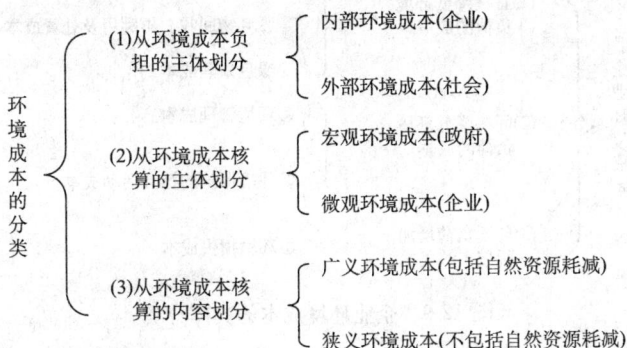

图 12-8　环境成本的初步分类

（1）根据环境成本负担的主体角度，可将环境成本分为内部环境成本和外部环境成本。由于企业行为对环境所造成的影响，一部分由企业本身承担，称为内部环境成本；还有一部分由社会来承担，称为外部环境成本。尽管从逻辑上和政府环境管理政策导向来说，应将外部环境成本内部化，即由企业负担全部代价，但现实中许多企业对环境造成破坏而带来的损失，因企业难以被指认而无法承担，因此，目前环境成本主要是指企业承担的内部环境成本。

（2）根据环境成本核算主体的层次不同，可将环境成本分为宏观环境成本和微观环境成本。宏观环境成本是指将国家、政府作为环境会计核算主体，进行环境成本核算，属于绿色会计范畴的内容；而微观环境成本是指从企业的角度，企业作为环境会计主体进行的环境成本核算。本书所指环境会计是指微观环境成本核算。

（3）根据环境成本核算的内容范围，可分为广义的环境成本和狭义的环境成本。广义的环境成本是将自然资源的消耗也归为环境成本的内容。如徐泓在《环境会计理论与实务的研究》一书中认为："环境成本是指某一会计主体在其可持续发展过程中，因进行经济活动或其他活动，而耗用或者付出的资产转化形式，包括自然资源的耗减费用、生态环境资源的降级费用、维持自然资源基本存量的费用和保护生态环境资源质量的费用及其他环境费用。"这是一种符合循环经济理念的定义，将资源的减量化控制作为减少环境污染的手段。这一定义更适合宏观环境会计、社会环境会计范畴。狭义的环境成本不包括自然资源的消耗。

（三）环境成本的具体分类

本书只介绍企业环境成本核算的内容。因此，为了进行企业环境成本核算，必须对企业环境成本作进一步的分类，即具体分类。与初步分类一样，环境成本具体分类目前没有统一的分类标准。许家林、孟凡利等，在《环境会计》一书中，根据会计学成本理论和环境资源流转平衡和环保效果观原理，将企业环境成本首先分为三大类，再进一步细分为六类，如图 12-9 所示。这种分类比较直观，易于理解。

1）直接降低环境负荷的成本

```
              ┌                   ┌ ①降低污染物排放的成本
              │ (1)直接降低环境    │
              │    负荷的成本      ┤ ②废弃物回收、再利用及处置成本
   企          │                   │
   业          │                   └ ③绿色采购成本
   环         ┤ (2)间接降低环境    ┌ ①环境管理成本
   境          │    负荷的成本      ┤
   成          │                   └ ②环境保护的社会活动成本
   本          │ (3)环境负荷增加
              └    所带来的成本      ①环境损失成本
```

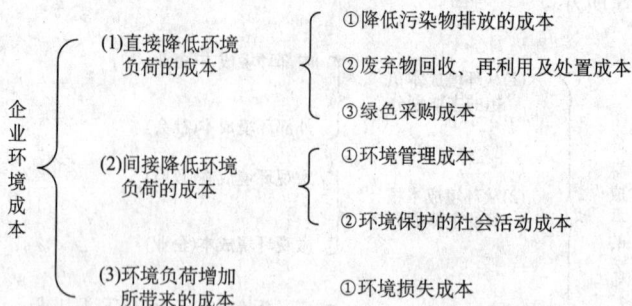

图 12-9　企业环境成本的具体分类

直接降低环境负荷的成本，是指企业在生产经营管理过程中，为了降低污染、节约消耗和废物回收、循环利用所采取的措施而发生的成本，包括以下三类：

（1）降低污染物排放的成本。它是指企业为减少向环境排放污水、废气和固体废弃物等而发生的成本，如污水处理设施及其运营费用等。

（2）废弃物回收、再利用及处置成本。它包括资源循环成本和废弃物回收、处置成本。前者是为了提高资源利用率，从源头减少废弃的比重而发生的成本，如水循环利用、余热利用设施及其运营费用等。后者是指在生产过程、消费过程产生的废气物回收利用，或处置所发生的代价，如废旧电池、包装物的回收、再利用和处置成本等。

（3）绿色采购成本。它是指在企业的采购过程中，为购入环境负荷含量低的原材料、燃料、零部件而发生的追加差额成本，如环保材料、清洁能源、环保商品等，这些物质会使产品生产过程和消费过程能减少污染物的产生，从源头进行控制。但这些物质的价格相对高，与一般物质有价差，其差额即为绿色采购成本。

2）间接降低环境负荷的成本

间接降低环境负荷的成本，是指企业内部所作的对环境管理方面和对企业地域的环境保护支援方面的努力所发生的费用。这些努力对环境所起的作用是间接的。

（1）环境管理成本。它是在从事环境保护的管理活动中所发生的成本，包括环境教育成本、环境管理机构的费用、环境认证、环境审计、环境监测等，还包括环境产品的研究与开发成本、环境设计成本等。这些将对环境负荷产生间接的抑制作用。

（2）环境保护的社会活动成本。它是指企业对所在的社区环境保护活动的支援成本，如对企业范围内外的绿化、美化和景观改善以及参与各种环境保护活动的费用。

3）环境负荷增加所带来的成本

环境负荷增加所带来的成本，是指企业未进行环境保护活动，或虽进行了一定的保护活动，但未有效控制环境负荷的发生而遭受的补偿、处罚、赔偿等所发生的损失，因此，也叫做"环境损失成本"。

二、环境成本的确认

环境成本的确认是环境成本核算的基础。如果企业将环境成本核算纳入企业日常会

计核算体系，其核算结果将会直接影响到企业的当期损益、纳税额、定价基础、报表项目，进而影响管理决策。因此，如何确认、计量环境成本是一个非常重要的方面。在确认环境成本时，一般应遵循以下原则。

1. 可定义性

它是指确认为企业环境成本的经济内容，必须满足环境成本的定义。环境成本的本质特征是企业为履行环境责任、降低环境负荷所发生的耗费。

2. 可计量性

由于计量是会计的基本属性，因此作为环境成本也必须是可计量或可估计的，如企业水污染、空气污染的治理费用、废弃物的处置费用，则需要通过合理的估计和计量。

3. 合理划分企业环境成本资本化和费用化的界限标准

环境成本资本化是将环境成本作为一项相关资产的组成部分或一项单独资产加以恰当地记录，也就是将环境成本作为资本性支出的会计处理。如果符合资产的确认标准，就应将其资本化，即确认为环境资产，然后在当期或以后各受益期进行摊销；否则，作为费用计入当期损益。具体分为以下情况：

如果企业发生的一项环境支出将在未来带来经济利益，就应将其资本化，并在利益实现时计入当期损益。这种未来的经济利益包括：提高企业所拥有的其他资产的能力，改进其安全性或提高其效率；减少或防止今后经营活动造成的环境污染；防止潜在污染，等等。

如果环境成本并不会在未来给企业带来经济利益，就不能将其资本化，而应作为费用计入损益，如废弃物处理、清除前期活动引起的环境损害、环境管理以及环境审计成本；因不遵守环境法规而导致的罚款以及因环境损害而给第三方的赔偿等。此外，由于环境责任的指认与处罚往往滞后于环境影响。因此，可能在将来支付的、与环境有关的损失，且能够被合理而可靠地计量时，应作为或有负债处理。例如，由于环境污染严重而尚未治理，国家极有可能对企业处以的罚款，企业因污染对周围单位或个人的人身或财产造成损害而招致可能的赔付等。

三、环境成本的计量

企业环境成本的计量是指对环境成本确认的结果予以量化的过程，也就是在环境成本确认的基础上，采用一定的计量单位、属性和具体的计量方法，进行数量和金额的确定。由于环境因素的复杂性、环境损失的不确定性，环境成本计量是环境成本核算中关键的问题。

1. 计量单位和计量属性

根据企业环境成本的特性，环境成本计量单位以货币计量为主，并辅之以实物、技术等多种计量单位。例如，企业废弃物处理成本的计量可以辅之以吨、立方米等物理计量单位来反映，使环境信息使用者能够比较完整地理解企业环境成本的内涵与实质。

按照企业会计基本准则的计量属性有历史成本、重置成本、可变现净值、现值、公允价值。企业环境成本的计量属性一般包括历史成本和现行成本，对于涉及未来可能的环境支出计量时，要合理进行职业判断，并参考使用非历史成本的计量方法。

2. 计量方法

由于我国许多企业没有单独对环境成本进行核算和反映，环境成本的内容是包含在传统的生产成本和期间费用中的。因此，环境成本计量的主要任务是如何区分传统的生产成本费用和环境成本。考虑目前的现实状况，在环境成本与生产成本两种核算之间协调，可采用差额计量、全额计量和按比例分配计量等计量方法。

(1) 差额计量。所谓差额计量，是指在进行环境投资支出时，根据支出总金额减去没有环境保护功能的投资支出的差额来进行计量，其后的折旧额也按这种差额折旧计入环境成本。其典型应用是对带有环境保护功能的耐用资产投资和环境材料的采购等。

(2) 全额计量。所谓全额计量，是指针对某一环境问题的解决而专门支付的成本金额，在会计上将其金额的全部计入环境成本。这种计量方法在企业日常的生产经营过程中应用普遍，如环境保护专设机构的费用、环境保护技术的研究开发费用、环境管理体系的构建费用、环境污染治理等专项投资、环境报告的编制成本等。

(3) 按比例分配计量。所谓按比例分配计量，是指将与产品生产密切相关的污染治理费用，按一定比例分配计入到各产品的制造成本中去。例如，制造企业的辅助生产车间污水、废气的治理费用、各生产车间的废弃物处理成本等，选择一定的分配标准，按比例分配计量的方法将环境费用分配计入各种产品的制造成本中。

由于自然资源利用过程中带来的生态环境破坏损失的计量是环境会计计量的难点，因而对自然资源耗减及生态环境破坏损失的计量，除了运用传统的会计计量方法外，也可借助环境经济学对环境成本计量方法进行计量。主要包括以下方法：

(1) 恢复费用法。恢复费用法是用补偿或更新被破坏的资源所需要的费用来衡量自然资源的损失，目的是将自然资源破坏的实物型影响予以货币化。

(2) 间接替代法。间接替代法指对于自然资源以其物质效用满足人们的需求，人们可以用另外一种物质资源或劳务来替代原有的自然资源的这种功能。当无法直接计量这种资源的价值时，就可以根据替代资源或劳务的价格来衡量，即间接替代法。例如，企业生产活动引起农田污染所造成的损失可以用减少的农作物产量乘以其价格来估算。

(3) 市场价值法。市场价值法又称市场法，是直接以市场中用于交易和供求关系形成的价格来确定自然资源价格。

(4) 心理调查定价法。在对自然资源进行计价过程中，对某些不易确定的或不易量度的事物，可以采用心理调查定价方法。

四、环境成本的账务处理

从逻辑上来讲，对于环境成本的核算模式，不外乎两种：一种是建立单独的环境成本核算体系；另一种是在传统成本核算体系的基础上进行改进。由于独立的环境成本体系要有专门的机构或人员，核算成本大，加上易与传统成本核算有交叉重复的问题。因此，就目前的实际情况来看，采用后者是一种时宜之举。企业可以在生产成本核算系统中设置有关环境成本的账户，对其进行有效的管理控制，一方面，有利于企业内部了解环境成本的构成，能对其实施有效的环境成本管理；另一方面，有助于外部信息使用者了解企业的环境现状、环境保护和治理所采取的措施与努力。

为了反映环境成本发生的总额，企业可以在原有账户体系的基础上，增设一个"环境成本"一级账户，其借方登记当期企业发生的各种与环境相关的支出。期末，该账户借方累计数额全部从其贷方转入"生产成本"、"管理费用"等账户，结转后没有余额。需要注意的是，企业应将在原有核算体系中直接计入管理费用等科目的环境费用，要改为先在环境成本科目归集，然后再分配计入。

为了进一步反映环境成本具体内容，可以按照前述环境成本的具体分类设置明细账户，进行环境成本构成的核算。如按"降低污染物排放的成本"、"废弃物回收、再利用及处置成本"、"绿色采购成本"、"环境管理成本"、"环境保护的社会活动成本"、"环境损失成本"六类设置相应的明细账；明细账内可按费用项目设置专栏，如原材料、职工薪酬费用、环境资产折旧费、水电费等，以进一步详细反映环境成本的内容。

环境成本的账务处理程序如图 12-10 所示。

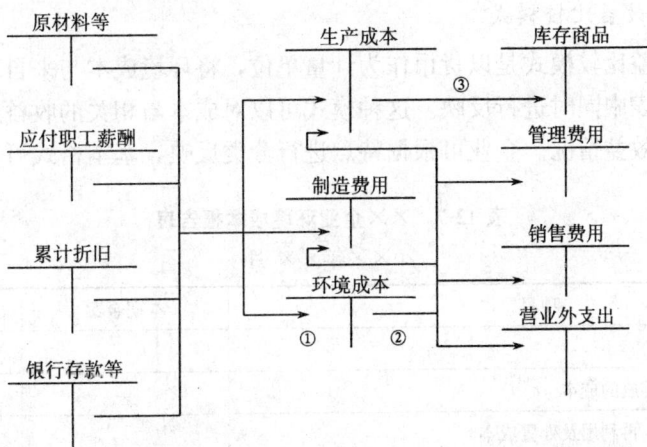

① 环境成本的归集；② 环境成本的结转；③ 结转完工产品成本

图 12-10　环境成本账务处理的一般程序

五、环境成本报告

随着企业环境保护意识和企业环境责任的履行，企业披露环境成本信息是大势所趋，对于污染严重的企业，将会受到强制性的披露要求。由于目前没有统一的披露模式和标准，企业可以借鉴以下几种基本的环境成本报告模式进行披露。

1. 简式环境成本报表

根据一般成本报表的基本原理，企业可根据自身的环境成本项目、内容，设计一种简化的环境成本报表，用以总括和分类反映企业在一定期间内发生的与环境有关的成本信息。如表 12-6 所示。

表 12-6　××企业环境成本表

20××年××月　　　　　　　　　　　　　　　　　单位：元

项目	本期金额	上期金额
1. 降低污染物排放的成本		
2. 废弃物回收、再利用及处置成本		
3. 绿色采购成本		
4. 环境管理成本		
5. 环境保护的社会活动成本		
6. 环境损失成本		
⋮		
合计		

2. 环境成本效益比较模式

环境成本效益比较模式是以货币作为计量单位，将环境成本与来自环保的经济收益有关的数据在报表中同时进行反映。这种模式可以对成本与相关的收益进行比较，反映环境保护活动的效益情况。企业可根据特点进行分类反映，基本格式可参考表 12-7。

表 12-7　××企业环境成本报告表

20××年××月　　　　　　　　　　　　　　　　　单位：元

项目	本期金额	上期金额
一、环境成本		
1. 降低污染物排放的成本		
2. 废弃物回收、再利用及处置成本		
3. 绿色采购成本		
4. 环境管理成本		
5. 环境保护的社会活动成本		
6. 环境损失成本		
合计		
二、环境收益		
1. 废弃物回收利用收入		
2. 环境服务产品销售收入		
3. 能源、材料减量化的成本节约额		
4. 减少环境纠纷、赔偿、处罚的费用		
合计		

3. 环境成本效果比较型模式

环境成本效果比较型模式，是将环境成本与环境保护效果（包括货币化效果和环境负荷的降低）进行对比。这种报告模式突破了传统的成本报表侧重反映财务数据的模式，而将环境指标纳入成本报表中，既能够反映环境保护的投入情况，又能反映投入环境效果的财务指标和技术指标的改善，是现有许多企业采用的环境成本信息披露的手段，也是一种较好的披露模式。需要说明的是，企业应根据本身特点和管理要求，对环境成本项目、效果指标进行具体分类，并据此设置具体的项目专栏进行反映和披露。基本格式如表 12-8 所示。

表 12-8 ××企业环境成本信息报告
20××年度 单位：元

环境成本		环境效果			
项目	金额	货币化效果	环境负荷消减量	消减率	…
1. 降低污染物排放的成本					
2. 废弃物回收、再利用及处置成本					
3. 绿色采购成本					
4. 环境管理成本					
5. 环境保护的社会活动成本					
6. 环境损失成本					
⋮					
合计					

【进一步学习指南】

作业成本法是针对传统成本核算体系的间接成本分配的缺陷改进而来的现代成本核算方法。它的基本原理是"产品消耗作业，作业消耗资源"，特点是采用多维的分配基础，既提高了成本的计算精确度和信息的可靠性，又对加强成本管理提供了针对性，从而提高了成本信息的相关性。它是一种值得推广的成本计算和管理方法。关于作业成本法的管理方面将在后续的管理会计中介绍。

质量成本和环境成本的内容，主要是企业为了履行企业社会责任和企业专项成本管理的需要而涉及的一部分内容。随着社会的发展，企业必须承担越来越多的社会责任，每一种责任，都会构成企业的成本。这些社会成本信息，不仅为了满足社会对企业履行责任的反映，同时也是企业加强成本管理的需要。无论从哪个角度，企业都有必要进行这方面成本核算与信息披露。但到目前为止，还没有统一的标准，需要研究、探索和推广。对于本章的学习应关注相关内容的发展动态。

【思考题】

1. 为什么在传统成本法下可能存在产品成本的高估或低估？
2. 作业成本一般分为哪几种类型？
3. 传统成本计算方法与作业成本的区别主要体现在哪些方面？
4. 什么是作业成本动因？它在作业成本法中起哪些作用？
5. 什么是质量成本？一般包括哪些组成部分？
6. 企业进行质量成本核算有哪些意义？

7. 企业进行环境成本核算有哪些意义？

8. 环境成本包括哪些内容？它是否应该属于产品成本的组成部分？为什么？

【核算题】

P公司生产用在数学和财务方面的两种计算器，其相关资料如下：

	数学计算器	财务计算器
年产量	50 000	100 000
直接材料成本	150 000	300 000
直接人工成本	50 000	100 000
直接生产小时	2 500	5 000
机器小时	25 000	50 000
生产运行的次数	50	50
检验小时	1 000	500
各作业间接成本总额：		
加工成本	375 000	
安装成本	120 000	
检验成本	105 000	

要求：

（1）计算每种产品的单位间接制造成本。

（2）计算每种产品的单位制造成本。

案例分析

T公司为几家著名的公司制造提供具有不同复杂性和组织生产的音乐系统。其2006年发生的成本资料如下：

（1）间接人工成本，如为监管直接生产，100万元；

（2）采购订单、收料、付款处理等成本，50万元；

（3）间接材料成本，25万元；

（4）由于每次生产不同的产品而发生的安装机器的成本，60万元；

（5）设计产品的生产流程、工程流程的改变，80万元；

（6）与机器相关的间接成本，如折旧、维修等，110万元；

（7）厂房管理、租赁和保险，90万元。

要求：

（1）把每一过程中发生的成本按"产出单位、批量、产品（服务）维持及设施维护"四类进行分类，并说明理由。

（2）假设T公司生产简单和复杂两种类型的音乐系统产品，简单的批次少，复杂的批次多，而每批的机器小时相同，如果该公司用机器小时作为唯一的成本分配基础，其产品的成本会误计吗？为什么？

（3）根据作业成本法的基本原理和一般程序设计一个制造企业作业成本法下的产品成本计算案例，并与传统成本法进行比较。

参 考 文 献

陈良华. 2007. 成本管理. 北京：中信出版社

陈守文. 2008. 成本会计. 厦门：厦门大学出版社

程明娥. 2009. 成本会计. 北京：清华大学出版社

甘兆志. 2007. 成本会计. 上海：上海财经大学出版社

侯晓红. 2008. 成本会计学. 北京：机械工业出版社

江希和，向有才. 2009. 成本会计. 上海：立信会计出版社

乐艳芬. 2007. 成本会计. 上海：上海财经大学出版社

李来儿. 2009. 成本会计. 成都：西南财经大学出版社

林万祥. 2008. 成本会计研究. 北京：机械工业出版社

罗飞. 2009. 成本会计. 北京：高等教育出版社

欧阳清，杨雄胜. 2008. 成本会计学. 北京：首都经济贸易大学出版社

钱爱民，于守华. 2007. 成本管理会计. 北京：清华大学出版社

任荣明，朱晓明. 2009. 企业社会责任多角度透视. 北京：北京大学出版社

万寿义，任月君. 2010. 成本会计. 大连：东北财经大学出版社

王又庄. 2008. 质量成本会计. 上海：立信会计出版社

王振华，王生交. 2008. 成本管理. 成都：西南财经大学出版社

王志红. 2010. 成本会计学. 北京：清华大学出版社

吴宝宏，常颖. 2007. 成本会计. 哈尔滨：哈尔滨工业大学出版社

肖序. 2002. 环境成本论. 北京：中国财政经济出版社

辛旭. 2007. 成本会计学. 北京：中国人民大学出版社

许家林，孟凡利. 2004. 环境会计. 上海：上海财经大学出版社